U0875475

金融街10号丛书

The Series of No.10 Financial Street

金融街10号丛书
The Series of No.10 Financial Street

# 含英咀华 债市精粹

《债券》十佳文章（2012—2022）

·上　卷·

ChinaBond Top Ten Articles of the Year (2012—2022)

中央国债登记结算有限责任公司◎主编

全国百佳图书出版单位
时代出版传媒股份有限公司
安徽人民出版社

**图书在版编目(CIP)数据**

含英咀华　债市精粹:《债券》十佳文章(2012—2022)/中央国债登记结算有限责任公司主编.—合肥 :安徽人民出版社, 2022.10

ISBN 978-7-212-11491-6

Ⅰ.①含…　Ⅱ.①中…　Ⅲ.①债券市场—中国—文集　Ⅳ.①F832.51-53

中国版本图书馆 CIP 数据核字(2022)第 150749 号

**含英咀华　债市精粹:《债券》十佳文章(2012—2022)**

HANYING JUHUA ZHAISHI JINGCUI ZHAIQUAN SHIJIA WENZHANG

中央国债登记结算有限责任公司　主编

出 版 人:杨迎会　　　　丛书策划:曾昭勇　白　明
责任编辑:李　芳　　　　责任印制:董　亮
封面设计:许润泽

**出版发行**:安徽人民出版社 http://www.ahpeople.com
**地　　址**:合肥市政务文化新区翡翠路 1118 号出版传媒广场八楼
**邮　　编**:230071
**电　　话**:0551-63533258　0551-63533292(传真)
**印　　制**:安徽联众印刷有限公司

开本:710mm×1010mm　1/16　印张:72.25　字数:900 千
版次:2022 年 10 月第 1 版　2022 年 10 月第 1 次印刷

ISBN 978-7-212-11491-6　定价:72.00 元(上下卷)

# 目录


001 当前经济运行周期下的投资时钟

…………………………………………… 何一峰　谢海玉

009 中国银行业面临资源配置调整和去杠杆化挑战

…………………………………………………… 黄灿

021 供给侧改革有望改善资产荒

………………………………………………… 刘东亮

031 我国宏观杠杆述评:政策演进、测度、成因及影响

…………………………………………… 庞海军　宋光磊

044 负利率政策对宏观经济及金融体系的影响及启示

…………………………………………………… 范东

056 美联储货币政策规则变化及 QE 退出后政策走向

……………………………………………… 谭淞　安鹏

066 美联储地板系统调控模式的运行情况与启示

…………………………………………………… 杨航

076 次贷危机后美联储货币政策操作框架的演进与启示

………………………………………………… 张启迪

088　20世纪两次通胀危机的比较及中美通胀走势预测
…………………………………………………… 杨兆宇
098　如何协调当前货币政策与汇率政策
…………………………………………………… 张明
104　解锁流动性覆盖率和匹配率困局
…………………………………………………… 张旭
112　主要经济体货币政策正常化进程中全球金融体系脆弱性研判
…………………………………………………… 宋光磊
125　从钱荒到资产荒——基于一个一般均衡的视角
…………………………………………………… 吴立雪
132　中国进入新时代对经济与大类资产影响前瞻
…………………………………………………… 刘东亮
145　定向降准政策沿革以及对商业银行的影响
…………………………………………… 李雨桐　林凡
155　中国基准利率的泰勒规则检验及2013年走势展望
…………………………………………… 郭济敏　张嘉为
170　我国PPI与CPI背离的特征表现与成因分析
…………………………………………… 吕光明　金蛟
179　互联网金融发展对金融市场及债券市场影响分析
…………………………………… 屈庆　陈黎　余文龙
191　金融市场发展与利率市场化
………………………… 人民银行上海总部金融市场管理部课题组

207 负利率下的金融市场

…………………………………………………… 郭草敏　何津津

218 利率市场化、分层定价及商业银行的应对之策

………………………………………………………… 谭海鸣

232 商业银行流动性风险管理的重点与对策

………………………………………………………… 尚航飞

241 当前贸易环境影响下的通货膨胀与债券市场

…………………………………………………… 吴秋君　马俊炯

249 暴雨将至　债券为上

——欧美去杠杆形势下的中国债券市场

…………………………………………………………… 屈庆

261 债券牛市接近尾部

…………………………………………………………… 石磊

266 利率市场化背景下债市盈利模式的思考

…………………………………………………………… 王晶

272 固定收益资产的夏普比率及其对资产配置的意义

……………………………………………………… 董文卓　邹强

282 企业会计准则下借款费用会计处理方法对上市公司绩效的影响

…………………………………………………………… 吕晶

296 关于银行自营投资业务转型的思考

………………………………………………………… 程丛宝

307 境外机构增持人民币债券的原因分析及展望

………………………………………………………… 鄂永健

317　新商业银行资本管理办法对债市估值影响的量化测算
……………………………………… 石磊　贾继承
328　商业银行新型资本工具发行的国际实践及展望
…………………………………… 刘全雷　徐惊蛰
342　商业银行资本补充债券市场分析及展望
……………………………………… 向尧　濮梦琪
350　初探银行间债券市场波段交易的机会发掘及策略
…………………………………………… 安进京
366　银行间债市 2015 年上半年回顾与下半年展望
…………………………………… 郑葵方　胡施聪
380　银行间市场资金交易业务的法律关系及交易风险
…………………………………… 张伟刚　冯俊超
391　《国际财务报告准则第 9 号:金融工具》实施对于债券投资业务的影响及对策
……………………………………… 潘丽娜　李理
401　发行人视角下的同业存单高溢价之谜
……………………………………………… 成婷
413　中美 REITs 发展状况及商业银行的角色思考
……………………………………… 王庆华　董琪
424　IFRS9 实施后新旧准则转换方法及其对债券投资的影响
…………………………………………… 叶镜清
442　“营改增”新政对资管行业生态影响几何?
…………………………… 中金公司固定收益研究组

453 我国金融支持住房租赁市场现状及国际经验

……………………………………………… 石海峰　郭雁

467 中国债券市场对外担保风险分析及化解建议

…………………………………………………… 杜立辉

475 金融机构同业业务发展的新特点及存在的问题

——基于辽宁省的调研

………………………………… 赵越　孙永君　李媛媛

483 外汇占款变动趋势及对债市流动性的影响

…………………………………………………… 谢亚轩

490 债券市场供需角度的流动性影响因素分析

……………………………… 蒋书彬　陈洪斌　魏菲菲

501 债券市场还要调整多久?

——对历次债券市场调整的对比与分析

……………………………………………… 孙涛　王强松

514 银行间市场与交易所市场债券受托管理人制度差异及原因分析

……… 北京市金融服务法学研究会债券市场法治专业委员会

524 浅析资产管理新规对债市的影响

……………………………… 中金公司固定收益研究组

539 日本债券市场开放:历程、特点与启示

……………………………………………… 李松梁　侍荻

551 固定收益投资领域的科技应用

……………………………… 张浩　张骅　邢雯　喻泉

561 债券异常交易与非市场化发行初探

……………………………………………………… 李田

578 债券组合管理体系及账户摆布策略探究

——以证券公司固定收益自营业务为例

……………………………………………………… 程昊

# 当前经济运行周期下的投资时钟

何一峰　谢海玉

2011 年的债市可谓几经波折，从“小熊”到“小牛”，进而演化成“大熊”和“大牛”，委实让债券投资者经历了过山车般的惊心动魄，领略了“柳暗花明”的投资意境。相信经历了 2011 年债市跌宕起伏洗礼后的债券投资者会变得更为理性，更为成熟，也更为淡然。

## 基于经济周期判断的投资时钟

债券市场走势背后的驱动力量是什么呢？最为核心的两个变量自然是通胀和增长。增长具有显著的周期性，一个经济周期由四个阶段组成：萧条、复苏、高涨、衰退，尽管每个周期的持续时间和震幅不尽相同，但增长的周期性还是非常明显，并不能被财政和货币政策完全熨平。通胀也有周期性，食品表现得更为明显一些，如“猪周期”“米周期”“菜周期”等。

认清当前经济处于经济周期的什么位置，通胀周期的什么位置对于制定大类资产的配置策略非常重要，对不同阶段大类资产配置策略的总结就构成一个投资时钟。

最有名的投资时钟莫过于美林投资时钟,但这个投资时钟是一个静态的时钟,也就是说你虽然可以明确地知道某个时点处于时钟的什么位置,从而应该采取什么样的资产配置策略,但你很难判断未来经济会进入什么状态,应该如何配置。

基于该时钟的上述缺陷,笔者试图结合经济周期和通胀周期,提出一个动态的投资时钟。这个投资时钟的整体框架为:钟的外围是一个经济周期,分为萧条、复苏、高涨和衰退四个阶段。萧条对应经济周期的谷底位置,复苏对应经济周期的上行期,高涨对应经济周期的峰顶位置,而衰退对应经济周期的回落期。时钟的内围是三个通胀周期,按照顺时钟方向分别称为 A 浪、B 浪和 C 浪。值得指出的是并不是每个经济周期都必然内嵌三个通胀周期,有时 A 浪和 C 浪连在一起,界限并不明确,但三段式的划分可以帮助我们更好地理解通胀周期的演变。

## 通胀周期与经济周期的趋势与背离

### (一)近几轮周期的演变规律

为什么通胀周期和经济周期不一致?首先,我们看改革开放以来经济周期的演变规律和通胀周期的演变规律。推导经济周期的方法是真实经济周期实证理论中常用的滤波方法,我们采用 HP 滤波对真实 GDP 的增长率进行趋势和周期的分离,得到的结果如下:

几个经济增长谷底的年份分别是 1981 年、1990 年、1999 年和 2008 年,正好相差 9 年,这表明我们的经济增长具有等周期性。第一个周期呈双峰分布,顶点在 1984 年,随后逐步回落并在 1986 年小规模探底。虽然 1987 年和 1988 年经济出现反弹,但 1989 年的动荡为这个周期写上句号。

第二个周期呈单峰分布,在前半阶段和第一个周期相似,经济增速快速上行,并迅速到达顶点(1992 年),随后逐步回落。在后半阶段并未出现明显的反弹,1995 年增速大幅放缓后,1996 年至 1998 年均保持温和回落,直至 1999 年走到谷底。第三个周期和前两个周期存在较大差异,表现为经济上升过程较为缓慢,并时有波折。经济直到 2007 年才到达顶部,但在 2008 年随着美国金融危机的爆发就迅速回到谷底。2009 年开始,第四个周期开始启动,2010 年经济复苏明显,但 2011 年经济增长又明显乏力。

第三个周期出现的"缓升急降"和前两个周期的"急升缓降"正好相反,一个重要的原因就是逆周期宏观调控措施的采用。我们注意到亚洲金融危机之后,中央出台了大规模的经济刺激政策,虽然它让经济在谷底位置上仍保持较快的增长(接近 8%),但也让衰退期所产生的"创造性破坏"的力量大打折扣,经济的根基并不牢固,更多地依靠政策支持,经济自然难以走出强劲复苏的势头。目前正处于第四个经济周期的复苏期,虽然短期内经济会经历一些起起落落,但"缓升"的趋势不会改变。

(二)通胀周期的复杂性

理论上,通胀周期应该和经济周期同步,因为通胀往往是经济在高于潜在产出的位置长期运行带来的。但随着逆周期宏观调控措施的广泛采用,货币超发等因素也可能导致通胀的出现,通胀周期变得更为复杂。

我们还是用 HP 滤波对 CPI 同比进行趋势和周期的分解,得到相关分析结果。

从图中可以看出,在第一个经济周期中大致包含了两个通胀周期,和经济周期的双峰对应,但差别之处在于经济周期的双峰是前峰高于后峰,而通胀周期是后一个高于前一个。第二个经济周期只包含一个通胀周期，但经济周期的顶点是 1992 年，而通胀周期的顶点是 1994 年，两者并不一致。第三个经济周期包含三个通胀周期，每个通胀周期三年左右，无论是周期的高点位置还是回落期达到的低点位置都是不断抬升的。第四个经济周期虽然启动只有两三年的时间，到 2012 年也将完成一个完整的通胀周期，从周期的高点位置来看，要显著低于第三个经济周期的最后一个通胀周期。1997 年以来通胀周期良好的等周期性让我们可以将一个经济周期内嵌的三个通胀周期分别命名，研究其形成的原因和相应的大类资产配置策略。根据先后顺序，我们将其命名为 A 浪、B 浪和 C 浪，目前我们正处于第四个经济周期 A 浪的回落期。

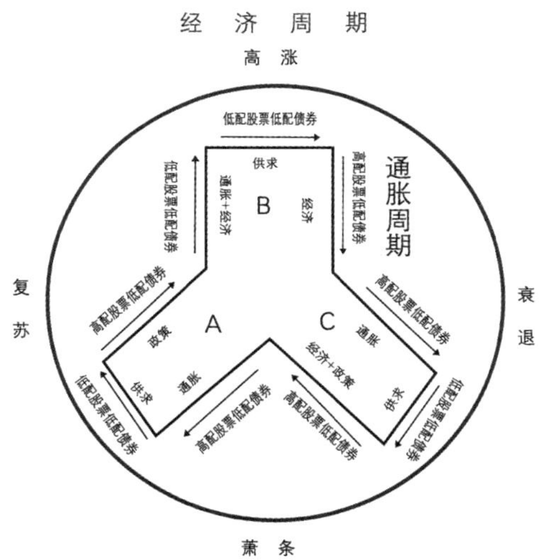


**图 1　经济周期、通胀周期和动态投资时钟**

核心的问题仍在于为什么 1997 年之后通胀周期的时长嬗变为 3 年左右，且较为稳定，而之前并没有明显的规律性。我们认为核心的原因还是在于逆周期的宏观调控政策和相机抉择的政策框架。在经济出现衰退的时候，政府采取宽松的货币政策和积极的财政政策来刺激经济，这些措

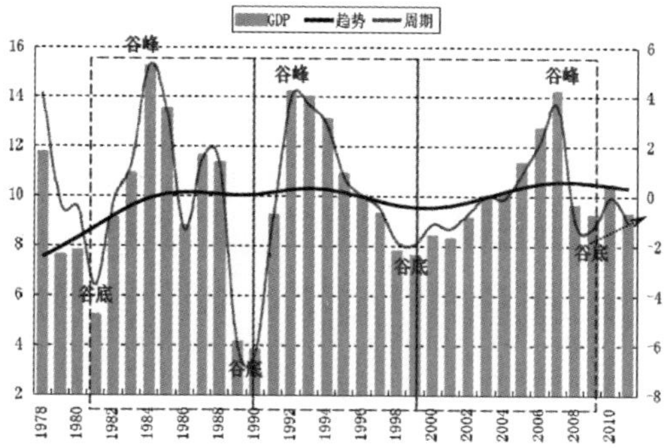


图 2　实际 GDP 增速的 HP 滤波分解(趋势和周期)

施要传导到实体经济还存在一定的时滞,但超发的货币和政府主导的投资行为容易造成商品价格的迅速抬升。在通胀压力下,政策不得不逐步退出刺激政策,对通胀进行打压。由于实体经济复苏的基础尚不充分,纯靠政策支持形成的通胀很快得到控制,物价迅速回落。这个过程正好构成通胀周期中的 A 浪。

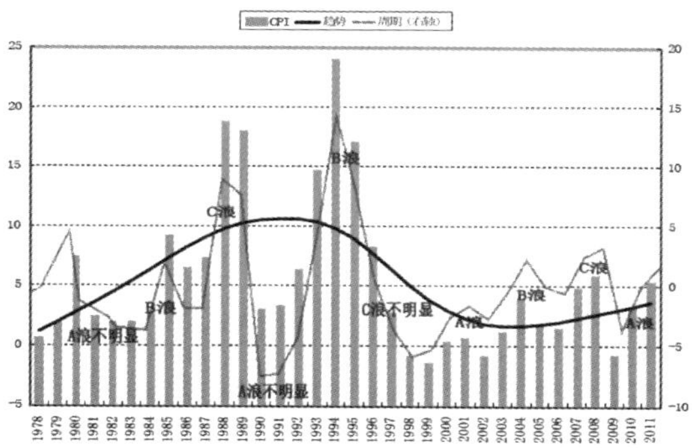


图 3　CPI 同比的 HP 滤波分解(趋势和周期)

当通胀不再成为政策调控的首要目标时,保增长重新成为宏观政策的重点。由于前期通胀形成的基础尚未消除,经济在经历了较长时间的低位徘徊后,重新进入上行通道,加上宏观政策从紧缩转向刺激,尽管力度不如之前大,无疑也为通胀的再度反弹创造了条件。在多方面因素的综合作用下,通胀重新上行。和第一轮通胀不同的是,此轮通胀的消除并不是依靠政策调控,而是随着经济的快速复苏,产能的急剧扩张,社会总供给增长的速度大于需求,从而带动价格水平的下降。这个过程构成了通胀周期的 B 浪。

随着经济在超过潜在产出的高位持续时间的延长,资源约束逐步显现,表现为铁矿石价格和原油价格等资源类要素价格的上升。在实体经济领域,我们感觉到是输入型通胀压力越来越大,从而传导到产业链的上游、中游和下游。这轮通胀的结束是以企业利润的下滑、企业破产倒闭、产能过剩逐步消化为特征的,往往还伴随着内外部的偶发事件,比如银行业危机或主权债务危机等。这个过程构成了通胀周期的 C 浪。

## 基于投资时钟的资产配置选择

综合经济周期和通胀周期,我们来判断不同时点我们的大类资产配置策略选择。固定收益类资产配置策略较为明确,因为利率周期基本和通胀周期同步,通胀上行期或高原期均不是债券配置的良机,只有高原期向回落期转折的时点才是配置债券的良机。因此,在投资时钟中,通胀上行期或高原期均是低配债券,在回落期或低谷期(如果有的话)才是高配债券。

股票的配置策略要相对复杂一些,我们分通胀周期进行讨论。A 浪上升期是政策刺激驱动,实体经济流动性较为充裕,但企业缺乏良好的投资机会,容易产生资产价格泡沫。虽然企业基本面不会太好,但大盘蓝筹股有政策放松预期支撑,而中小板、创业板等高成长性股票和一些题材股、概念股有良好想象空间支撑,股市往往具有良好的投资和投机机会。虽然这个阶段通胀会逐步走高,但通胀初期会对经济起到润滑剂的作用,有利于改善企业盈利水平，反而利好股市。

到A浪的高原期，政策从刺激转为紧缩，企业由于转嫁成本的能力较弱，盈利水平不断下降，股市将面临调整。直到通胀进入回落期，政策重新转向，股市才有望重新走出一波超跌反弹的小行情。因此，在A浪的这两个阶段，分别对应低配股票和高配股票。

进入B浪，通胀出现反弹，一方面经济的好转会让实体经济对流动性的需求增加，部分资金开始流出股市；另一方面政策紧缩的预期会压制股市行情的展开。此外，企业在产能扩张时期，融资需求较为强烈，资金的机会成本也会上升。虽然企业的产能扩张会给投资者带来未来盈利增长的想象空间，但广谱范围内的产能扩张会让投资者产生审美疲劳，对此视而不见。因此，在B浪的通胀上行期和高原期，往往伴随而来的是股市的漫漫熊市，大盘指数震荡走低，市场信心逐步陷入低谷。进入B浪回落期时，产能扩张逐步演变成企业盈利水平的上升，而通胀的回落也让政策紧缩的预期回落。与此同时，产能扩张趋于结束，也让企业融资需求下降，实体经济资金的回报率下降，转而流回资本市场。这段时期将迎来经济周期中最大的牛市行情，显然是高配股票的良机。

进入C浪后，虽然受到资源约束，输入型通胀日趋明显，但企业积压的存货会受通胀的影响给企业贡献额外的利润。另外，在企业经历盈利的高速增长后，线性估值模型会系统性提升股市的估值水平。随着资源价格的不断抬升，企业利润不断下降，资金开始从实体经济转向资本市场寻求出路，股市将进入非理性的泡沫化阶段。

等到通胀进入高原期，股市泡沫逐步破灭，股市迎来大幅调整，企业盈利下降日趋明显，经济周期进入衰退阶段。通胀高原期的结束往往以内部或者外部危机的方式出现,此时经济急剧恶化,通胀急剧下行。在这个阶段的前半阶段,股市亦难有好的表现。但当经济到一定程度时,大规模的经济刺激政策可能出台,实体经济流动性变得极其充裕,股市在经历了通胀高原期的充分调整之后,反而会面临超跌反弹的阶段性机会。

结合 2011 年以来的行情来看,年初至 9 月底均处于 A 浪的高原期,这段时期无论股市还是债市都是典型的熊市。10 月份,随着通胀拐点的明确,转入 A 浪的回落期,债市走出一波超跌反弹的小牛行情,股市也出现了小幅反弹。由于政策放松的力度小于预期,股市重新调整,并继续考验前期低点。但展望 2012 年上半年,随着通胀继续回落,经济继续减速,债市有望维持牛市局面,股市也必将出现更大幅度的反弹,届时有望回升至 2800~2900 点。

预计 2012 年的债市也不会一帆风顺,核心的问题在于下半年可能从 A 浪的回落期逐步过渡到 B 浪的上升期。当债市的牛市行情在上半年得到充分演绎之后,下半年收益率可能一路震荡上行。而股市在 2012 年上半年在更为明确的政策放松支持下,可能完成一波中级反弹,之后将随着 B 浪的出现进入长达数年的漫漫长熊之中。

虽然投资时钟可以告诉我们资产配置的大体方向,但具体的时点把握需要根据经济的实时变化做出相应的调整,切不可过于依赖投资时钟,毕竟时钟也有不准的时候。

作者单位:何一峰　宏源证券债券销售与交易部
谢海玉　对外经济贸易大学

(本文原载于《中国债券》2012 年 2 月刊)

# 中国银行业面临资源配置调整和去杠杆化挑战

黄　灿

**摘　要：**近年来，我国宏观经济出现了产能过剩和结构性失衡等问题。在银行为主导的金融体系下，这必然导致银行资源配置严重失衡，银行杠杆大幅上升且风险隐性化，而利率市场化提速使银行盈利高增长态势难以再现。受诸多不利因素影响，商业银行业面临补充资本金的压力，未来需要进一步拓宽银行资本补充渠道，而预计商业银行的外部支持更多将来自股东。

**关键词：**银行业　资源配置　利率市场化　资本充足率

2009年实施经济刺激计划后，投资取代出口成为拉动中国经济增长的主要方式，加剧了产能过剩和经济结构失衡。在银行为主导的金融体系下，这必然导致银行资源配置严重失衡，截至2013年9月末，银行投向地方政府融资平台和房地产行业的贷款余额合计占比达35%、投向小微企业的贷款占比不足22%。

产能过剩和经济结构失衡问题日益严重，经济结构调整和经济增长方式转变日益迫切。党的十八届三中全会“把改革贯穿于经济社会发展各个领域各个环节,以改革促创新发展”的纲领性表态,显示了中央全面深化改革的决心。金融是改革的关键领域之一,应充分发挥其对资源配置的引导作用。而在此过程中,作为金融领域的核心行业,中国银行业必将面临诸多调整和压力。

**银行业监管理念亟待突破,银行业务和经营方式面临调整**

(一)行政监管和社会资金需求之间冲突加剧,银行去杠杆化需要监管理念实现突破

银行业是受到严格监管的行业,资本约束、贷存比、信贷规模控制可谓银行不可突破的红线。其中,信贷规模控制作为一种行政监管手段,使银行的经营独立性受到干预,且违背了不同银行的不同客户群体具有不同经营周期和用款需求的基本规律。这种行政管制使得银行在信贷需求不足时降低标准发放贷款,而在信贷需求旺盛时通过种种手段逃避规模控制。从 2013 年的情况可以看到,宏观经济环境和社会实际资金需求旺盛的现状,与贷款规模控制以及行业风险指导控制等行政监管手段之间的冲突不断加剧,进而逐渐演变为银行通过理财业务、同业业务逃避规模控制、行业贷款限制、资本约束和贷存比,监管套利层出不穷,风险呈隐蔽化且未得到准确计量。据银监会披露,截至 2013 年 6 月末,超过 300 家银行业金融机构发行的存续理财产品近 4 万只,余额 9.08 万亿元,而其中投向非标资产的比例约为 30.62%。同时,自 2010 年以来,银行同业资产规模大幅增长,上市银行同业资产占总资产平均比例从 2009 年末的 11.72%上升至 2012 年末的 18.13%,最高的占比超过 35%(见图 1);同

业资产中近两年来买入返售资产的平均占比为 45.06%,而买入返售资产中除票据、债券外,大部分资金投向信贷业务受限的地方政府融资平台、房地产及产能过剩行业。

其实,监管部门对银行表内表外资产结构的变化早有察觉。2013 年 3 月,银监会发文对理财业务进行规范(业内俗称 8 号文),其中要求投资非标准化债权资产(以下简称非标资产)的比例不得超过总资产的 4%或理财产品余额的 35%。随着理财产品投资运作受到规范,银行转而通过同业业务投资非标资产。为了防止银行杠杆率持续加大、行业集中度上升及风险隐性化,监管部门正在酝酿出台规范银行同业业务的相关规定。

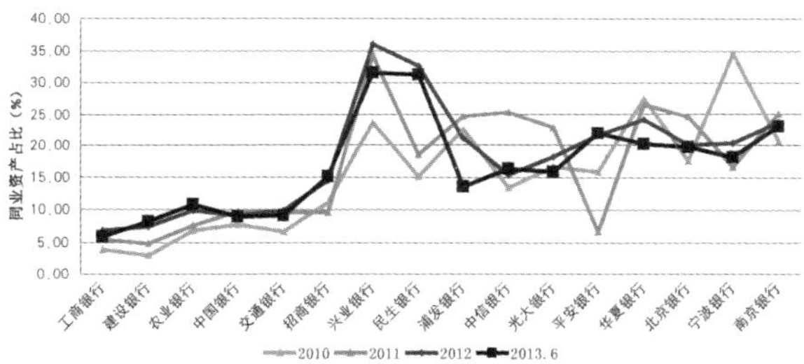


**图 1　同业资产占总资产比例**

笔者认为,从规范经营和防范风险的角度来看,8 号文和可能即将颁布的同业业务相关规定都非常切中要害,但在外部环境和资金需求不变的情况下,银行监管套利的动机没有消除,从而影响了治理效果。8 号文下发后投向非标业务的资金由理财资金转向由同业和自有资金对接就是例证。事实上,决策层对银行现有监管政策和监管手段已有反思,有关人士呼吁还银行资产负债表自主权,包括放开信贷规模控制,取消贷存比指标、代之以新的流动性覆盖比例和净稳定资金比例指标,将清算、结算、头寸拆借以外的同业往来均视为一般资产和一般存款等。因此,银行去杠杆化调整和监管套利治理,还需要监管部门以资本约束和真实反映风险为原则,在监管理念上实现突破。

(二)银行理财业务逐渐回归资管本原,发展仍面临不确定性和挑战

理财业务近年来高速发展。但与此同时,理财产品刚性兑付、期限错配、透明度低、非标资产占比过高也广为业内诟病。监管部门继下发8号文出重拳规范理财业务后,又推出银行理财资管计划和理财直接融资工具两项试点工作,试图为非标资产提供出口,彻底解决理财产品刚性兑付问题,使银行理财回归资管本原。2013年10月,试点银行理财资管计划以及专供银行理财管理计划投资的理财直接融资工具,在中央国债登记结算有限责任公司的理财直接融资工具综合业务平台正式报价交易。从试点情况来看,首批银行理财直接融资工具试点发行28单,规模逾100亿元,融资主体主要为国有企业,投向符合国家产业政策,评级均在AA级以上,利率定价主要参考非公开定向债务融资工具和短融中票,由于初期流动性较弱,有流动性溢价反映。银行理财资管计划均为开放式净值型。

笔者认为,银行净值型理财资管计划的发行,标志着银行理财向资产管理转变,从而有望破除刚性兑付,实现代客和自营风险隔离。但是,银行开展真正意义上的代客理财业务仍然需要一个过程,且面临一些不确定因素和挑战。

首先,银行理财业务的法律主体资格不明确,银行与客户的法律关系以及理财资产的风险隔离缺乏有力的法理支撑,是银行理财业务向资产管理转型过程中的最大障碍。

其次,由银监会推动的银行理财资管计划、理财直接融资工具试点,其

未来的发展模式和监管政策仍具有不确定性。银监会开展理财直接融资工具试点的初衷是将非标资产转化为标准化产品,提高理财产品的透明度和流动性,但非标资产大部分为城投类、房地产和过剩产能行业项目,不符合理财直接融资工具的投向,因此理财直接融资工具只能部分分流通道非标业务,未来扩容乃至常态化发行取决于监管部门对发行人的定位。

最后,由于银行理财产品风险提示和信息披露仍然十分薄弱,且其投资者群体金融消费观念和知识不足,因此消费者被误导的事件时有发生,但与此同时,我国的金融消费纠纷处理机制却不完善。

(三)利率市场化及互联网金融对银行竞争格局和经营理念造成冲击

事实上,在未摆脱刚性兑付前,银行理财业务实质上是利率市场化进程中银行负债业务的创新形式,是具有市场化利率的创新型存款产品。尽管银行理财业务规模的快速增长造成了传统存款的大幅波动,但银行往往通过理财产品的期限设计,保证季末年末存款的增长,从而满足贷存比的监管要求。随着利率市场化以及银行理财业务向资产管理转变,理财业务必将对传统存款造成实质分流,银行的经营观念也需要随之转变。银行不再依靠存贷利差生存,而是通过提供多元化的产品满足客户的不同需求,拓展多元化收入来源。银行的负债来源也将更加多元化,同业存单、大额可转让存单、金融债券等都是未来筹集资金来源的重要工具。

近来,互联网金融依托信息技术和商业模式创新,向支付、信贷和理财等传统金融领域的渗透势不可挡,并推动了利率市场化和整个金融市场化的发展。互联网金融的快速发展在很大程度上得益于监管对新生事物所持的开明态度,但互联网金融的发展也使得大量非金融机构得以开展金融服务,金融机构和非金融机构之间的界限趋于模糊,银行、证券、保险业务得以互相渗透，对分业监管格局提出了挑战，给监管部门带来新的课题。在传统金融业的竞争格局和经营理念受到互联网金融的冲击下，银行纷纷创新求变、积极应战。笔者认为，银行具有长期经营积累的资金、团队和风险管理优势，若能充分发挥所长，加强创新、提升客户体验，应仍能保持传统金融的核心地位。

## 银行盈利高增长态势难再现，市场流动性压力或将持续

### (一)受息差缩窄、信贷成本上升影响，银行盈利高增长难以再现

受2012年央行两次降息及存款利率可上浮至基准利率1.1倍的影响，全行业息差普遍缩窄(见图2)。上市银行平均息差由2012年的2.68%连续下降至2013年三季度的2.50%。由于2013年前三季度一般贷款平均利率反而由2012年的7.07%上升至7.16%，因此驱动息差下行的因素可能更多来自同业业务的影响。随着同业存单推出以及货币市场利率中枢上移，同业资金成本上升压缩了息差空间。加之贷款重定价具有较长的滞后期，因此短期来看息差仍将呈下行趋势。而长期来看，利率市场化迫使银行经营下沉并提高定价能力，中小企业对信贷资金需求仍然旺盛，负债端资金成本上升会逐步传导到资产端，银行仍能保有合理的息差空间。

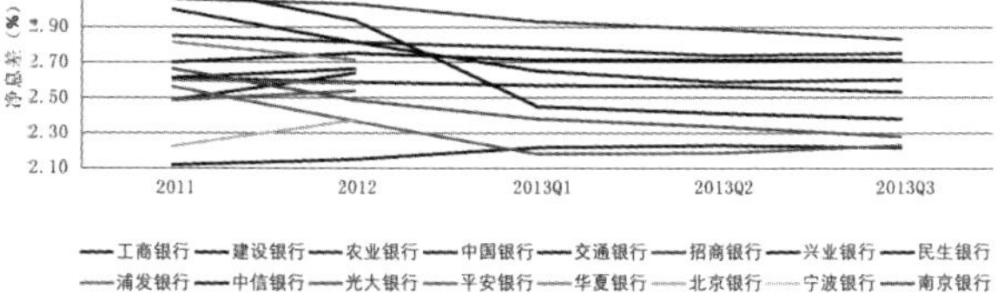


图2　净息差变化趋势

大型银行在应对利率市场化过程中，经营转型取得一定成效，表现为非利息收入贡献度不断上升，其中手续费及佣金收入持续快速增长，且渠道来源趋于多元化，包括结算、理财、投行、托管、银行卡等。其2013年前三季度实现手续费及佣金收入4405.12亿元，在净营业收入中的占比达到20.69%，较2010年提升4.32个百分点。中小银行获得手续费及佣金收入的渠道和竞争力仍然较弱，对利差收入的依赖依然很高。

此外，近年来在逆周期监管理念的指引下，银行计提拨备的力度较大。2013年上半年，8家上市股份制商业银行中有6家银行拨备费用占比高于上年，但拨备覆盖率却低于或持平于上年水平，显示出信贷资产质量和拨备支出对盈利增长造成压力。

银监会数据显示，银行近年来总体利润增速放缓，2011年利润增速为36.34%，2012年为18.9%，2013年上半年同比增长13.83%，较2012年上半年增速下降9.47个百分点。银行盈利高增长态势难以再现。

(二)不良贷款持续反弹，上升趋势仍未遏止，但整体风险可控

在连续实现七年“双降”之后，银行不良贷款自2011年三季度开始反弹(见图3)。2012年银行不良贷款余额比年初增加647亿元至4929亿元。2013年以来，银行不良贷款余额仍呈持续上升趋势，前三季度分别新增339亿元、67亿元和241亿元，余额达到5636亿元，不良贷款率为0.97%，较上年末增加0.02%。

从行业来看，钢贸、光伏、造船等产能过剩行业信贷风险持续发酵，且上述行业及其上下游企业大都集中在长三角和江浙地区，造成行业风险与区域风险高度重合，加上江浙地区民间借贷发达，使浙江和江苏两省成为不良贷款重灾区，其新增不良贷款占到全部新增不良贷款的近90%。

由于上市银行在长三角和江浙地区拥有很高的市场份额,2013 年前三季度上市银行新增不良贷款为 569.95 亿元,占到全行业新增不良贷款的 80.62%。从上市银行数据可以看到,加大核销力度已成为上市银行控制不良贷款的主要手段。

除产能过剩行业外,地方政府融资平台和房地产贷款仍然是监管部门要求严控风险的行业。2013 年监管部门对地方政府融资平台(以下简称平台)贷款延续“降旧控新”的政策,明确二条红线即平台贷款余额不超过 2011 年末、占比不超过 2012 年末。针对 2012 年以来银行大量理财产品、同业资金、自有投资投向城投债、平台类贷款项目,监管新规要求银行对平台负债实行全口径风险管理、统计和上报,并将城投债投资权限统一上收至总行。但对银行平台风险敞口的监管与平台对资金饥渴之间的冲突还在不断加大,如何解决这个矛盾已成为决策层、监管层无法回避的问题。未来,经济转型、政府职能转变及市场化改革,是最终化解地方政府债务风险的方向。

新型城镇化建设给房地产企业带来一定利好,房地产企业融资渠道有所改善,资金面得到缓解。2013 年以来,银行投向房地产贷款增速有所上升,前三季度新增房地产贷款 1.9 万亿元,占各项贷款新增额的 26.1%。房地产行业具有典型的周期性特征,房价持续上升增加了银行相关敞口风险,对于与房地产高度相关的中国银行业来说,降低风险集中度、定期开展压力测试,做好应对房价下行期的准备,是非常有必要的。

笔者认为,银行业不良贷款大幅上升与宏观经济结构失衡、产能过剩、增速下滑的基本面密切相关,而银行风控漏洞、过度授信、民间借贷也起了助推作用。中国在未来较长时间仍将经历经济结构调整和转型升级，银行不良贷款的上升趋势可能还将持续，银行风险管理水平承受进一步考验。不过，截至 2013 年 6 月末，银行拨备覆盖率为 292.50%，上半年实现净利润 7531 亿元，同比增长 13.83%，仍有充足的拨备和较强的盈利能力来应对和消化不良贷款，整体资产质量风险可控。

（三）钱荒根源是流动性结构性失衡，市场流动性压力或将持续

2013 年 6 月钱荒事件发生后，引起业界广泛的讨论和反思。笔者认为，钱荒根源是流动性结构性失衡。从宏观经济层面来看，经济结构不合理、国际收支不平衡造成人民币总体流动性过剩。而在银行层面，资源配置失衡、杠杆运作加大、期限错配、流动性管理薄弱，使银行体系流动性变得脆弱。尤其是银行同业资产表现为同步大幅增长，实际上是资金在银行之间不断转手，最后投向可承受较高利息的房地产和地方政府融资平台。同业资金链条拉长和空转，使得银行在流动性预期发生变化时极易发生连锁反应，从而演变为行业整体流动性紧缺和恐慌。

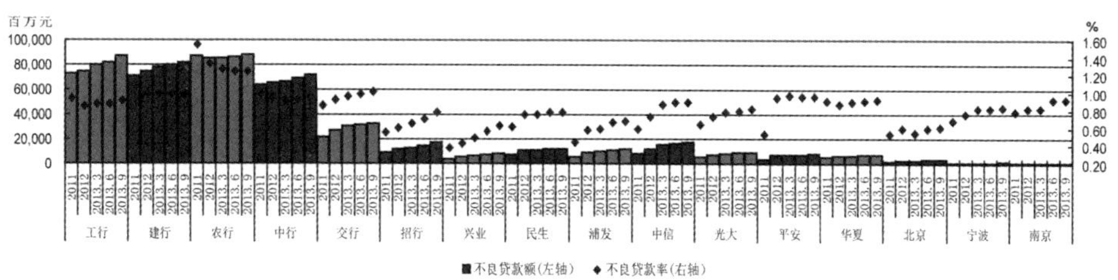


**图 3　不良贷款额与不良贷款率**

就 2013 年 6 月钱荒事件和 12 月货币市场利率飙升而言，是多重因素叠加的结果。首先，近年来，由于中国经济增速下滑、美国 QE 退出预期增强，短期跨境资金的双向流动频率加大，外汇占款月度大幅波动对市场流动性状况带来很大影响；其次，央行为了促进银行资产负债管理、压缩银行同业杠杆，在流动性管理理念上有所改变，使得银行对央行通过公

开市场操作救市的预期屡屡落空;最后,银行逐利心理加重,偏离稳健审慎的经营原则,风险偏好上升,经营风险加大。

笔者认为,治理流动性结构性失衡需从宏观经济层面和银行资产负债管理两方面双管齐下,在加快调整经济结构、转变经济增长方式的同时,推进金融市场化改革,发挥金融对资源配置的市场化作用。从目前来看,若货币市场利率继续保持高位,则将会逐渐传导至信贷利率,从而加大企业财务负担,对投资和消费产生抑制作用。因此,央行的货币政策还需在促进银行去杠杆和管理货币市场利率方面拿捏好尺度。

## 银行资本补充渠道进一步拓宽,其外部支持将更多来自股东

### (一)资产证券化有助于缓解资本压力,资本补充渠道进一步拓宽

我国《商业银行资本管理办法(试行)》(业内俗称新资本管理办法)自2013年1月1日起正式实施。目前,资本充足率和核心资本充足率的披露处于新旧资本管理办法并行期。由于新资本管理办法将市场风险和操作风险纳入资本计提,2013年6月末上市银行披露的平均新资本充足率要比按照老资本管理办法计算的值低0.93个百分点(见图4)。再加上2012年以来银行盈利增速趋缓,理财、同业业务计提资本要求进一步规范的因素,截至2013年6月末,16家上市银行披露的新资本充足率和核心资本充足率全线下滑,降幅分别为1.35个和0.77个百分点,有4家股份制银行核心资本充足率等于或低于8%。此外,新资本管理办法与《巴塞尔协议Ⅲ》接轨,要求合格资本工具必须带有减计或转股条款。由于监管部门对此所持看法不一,2013年初至今仅发行一单合格二级资本债券,金额为15亿元。二级资本补充渠道受阻,使得上市公司面临的资

本补充压力进一步加大。

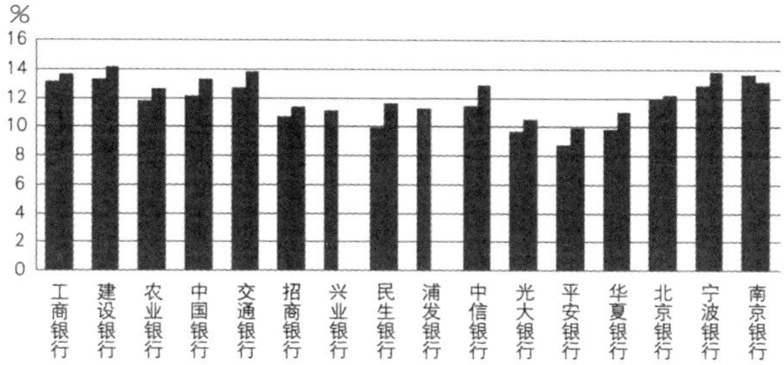


**图 4　2013 年 6 月末资本充足率**

2013 年 7 月,《国务院关于金融支持经济结构调整和转型升级的指导意见》(俗称“金融国十条”)发布,提出“优化社会融资结构……盘活存量资金,用好增量资金”,这一政策表述展示了新任领导人推进未来金融改革的核心思路。“盘活存量”十大措施之一是逐步推进信贷资产证券化常规化发展。笔者认为,银行信贷资产证券化常规化发展能较好地解决银行发展中的资本约束问题,为盘活信贷资产提供有力的出口,使银行充分发挥其风险管理的优势,提供更多普惠金融服务,同时带动直接融资的发展。此外,为贯彻“金融国十条”,2013 年 11 月 30 日国务院发布了《关于开展优先股试点的指导意见》,优先股作为一项创新资本工具,将弥补银行一级资本工具空白,进一步拓宽银行资本补充渠道。

### (二)政府对银行的隐性担保将被逐步破除,银行外部支持将更多来自股东

从资产总额来看,银行在金融体系处于绝对主导地位。同时,银行提供的服务具有准公共品性质,因而在中国经济转轨时期,无论从金融稳定还是社会稳定的因素考虑,银行一直得到政府的隐性担保。随着金融市场化改革的开启,纯民营银行准入放开,存款保险制度、银行市场化退出

机制加速酝酿出台,银行将自担经营风险,政府对银行的隐性担保将被破除。

未来,银行可能获得的外部支持将主要取决于其股权结构以及股东的支持意愿和支持能力。中国银行业的股权结构有较为明显的特点,国家控股、地方政府控股银行的比例较高,这部分银行的综合财务实力评级将获得一定支持级别的提升;而大部分中小农村金融机构的股权较为分散,其综合财务实力评级等同于个体财务实力评级。此外,中国银行业的集中度较高,国有银行和全国性股份制商业银行的资产合计超过全行业的60%,因此对于具有系统重要性的大中型银行,考虑到它们庞大的资产规模和客户基础,笔者认为它们仍然会获得政府的系统性支持。

作者单位:中诚信国际信用评级有限公司金融机构部

(本文原载于《债券》2014年2月刊)

# 供给侧改革有望改善资产荒

刘东亮

**摘　要：**近期"供给侧改革"概念的提出给未来经济新常态以想象空间。本文阐述了供给侧改革的概念，对美英两国供给侧改革的措施及效果进行了简要介绍，并结合我国国情对我国供给侧改革的内容进行了预测。针对市场面临的资产荒问题，本文认为供给侧改革将扩容权益类资产空间，带来资产增量，有望改善资产荒局面。

**关键词：**关键词：供给侧　改革　资产荒　供给学派

近期，习近平总书记在第十一次中央财经领导小组会议上强调："在适度扩大总需求的同时，着力加强供给侧结构性改革，着力提高供给体系质量和效率，增强经济持续增长动力，推动我国社会生产力水平实现整体跃升。"李克强总理在主持召开"十三五"《规划纲要》编制工作会议时再次强调，要在供给侧和需求侧两端发力促进产业迈向中高端。"供给侧改革"迅速成为热门概念，甚至有机构提出"供给革命"的说法。在中国经济持续下行、新旧增长动力变更衔接之际，供给侧改革给了未来经济新常态以充分的想象空间，也使我们在展望2016年之际可以从新的视角来探讨政策走向和资产组织的前景。

## 供给侧改革的理论来源

什么是供给侧改革？目前官方尚未给出全面解读,但从决策层口头表述以及十八大以来陆续推出的一些政策来看,可以认为供给侧改革的理论来源于“供给学派”。

供给学派是20世纪70年代在美国兴起的一个经济学流派,与盛行多年的凯恩斯主义强调需求不同,该学派强调经济的供给方面,认为需求会自动适应供给的变化,市场能够自动出清,且需求总是等于供给,不需要去刺激需求。

供给学派认为,经济的增长取决于劳动力和资本等生产要素的供给和有效利用,因而其函数表达为:Y=F(A,K,L),其中Y代表总产出,K是资本,L是劳动力,A是全要素生产率。由于L存在瓶颈,K存在边际递减,因此供给学派认为经济增长的关键在于通过技术进步、制度红利、人力资本深化等提高A,也就是全要素生产率来促进经济增长。

而技术进步和人力资本难以在短期内见效,通过制度红利提高A便成为供给学派认为的最大可操作变量。在20世纪80年代,以美国里根政府、英国撒切尔政府为代表的西方国家,都是通过供给学派政策来促进经济增长的典型代表,且都取得了相当不错的效果。

## 美国、英国供给侧改革简要回顾

“二战”后,西方国家秉承美国罗斯福新政开始的凯恩斯主义,国家深度介入经济,以期熨平经济周期并拉动经济增长。凯恩斯主义在20世纪

50至60年代取得了良好效果,造就了西方国家的黄金时代。但70年代后,美国及欧洲国家失业率飙升,经济增长大幅减缓,继续坚持凯恩斯主义的西方国家政府近乎束手无策。

里根政府成立后,迅速转向供给学派寻求对策,对美国经济实施了以减税、放松管制、控制货币为特征的大规模改革,被称为"里根经济学"(见表1)。在经历了初期大幅加息和减税带来的财政恶化冲击后,美国经济逐渐转入良性增长,通胀得到控制,企业盈利与居民所得均显著上升,经济活力大增,产业结构实现重组升级,并最终在美苏争霸中以压倒性优势获胜。

**表1　美国里根政府的供给侧改革主要措施及效果**

| | 政策要点 | 效果 |
|---|---|---|
| 减税 | 公司所得税最高税率自46%降至34%,个人所得税最高税率自50%降至33% | 增加了企业盈利和个人可支配收入,但削弱了财政收入 |
| 削减福利 | 大规模削减社会保障等非国防开支 | 减轻了政府财政负担,但被指为劫贫济富 |
| 收紧货币 | 大幅加息,1982年10月前联储贴现率维持在两位数以上,最高曾达14% | CPI自20世纪80年代初的两位数降至1986年的1.9% |
| 减少干预 | 大规模削减联邦规章,联邦条例法典减少了1/9,颁布规章条例的文件数量减少了1/4 | 激发了企业活力和创造力 |
| 放松管制 | 产业重组、放松价格管制和市场准入,包括航空、电信、铁路等 | 传统经济部门出现大规模并购重组,管制行业产值占GDP比重降至6.6% |

几乎与此同时,英国撒切尔政府也掀起了一场基于供给学派理论的新政,对英国经济进行了大刀阔斧的改革(见表2)。这场改革使得英国摆脱了连续多年的经济低迷,其20世纪80年代的经济增长明显好于其他欧洲国家。

表 2　英国撒切尔政府的供给侧改革主要措施及效果

| | 政策要点 | 效果 |
|---|---|---|
| 减税 | 将个人所得税最高税率从 83%降到 60%,减征投资收入税、土地开发税和公司利润税,减少了一些中小企业的税收负担,扶持中小企业发展 | 增加了企业盈利和个人可支配收入,但削弱了财政收入 |
| 削减福利 | 削减教育、医疗和社会福利等领域的财政支出,打击工会 | 减轻了政府财政负担,削减政府规模 |
| 收紧货币 | 制定货币供应量目标,规定 1980—1981 年货币供应量增长率保持在 7%~11%,以后逐年把货币供应增幅降低 1%,1983—1984 年降到 4%~8% | CPI 自 20 世纪 80 年代初的 18%逐渐降至 5%以内 |
| 减少干预 | 国有企业私有化,鼓励私人资本进入原属国家投资经营的禁区,出售航空、电信、能源等国有资产 | 提高了企业经济效益,减少了财政支出负担 |
| 引入市场竞争机制 | 撤销了 3000 多个计划、咨询和监督机构,撤销了物价管制委员会,取消工资和物价管制,削减国家企业局的权力,废除了 180 多项限制经济活动的规定,取消了实施 40 多年的外汇管制条例 | 市场竞争机制大为增强,激发了企业和市场的活力 |

以美国、英国为代表的供给侧改革有以下几个突出共同点:一是大规模减税;二是大幅削减社会福利;三是收紧货币政策;四是减少政府对经济的管制和干预。

对比当下中国经济的情形,与美英在实施改革前在某些方面有一定的相似之处,比如对总需求刺激的灵敏度降低、经济增速放缓、财政支出较为沉重、市场竞争机制不足等。同时,也存在一些显著区别,如中国经济实际增速水平仍较高、目前不存在高通胀高失业问题,社会保障体系也正在完善中。

### 对中国供给侧改革的预测

笔者认为,中国实施供给侧改革并不是一时兴起,也不会放松对总需求的调控,更不代表经济政策的大转向。供给侧改革是此前“调结构、促转型”目标的具体化,与总需求刺激政策并行不悖。

中国的供给侧改革将从西方国家成功的实践中汲取精髓,同时结合自身国情,走出自己特色的供给侧改革之路。预计中国的供给侧改革将呈现以下几个特征:

(一)近期不会大规模减税及削减社会福利

减税的制约在于,在经济下行阶段,政府财政收入也承受相当大的压力。2016 年需要财政政策发挥更大的作用,如果减税,将会带来各级政府财力不足,难以落实稳增长的各项任务。同时,如果中央和地方政府过度扩大国债、地方债的发行规模,将对债券市场的容量构成冲击,抬高债券市场利率,不利于降低社会融资成本。

未来进一步出台结构性减税措施还是有可能的,包括加快推进营改增、加大对小微企业的减税力度、调整个税起征点等,但减税规模不会很大。社会福利方面,由于目前中国依然处在社会福利不断完善发展的阶段,未来对民生保障的投入会进一步加大,因此近期不会削弱社会福利。

(二)不会出现大规模私有化

英国撒切尔政府曾将国有企业进行了大规模私有化,随后其他欧洲国家也纷纷仿效,私有化改革提升了企业效率,减轻了政府负担,加强了市场竞争机制,最终取得了不错的效果。

基于中国国情，预计未来企业层面的改革仍将以国企改革为重要推手，以改革国资监管、提升企业效率、推动国企整合为重点，稳步发展混合所有制，大规模国企私有化的情况不会发生。

(三)对货币政策的影响偏中性

美国、英国在转向供给侧改革时，都大幅收紧了货币政策，通过大幅加息来遏制通胀，但这一情况在中国显然不会发生。当前中国面临的是潜在通缩风险而非通胀，同时实体经济融资渠道尚未完全畅通，融资成本依然偏高，货币政策事实上存在继续放宽的需求。

继续宽货币政策是经济下行周期的客观要求，这与侧重刺激需求还是侧重刺激供给并无必然联系，因此预期供给侧改革对货币政策的影响是偏中性的。

(四)转型升级与提升市场效率将是重点

转型升级一直是近年经济工作的重点。在中国人口红利结束，工业化、城市化进入后程，经济更加依赖消费的阶段，转型升级的重要性更加凸显。依托供给侧改革，加快经济结构的转型升级，将会是中国版供给侧改革的重点。而加大市场对资源配置的决定性作用，是实现经济转型升级的重要驱动力，预计简政放权、加强竞争、放松对行业准入和价格管制将会是改革的重点。

(五)产能出清面临困难

供给侧改革的一个重要内容是市场自动出清，这一点尤其适合中国产能过剩的现状。从过去一两年的实践经验来看，未来去过剩产能的前景不容乐观。

首先,去过剩产能意味着产能过剩行业的企业将面临裁员,如果在部分上游行业领域启动去产能,释放的失业压力短期内难以消化;其次,各级政府有意愿有动力维持债务的刚性兑付,尽管打破刚兑是趋势,但从过去两年出现的一系列债券违约事件来看,政府持续介入债务违约的情况不会很快改变;再次,市场出清意味着信贷违约规模的大幅上升,这对金融机构的资产质量安全构成重大挑战,也威胁到不发生系统性区域性金融风险的底线。

由此可见,中国的产能出清需要一个过程,不会一蹴而就,更不会出现 20 世纪 90 年代国企大规模裁员下岗的情况。

## 供给侧改革将带来增量资产

### (一)财税体系改革将加剧传统平台类资产的稀缺性

理顺我国财税体系是一个已酝酿多年的话题,有望借助供给侧改革浮出水面。如果对中央、地方财税体系作出调整,各级地方政府传统平台类资产的稀缺性或将加剧。

目前,中国财税体系的问题在于地方政府事权与财权不够匹配,事权较大但财权不足,导致地方政府有较强的融资冲动。未来的改革方向很可能是地方将部分事权上交中央,地方政府融资的迫切性将会逐渐下降,自发自还地方债、城投债、平台类融资的供给规模将出现削减,这也意味着上述类型的存量债务将日益稀缺,特别是收益相对较高的城投类资产。在资产配置荒可能长期持续的背景下,一旦出现财税体系调整,传统平台类融资产品将更加受到市场追捧。

### (二)发展多层次资本市场将大幅扩容权益类资产空间

过去几年,资本市场创新带来的融资配资业务直接推动了银行、券商、基金资管业务的大发展,在经历2015年股市震荡后,机构风险偏好普遍提高,资本市场带来的业务空间出现收缩。

但是,产业升级、消费升级、万众创新必然要求资本市场发挥更强大的资源配置和融资支持作用,发展多层次资本市场是未来相当长阶段内供给侧改革的重点之一,有望带来可观的业务空间。

目前我国资本市场本身仍存在很多需要解决的问题,如存在证券发行交易行政化、审批化;主板、创业板发展相对成熟,但新三板相对发展不足,导致仍有众多中小企业难以从资本市场融资;企业转板也不顺畅。这些问题的存在显然不利于支持新兴产业及营造创业氛围。

未来资本市场两个领域的改革值得关注。一是注册制的加速落地,将简化上市审批流程,增加资本市场供给,虽然这有可能引发市场波动,但市场扩容意味着权益类资产供给的扩大以及配资和直投可选择对象的增加;二是发展和完善新三板,甚至建立四板市场(如区域股权交易中心),这意味着有资格进行股份转让、定向融资和并购重组的主体规模扩大,这种变化既会带来资本市场融资类业务的增量空间,也会加大金融机构对权益类产品的创新力度,各种新的产品模式将层出不穷。

### (三)转型升级带来的资产增量空间值得看好

#### 1.并购基金类融资增长空间巨大

供给侧改革要求政府放松管制,提升市场效率,这必然带来企业并购重组的活跃。

美国在里根新政后,曾出现过大规模并购重组潮,被称为美国历史上的第四次并购浪潮(1981—1989年),其中一个重要原因就是联邦政府放松了对航空、银行等传统管制行业的准入障碍,因此这次并购浪潮主要集中在航空、金融、医药、石油等行业。值得注意的是,这次并购浪潮中,金融工具的创新带来并购融资的极度活跃,90%的并购资金都是借入资金,同时,一些大公司为了避免被并购,也开始出售与主业无关的分支机构。

中国正在推进的国企改革中,重组整合与发展混合所有制,都会带来巨大的并购融资空间,重组整合既包括境内企业间的大规模重组,也包括走出去类型的跨国并购;混合所有制则要求从战略投资的角度引入社会资本,未来中国的并购潮,将涉及境内、境外市场,涵盖不同所有制的全方位参与主体。因此,并购基金或并购类融资未来发展前景值得看好,银行与券商资管、基金子公司、信托等行业的合作空间广泛。

2. 消费升级带来新的资产组织空间

国务院近期下发《关于积极发挥新消费引领作用加快培育形成新供给新动力的指导意见》(国发〔2015〕66号,简称66号文),对消费升级给出了明确的指导意见。

66号文中指出的服务消费、信息消费、绿色消费、时尚消费、品质消费、农村消费等将成为消费升级的重点推进领域,相关产业、基础设施和公共服务投资的融资需求势必迅速成长,在人口结构变化,居民消费观念转变倒逼消费升级之际,上述领域给资产组织带来了广阔空间。

66号文中还提到要强化普惠金融服务,打造集消费、理财、融资、投资等业务于一体的金融服务平台,支持发展消费信贷,这预示着国家层面将会更积极地推动互联网金融平台的发展,而大力发展消费信贷则可能带动消费信贷资产证券化的大幅发展。

同时,消费的大发展有望进一步充实资产证券化的基础资产类型,目前国内已经出现物业费、学费等资产证券化创新,未来健康、医疗、教育、养老等一系列涉及消费升级和人力资本深化的行业,可能会成为资产证券化基础资产创新的重要平台。

3. 政府引导基金、平台类基金融资将大有可为

转型升级将从两个方面加大政府平台类基金的融资需求。一是在大众创业、万众创新氛围下,政府主导的创业类、科技类融资,如政府引导基金、产业基金等,包括其他类型的金融创新对高科技和新兴行业的支持,将大有可为;二是在城投融资受限后,代替城投融资的各类政府平台基金,其中符合调结构方向的传统产业改造升级、企业技术改造、消费、文化、旅游等领域的基础设施类融资有望放量,这部分融资会在一定程度上抵消财税改革带来的传统平台类资产供给的减少。

作者单位:招商银行同业金融总部

(本文原载于《债券》2015 年 12 月刊)

# 我国宏观杠杆述评：政策演进、测度、成因及影响

庞海军　宋光磊

**摘　要：**自2008年全球金融危机以来，宏观杠杆风险成为各国宏观政策管理层面热议的焦点。今年2月22日，习近平总书记在中共中央政治局第十三次集体学习时强调，深化金融供给侧结构性改革，平衡好稳增长和防风险的关系。这要求我们立足当前，站在金融供给侧的高度来整体考虑宏观杠杆问题。本文首先梳理我国宏观杠杆政策的演进过程，然后针对宏观杠杆的测度、成因及影响等问题进行观点汇总和分析，并提出对我国宏观杠杆问题的思考和建议。

**关键词：**宏观杠杆　供给侧结构性改革　货币政策　金融风险

自2008年全球金融危机以来，西方国家普遍采取宽松的货币政策来刺激经济，全球债务规模迅速扩张，推动宏观杠杆水平持续攀升。宏观杠杆风险成为各国宏观政策管理层面热议的焦点。

我国政府历来高度重视宏观杠杆问题，出台了一系列有关杠杆管理的方针政策，并结合国内经济金融运行状况及外部条件的变化适时调整，逐步将宏观杠杆控制在较稳定的水平。目前，我国宏观杠杆风险总体可

控。今年2月22日,习近平总书记在中共中央政治局第十三次集体学习时强调,深化金融供给侧结构性改革,平衡好稳增长和防风险的关系。金融杠杆具有"双刃剑"特征,在增大收益的同时,也放大风险。这要求我们立足当前,站在金融供给侧的高度来整体考虑宏观杠杆问题。为此,本文将在梳理我国宏观杠杆政策脉络的基础上,探讨宏观杠杆的测度、成因及风险,并提出对我国宏观杠杆问题的几点思考及建议,以期为深化金融供给侧结构性改革提供参考。

## 我国宏观杠杆政策的演进过程

我国政府高度重视宏观杠杆问题,2015—2018年的4次中央经济工作会议,均对宏观杠杆问题作出明确的阐述。从总体来看,我国宏观杠杆政策经历了从去杠杆,到结构性去杠杆,再到保持宏观杠杆基本稳定三个阶段。

### (一)去杠杆阶段:重在企业降杠杆

2015年12月,去杠杆作为结构性改革"三去一降一补"的一项任务,首次在中央经济工作会议上被提出。2016年中央经济工作会议明确了去杠杆的内涵和路径,提出要在控制总杠杆率的前提下,把降低企业杠杆率作为重中之重。要支持企业市场化、法治化债转股,加大股权融资力度,加强企业自身债务杠杆约束等,降低企业杠杆率。2017年7月,全国金融工作会议提出,要积极稳妥推进去杠杆,深化国企改革,把降低国企杠杆率作为重中之重。2017年12月,中央经济工作会议进一步把防范化解重大风险列为未来三年三大攻坚战之首。

（二）结构性去杠杆阶段：注重结构、力度和节奏

2018 年 4 月，中央财经委员会召开第一次会议，首次提出以结构性去杠杆为基本思路，分部门、分债务类型提出不同要求，地方政府和企业特别是国有企业要尽快把杠杆降下来，努力实现宏观杠杆率稳定和逐步下降。2018 年 6 月，央行货币政策委员会指出，把握好结构性去杠杆的力度和节奏，促进经济平稳健康发展，稳定市场预期，打好防范化解金融风险攻坚战，守住不发生系统性金融风险的底线。2018 年 7 月，中共中央政治局会议提出，把防范化解金融风险和服务实体经济更好结合起来，坚定做好去杠杆工作，把握好力度和节奏，协调好各项政策出台时机。2018 年 12 月，中央经济工作会议提出，要坚持结构性去杠杆的基本思路，防范金融市场异常波动和共振。

（三）稳杠杆阶段：稳杠杆与结构性去杠杆同步发力宏观研究

2018 年 12 月 26 日，央行货币政策委员会召开 2018 年第四季度例会，会议认为我国宏观杠杆率趋于稳定，金融风险防控成效显现，金融对实体经济的支持力度进一步增强。2019 年 1 月，央行行长易纲就贯彻落实中央经济工作会议精神接受采访时指出，既要避免信用过快收缩冲击实体经济，也要避免“大水漫灌”影响结构性去杠杆，还要保持宏观杠杆率基本稳定。2019 年 3 月，国务院总理李克强在《政府工作报告》中指出，宏观杠杆率趋于稳定，要稳步推进结构性去杠杆，稳妥处置金融领域风险。

## 我国宏观杠杆的现状及测度

（一）我国宏观杠杆率已趋于稳定

根据国际清算银行（BIS）的数据，2008—2018 年，我国宏观杠杆率

(总债务/国内生产总值)已从142.4%升至252.7%,上升110.3个百分点(见图1)。

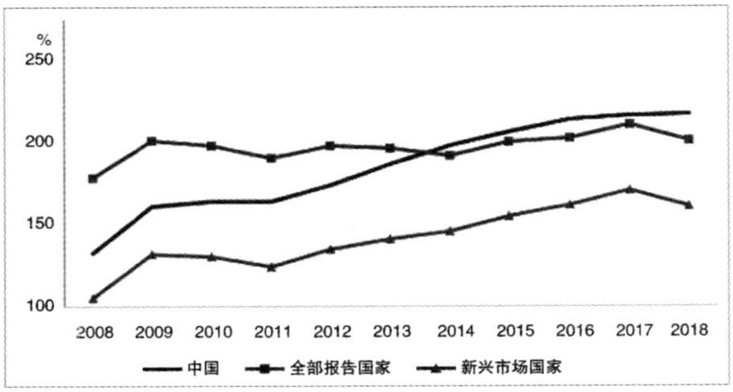


**图1 2008—2018年我国宏观杠杆率变化趋势**

注:由于BIS数据频度问题,本文暂以2018年三季度末数据模拟2018年末数据,下同

数据来源:www.bis.org

我国宏观杠杆率上升的过程主要可分为两个阶段:在2008—2016年的8年间,宏观杠杆率年均上升幅度为13.3个百分点;自2016年实施去杠杆政策后,在2016—2018年的2年间,宏观杠杆率年均上升幅度降至2.1个百分点,上升速度得到有效控制。

1.企业部门杠杆率处于较高水平

2018年末,我国企业部门宏观杠杆率(企业总负债/国内生产总值)为152.9%,分别高出全球平均水平(91.3%)和新兴市场国家水平(94.6%)61.6个和58.3个百分点。

2.居民杠杆率稳中有升,但仍低于国际水平

2008—2018年,我国居民部门宏观杠杆率(家庭总债务/国内生产总值)从17.9%升至51.5%;这一水平低于全球平均水平(59.2%),高于新兴市场国家水平(39.8%)。

3. 政府部门杠杆率处于合理区间,整体运行平稳

2018 年末,我国政府部门宏观杠杆率(政府总负债/国内生产总值)为 48.2%,低于《马斯特里赫特条约》所规定的“财政预警线”(60%),也低于全球平均水平(80.7%)32.5 个百分点,处于合理区间。

(二)关于我国宏观杠杆测度口径的争议

目前,对于我国宏观杠杆的测度问题,学界还有一些不同的观点,主要集中在指标的统计口径上。一些学者提出了进一步完善债务指标统计口径的建议,具体如下。

1. 企业债务方面:政府隐性债务、表外理财的归属问题

有学者认为,地方政府融资平台、城投公司的负债等地方政府隐性债务,大多旨在支持公共产品供给。因此,他们建议将这部分债务从企业部门调整至政府部门。毛振华等(2018)估算,2017 年末我国地方政府隐性债务约为 34.5 万亿元。芦雅婷和刘春玲(2018)提出,表外理财和保险资金通过各种通道向企业部门提供融资,虽以特殊目的载体(SPV)等股权形式存在,但在实质上仍属需付息的债权。对于这部分融资工具是否应纳入企业债务范畴这一问题,各方也尚未达成一致。朱鸿鸣和韩若愚(2018)测算,2017 年我国企业部门通过表外理财非标融资和保险业务融资形成的债务分别为 7.4 万亿元和 1.4 万亿元。

2. 家庭债务方面:非传统银行渠道信用工具的纳入问题

有部分学者一直呼吁,将迅速发展的网络信贷(P2P、蚂蚁花呗、京东白条、校园贷等)纳入住户部门债务统计范畴。截至 2018 年末,网贷之家统计的 P2P 网贷未偿还余额为 7335 亿元。张江涛(2018)认为,小额贷款公司的贷款对象为个人和小微企业,但考虑其偿债主体往往是个人,因

此也应将其纳入住户部门债务统计范畴。此外,对于我国通过住房公积金管理中心发放的住房公积金贷款,学界普遍认为应将其作为家庭债务来反映。根据住房和城乡建设部、财政部等三部委联合发布的《全国住房公积金 2017 年年度报告》,截至 2017 年末,我国累计发放住房公积金个人住房贷款 7.56 万亿元。

如果按照上述学者的思路进行推演,我国宏观杠杆率的总体水平和结构可能会发生一定变化:第一,假设国内生产总值不变,债务调高或将导致总杠杆率有所抬升;第二,债务结构的变化会导致各部门的杠杆率出现此消彼长的情况。

## 我国分部门宏观杠杆的成因

### (一)外部融资环境和内部经营治理能力的变化导致企业杠杆率走高

第一,企业较高的杠杆率与我国以间接融资为主导的金融环境有关。祁斌、查向阳(2013)比较了 G20 国家的融资结果,认为我国直接融资占比在 G20 国家中长期处于最低水平,甚至低于以间接融资为主导的德国和日本。在我国金融体系中,银行占绝对主导地位,企业大多通过银行等信贷中介来融资,导致企业对银行的负债占其负债和所有者权益的比例过高。

第二,企业资产回报水平有所下滑,助推企业杠杆率走高。根据财务杜邦分析方法,可对企业宏观杠杆率从微观视角进行近似拆解,即企业部门杠杆率=企业债务/国内生产总值≈[企业负债/总资产]÷[企业营业收入/总资产]=资产负债率÷资产营业收入比。由此可见,企业杠杆率的影响因素包括资产负债率和资产回报水平。企业的盈利能力下降，导致产出增速减缓；一旦产出增速落后于债务增速，也会助推企业杠杆率走高。

第三，预算软约束可能是引发企业高杠杆率的重要因素。张斌、何晓贝和邓欢（2018）认为，国企预算软约束是引发其高杠杆率的一个因素。国家统计局的数据显示：2008—2017 年，国企资产负债率上升了 1.4 个百分点。同时，曲杰（2016）认为，私营企业公司治理形同虚设，预算软约束的情况同样存在。这就解释了一些民营企业在经历前几年“宽货币”环境下的信用扩张后，当遇到 2018 年融资条件收紧时会发生债务违约的原因。

### （二）房地产是引发住户部门加杠杆的主要因素

中国居民债务增加，主要是由于购房杠杆持续攀升。此外，企业部门杠杆高企，也对居民杠杆水平产生一定外溢性影响。

第一，在房地产市场化改革的背景下，房价涨幅大于居民收入增速，居民被动加杠杆购房的情况增多。城镇化进程是中国改革开放以来发展变迁的主线。从很多发达经济体的经验来看，在工业化前期和中期，城镇化进程是不可逆的。城镇化的过程，也是一国经济逐步迈向较高发展水平、国民收入由低水平向中高水平跨越的过程。从一些国家的城镇化进程来看，大多伴随着居民杠杆率的上升。2008—2018 年，我国城镇化率从 47%提升至 59.6%，有约 1 亿农村人口成为城镇居民。随着房地产市场化进程的推进，在“刚需”和房价涨幅大于居民收入增速的情况下，居民被动加杠杆购房的现象明显增多。

第二，在“宽货币”和居民缺少投资渠道的背景下，房价上涨预期驱动居民通过加杠杆购房来实现资产保值增值。在 2008 年全球金融危机后，中国宏观流动性持续宽松,居民财富管理和资产配置需求不断增强,但有效投资渠道不足。为追求较高的投资收益率,很多投资者通过不断抵押现有住房的方式来进行多套住房的杠杆化投资。同时,一些消费金融领域的资金也被吸引到房地产领域。2008—2018年,全国70个大中城市新建住宅价格上涨接近50%,居民杠杆率从17.9%升至51.5%。

第三,企业杠杆对居民杠杆产生一定外溢性影响。张晓晶(2016)认为,稳杠杆并不意味着总体杠杆率的下降,当面临局部稳杠杆压力时,需要其他部门适度加杠杆,通过杠杆率在部门间的转移来降低风险。张江涛(2018)认为,在2015年以来的供给侧结构性改革过程中,企业去库存和稳杠杆政策,有效地缓解了企业经营压力,但同时把企业过剩产能传导至最终消费者,其结果是企业部门杠杆向居民部门的转移。BIS的数据显示,2015—2018年,我国企业部门杠杆率下降4.8个百分点,居民部门杠杆率上升12.7个百分点。

(三)政府杠杆压力较多集中于地方政府

第一,在以往的政绩考核压力及预算软约束条件下,部分地方政府有举债发展的冲动。楚永生和蔡霞(2014)研究发现,"官员晋升锦标赛"机制使地方政府债务膨胀具有制度的内生性特征,促发了地方政府隐性债务的形成。荣敬本(1997)认为,地方政府既是中央政府行使行政职能的代理机构,又是地方经济发展的代理人,这形成了"压力型行政体制"。宫希魁(2011)进一步指出,在这种体制下,地方政府职能的主要定位是追求地方经济增长,开辟地方政府财源;地方政府实际上变成了拥有合法独立地位和利益,并以此与中央及其他地区进行利益博弈的"公司",将经济最大化作为主要战略目标。此外,预算软约束也可能是各级政府加杠杆的因素之一。

第二，一些地方政府通过借债弥补社会公共管理缺口。封北麟（2018）认为，地方政府因其所承担的公共管理职责，在化解地区公共风险的过程中，迫于公众对政府角色的理解及上级政府压力而不得不承担的支出责任，催发了其超出财力范围的隐性债务。陈宝东和邓晓兰（2017）通过实证研究，验证了中央和地方的“财政分权”和“金融分权”是地方政府隐性债务形成的原因之一。

## 杠杆过高的负面影响

### （一）宏观层面：杠杆过高降低经济增长效率，容易积聚系统性金融风险

第一，扭曲资源配置，压低经济产出，影响经济高质量发展。在宏观杠杆过高的情况下，一方面，社会债务规模相对于经济产出过大，使得更大比例的名义产出被用于偿还债务利息，在客观上压低了经济产出水平，不利于经济增长。另一方面，债务资源分配效率高度依赖于银行等金融机构，而银行基于自身的避险选择，在同等条件下，更愿意将信贷资源投向国有企业等有政府“隐性背书”的主体，或者投放给房地产等高增长预期的行业；反过来，这种做法可能会加剧实体部门融资难、融资贵的局面，导致一定程度上的资源配置扭曲问题，不利于全要素生产率的提升和经济保持高质量发展。

第二，容易诱发系统性风险。在宏观杠杆过高的情况下，一方面，各部门自身资金链条处于“紧绷”状态，承受负面冲击的能力下降。另一方面，部门之间通过交易活动、主体预期等渠道相互传染，形成系统性风险

的积聚效应。苟文均等(2016)的实证研究结果表明,债务杠杆攀升能够通过推升国民经济各部门风险水平,并使风险积聚于占据网络结构中心的金融部门,进而通过债权和股权两个渠道,显著影响系统性风险的生成与传递。

(二)微观企业层面:杠杆过高制约企业长期可持续发展

第一,企业债务压力超过经营承受能力,可能损害市场预期和商业信心。毛振华(2016)的研究表明,2015年,我国企业一半的利润都要被用于偿还利息。公募债券市场于2014年被打破刚性兑付;2017年发生违约51起;2018年有123只债券违约,违约金额为1199亿元,多于前4年总和(860亿元)。这说明企业部门杠杆过高的风险已逐渐暴露,可能对社会信用环境造成一定冲击。

第二,企业高杠杆加剧偿债压力,不利于企业改造升级和长远发展。高杠杆导致企业财务负担沉重,盈利空间收窄甚至发生亏损,影响发展后劲。如果财务负担重,一方面会压缩投入新增资本进行技术改造和产品升级的空间,加剧产能过剩和产品滞销压力;另一方面可能影响我国优质产能和优质企业的创新能力,不利于经济转型升级和长期健康发展。

(三)微观家庭层面:居民杠杆不稳将放大经济运行风险

第一,在储蓄率和人口增速下行的趋势下,居民部门违约风险值得关注。国家统计局的数据显示,2012—2017年,我国居民储蓄率从49%降至46%,居民对债务风险的抵御能力有所下降。李晓嘉(2018)研究发现,美国居民杠杆率从20%上升到50%,用了近40年时间,而我国只用了不到10年时间,结合储蓄率下行的压力,过快增长的债务可能加剧违约风险。

第二，家庭加杠杆购房可能影响其他最终消费。近年，房价上涨引发"替代效应"与"财富效应"之辩。对于房价上涨到底是加速居民财富增长促进消费，还是挤占其他消费，一直有不同的观点。傅东平（2017）通过对我国2000—2015年30个省份数据的实证分析发现，过高房价对居民消费需求增长形成抑制效应。高善文（2019）的研究结论则认为，房价上涨未挤压消费，货币和理财增速下降是消费增速减慢的主因。

（四）微观政府层面：局部隐性杠杆风险不容忽视

据闫衍（2018）估计，若加上隐性债务，2016年有12个省份的负债率超过欧盟60%的"财政警戒线"；有29个省份的债务率超过100%的水平，与显性债务口径下的省份数量相比增加了22个，区域性债务风险不容小觑。

## 思考及建议

金融与实体经济的循环，天然地会产生杠杆。但杠杆结构及健康程度，则体现了金融供给的质量和效率。当我国金融结构在行业间、地区间、品种间的不平衡和不充分现象，传递到融资主体终端时，就会产生宏观杠杆率过高、增长过快等不良反应。因此，宜贯彻好中央既定政策方针，坚定不移地深化金融供给侧结构性改革，努力提升金融资源供给质量，从根本上扭转杠杆领域的潜在风险。

第一，客观看待杠杆的本质，杠杆水平要与经济运行状况相适应。杠杆本是物理学的一个现象，即某个要素的较小变动引起另一相关要素更大幅度的变动。杠杆物理结构的平衡，需要两个因素：一是支点基础的稳定，二是支点位置的选取。在经济领域，宏观杠杆是经济运行状况的刻画和展现,国民经济发展质量对杠杆的支撑作用更值得关注。

第二,考虑杠杆政策的周期性。从各国的经验来看,杠杆的再平衡是一个漫长的过程,其背后是部门结构的深层次调整,最终重新建立起生产要素的最优均衡。因此,需坚持稳中求进的总基调,平衡好稳增长和防风险的关系,牢牢守住不发生系统性风险的底线。

第三,不能将杠杆政策简单地理解为债务加减法,需合理调整分子与分母的配比关系。宏观杠杆反映的是债务对产出拉动的效率和程度。因此,不能简单地将杠杆政策理解为债务加减法,而是要从债务与产出的配比关系和结构入手,通过结构调整,来改善产出对债务的边际弹性,促使单位债务创造更多的产出,做大分母。同时,增加的产出也会推动更多债务得到偿还,实现与分子的良性匹配。

第四,创造良好的宏观政策环境,促进杠杆回归最优平衡点。坚持稳健的货币政策,疏通货币政策传导机制,保持流动性合理充裕。坚持积极的财政政策,加速释放“减税降费”政策红利,提振微观主体信心和经济活力。加快多层次资本市场建设,提高直接融资比重。落实好各项改革政策,促进经济要素的市场化配置,畅通国民经济循环。加强政策的协调配合,把握好力度和节奏,避免形成“处置风险的风险”。

**参考文献:**

[1]楚永生,蔡霞.地方政府债务膨胀形成的内在机理分析[J].改革与战略,2014(9):59-62.

[2]傅东平.房价上涨、泡沫化程度与消费挤出[J].当代财经,2017(9):14-23.

[3]苟文均,袁鹰,漆鑫.债务杠杆与系统性风险传染机制——基于CCA模型的分析[J].金融研究,2016(3):74-91.

[4]李晓嘉.中国家庭债务激增的成因和化解对策[J].人民论坛,2018(13).

[5]芦雅婷，刘春玲. 基于非金融企业表外融资行为的稳杠杆研究[J]. 财会月刊，2018(2).

[6]毛振华，袁海霞，刘心荷，等. 当前我国地方政府债务风险与融资平台转型分析[J]. 财政科学，2018(5).

[7]祁斌，查向阳. 直接融资和间接融资的国际比较[J]. 新金融评论，2013(6).

[8]曲杰. 浅谈预算软约束视角下私营企业的发展[J]. 中国乡镇企业会计，2016(6)：121-122.

[9]张斌，何晓贝，邓欢. 不一样的杠杆——从国际比较看杠杆上升的现象、原因与影响[J]. 金融研究，2018(2).

[10]张江涛. 中国居民部门加杠杆的逻辑和潜在风险[J]. 国际金融，2018(7).

[11]朱鸿鸣，韩若愚. 中国宏观杠杆率测算存在的错误及修正[J]. 东北财经大学学报，2018(2).

作者单位：财政部

（本文原载于《债券》2019年5月刊）

# 负利率政策对宏观经济及金融体系的影响及启示

范　东

**摘　要:**目前,全球多个国家或地区实施了负利率政策。本文对负利率的理论与实践进行了梳理。在此基础上,围绕负利率政策对宏观经济及金融体系的影响,从五个渠道进行了辨析。结合我国经济运行现状及金融供给侧结构性改革目标,阐述了几点启示及建议。

**关键词:**货币政策　负利率　宏观经济　金融体系

在后金融危机时代,各国普遍采取宽松的货币政策来刺激经济,辅之以较低的利率水平;在低利率仍难以刺激需求的情况下,一些欧洲国家及日本率先实施负利率政策,试图挽救通胀长期低迷的局面。根据彭博的统计,截至 2019 年 8 月,全球实际收益率为零或为负值的债券已占债券发行总量的 1/3 左右,总额近 17 万亿美元。

## 负利率的理论演进与争鸣

### (一)负利率理论的萌芽及演进过程

传统货币政策理论认为,货币具有时间价值,利息为持有货币使用权的租金,任何时候的名义利率自然为正值,否则没有人愿意出借货币。20世纪初,秉承自由社会主义理念的德国学者格赛尔(Gesell)提出“准备金税”的概念,认为中央银行应对商业银行存放的准备金存款征税,中央银行没有责任为商业银行自由经济行为的后果无条件买单。格赛尔的思想被普遍视为负利率最初的理论萌芽。

进入20世纪中晚期,在1971年美元与黄金脱钩之后,弗里德曼的货币“长期中性说”(Long-Run Neutrality)逐渐占据主导地位,中央银行被视为独立的货币当局而存在。随后,以泰勒规则为代表的政策框架,给中央银行实施中性货币政策提供了有效的理论支撑,大部分发达经济体的中央银行秉承“通胀目标制”的理论逻辑,将其体现在货币政策实践中。一时间,负利率似乎成为空中楼阁,在理论文献中也难觅其踪迹,因为人们在正常的市场条件下,很难想象出长期低通胀和巨大产出缺口的景象。

2008年全球金融危机爆发后,传统货币政策理论受到重大挑战,低迷的通胀和产出水平为负利率的重现提供了机遇。根据泰勒规则,保持实际短期利率稳定和中性政策立场,当产出缺口为正(负)以及通胀缺口高于(低于)目标值时,应提高(降低)名义利率。据此测算,如果不考虑零利率这一下限,那么美国的名义政策利率应降至-5%甚至-7.5%,欧元区和日本的名义政策利率甚至更低,这为负利率政策提供了最为坚实的理论基础。

(二)负利率理论的未解之谜

在全球金融危机之后,负利率尽管具备了理论基础,但依然饱受争议。传统货币政策理论对负利率的攻击和质疑从未停歇,主要集中在三个方面:

第一,名义利率能否为负。1930年,美国经济学家费雪曾指出,若民众在银行存钱不需支付储存成本,且用现金购买商品没有任何额外花费,则名义利率为正。沿着这个逻辑,利率一旦降低,要么会刺激消费和投资,要么会在经济"逆风期"加剧人们持有现金的冲动,导致所谓的"流动性陷阱"①(Keynes,1937;Tobin,1956;Meltzer,1963)。批评人士则指出,如果利率降至零附近,没有发生所谓的"流动性陷阱",就足以挑战"名义利率零约束"②的理论基础(Krugman,1998;Zaid and Garin,2016)。

第二,负利率是否具有下限。负利率的支持者对"负"的程度也有不同理解。一类观点认为,负利率具有物理下限。根据财务成本理论,储存货币需要付出一定的显性成本,这些成本是客观存在的。因此,利率降至零附近或接近持有成本是有可能的,但不能超出太多,否则没人愿意承担超出的持有成本。有学者研究表明,黄金的储存成本大约为0.2%,现金的储存成本与黄金的储存成本大体相当(Rostagno,2016)。这类观点的批评者则认为,货币没有所谓的"物理成本下限",只要不发生"流动性陷阱",利率可以持续下降。

第三,在负利率条件下,货币传导如何进行。主流观点认为,利率是否为负不改变传统的货币传导路径,因此,从货币投放的源头进行控制,即征收"准备金税",激励银行将持有的现金从中央银行转向实体部门,无疑将有助于增加对实体经济的有效货币供给。对此,理论界也存在批评的声音。反对者认为,负利率的传导与正利率有着本质区别,它事关经济周期与市场预期的波动;一旦经济预期过于悲观,即便是中央银行实施了"准备金税"来降低利率,资金可能最终也无法传导至实体经济,因为信贷

① 流动性陷阱(liquidity trap)是指货币政策失效的一种情况。在此情况下,无论降低利率还是增加货币供应量都无法刺激经济,流动性资产持有者处于极端的不愿意投资的情绪之中。

② 名义利率零约束(zero lower bound)是指在传统货币理论框架下,由于货币存在固定的持有成本,货币的名义利率将至少维持在持有成本之上,永远不可能达到负值的区间。

需求的收缩更快。根据这一观点,负利率的传导不仅局限于中央银行与商业银行之间,也关系到银行体系资金如何流向实体部门(Buiter,2009;Rogoff,2015)。

## 各国或地区负利率政策的实践

### (一)瑞典:首个实施负利率政策的经济体

2009年7月,瑞典央行将7天期回购利率调低至-0.25%,后来一度恢复为正值。2014年10月,瑞典央行将7天期回购利率从0.25%骤然降至0。2015年2月,瑞典央行进一步将7天期回购利率从0下调10个基点至-0.1%,名义利率再度处于负值区间。此后,瑞典央行7天期回购利率继续延续下行趋势,分别于2015年3月降至-0.25%,以及于2015年7月降至-0.35%,直至2016年2月稳定在-0.5%的水平。2019年1月,瑞典央行7天期回购利率从-0.5%回升至-0.25%,但依然处于负利率区间。

### (二)丹麦:开启首个负利率商业贷款项目

2012年7月,丹麦央行将7天期定期存款利率从0.05%下调至-0.2%。2014年9月,丹麦央行将7天期定期存款利率进一步下调至-0.75%。2016年1月,丹麦央行将7天期定期存款利率从-0.75%略微回调至-0.65%,此后一直维持在这个水平。2018年8月,丹麦日德兰银行(Jyske Bank)宣布,启动年利率为-0.5%的10年期房地产按揭业务,这成为全球首个负利率商业贷款项目。

### (三)欧元区:负利率与资产购买计划相伴而行

2014年6月,欧洲央行正式实行负利率政策,再融资利率由0.25%下调至0.15%,存款便利利率由0下调至-0.1%。2016年3月,欧洲央行全面下调三大政策利率。其中,边际贷款便利利率下调至0.25%,主要再融资利率下调至0,存款便利利率下调至-0.4%。伴随负利率政策的实施,欧洲央行保持了较大的资产购买规模,通过持有欧元区发行的证券来保持货币投放规模。

(四)瑞士:负利率政策长期持续

2014年12月,瑞士央行将3个月期瑞士法郎拆借利率从0.125%下调至-0.25%。2015年1月,瑞士央行再度将该利率下调至-0.75%,并维持至今。

(五)日本:实施"准备金税"的变相负利率政策

2016年2月,日本央行开始实施负利率政策,对商业银行在日本央行经常账户的部分存款执行负利率,将商业银行存放在日本央行的增量超额准备金利率从之前的0.1%降至-0.1%。如果商业银行不将货币投放到实体企业,将被迫缴纳"准备金税"。

## 负利率政策对宏观经济及金融体系的影响

利率是连接实体部门与金融的桥梁。负利率对宏观经济及金融体系的影响显而易见,主要通过信用、通胀、资产价格、资产组合和汇率五个渠道来体现,可分为实体部门和金融两个层面。然而,从实际效果看,各方对负利率的政策效果却有不同的声音。

(一)实体部门层面:负利率政策是否长期有效

1.信贷渠道:能否刺激信用扩张

名义负利率是中央银行强加给商业银行的一种税,旨在刺激商业银行扩大贷款规模。商业银行如果持有现金不使用,那么将不得不承担更高的持有成本。在常规情形下,商业银行为了转嫁“负利率税”的负担,会选择向实体部门提供利率更低的信贷,从而实现信用扩张。然而现实中的情形却并非如此,除非负利率的负担对于商业银行而言足够沉重,否则商业银行是否会加大信贷投放规模依然存疑。一方面,在实行负利率政策之前,政策利率已经处于极低的水平,商业银行的信用扩张已被证实缺乏动力。另一方面,商业银行的资产投放渠道并非只有向实体部门发放信贷,商业银行还可通过购买主权债券等高评级资产来避免持有大量现金。近期德国发行的零利率国债受到追捧就是一个例证。

2. 通胀渠道:能否拉动通胀预期

20 世纪 30 年代,费雪提出了“名义利率=实际利率+预期通货膨胀率”的费雪方程式。据此,在名义利率固定的情形下,如果预期通货膨胀率下降,则实际利率将上升。如果名义利率为负,实际利率将面临下行压力,那么可以期待产生有利于经济的效果。2019 年 9 月,在欧洲议会听证会上,欧洲央行候任行长拉加德也认为,如果欧洲央行不采取包括引入负利率政策在内的非常规货币政策,欧元区的境况会更差。然而,也有学者认为,负利率对通胀预期的影响是双面的(Arteta,Kose 和 Stocker,2016)。一方面,负利率可能会如政策制定者所愿,促进物价温和回升;另一方面,负利率也是经济衰退的先兆,会加剧市场的悲观情绪,反而导致预期通货膨胀率下行。从欧元区实施负利率政策的经验看,负利率与通胀预期的关系并不显著,通胀预期还受到经济预期、货币投放规模、政府赤字及债务情况等更多因素的影响。

### (二)金融层面:负利率政策是否会加大金融风险

大部分学者认为负利率政策将加大金融运行的风险。但也有人认为,负利率政策对宏观经济的利好将折射到金融体系,这会增强金融稳定的韧性(Fischer,2016)。负利率政策对金融体系的影响主要通过以下三个渠道体现:

#### 1. 资产价格渠道:负利率政策催发的资产泡沫是否有害

负利率政策压低资产折现率,从而抬升资产现值,带动金融资产和房产价格上升。人们对负利率引发资产价格上涨这一观点不存在争议,人们的分歧在于这些资产泡沫是否有害。一方面,负利率政策会增加财富现值。负利率政策的本意是刺激资产价格良性温和上涨,使得私营部门产生"正财富效应"[①],从而扭转经济预期,增加消费和投资。另一方面,负利率政策会加大贫富差距。批评者认为,负利率政策强化"穷者越穷、富者越富"的收入循环(Jobst 和 Lin,2016)。即便是采取再低的利率,低收入人群也首先要满足基本消费需求,其扩大投资和消费的欲望难以被激发。同时,在负利率政策下,持有金融资产和房产的"有产者"财富增加,相当于进一步剥夺了"无产者"本该享有的社会财富,还可能导致全社会消费收缩,拉长经济低迷的时间。

#### 2. 资产组合渠道:能否扭转风险偏好

实施负利率政策的初衷之一,是改变银行的风险偏好,让银行增强投放高风险资产的意愿。然而,这却存在两个疑问:第一,银行的风险偏好是否要到负利率阶段才会改变?实际上,银行如果愿意扭转风险偏好,那

---

① 正财富效应(positive wealth effect)是指实施货币政策后,货币供应量增加,引发资产价格上涨,从而带来社会名义财富的增加。

么在低利率阶段就会扭转,不一定要等到负利率阶段(Demiralp,Eisenschmidt 和 Vlassopoulos,2017)。第二,银行改变风险偏好是否有助于金融稳定?有学者认为,一旦银行风险偏好上升,将打开实体经济风险向金融风险传导之门,带来银行坏账、资本金缺乏等问题。在这种情况下,如果生硬地改变银行的风险偏好,可能会通过影子银行等渠道,在一定程度上放大金融风险(Nelson,Pinter 和 Theodoridis,2018)。

3. 汇率渠道:是否能通过货币贬值来获益

支持负利率政策的人认为,在汇率层面,负利率将加大本币与外币的利率逆差,导致本币贬值,从而改善出口,对经济产生提振作用。然而从现实来看,汇率的变化并非受单一变量的影响,还受到外债、资本流动等多方面因素的冲击;究竟是汇率贬值更有利于本国经济还是汇率升值更有利于本国经济,还难以确定,因为汇率对经济的影响还受到更多变量的约束。以欧元区和日本为例,这两大经济体在实施负利率政策的过程中,欧元和日元汇率呈现截然不同的变化。其中,日元汇率一度升值,欧元汇率则表现出微弱的贬值趋势(见图 1)。

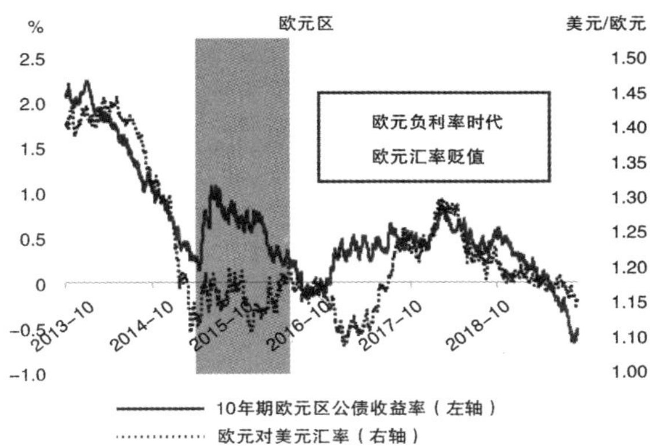

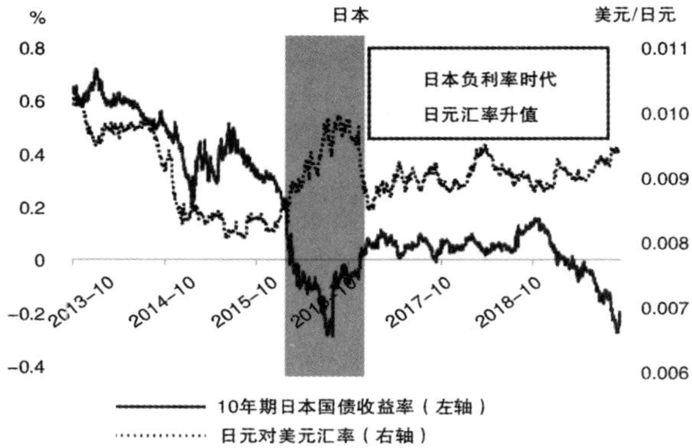


**图 1　负利率政策对汇率的影响**

资料来源:欧洲中央银行(ECB)、日本央行(BOJ)

## 启示及建议

当前,我国正处于经济转型和金融供给侧结构性改革的关键时期,利率市场化正在平稳、有序地推进。从经济基本面看,我国实体经济颇具韧性,主要经济指标处于合理区间,经济结构持续优化,国内市场和宏观调控尚有广阔空间,具备应对内外部不确定性冲击的有利条件。从长期看,应充分关注全球货币政策变化的轨迹,加强货币政策理论研究,积极开展负利率理论和实务的探索,使货币政策更好地服务于我国经济转型和高质量发展的长远目标。目前,他国实施负利率政策对我国的主要启示如下。

(一)不可盲目相信货币政策的功效

从各国实践经验看,经济复苏的内生动力比外生力量更为重要。如果不解决好经济长期发展中的结构性矛盾,仅仅依靠货币政策的强刺激来实现复苏,效果自然不明显。主要经验:其一,货币政策并非无所不能,货币政策对打破经济内生的结构性桎梏收效甚微。其二,负利率政策能够使货币从中央银行流向商业银行,但对商业银行向实体投放信贷的刺激作用较为有限。其三,一旦某国实施负利率政策,极易引起他国群起效仿,在缺乏国际协调的情况下,效果通常会打折扣。

(二)利率政策应重视传导机制

尽管围绕负利率政策工具、手段和效果的讨论仍在持续,各方观点不一,但在此过程中,各国中央银行的目标和出发点是不变的,主要目的依然是促进资金从金融体系向实体部门畅通循环。从各国实践看,在负利率条件下,金融体系资金普遍宽裕,但未必能有效地传导至终端实体。这需考虑破除两方面的制约因素:其一,做好积极的货币政策沟通,合理引导金融市场预期和风险偏好,为实体部门营造较为宽松的融资环境。其二,消除体制、机制层面可能存在的货币传导梗阻,疏通货币政策传导渠道,优先考虑提升实体融资的可得性。

(三)拓宽货币理论的研究视野

从历史经验看,每种货币理论的产生都要经历从不完善到完善、从不被认可到被认可的曲折发展历程;各派货币学说互相抗衡、互为补充,在不断完善和发展中建成了今天的货币理论大厦。负利率政策作为一个新生的货币理论命题,成为金融危机后货币理论研究的重点。“负利率目标制理论”“现代货币理论(MMT)”等一些新颖的货币学说引发广泛关注,值得进一步研究和探讨。从各国实践看,两方面的研究值得关注:一是在负利率条件下,如何更好地协调财政与金融的关系,利用国家财政工具,更好地服务于宏观调控。二是在传统货币政策传导机制受阻的情况下,可否增加更多的宏观变量,使之与货币政策、宏观审慎政策更好地协调配合,以提升政策的整体有效性。

**参考文献:**

[1]巴曙松,邵杨楠,廖慧.名义负利率及其影响[J].中国金融,2016(10):58-60.

[2]管涛.负利率能够治通缩吗?[J].金融论坛,2016,21(8):7-10.

[3]熊启跃,王哲,赵乙欧.日本"负利率"政策实施及其影响探微[J].中国农村金融,2016(23):82-84.

[4]Arteta C, Kose M A, Stocker M, et al. Negative interest rate policies: Sources and implications[M]. The World Bank, 2016.

[5]Buiter W H. Negative nominal interest rates: Three ways to overcome the zero lower bound [J]. The North American Journal of Economics and Finance, 2009, 20(3): 213-238.

[6]Fischer S. Monetary policy, financial stability, and the zero lower bound[J]. American Economic Review, 2016, 106(5): 39-42.

[7]Jobst A, Lin H. Negative interest rate policy (NIRP): implications for monetary transmission and bankprofitability in the euro area[M]. International Monetary Fund, 2016.

[8]Keynes J M. The "ex-ante" theory of the rate of interest[J]. The Economic Journal, 1937, 47(188):663-669.

[9]Meltzer A H. The demand for money: the evidence from the time series[J]. Journal of political Economy, 1963, 71(3): 219-246.

[10]Nelson B, Pinter G, Theodoridis K. Do contractionary monetary policy shocks expand shadowbanking? [J]. Journal of Applied Econometrics, 2018, 33(2): 198-211.

[11]Rogoff K. Costs and benefits to phasing out paper currency[J]. NBER Macroeconomics Annual, 2015,29(1): 445-456.

[12]Rostagno M, Bindseil U, Kamps A, et al. Breaking through the zero line: The ECB's negativeinterest rate policy[J]. Brookings Institution, Washington DC, 2016, 6.

[13]Tobin J. The interest-elasticity of transactions demand for cash[J]. The review of Eco-

nomics and Statistics, 1956: 241-247.

作者单位:国寿安保基金有限公司交易管理部

(本文原载于《债券》2019年11月刊)

# 美联储货币政策规则变化及 QE 退出后政策走向

谭 淞 安 鹏

**摘 要**:10 月底,美联储宣布结束资产购买计划,QE 正式退出。本文首先梳理了美国不同时期的货币政策规则,并以此为基础,对美联储未来货币政策走向及加息时点进行了预判,最后分析了美联储政策趋紧对于美元、大宗商品以及全球经济和资本流动的影响。

**关键词**:美联储 货币政策规则 量化宽松 加息 全球经济

随着美国经济复苏态势的确立以及就业市场明显回暖,10 月 30 日美联储宣布结束资产购买计划,至此,全球最大经济体长达 6 年之久的超常规宽松政策终于画上句号。在量化宽松政策(QE)退出之后,美联储未来货币政策走向将何去何从?美国会很快进入加息阶段吗?本文将梳理次贷危机前后美联储货币政策规则演进脉络,基于此对未来美国货币政策走向及分阶段的实施步骤进行预判。

## 美国货币政策规则变化

(一)数量调控时期:“单一规则”的确立与 M1、M2 的失效

随着凯恩斯相机抉择货币政策在 20 世纪 70 年代大滞涨中的失效,货币主义在美国宏观政策和货币政策决策中的影响日益扩大,美联储基本上接受了货币主义的“单一规则”,即把制定货币供应量增速作为对经济进行宏观调控的重要手段。随着金融创新和货币形式的发展,M1 与货币政策最终目标和操作目标的关系变弱,美国联邦公开市场委员会(FOMC)在 1982 年底以 M1 作为中介目标。到 20 世纪 90 年代初,M2 与经济增长和价格水平之间的关系也被进一步削弱。1993 年 7 月 22 日,格林斯潘在国会听证上指出,美联储将放弃以货币供应量作为其货币政策中介目标,转而实行以联邦基金利率作为政策调控目标。

(二)价格调控时期:美联储利率规则的变化

1993 年后,在以利率取代货币供应量作为货币政策中介目标的同时,美联储也开始尝试采用基于规则的利率决策模式取代相机抉择模式。从 1993 年至今,美联储采用的利率决策规则大约经历了三个发展阶段:

第一阶段:1993—2008 年,采用传统的泰勒规则。格林斯潘及伯南克时代的美联储都对传统泰勒规则在央行利率决策中的贡献作了充分肯定,并在实践中以该规则作为制定联邦基金利率目标的主要参考标准和模型。从图 1 来看,1993—2008 年间,虽然基于传统泰勒规则得出的建议利率与实际的联邦基金利率有一定的偏差,但二者走势基本吻合。

第二阶段:2009—2012 年,采用修订版泰勒规则。面对 2008 年后发生的

大衰退,美联储修订了传统泰勒规则,使利率决策明确倾向于增长和就业。

第三阶段:2013—2018年,采用埃文思规则。美联储认为,在经济深度衰退之后的复苏阶段,相对长时间地维持超低利率才是最优决策。基于这一思想,美联储在2012年12月进一步修订泰勒规则,即形成了埃文思规则(以芝加哥联储主席Evans命名),在新的前瞻性引导中,确定了采用预定经济指标及其临界值以取代原定的具体时间(2015年中旬)作为未来上调利率的新规则。

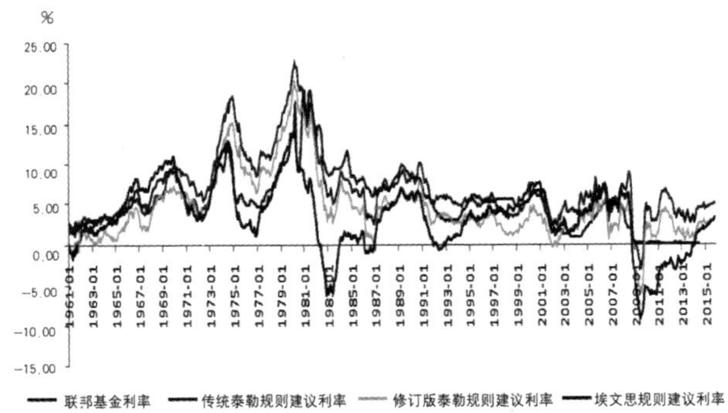


**图1　联邦基金利率与三种规则下的建议利率**

资料来源:Wind资讯,部分数据由作者估计

这三种规则对利率估计的差异主要源自各自对通胀、增长和就业赋予的不同权重。根据三种不同货币政策规则,并结合对经济增长、通货膨胀和失业率这三个影响美联储决策关键变量的判断,可得到不同规则下的建议利率(见图1)。传统泰勒规则建议利率变化比较快,至2014年末建议利率达4.9%的水平;由于埃文思规则参考的失业率与通货膨胀因素随宏观经济变好而有所变化,因此2014年尤其二季度后的建议利率水平呈指数态势上升,至2014年末建议利率达到1.75%,到2015年末为3.3%;修订版泰勒规则建议利率变化比较缓慢,至2014年末为3.11%,

至 2015 年末为 3.13%。尽管三种规则建议的基准利率有差异,但到 2014 年末,均达到 1%以上的水平,加息预期增强。

### 当前美联储短期利率工具框架

2014 年以来,美国经济数据的强劲走势支撑了市场对美联储加息的预期。在实施加息之前,当前美联储的主要策略是引导货币市场短期利率。能够影响和引导短期利率的政策工具包括超额准备金利率、全额供应国债逆回购及定期存款。在当前联邦基金利率接近零的情况下,它们构成了美联储短期利率工具框架。

(一)超额准备金利率(IOER)

超额准备金利率是美联储为银行等存款类机构存放在美联储的超额准备金支付的利率。2008 年 12 月,美联储将联邦基金目标利率降至 0~0.25%后,为存款类机构超额准备金支付的利率为 0.25%,远远高于 0.09%的银行间隔夜拆借利率,这就鼓励银行将资金存放在美联储体系中。但由于 IOER 涉及的机构主要是存款类金融机构,范围比较有限,因此调控短期利率的能力较弱。

(二)全额供应国债逆回购(RRP)

与我国人民银行逆回购提供流动性的作用相反,美联储逆回购是回收流动性的方式,是指美联储向合格投资者出售债券,并约定在未来指定时间买回相同的债券。2013 年 8 月,美联储宣布推出全额供应的固定利率国债隔夜逆回购(简称全额供应国债逆回购)。此处的固定利率是指在逆回购业务中,美联储直接公布支付给逆回购资金提供方的单一固定利率。之所以叫全额供应,是因为合格的投资者可以按美联储公布的逆回购固定利率把任意多的现金借给美联储。目前,美联储已对全额供应国债逆回购进行了多次测试。

全额供应国债逆回购能够缓解高质量高流动性资产的短缺,引导不同短期利率收敛,使该固定利率成为货币市场利率下限。2013 年 9 月以来,固定利率虽经多次调整,但基本都在联邦基金有效利率和 DTCC GCF 国债回购利率[①]之下,较好地充当了货币市场利率下限(见图 2)。

**图 2　全额供应国债逆回购利率构成货币市场利率下限**

资料来源:Wind 资讯

(三)定期存款(TDF)

美联储的定期存款是美联储向合格金融机构提供的有明确到期日的存款工具。通过认购 TDF,银行可以把超额准备金转换成美联储账户上的定期存款。虽然金融机构可以提前支取 TDF,但是将遭受较高的罚金。如 7 天 TDF 利率为 0.26%~0.3%,金融机构提前支取则需支付美联储 0.75% 的罚息。TDF 利率变动直接反映美联储调控市场利率及流动性的意图。

2014 年 5 月,美联储启动 TDF 测试。在测试的第一个月,美联储以

① DTCC GCF 国债回购利率是指美国托管信托和清算公司(Depository Trust and Clearing Corp)公布的一般担保融资(general collateral finance)中的国债回购利率。

0.26%的利息接受各金融机构每家最多100亿美元的7天TDF,较此前的每家最多12.5亿美元大幅上升。之后美联储一度将TDF利率上升至0.3%,这有利于套利交易的开展,机构参与度显著提升。

## 美联储 QE 退出后的政策走向

根据当前的货币政策规则和货币政策工具框架,在QE退出之后,美国失业率的改善将促使和推动美联储首先对短期市场利率进行微调,如调整隔夜逆回购利率、定期存款利率等,待条件成熟后再进行加息,加息之后才是出售其持有的庞大债券资产以缩减资产负债表。下面本文将对美联储未来的政策走向及大致调整时点进行分析和判断。

### (一)平稳阶段:逐步调整多种政策利率

美联储QE退出后的第一个阶段是在加息(提高联邦基金利率和再贴现率)之前的平稳阶段,其主要政策手段是调整美联储TDF利率和国债逆回购利率等多种政策利率。

如前所述,美联储于今年5月开始启动TDF测试,10月份进入新一轮TDF测试。美联储从10月开始连续8周提供TDF,前面4周利率维持在0.26%,之后将利率逐渐升至0.3%。目前美联储对各机构的TDF上限已达到200亿美元。11月6日单周TDF的认购总额已超过3000亿美元,当期TDF的利率也已上升至0.27%(见图3)。无论是单家机构购买上限还是总的购买规模,TDF均呈现较快增长。尽管不能将TDF规模的上升简单归结为美联储政策趋紧,但是10月开始的新一轮测试意味着美联储在为未来的流动性回收及调控短期利率做准备。

美联储在10月30日宣布退出QE后,表示将从12月开始进行较长期固定利率逆回购协议测试,以观察当货币市场在短时间内出现剧烈变化时,有关措施可否成为调控短期利率的一种工具。

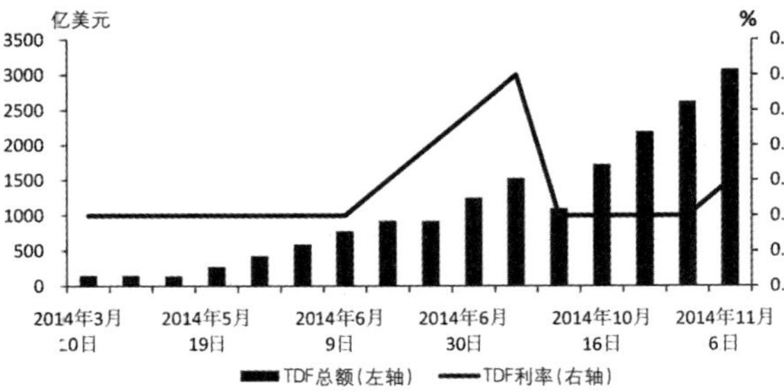


**图 3 美联储 TDF 规模大幅上升**

资料来源:美联储

(二)加息阶段:提高联邦基金利率

美联储 QE 退出后的第二个阶段是加息阶段,即提高联邦基金利率和再贴现率,各方尤其关注的是联邦基金利率变动。根据笔者建立的联邦基金利率变化时间间隔回归模型①,并结合历史数据和预估数据,当以通货膨胀率变化、实际产出变化和失业率变化作为解释变量时,回归结果

---

① 联邦基金利率变化时间间隔回归模型是以联邦基金利率变化时间间隔作为被解释变量,以通货膨胀率、实际产出、失业率、TED 息差、标普 500 指数等指标的变化作为解释变量。由于通货膨胀率与 TED 息差、实际产出与标普 500 指数间存在较强的相关性,因此选用不同的指标组合作为解释变量分别进行回归。回归结果如下:

模型 1:$y=8.26+4.01\cdot x_1-2.25\cdot x_2+8.04\cdot x_3 \quad R^2=0.96$

(4.3)(5.1) (2.3) (4.0)

模型 2:$y=6.26-2.04\cdot x_2+8.19\cdot x_3-0.31\cdot x_4 \quad R^2=0.93$

(4.8)(1.1) (3.8) (2.9)

模型 3:$y=6.26+9.46\cdot x_3+0.24\cdot x_4-5.46\cdot x_5 \quad R^2=0.92$

(1.3)(4.0) (3.5) (4.7)

其中,y 表示联邦基金利率变化时间间隔(以月为单位),$X_1$ 表示通货膨胀率的变化,$X_2$ 表示实际产出的变化,$X_3$ 表示失业率的变化,$X_4$ 表示 TED 息差的变化,$X_5$ 表示标普 500 指数的变化。

以上三个模型拟合程度均在 0.9 以上,解释变量的 t 值在 5%的检验水平下均显著,说明模型 1、2、3 中的解释变量可以较好地解释被解释变量。因此,可以通过观察通货膨胀率、实际产出、失业率、TED 息差、标普 500 指数等指标的变化来预测联邦基金利率的变动时间点。

显示美联储将在 2015 年第一季度首次加息；以实际产出变化、失业率变化和 TED 息差[①]变化作为解释变量时，结果大致相同；以失业率变化、TED 息差变化和标普 500 指数变化作为解释变量时，结果显示美联储将在 2015 年 8 月首次加息。因此综合来看，美联储加息的时间点是 2015 年中期前后，目前来看第二季度的可能性最大。

总体来看，笔者认为美国经济增长动力强弱才是决定美联储决策的核心因素，外部因素只要不足以影响美国经济复苏势头，就不会最终影响美联储决策。

（三）缩表阶段：出售债券资产，缩减资产负债表

美联储 QE 退出后的第三个阶段是停止债券到期本金的再投资政策，出售资产负债表上持有的债券资产，即缩表阶段。美联储 QE 退出仅仅是结束每个月的资产购买，在退出后的相当长时间内流动性仍将维持在当前规模，并不会出现紧缩。按照美联储此前的意向，加息之后，美联储才会开始出售资产、缩减资产负债表。因此，预计最快也要在 2015 年下半年美联储才会开始收缩流动性。根据耶伦的讲话，这一过程预计长达 10 年。因此，美联储资产负债表的收缩即流动性的回笼将是一个极其漫长的过程（见图 4）。

① TED 息差是指美国 3 个月期国债利率与 3 个月期美元 LIBOR 利率之差，用于衡量市场对信用风险的评估。

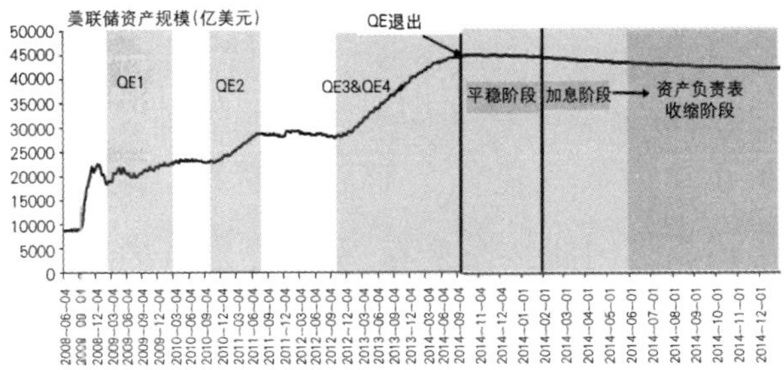


**图 4　美联储政策演进图**

资料来源:美联储,QE 退出后部分由作者估计

## 美联储政策趋紧对全球经济和资本流动的影响

(一)推动美元走强,大宗商品上涨乏力

从 20 世纪 80 年代至次贷危机发生前的经验看,美国经济强劲及加息多数时候都会引发美元持续走强。今年 5 月美元指数最低 78.9,受美联储政策趋紧以及欧元区和日本宽松货币政策的双重影响,11 月美元指数已突破 87。从历史数据来看,受美元走强影响最大的商品是原油、黄金和白银,其次是铜、铁矿石、大豆等。受美元走强和全球经济弱势增长的双重影响,原油等大宗商品 2015 年的价格中枢将较今年明显回落。从代表国际油价的指标布伦特原油价格来看,今年年度均价估计为 105 美元/桶,预计 2015 年波动区间为 80~100 美元,即均价 90 美元/桶。原油等大宗商品价格的下跌,固然弱化了全球及中国的通胀压力并由此打开货币政策放松的空间,使得实施全面降息等传统货币政策的可能性显著增大,但是也将对部分资源出口国的宏观经济增长及资本流动造成较大影响。

(二)大宗商品价格下跌恶化部分国家财政状况和增长前景

仍以原油为例,主要产油国的财政预算与国际油价息息相关。据估计，金砖五国中的俄罗斯，当前的财政预算要保持平衡，国际油价须不低于 103 美元/桶；沙特的财政预算要保持平衡，需要油价在 90 美元/桶左右。如前所述，笔者估计受美元走强及全球经济疲弱影响，2015 年全球油价在 90 美元/桶左右，因此俄罗斯 2015 年很大可能需要财政减支。由于乘数效应的存在，财政减支将对经济增长造成负面影响，这对于俄罗斯等产油国本已低迷的经济无疑是雪上加霜，货币贬值和资本外流压力将增大。

（三）引发新一轮全球资本流动

美联储政策趋紧将对全球资本流动产生明显的影响，这一影响是通过不同途径实现的：第一，引发部分新兴市场国家的资金回流美国；第二，受美元走强影响，经济基本面恶化的国家出现资本外流，既有可能流向美国也有可能流向其他发达国家或者新兴市场。

综上所述，虽然当前美联储结束了资产购买计划，但是离加息尚有至少半年的时间，加上俄罗斯、欧元区等经济基本面恶化国家和地区面临着资本外流，这段时间中国暂时不会承受资本外流压力，更有可能面临资本流入。不过，这些流入境内的国际资本未来也可能再度流出。因此诸如美国这样的大国货币政策调整，无论是趋紧还是放松，都使得我国面临的外部流动性环境趋于复杂，加强跨境资本流动监管变得非常必要。

作者单位：谭　凇　中国社科院　安　鹏　东兴证券研究所

（本文原载于《债券》2014 年 11 月刊）

# 美联储地板系统调控模式的运行情况与启示

杨　航

**摘　要**:地板系统是美联储等诸多欧美央行目前所采用的利率调控模式。美联储地板系统成功协助美国在 2008 年金融危机后维护了金融稳定,同时有效维持了美联储的利率调控能力。本文总结了美联储地板系统的效果、后续出现的各种问题及美联储的解决方案,以期为我国货币政策调控及利率走廊运行提供参考。

**关键词**:美联储　利率调控　地板系统　利率走廊

自 2008 年以来,美联储采用地板系统(floorsystem,又称"利率下限机制")来进行利率调控,确保其在流动性泛滥的情况下依然能保持对市场利率的调控能力,同时促成了美联储资产负债表政策与利率政策的分离,使美联储能独立地追求金融稳定目标与利率调控目标。但地板系统在运行中亦出现地板渗漏(leaky floor)、阻碍货币政策正常化等问题,对此美联储也采取了一系列的解决措施,较好地维持了地板系统的运转。这些情况对我国均存在一定的借鉴意义。

## 美联储地板系统的原理

美联储地板系统是由利率走廊模式过渡而来的利率调控模式。2008年之前,美联储主要采用利率走廊模式调控利率。利率走廊的操作方式为:央行设定上限利率、下限利率和目标利率,并以高于目标利率的上限利率向金融机构拆出资金,以低于目标利率的下限利率来接收金融机构的资金存放。由于央行理论上可吸收和释放无限量的资金,故金融机构无理由以高于上限的利率从市场上拆入资金,也无理由以低于下限的利率向市场投放资金,利率走廊因此能将市场利率框定在上下限利率之间。同时,央行可再通过少量而频繁的资金供给调节来使市场利率向政策目标利率靠拢。

在美联储的利率走廊模式中,再贴现利率构成利率走廊上限,超额准备金利率(IOER)则构成下限,目标利率则为美联储所设定的联邦基金利率。联邦基金利率即美国银行间隔夜拆借利率,不同银行存在美联储的准备金可能会超出或少于监管要求,于是产生互相拆借的需求。美联储通过调控联邦基金利率来实现对各种长短期利率的调控。

根据美联储网站数据,2008年后,由于美联储释放出大量流动性,商业银行体系准备金余额从2007年7月的110亿美元升至2015年的2.8万亿美元之巨。在流动性过剩背景下,联邦基金利率下调压力巨大,传统的利率走廊模式操作效果明显降低,于是美联储开始用地板系统来进行利率调控。

地板系统即央行通过大规模资产购买向市场注入大量流动性,市场利率会产生巨大的下行压力,此时央行再以下限利率从市场吸收流动性,从而将市场利率稳定在下限利率附近。美联储地板系统主要由美联储支付的 IOER 及隔夜逆回购(ON RRP)利率构成,前者仅商业银行有资格享受,后者则是房地美(联邦住宅贷款抵押公司)、房利美(联邦国民抵押贷款协会)及货币市场基金等非银机构与美联储开展隔夜逆回购所获得的利率。截至 2019 年 3 月末,IOER 维持在 2.40%,ON RRP 利率维持在 2.25%,实际联邦基金利率则为 2.40%左右。

笔者制作了图 1 用来描绘地板系统的运行原理。D 代表金融机构资金需求曲线,S 代表资金供给,由于资金由央行提供且供给无限,央行可通过移动 S 来决定市场利率。当 S 曲线位于 M 点与 N 点之间时,利率调控为利率走廊模式,此时市场利率被限制在上下限利率之间;但当资金供给增多导致 S 曲线右移越过 N 点时,利率走廊则演变成地板系统,此时无论资金供给如何变化,市场利率都会处于下限利率水平上。

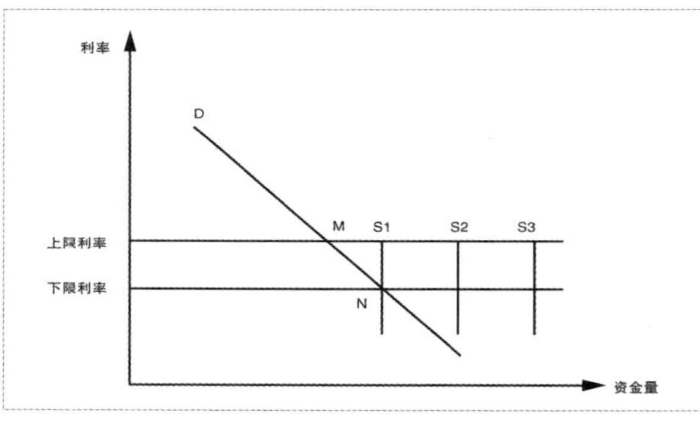


**图 1　地板系统运行原理图**

## 美联储地板系统的主要作用

### (一)在流动性泛滥的情况下强化了美联储的利率调控能力

2008 年之后美联储通过数轮量化宽松(QE)释放出数万亿美元的流

动性，在巨大流动性的压力下，实际联邦基金利率有被压至无限低的可能。美联储已无法像过去那样通过调节流动性多寡来调控利率，而通过地板系统，美联储能够将市场利率稳定在 IOER 附近。当联邦基金利率低于 IOER 时，银行就会从货币市场上拆入资金再存入美联储进行套利，由此迫使联邦基金利率向 IOER 收敛；当联邦基金利率高于 IOER 时，为套利银行会在市场上投放资金，迫使实际联邦基金利率走低，直至联邦基金利率与 IOER 齐平时，银行的套利动力才会消失。因此，地板系统使联邦基金利率有向 IOER 不断收敛的动力，从而让美联储重新获得了市场利率的调控能力。

（二）使美联储利率调控简单化

在 2008 年之前，纽约联储作为公开市场操作的执行者，每日都需对银行流动性需求进行预测，从而投放相应数量的资金，以确保市场利率处于政策目标利率附近。但在地板系统模式下，美联储仅需调整 IOER 即可，无需像 2008 年国际金融危机前那样每日都需预测银行流动性需求并进行微调，从而简化了利率调控。如图 1 所示，只要 S 曲线位于 N 点右侧，则央行只需调整下限利率就能达到调控市场利率的目的。

（三）将资产负债表政策与利率政策相分离

在采用地板系统之前，美联储通过资产负债表的扩张和收缩来调控利率，美联储资产负债表政策受到利率政策牵制，造成其难以兼顾金融稳定与利率调控。如 2001 年“9·11 事件”之后及 2008 年金融危机期间，美联储均向市场注入大量流动性以维持金融稳定，流动性过大造成实际联邦基金利率低于政策目标利率，带来金融稳定政策破坏利率调控政策的后果。采用地板系统模式后，政策利率由 IOER 决定，美联储资产负债表变化不再影响市场利率,从而实现了资产负债表政策与利率政策的分离,美联储达到了同时兼顾金融稳定与利率调节的目标。如图 1 所示,在 N 点右侧,无论 S 线如何移动,都不会导致市场利率偏离下限利率。

**渗漏——地板系统运行初期出现的问题**

2008 年美联储地板系统创立之初,仅有 IOER 作为下限利率。自 IOER 设立以来,实际联邦基金利率一直比 IOER 低 5~20 个基点,IOER 无法真正成为"利率下限",地板系统出现渗漏。这一局面造成的后果就是,当加息启动时,实际联邦基金利率或不会跟随 IOER 的上调而上调。

地板系统渗漏的主要原因有二。

一是美国联邦基金市场上有众多机构在美联储的存款无资格享受超额准备金利率,如政府支持机构房地美、房利美、联邦住宅贷款银行等,货币市场基金甚至无法在美联储存款,也无法享受超额准备金利率。这导致非银拆借利率得不到 IOER 的支撑,因此非银金融机构对银行的资金拆出利率常位于 IOER 之下。

二是美国的银行过去仅需基于国内存款支付存款保险,2010 年《多德—弗兰克法案》规定,从 2011 年起,银行需基于所有资产支付保费(包括在美联储所存的准备金)。此外,若银行准备金在美联储存放过久,还需为之计提资本。这些都导致银行借入资金再存入美联储赚取 IOER 的动力不足,套利机制无法完全发挥作用,造成利率传导受阻。

为解决地板渗漏这一问题,美联储在 IOER 之下又加了一层可覆盖房地美、货币市场基金等机构的下限利率——ON RRP 利率,即这些机构向美联储拆出隔夜资金的利率。从拆借时间看 ON RRP 利率是隔夜利率,不可能比 IOER 等中长期利率高,同时,货币市场基金等机构无须缴纳存款保险并计提资本,因此其资金吸收成本低于银行。若 ON RRP 利率等于 IOER,货币市场基金在资产端收益与银行相等,而在负债端成本低于银行,就会出现资金从银行向货币市场基金转移的局面,故 ON RRP 利率要低于 IOER。由于房地美、货币市场基金等机构无理由以低于 ON RRP 利率的价格拆出资金,故 ON RRP 利率便成为地板系统坚实的底部,也就是地板系统的"防漏层",而 IOER 则构成美联储政策利率目标的上限。自 2015 年 12 月美联储启动加息周期以来,实际联邦基金利率一直位于 ON RRP 利率与 IOER 之间,美联储成功夯实了地板系统。

## 地板系统对货币政策带来的困扰

### (一)对货币政策正常化构成困扰

与地板系统相伴随的,是巨量的流动性。据联储网站数据,美联储在实施地板系统的同时通过数轮 QE 向金融市场投放 4 万亿美元左右,其资产负债表规模从 2007 年末的 8900 亿美元增至 2014 年末的 4.5 万亿美元,美联储负债占美国 GDP 比重从 2006 年的 5.9%升至 2014 年的 24.8%。大量流动性充斥于市场上,极易造成资产泡沫。截至 2019 年 3 月底,美国股市中标普 500 的市盈率(PE)已达约 21 倍,为有史以来最高水平之一,这与美联储释放的大量流动性不无关系。

依照历史经验和按照美联储的设想,政策利率应足够高(通常认为是 3%以上)以为下次危机时降息预留空间,资产负债表也应大幅收缩。但当货币政策正常化启动时,利率的上升就极易刺破泡沫并威胁金融稳定。美国次贷危机就因美联储维持了过久的低利率,大量流动性造成了房地产泡沫,当加息启动时房地产泡沫便破灭了。而从2019年以来的情况看,股市泡沫确实成为掣肘美联储货币政策正常化的原因之一。

(二)货币政策正常化下实际联邦基金利率超出政策利率目标上限的趋势日益增强

在2018年6月之前,美联储政策利率目标区间上限和下限分别由IOER和ON RRP利率构成。为弥补特朗普税改所造成的赤字,短期国债供给开始增加,同时美联储缩表导致流动性减少,这些均给利率带来上升压力,导致实际联邦基金利率开始不断向政策利率目标上限收敛,甚至可能突破政策利率目标上限。在2015年12月美联储首次加息之前,实际联邦基金利率一般比政策利率目标上限低10~20个基点,但在此后,实际联邦基金利率与政策利率目标上限之间利差不断收缩,在2018年5月甚至缩小到5个基点。如果未来美联储加息缩表继续推进,美联储高层担忧流动性减少会迫使实际联邦基金利率突破利率目标区间上限,损害美联储货币政策调控能力。

## 美联储的解决方案

(一)多措并举减少货币政策正常化阻碍

一是采用前瞻指引政策加强市场对货币政策的预判能力,保持极高的货币政策透明度与可预测性,引导公众预期。从实践来看,自2015年以来,市场在历次美联储加息前均能准确预测加息幅度与时点,从而能提前做好杠杆和头寸安排,避免利率上升刺破泡沫、引发金融大幅波动。

二是在货币政策正常化过程中实行慢加息缓缩表策略。如2015—

2018年4年时间里美国仅加息225个基点，年均加息56个基点，而在前三次加息周期（1994—1995年、1999—2000年及2004—2006年）中，平均每年加息幅度高达225个基点。美联储收缩资产负债表亦以缓慢渐进和可预测的方式进行，让市场有足够的时间来应对，从而减少了紧缩对泡沫的不利影响。

（二）对地板系统进行技术性调整

如前所述，实际联邦基金利率不断接近目标利率区间上限，甚至有突破的可能，为确保实际联邦基金利率位于目标利率区间，美联储于2018年6月加息时不再将IOER作为政策利率目标区间的上限，而是使之比上限低5个基点，后又在2018年12月加息时将IOER与上限利差拉大至10个基点。由于IOER对实际联邦基金利率仍然存在相当的引导力，故实际联邦基金利率与政策利率目标区间上限的距离又重新开始拉大。目前实际联邦基金利率与目标区间上限间的利差又拉大至10个基点。

## 启示

我国利率走廊调控模式已初步建立。地板系统是利率走廊适应新变化的产物，二者间存在较多相似之处，如都存在防止市场利率过度下跌的下限利率。与美联储地板系统所导致的股市泡沫类似，我国在某些大类资产领域亦面临泡沫风险。美联储地板系统的运行以及为解决地板系统副作用所采取的措施，为我国提供了有益的参考借鉴。

（一）必要时可适当扩大超额准备金利率覆盖范围

目前我国利率走廊下限为超额存款准备金利率，上限则为常备借贷利率。和美国有类似之处,我国仅银行、财务公司等机构有资格享有超额存款准备金利率,这就意味着我国利率走廊亦有可能出现类似于美联储地板渗漏的情况,为防止这一现象出现,或可考虑扩大可获得超额准备金利率的机构范围,夯实利率走廊下限。

(二)加强前瞻指引,提高经济主体的货币政策预判能力

美联储解决地板系统副作用的经验表明,前瞻指引及货币政策透明度的提高可有效加强经济主体对未来货币政策走向的预判能力、管理公众预期,从而减少货币政策变化对金融稳定与实体经济的冲击,最小化货币紧缩对资产泡沫的不利影响。美联储的前瞻指引工具有效培育了市场对货币政策未来路径的预期,从而避免了泡沫因货币紧缩而突然破灭并引发金融动荡。我国可仿效美联储加强前瞻指引,提高货币政策透明度和可预测性,从而更好地引导和管理预期。

(三)保持货币政策的连续性和渐进性

美联储加息与缩表均采取连续和渐进的方式,避免了突兀的政策调整造成波动放大效果。可见,保持货币政策的连续性与渐进性,也有助于最小化货币政策调整对经济与金融市场的负面冲击。

**参考文献:**

[1]陈娜.“利率走廊”机制的国际经验比较研究[J].上海金融,2018(10).

[2]杨航.境外央行货币政策前瞻指引实践的经验教训[J].债券,2017(11).

[3]George A. Kahn. Monetary Policy under a Corridor Operating Framework [DB/OL]. https://www.kansascityfed.org/publicat/econrev/pdf/10q4Kahn.pdf, 2010-1-15.

[4]Tom Bernhardsen, Arne Kloster. Liquidity Management System: Floor or a Corridor?

[R]. Staff Memos,2010(4).

[5]Stephen D. Williamson. Monetary Policy Normalization in the United States [J]. Federal Reserve Bankof St. Louis REVIEW, 2015.

作者单位:中国人民银行郴州市中心支行

(本文原载于《债券》2019 年 4 月刊)

# 次贷危机后美联储货币政策操作框架的演进与启示

张启迪

**摘　要**：2007 年美国次贷危机后，美联储货币政策操作框架发生了很大变化。本文分析了次贷危机前后美联储货币政策操作框架的演变过程、运行机制及优缺点。本文认为，美联储货币政策操作框架的特点决定了美联储缩表不可避免，货币政策操作框架需要相机抉择并且密切关注其对市场的影响。

**关键词**：次贷危机　货币政策　前瞻性指引　下限系统　流动性工具

2007 年美国次贷危机后，为了向市场注入流动性，稳定金融系统，美联储先后实施了四轮量化宽松政策，通过大规模资产购买计划（LSAP）大量购买国债、机构债和抵押贷款支持证券（MBS）。截至 2017 年 4 月 20 日，在美联储的证券持仓中依然持有高达 2.4 万亿美元的国债和 1.7 万亿美元的 MBS。LSAP 的实施不仅导致美联储资产负债表极为庞大，而且完全改变了美联储货币政策操作框架。美联储新型货币政策操作框架是如何形成的？具体的运作机制是什么？存在哪些优点和不足？对中国来说有什么借鉴意义？为此，本文开展了相关研究。

### 次贷危机前美联储货币政策操作框架简介

次贷危机以前,美联储公开市场委员会(FOMC)实施货币政策的主要方式是通过设定联邦基金利率目标并进行公开市场操作,以保持准备金市场的利率水平与这一目标相符。这一操作框架能够有效运行的前提条件是银行系统中的存款准备金规模不能太大。根据美联储的《存款准备金制度》,商业银行、储蓄银行等美联储规定的机构依然需要向美联储缴纳准备金。具体比例为:在交易性账户净额中,达到 1450 万~10360 万美元的部分,其法定存款准备金率为 3%;高于 10360 万美元的部分,其法定存款准备金率为 10%。由于准备金没有利息收益,存款机构会将准备金降至最低水平。因此,对于存款机构来说,在系统中交易准备金的管理上需要权衡三方面因素:因无法满足准备金要求而要缴纳的罚金、因准备金不足不得不以较高的利率借入准备金的成本以及持有过多准备金的机会成本。缺乏准备金的存款机构不得不去寻找有准备金盈余的机构进行交易。在次贷危机前,各存款机构在美国联邦储备系统中平均存有约 200 亿美元的法定存款准备金以及 15 亿美元的超额准备金①。由于准备金的规模较小,因此美联储能够通过永久性或者临时性买入卖出证券的公开市场操作,将准备金水平调整至与 FOMC 隔夜联邦基金利率目标相符的准备金需求水平。如果美联储要让联邦基金利率升高以达到 FOMC 的目标利率水平,就会降低银行系统中的准备金数量;如果要让联邦基金利率下降,就会增加准备金数量。其中,永久性购买国债的操作意在保持美联

① 参见美联储 2016 年 4 月发布的《2015 年国内公开市场操作报告》,网址:https://www.newyorkfed.org/medialibrary/media/markets/omo/omo2015-pdf.pdf。

储资产负债表的趋势性增长,而回购和逆回购主要是准备金供应的小幅调整。在这一框架下,美联储通过公布目标利率水平,并指导联邦基金市场对准备金的总供给量进行调整,进而影响联邦基金利率的市场决定水平,并将这一水平维持在 FOMC 的目标水平。

## 次贷危机中美联储非常规货币政策的实施

2007 年次贷危机爆发后,为了应对经济衰退,美联储采取了强大的宽松政策,在一年内通过连续降息将联邦基金利率由 5.25%降至[0,0.25%],然而依然没能遏制危机的蔓延。为了进一步向市场注入流动性、稳定金融市场并促进经济复苏,美联储实施了非常规货币政策。非常规货币政策有三个组成部分,一是前瞻性指引,二是流动性支持项目,三是 LSAP,具体情况如下所示。

### (一)前瞻性指引

前瞻性指引包含三个组成部分:第一,联邦基金利率将比货币政策规则(即泰勒规则)所描述的更快地下降至零;第二,只要失业率大于 5%,联邦基金利率就将维持在零;第三,联邦基金利率第一次提高后,货币政策的制定将逐步回归至政策准则的要求(见表 1)。

**表 1　美联储前瞻性指引**

| | |
|---|---|
| 2008/12/16 | 在 FOMC 宣布了联邦基金利率[0,0.25%]的目标区间后,FOMC 指出:"疲弱的经济条件可能导致联邦基金利率在极端水平持续一段时期"。 |
| 2009/11/4 | 继续预期由于经济条件的原因(包括低利率的使用、通胀受到抑制以及稳定通胀的预期)可能使得联邦基金利率维持在较低水平更长的时间。 |
| 2010/9/21 | FOMC 将继续监控经济展望以及金融条件的变化,并且准备一旦需要进一步支持经济复苏,FOMC 将会加强货币政策的宽松力度。 |

续表

| | |
|---|---|
| 2011/8/9 | FOMC 当前预计,由于经济条件(包括低利率和低通胀)的原因,联邦基金利率可能至少在 2013 年年中之前依然维持在极低的水平。 |
| 2012/1/25 | FOMC 当前预计,由于经济条件(包括低利率和低通胀)的原因,联邦基金利率可能至少在 2014 年晚些时候依然维持在极低的水平。 |
| 2012/12/12 | FOMC 认为,在经济复苏力量加强以前,在一段时间内维持高度宽松的货币政策依然是合适的,并且当前预期联邦基金利率将维持在极低水平至少至 2015 年年中。只要失业率低于 6.5%,并且通胀率在 1~2 年内未超过 FOMC 规定的 2%的水平 0.5 个百分点以上,维持联邦基金利率在[0,0.25%]就是合适的。 |
| 2013/12/18 | FOMC 重新强调了之前声明中提到的后续行动所需要的失业率和通胀率的阈值条件,即"如果失业率继续维持在低于 6.5%并且通胀率持续低于 2%的长期通胀目标,FOMC 将继续将联邦基金利率维持在当前[0,0.25%]的目标水平。" |

资料来源:根据美联储官方网站相关公告整理

### (二)流动性支持项目

随着金融危机的扩大化,美国私人部门融资持续面临困难,主要做市商以及货币市场互助基金(MMMF)等诸多金融机构也都面临很大的流动性压力。为了缓解市场的恐慌情绪,美联储启用了紧急借贷授权条款①,并运用一系列临时工具向非存款机构提供流动性支持,该条款是自大萧条以来首次使用。2008 年 3 月,美联储创设一级交易商信贷工具(PDCF)向主要做市商提供质押隔夜融资。之后,美联储又创设了致力于稳定市场互助基金、商业票据市场以及资产支持证券市场等其他关键机构和市场的工具,包括商业票据融资工具(CPFF)、资产支持商业票据、货币市场共同基金流动性工具(AMLF)以及货币市场投资基金便利(MMIFF)等。不仅是美国,全球美元市场所面临的流动性压力也开始向美国市场

① 联邦储备法案 Section13(3)授权联储银行在非常和紧急的情况下可以向个人、合伙人企业以及公司借款,具体适用情况由联储理事会来判断。该条款于 20 世纪 60 年代启用过两次,但当时仅向储蓄机构进行了借款,而从未向其他金融机构借款。

溢出。为了应对这一危机,美联储与主要央行签订了临时货币互换协议向全球市场提供美元。另外,为了避免出现对美国金融系统和经济的灾难性影响,美联储也使用了紧急借贷权力,从而阻止了两家系统重要性金融机构(即贝尔斯登和美国国际集团)的倒闭,美联储合计向两家机构提供融资1160亿美元。

(三)大规模资产购买计划(LSAP)

次贷危机爆发后,虽然美联储进行了连续的降息操作,将利率水平降至零利率附近,同时又实施了多项流动性支持项目,但经济的下行压力依然很大。为了进一步刺激美国经济复苏,美联储决定提供额外支持,通过LSAP大量购买国债、联邦机构债和MBS,以期进一步向市场注入流动性并压低长期利率。

第一轮LSAP于2008年10月底启动,主要是购买机构债和MBS。2009年3月,LSAP购买的范围扩展至长期国债,到2010年3月结束。第二轮LSAP开始于2010年8月,FOMC宣布实施再投资计划。在这一计划下,美联储在证券持仓中持有的机构债券到期后,会将本金再投资于长期国债。从2010年10月到2011年6月,美联储在第二轮LSAP中共计购买了6000亿美元的长期国债。2012年9月,美联储宣布实施第三轮LSAP,每个月购买400亿美元MBS,2012年12月,美联储又推出第四轮LSAP,每个月购买450亿美元中长期国债。美联储的资产购买行为使得银行系统流动性高度充裕。一系列证据表明,LSAP改善了私人信贷市场的金融条件并压低了长期利率。

## 危机后美联储新型货币政策操作框架的形成

### （一）新框架“下限系统”介绍

由于 LSAP 的实施，银行系统超额准备金大量增加，使得依靠公开市场操作调节联邦基金利率进而影响其他利率水平的传统货币政策操作框架失效。2008 年 10 月，美国国会授权美联储向准备金支付利息[①]。由此，美联储获得了调控联邦基金利率的新工具。通过提升超额准备金付息率（IOER），美联储可以达到提升联邦基金利率至目标区间的目的。IOER 也就成了联邦基金利率的下限，这一新型货币政策操作框架也被称为“下限系统”或“底部系统”。IOER 作为利率下限的逻辑在于，如果联邦基金利率低于 IOER，银行或存款机构就可以向市场以低于 IOER 的利率借入资金并存在美联储进行套利。由于套利机制的存在，联邦基金利率将不断提升至 IOER 以上。因此，从理论上来说，在无摩擦的环境下，IOER 将成为短期利率的底部，允许美联储在准备金规模较大的情况下，通过提升 IOER 以达到将联邦基金利率提升至目标水平的目的。

### （二）单 IOER“下限系统”存在的问题

IOER 推出后，确实在一定程度上引导了市场利率的走势并发挥了一定的底部作用。然而在实际操作过程中，围绕货币市场利率进行套利以使 IOER 作为短期利率的有效底部并非是没有成本的。为了进行套利，银行必须扩张其资产负债表以便为其准备金增加提供资金来源，而这却给

① 从联邦储备系统成立到 2008 年的近百年时间里，美联储并不向银行存储的准备金支付利息。根据美国 1980 年《货币银行法》，不仅储备会员银行，其他存款机构也必须执行联储关于缴纳准备金的规定。同时，美联储不需要向存款准备金支付利息。

银行带来了成本。例如,国内银行向美国联邦存款保险公司(FDIC)缴纳保险费是基于全部资产的有形权益,而更大的资产负债表会增加银行资本金和流动性的要求以及相关的成本。而且,这些成本很有可能因为新的资本要求的执行而上升,尤其是在《巴赛尔协议Ⅲ》中关于银行监管杠杆率的要求以及美联储要求在美国业务规模较大的外国银行需要建立中介控股公司(IHC)的规定。这些成本都会导致银行套利动机的减弱,而套利行为的减少意味着货币市场利率有可能下降至IOER以下。因此,IOER并非是货币市场利率坚实的底部。在实践中,联邦基金利率、隔夜一般抵押融资利率(GCF)、国债逆回购利率以及AA级非金融企业商业票据的隔夜利率一般情况下也略低于IOER。

IOER与其他三种利率之间的差异同时也反映了其他一些因素。由于IOER仅适用于存款机构,因此许多货币市场活跃的投资者,诸如货币市场基金以及政府支持企业等在提供短期资金时的议价能力有限。由于货币市场基金一般只向信用等级较高的机构出借资金,而这种机构又相对较少,这又进一步增大了银行的议价能力,扩大了IOER与其他市场利率之间的利差。

(三)隔夜逆回购项目的推出

由于IOER难以作为联邦基金利率的有效底部,美联储又推出了隔夜逆回购(ON RRP),并将ON RRP的利率作为联邦基金利率的终极底部。逆回购具体的操作方式为,由美联储向对手方借款,押品即为美联储的投资组合。因此,存款准备金和逆回购对美联储来说均属于短期资金。不过存款准备金是无担保的,而ON RRP是有担保的。与IOER类似,ON RRP利率也是美联储设定的一个无风险利率。与IOER只适用于存款机构不同,ON RRP 的适用范围更为广泛。2009 年,考虑到 ON RRP 的需求量可能较大,美联储开始扩张 ON RRP 的对手方范围。截至 2017 年 4 月 20 日,美联储拥有 164 个 ON RRP 对手方,包括主要交易商、银行、货币市场基金和政府支持企业等。

从理论上来说,由 FOMC 设定的 ONRRP 利率将会成为短期利率的有效底部,尤其是当 ON RRP 可以提供足够的数量来满足需求时。由于 IOER 底部的有效性由银行从货币市场以低于 IOER 利率借入资金的可能性,以及可以使用 ON RRP 的货币市场投资者直接向美联储出借资金并赚取 ON RRP 的能力来决定,而 ON RRP 适用的对手方范围又非常广泛,甚至包括非金融机构,因此,ON RRP 的引入增强了货币市场的竞争程度和利率底部的有效性。ON RRP 的运用同时也提高了投资者与货币市场借款人之间的议价能力。因此,即使是实际 ON RRP 的规模不大,这一工具也有助于提供一个短期利率的底部。总之,ON RRP 成为了美联储在控制联邦基金利率方面的重要补充。

至此,危机后美联储货币政策操作框架最终形成。IOER 和 ON RRP 共同组成了联邦基金利率的下限系统。其中,IOER 为联邦基金利率目标区间的上限,ON RRP 为联邦基金利率目标区间的下限,在实际操作中联邦基金利率在 IOER 和 ON RRP 区间运行(见表 2)。

**表 2　ON RRP 的使用过程**

| | |
|---|---|
| 2013 年 9 月 | FOMC 授权从 2013 年 9 月到 2014 年 1 月 29 日可以使用 ONRRP 工具,将 ONRRP 的利率区间设定为 0~5bp,每个对手方的初始上限为 5 亿美元,几天后升至 10 亿美元。 |
| 2013 年 12 月 | ON RRP 的单个对手方上限升至 30 亿美元。 |
| 2014 年 1 月 | ON RRP 使用的授权延长至 2015 年,单个对手方的上限升至 50 亿美元。 |
| 2014 年 3 月 | 单个对手方的上限升至 70 亿美元。 |
| 2014 年 4 月 | 单个对手方的上限升至 100 亿美元。 |

续表

| | |
|---|---|
| 2014年9月 | FOMC将单个对手方的上限提高至300亿美元,同时设定ON RRP单日整体的上限规模为3000亿美元。如果达到上限,就通过拍卖机制来对ON RRP的额度进行分配,同时设定利率。 |
| 2014年10月 | FOMC授权ON RRP利率的调整幅度高达10bp。 |
| 2014年12月 | ON RRP的使用时限延长至2016年1月,同时将3000亿美元定期RRP延长至2014年1月并进行四次拍卖。 |
| 2015年1月 | FOMC授权2015年2月以及3月初定期RRP的额度为500亿美元,2015年3月末定期RRP的额度为200亿美元。 |

资料来源:根据美联储官方网站相关公告整理

(四)准备金控制工具

为了避免大量准备金流向市场造成通胀失控,美联储同时开发了一系列工具用于降低银行系统大量的准备金。降低准备金量不仅可以减少货币市场净资金供应量,避免通胀率的意外跳升,而且可以通过建立准备金利息率与其他短期利率之间的紧密关系,改善美联储控制金融条件的能力。

第一个工具是向准备金付息。美联储通过向准备金付息的方式从银行系统借入资金,银行借此增加了美联储的存款并减少了向公众的贷款,结果就是银行资金由私人部门转至美联储。如果市场利率上升,提升了银行贷款的利息率和通胀率,美联储就可以通过提升准备金利息率来锁定银行准备金并将准备金维持在较高水平。第二个工具是逆回购协议(RRP)。美联储运用其所持有的国债和机构债与主要做市商进行此类交易的能力已经得到充分测试并随时可以使用。为了进一步增强通过逆回购来吸收准备金的能力,美联储扩大了能够与之进行此类交易的对手方范围,并且建立了在这类交易中使用其持有的MBS作为押品的相应机制。第三个工具是向存款机构提供定期存款。与存款机构向其客户提供的定期存款类似,通过定期存款可以将存款机构的准备金转换为既不能用于短期流动性支付,也不能作为准备金的存款。当前,美联储控制准备金的主要方式是向法定准备金和超额准备金付息,银行将资金存在美联储,可以按照美联储公布的法定存款准备金付息率(IORR)和IOER获得利息。

## 新型货币政策操作框架的优点和不足

### (一)美联储新型货币政策操作框架的优点

第一,可以向市场提供短期安全资产。诸多文献表明,市场对高流动性的短期安全资产有特殊需求(如货币市场基金等)。2007年美国次贷危机以前,这部分需求有一部分是通过私人部门来满足。私人部门通过发行大量短期金融工具为长期资金需求进行融资,造成了“短贷长用”的问题,在一定程度上扩大了危机的蔓延。而美联储向准备金付息以及进行ON RRP就相当于是向市场提供短期安全资产。因此,由官方提供短期安全工具可以挤出私人部门发行短期债务的数额,从而降低系统性风险。

第二,有利于金融稳定。在当前美联储货币政策操作框架下,需要维持庞大的资产负债表,而这又会导致银行系统中存在大量超额准备金。通过美联储的准备金控制工具,投资者可以与美联储维持密切的资金往来,并在需要时向美联储融入资金,能够有效的减轻“污名效应”,极大地减少了出现流动性危机的可能性。

第三,在控制联邦利率方面较为有效。当前“下限系统”的运行情况表明,美联储通过IOER和ON RRP可以有效地将联邦基金利率控制在目标区间。因此,维持当前框架有利于增强货币政策传导机制的有效性。

### (二)美联储新型货币政策操作框架的缺点

第一,损害金融市场的资金配置功能。大规模ON RRP将导致美联储在短期融资市场中承担了金融中介功能。尤其是当这一工具永久化以后，金融市场中原有的资金供给方和需求方之间的联系将被破坏，损害金融市场自身的资金配置功能，并可能会以难以预期的方式改变金融市场。

第二，持有安全资产的行为增多。ON RRP 相当于由官方机构向市场提供的一种安全资产。而安全资产供给弹性的增加会使货币市场投资者由向私人部门提供融资转向仅持有安全资产的概率增大。在没有 ON RRP 时，转换的机会成本会因无风险资产的有限供应而受到限制。由于转换时这类资产需求的增加将推升价格，从而使得转换成本升高。而如果 ON RRP 扩张过快，在金融系统动荡时，会加大风险资产的抛售，进而影响金融稳定。

第三，利率调控成本过于高昂。由于美联储是通过向 IOER 和 ON RRP 付息来控制联邦基金利率，因此需要支付大量的利息。而美联储的收入来源主要是其资产组合中持有的大量金融资产产生的利息收益。因此，美联储控制联邦基金利率的能力将很大程度上受其付息能力的影响。美联储能有效控制联邦基金利率很大程度上得益于之前的低利率环境。而美联储目前已处于加息周期中，在利率上升的环境下，利息支出可能会比利息收入增长更快。据美国国会办公室预计，2018—2020 年，美联储将不会再向财政部缴纳收益。而一旦利率水平过高时，付息能力将受到很大限制，甚至可能出现不可持续的情况，进而会影响美联储控制联邦基金利率的能力。

## 几点启示

通过上述分析，笔者有以下三点启示：

第一,美联储缩表不可逆转。通过对美联储新型货币政策操作框架的分析可以发现,虽然新框架具备向市场提供安全资产、有利于金融稳定以及在控制联邦利率方面较为有效等一系列优点,然而新框架同样也会损害金融市场的资金配置功能,以及放大安全资产的转移行为,利率的调控成本也十分高昂,并且这些缺点难以克服。因此,缩表对于美联储来说是必然选择。

第二,货币政策操作框架需要相机抉择。从危机前后美联储货币政策操作框架的演变过程可以看出,美联储不断根据经济和金融条件的变化对货币政策操作框架进行修改,不仅有效阻止了危机的蔓延,而且促进了经济复苏。因此,货币政策操作框架并非是一成不变的,需要根据具体的经济和金融条件不断进行调整。

第三,密切注意新型货币政策工具对市场原有功能的影响。危机后由于 ON RRP 的使用,在一定程度上影响了美国金融市场自身的资金配置功能。美联储深刻意识到了 ON RRP 工具可能带来的负面影响,已向市场允诺未来将在不再需要其控制联邦基金利率时退出。当前,我国货币政策调控方式也在创新,也采取了一系列新型货币政策工具,建议密切关注这类工具对于市场功能的影响,并根据具体情况适时进行调整。

作者单位:中债信用增进投资股份有限公司

(本文原载于《债券》2017 年 6 月刊)

# 20世纪两次通胀危机的比较及中美通胀走势预测

杨兆宇

**摘　要**:本文对20世纪两次典型通胀危机(德国魏玛恶性通胀、美国石油危机引发的通胀)进行了比较分析,总结了二者的共同点:货币政策宽松、货币供应量增加、财政赤字显著增加是通胀抬升的必要条件;供给短缺或需求过热是通胀的催化剂,并决定通胀的类型;政策层面可能因特殊的时代背景和目标而低估通胀发生的概率。在后疫情时代,美国通胀水平上升的必要条件已经具备,通胀中枢上移可能并非短暂现象。中国虽然面临一定的通胀压力,但通胀持续上行的多个条件都不具备,债券利率因此而调整的概率较低。

**关键词**:通货膨胀　货币供应量　财政赤字　债券利率

## 20世纪两次通胀危机的比较

20世纪德国魏玛时代的恶性通胀(以下简称"德国魏玛通胀")与美国由石油危机引发的通胀(以下简称"美国石油通胀")是两次典型的通胀危机。1918—1924年,战争债券发行、协约国巨额战争赔款、债务货币化等因素共同导致了德国魏玛通胀，魏玛经济陷入货币发行→通胀及资本外流→货币贬值→输入性通胀加剧及流动性收缩→货币发行的恶性循环。与 1922 年初相比，物价指数在 1923 年末上涨了 100 亿倍(萨缪尔森等，2012)。1973—1982 年，在石油危机的冲击下，美国面临石油供给短缺，叠加此前货币政策宽松、财政赤字增加，美国经济陷入滞胀，通胀率在 1980 年一度突破 14%。

通过对比两次通胀危机发生的过程与背景，笔者发现二者存在以下共同点。

第一，货币政策宽松和货币供应量增加是通胀产生的根源。第一次世界大战(以下简称“一战”)前后，德国央行始终奉行宽松的货币政策，持续增加货币发行量，维持较低的贴现率水平，并通过购买商业票据为市场注入流动性，通胀水平与货币供应量同步飙升。在石油危机发生前，时任美联储主席伯恩斯认为物价上涨不是货币现象，货币政策应着眼于就业，稳定通胀水平应通过对价格和工资进行管制来实现。由此，在伯恩斯任期内，美联储奉行扩张性货币政策，相继下调贴现率和联邦基金利率。1972 年美国广义货币(M2)的同比增速一度突破 13%，创 10 年新高。

第二，财政赤字显著增加乃至财政赤字货币化是推升通胀水平的重要力量。一战期间，德国军费筹集主要通过发行战争债券解决，大量的私人储蓄转化为政府债务。为弥补德国公众投资能力的缺口，政府进一步加快货币创造，加大财政赤字货币化力度。德国在战败后，面对协约国的巨额战争赔款，再度增加货币供应量，将债务货币化。凯恩斯对当时德国马克的评价是“毫无价值，但又稀缺”(达利欧，2019)。石油危机前后，美国政府需要为越南战争和“伟大社会”计划筹资，财政赤字持续增加，扮演了通胀助推器的角色。

第三,供给短缺或需求过热是通胀的催化剂,并决定通胀的类型。诺贝尔经济学奖得主托宾于1974年提出三种通胀类型,分别为需求拉动型、成本推动型和工资—价格螺旋型。德国魏玛通胀期间,德国央行持续印钞弥补支出,大量纸币涌入消费市场,这种通胀属于需求拉动型通胀。相比之下,美国石油通胀与石油短缺造成的价格上涨和工资上涨相关,其通胀为成本推动型和工资—价格螺旋型通胀。

第四,通胀及相关政策背后往往蕴含特殊的时代背景,为实现特定的目标,政策层面可能会误判通胀。德国魏玛通胀的背景是一战军费筹措和战争赔款,而美国石油通胀的背景是越南战争和"伟大社会"计划。在以上时代背景下,为实现政策目标,政府低估了货币政策和财政政策对通胀的影响。

第五,两次通胀的结束均伴随宽松货币政策的退出、财政赤字的削减、货币信心的重建。1923年,德国魏玛政府推出新货币——地租马克(Rentenmark),以德国农业和工业用地的5%作为抵押,控制货币发行规模,并停止债务货币化,削减财政赤字,市场对德国货币的信心重新建立,恶性通胀得以告终。1979年,沃尔克接任美联储主席,提出三点建议:确保美联储的独立性、美联储必须直面通胀,以及实施更加紧缩的政策。沃尔克重视对货币数量(货币供应量)而非货币价格(联邦基金利率)的调控,通过调整准备金机制间接提高联邦基金利率,并进行信贷管控。最终,美联储重归正途,1983年美国通胀水平降至3%附近,国内生产总值(GDP)恢复正增长,美国经济走出滞胀泥潭。在此期间,美联储控制货币供应量和通胀的能力决定了美元的价值。

## 后危机时代与后疫情时代美国通胀环境分析

在次贷危机发生后的 2009—2011 年,美国实施的量化宽松政策并未引发通胀水平明显上升,美国经济似乎陷入了“低增长、低通胀”的怪圈。自新冠肺炎疫情发生以来,美国推行极度宽松的货币政策和财政政策,通胀水平持续高于市场预期,市场机构对本轮通胀持续时间的判断存在较大分歧。基于前文的研究框架,笔者对后危机时代和后疫情时代美国通胀环境进行对比分析。

第一,在后危机时代和后疫情时代,美国均推行宽松的货币政策,但后疫情时代的货币供应量增速显著高于后危机时代。

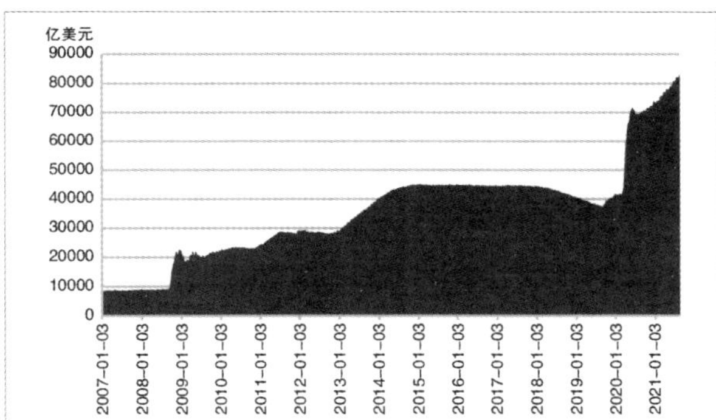


**图 1　次贷危机后美联储资产负债表规模走势**

资料来源:Wind

次贷危机发生后,美国实施的量化宽松货币政策并未有效刺激实体消费和资本支出,M2 没有显著扩张,通胀水平维持在低位,资产价格出现上涨。后疫情时代,美联储奉行极度宽松的货币政策,其资产负债表持续扩张(见图 1),居民消费支出增加,货币供应量增速较后危机时代大幅抬升(见图 2)。

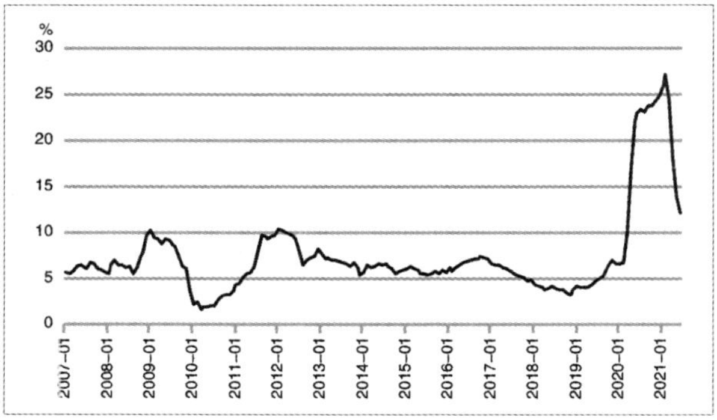


**图 2　次贷危机后美国经季节调整的 M2 同比增速走势**

资料来源：Wind

第二，在后疫情时代，美国财政赤字水平较后危机时代显著提高。

次贷危机后，奥巴马政府推出减税和缩减政府开支措施，2009 年美国联邦政府赤字率提升至阶段性高点 9.79%，随后回落。新冠肺炎疫情发生后，美国财政政策的思路不断向功能财政转变，即强调财政预算应从其对经济的功能着眼，而不应仅仅注重财政收支是否平衡。拜登政府陆续出台财政支出计划，财政赤字率显著高于后危机时代。2020 年，美国财政赤字率高达 14.91%（见图 3）。2021 年，美国延续积极的财政政策，出台 1.9 万亿美元的新冠肺炎疫情纾困救助法案。在美国财政政策思路转变后，政府举债获得的资金直达居民，居民的收入和储蓄水平有所提高。同时，在财政赤字货币化政策的推动下，通胀中枢上移的可能性增加。

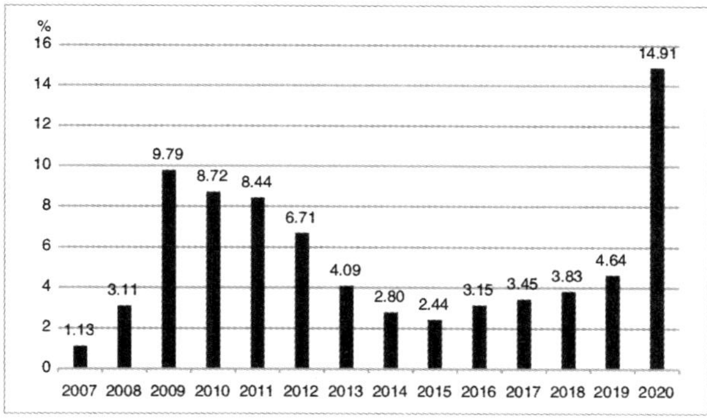


**图 3　次贷危机后美国财政赤字率走势**

资料来源：Wind

第三，在后危机时代，美国享受进口价格红利，叠加内需不足，通胀水平维持在低位。在后疫情时代，美国同时面临供给收缩和需求扩张，后续通胀可能兼具成本推动型和需求拉动型的特征。

美联储前主席格林斯潘曾将 20 世纪 90 年代美国的低通胀归功于经济全球化带来的价格红利，后危机时代的逻辑与之相仿。次贷危机发生后，中国取代欧洲成为美国最主要的贸易伙伴，中国的出口规模增加，美国的进口成本下降，叠加美国内需不足，其通胀水平得以维持低位。后疫情时代，中国去除过剩产能政策已取得成效，产能利用率显著提升。同时，疫苗接种和财政补贴极大地促进了美国内需的恢复，中国生产—美国消费的供需关系已发生转变。此外，智利、秘鲁等主要原材料生产国的疫情仍有反复，供给与产能修复较慢，叠加大宗商品库存规模处于低位，大宗商品价格居高难下。从总体上看，在供给收缩、需求扩张的背景下，美国的进口价格红利渐行渐远，通胀中枢上移的可能性增加（见图 4），并兼具成本推动型通胀和需求拉动型通胀的特征。

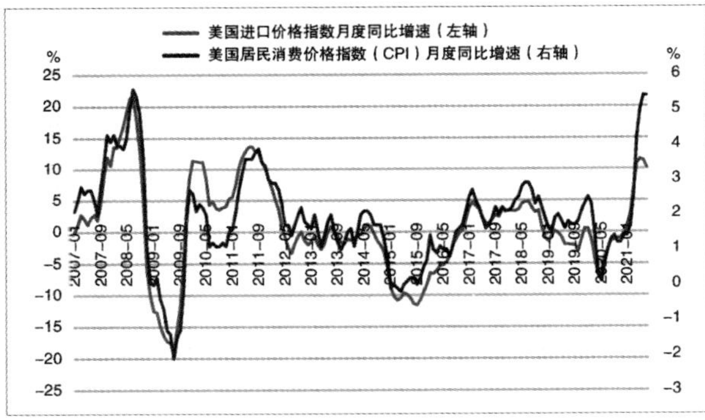


**图 4 美国进口价格指数与居民消费价格指数的同比增速**

资料来源:Wind

第四,美国在 2009 年和 2021 年均处于特殊的时代背景下,前者是次贷危机,后者是新冠肺炎疫情。相比之下,在后疫情时代政策层面低估通胀水平的概率增加。

后危机时代,美国的货币政策在强调物价稳定的基础上,同时关注就业和金融稳定。后疫情时代,美联储在 2020 年 8 月公布的长期目标和货币政策策略声明中提出“长期平均通胀目标制”,将通胀目标上限为 2% 改为通胀目标的均值为 2%。在就业优先的原则下,政策层面低估通胀水平的风险在增加。

## 通胀水平预测及债券市场分析

### (一)对美国和中国通胀水平的预测

基于上述研究,笔者总结了历史上三个时期和当前中美面临的通胀影响因素(见表 1)。

从表 1 来看,本轮美国通胀水平的抬升是多种因素叠加的结果,持续时间或将超过市场预期。2021 年 6 月,美国 CPI 同比增长 5.4%,创 2008 年 8 月以来新高;核心 CPI 同比增长 4.5%,为 1991 年 11 月以来最高水平,并连续 3 个月超出市场预期。

**表 1　通胀影响因素的比较**

| 所处阶段 | 是否实行宽松的货币政策 | 货币供应量是否显著增加 | 财政赤字是否显著增加 | 是否面临供给短缺或需求过热 | 时代背景 |
|---|---|---|---|---|---|
| 德国魏玛恶性通胀(1918—1924 年) | 是 | 是 | 是 | 是 | 一战 |
| 美国石油通胀(1973—1982 年) | 是 | 是 | 是 | 是 | 越南战争、“伟大社会”计划 |
| 美国后危机时代(2009—2011 年) | 是 | 否 | 是 | 否 | 次贷危机 |
| 美国后疫情时代(2021 年至今) | 是 | 是 | 是 | 是 | 新冠肺炎疫情 |
| 中国后疫情时代(2021 年至今) | 否 | 否 | 否 | 是 | 新冠肺炎疫情 |

与此同时,中国面临的经济环境和实施的政策组合与美国存在较大差异。一是中国的货币政策已于 2020 年中提前回归稳健中性,坚持不搞大水漫灌,货币供应量增速已回到疫情发生前的水平,M2 与名义经济增速基本匹配(见图 5),通胀持续上行的货币条件并不具备。二是中国的财政赤字与地方政府专项债规模均有所调降,强化地方政府隐性债务管理,财政政策对通胀的推动力量减弱。三是基建、地产等方面政策趋严,限制城投、地产行业的融资增速,下游投资需求降温。从整体上看,当前中国面临一定的成本推动型通胀压力,压力主要源于前期低基数和输入性因素,通胀持续上行所需的货币政策宽松、货币供应量显著上升、财政赤字显著增加和需求过热等因素并不具备。

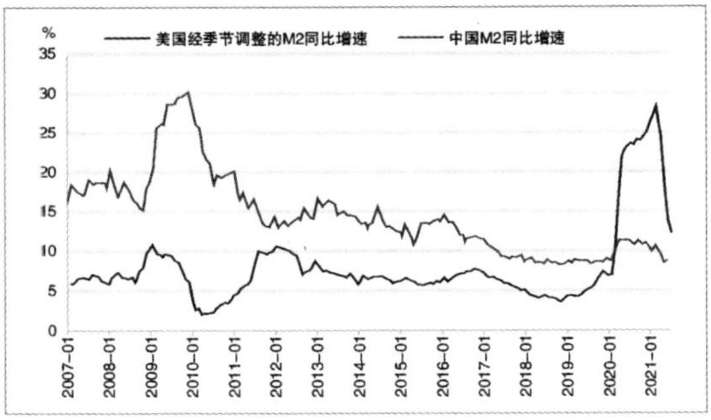


**图 5 次贷危机后中美 M2 同比增速**

资料来源:Wind

(二)对债券市场的影响

一般来讲,名义利率等于实际利率与通胀率之和,在通胀率上行期间,名义利率相应上行。笔者通过对比 1970 年以来美国通胀率与 10 年期国债收益率数据关系,发现二者整体呈现正相关性(相关系数为 0.65),且通胀率的抬升一般领先于 10 年期国债收益率的上行(见图 6)。例如,在 20 世纪 70 年代两次石油危机期间,在通胀率大幅抬升后,美国 10 年期国债收益率均出现明显上行。

**图 6 1970—2021 年美国通胀率与 10 年期国债收益率**

资料来源:Wind

从短期来看,受疫情反复、就业复苏缓慢、债务上限约束国债发行等因素影响，预计美国国债收益率将继续维持在低位。从中期来看，如果美联储因通胀水平持续超预期而提前缩减购债规模，则美国国债收益率将面临上行压力。

如前文所述，我国面临成本推动型通胀压力，但整体可控。成本推动型通胀一般对应总供给曲线左移、产出下降、价格上升，即“滞胀”，此时如果央行选择收紧货币政策抑制通胀，使得总需求曲线左移，则会导致产出水平进一步下滑。在此情形下，2021 年 7 月，我国央行采取降准政策缓解小微企业的经营困难，降低因大宗商品涨价引发的成本压力，政策重心向“降成本”倾斜，体现了政策的精妙设计。

基于前述分析，我国债券利率因通胀而大幅调整的概率较低，后续利率走势更多取决于经济修复节奏、货币政策取向、信用风险与外部冲击。

（本文仅代表个人观点，不代表所在机构观点）

**参考文献**

[1]保罗·萨缪尔森，威廉·诺德豪斯. 萨缪尔森谈失业与通货膨胀[M]. 北京：商务印书馆，2012.

[2]保罗·沃尔克，行天丰雄. 时运变迁：世界货币、美国地位与人民币的未来[M]. 北京：中信出版社，2016.

[3]本·伯南克. 金融的本质[M]. 北京：中信出版社，2014.

[4]瑞·达利欧. 债务危机[M]. 北京：中信出版社，2019.

[5]徐高. 宏观经济学二十五讲：中国视角[M]. 北京：中国人民大学出版社，2019.

作者单位：农银理财委托资产投资部

（本文原载于《债券》2021 年 8 月刊）

# 如何协调当前货币政策与汇率政策

张　明

**摘　要**：本文从蒙代尔"不可能三角"假说入手，从全球视角分析了中国所处的经济金融环境。本文认为，作为经济大国，中国内部平衡的重要性要高于外部平衡，若要在开放条件下实现内部平衡，需要维持货币政策的独立性，进一步增强汇率制度的灵活性，并维持必要的资本账户管制。

**关键词**：货币政策　资本账户开放　国际资本流动　汇率政策

## "不可能三角"假说及其面临的挑战

在开放经济条件下，一国会面临货币政策与资本流动的冲突问题。例如，当一国经济过热时，该国本应该实施从紧的货币政策，然而国内利率的上升可能导致国际资本大举流入，从而使得该国经济因为流动性过剩而进一步过热。反之，当一国经济趋冷时，该国本应该实施宽松的货币政策，然而国内利率的下降可能导致本国资本大举外流，从而使得该国经济由于流动性不足而进一步趋紧。

如果再加入汇率变动，问题就变得更加复杂。如果一国实行的是缺乏弹性的固定汇率制或准固定汇率制，上述货币政策与资本流动的冲突将依然存在，该国将会缺乏货币政策的独立性。而如果一国实行的是富有弹性的汇率制度，那么该国货币政策的独立性可以显著提高。例如，当经济过热而本国加息时，本币汇率一次性大幅升值一方面将会抑制国际资本持续流入，另一方面将会通过进出口渠道抑制总需求，从而达到总量收缩的目的。反之，当经济衰退而本国降息时，本币汇率一次性大幅贬值一方面将会抑制本国资本持续外流，另一方面将会通过进出口渠道刺激总需求，从而达到总量宽松的目的。

上述货币政策、汇率政策与资本流动三者之间的权衡关系被称之为“三元悖论”或“不可能三角”，是由加拿大经济学家蒙代尔最早提出的。他指出，一国不可能同时拥有开放的资本账户、固定的汇率水平以及独立的货币政策，而最多只能在三者之间择其二而弃其一。例如，美国拥有独立的货币政策，资本自由流动，从而不得不实施自由浮动汇率制度。

“不可能三角”假说从提出之后迄今，一直饱受争议。

争议之一，是中国的经济金融政策协调及选择问题。比如，有观点认为中国经济是同时实现了部分的汇率弹性、部分的资本账户开放以及部分的货币政策独立性。中国选择的不是“不可能三角”的“角点解”，而是选择了“中间解”。这看起来也确实符合中国改革开放以来所走的渐进式折衷道路，但也需要考虑成本问题。

争议之二，是法国经济学家 Helene Rey 提出的不可能两难（Impossible）假说。她在美联储杰克逊霍尔的研讨会上指出，在资本自由流动的条件下，即使一国实施浮动汇率制度，该国也不能维持独立的长期利率。这意味着，一国央行事实上只能在资本流动管制与货币政策独立性之间选择一个,也即“不可能三角”蜕化为“不可能两难”。这种观点显然强调了资本流动管理的重要性,而弱化了弹性汇率制度的重要性。

### “不可能三角”假说与当前中国经济

尽管“不可能三角”假说一直受到争议,但笔者认为,基于2015年8月以来中国经济发展状况及其所面临的错综复杂的国际经济金融环境,可结合“不可能三角”假说来探讨当前经济发展中的难题。

第一,随着中国资本账户的逐渐开放与人民币国际化的推进,跨境资本自由流动程度已经显著加深。自2009年中国开始推进人民币国际化以来,至少在人民币跨境贸易与投资项下,以本币计价的资本流动所面临的障碍已经显著降低。自2012年中国表态要加快资本账户开放之后,各类资本流动面临的管制也显著下降。因此,尽管目前中国还未全面开放资本账户,但跨境资本流动已经显著加强。

第二,当前中国宏观经济所处的环境需要进一步放松货币政策。其一,尽管中国经济的潜在增速在下降,但若干证据表明,当前的宏观经济增速已经显著低于潜在经济增速,即出现了为负的产出缺口。最重要的证据,就是无论GDP缩减指数还是PPI同比增速,都已经出现持续负增长,这意味着出现了通货紧缩的迹象。而要应对通货紧缩,需要出台积极的需求管理政策;其二,在地方债增多、房地产市场收缩造成地方政府预算外收入显著下降,以及美国次贷危机后中国四万亿政策刺激因素等共同影响下,目前中国的财政政策也面临一定难题,这就使得货币政策方面可能面临更大的放松压力。目前中国一年期人民币存款基准利率仍有1.5%,大型金融机构法定存款准备金率仍有17.5%,因此无论降息还是降准都还有空间，且降准的空间远大于降息。

第三，当前人民币兑美元汇率面临较为明显的贬值预期。市场上的人民币兑美元汇率贬值预期始于2014年二季度。从2014年二季度起，人民币兑美元汇率的市场价持续低于中间价。人民币兑美元贬值预期产生的主要原因是2013—2015年人民币跟随美元兑其他主要货币快速升值，而这种状况较明显地背离了中国经济的基本面。

把上述三方面的分析结合起来，就不难看出当前中国经济所面临的难题。

如果不收紧对资本流动的控制，那么就会面临放松货币政策与维持人民币兑美元汇率稳定的两难。如果通过进一步降息与降准来刺激宏观经济，人民币兑美元汇率就会因为利差的缩小而继续贬值，且汇率贬值可能会与资本外流之间相互强化。而如果试图维持人民币兑美元汇率的稳定，就不得不推迟甚至放弃降准或者降息，进而中国经济的下行就可能变得难以抑制。

如果既想放松货币政策，又想维持人民币兑美元汇率的基本稳定，那么需要加强对资本流动的管制。但一方面可能导致人民币国际化的退步，另一方面可能遭致国际社会的非议。

鉴于这种形势，中国已采取了一些措施来应对。首先，在政府层面，多次重申人民币汇率不具备持续大幅贬值的基础、中国将保持人民币汇率在合理均衡水平上的基本稳定。其次，为防范风险，已强化对外汇兑换与资本外流的管理。例如，投机者已经很难在香港离岸市场上借到人民币，离岸人民币拆借利率已经显著上升。又如，零散换汇并集中汇至海外特定账户的行为已经受到明显遏制等。再次，为了稳住汇率，多次推迟降息降准，而仅仅通过逆回购、SLF与MLF等短期流动性调节措施来补充流动性。

## 如何协调当前的货币政策与汇率政策

笔者认为,作为全球第二大经济体,中国经济已经是一个不折不扣的大国经济。对大国经济而言,内部平衡的重要性要高于外部平衡。若要在开放条件下实现内部平衡,需要维持货币政策的独立性。而要提高货币政策的独立性,需要进一步增强汇率制度的灵活性,并且维持必要的资本账户管制。

首先,为了消除负向产出缺口,政府实施积极的需求管理政策,其中积极的货币政策不可或缺。从目前看,政府政策的重心似乎在“供给侧改革”方面更为偏重。笔者认为,在推进供给侧改革的同时,也需要注重发挥需求管理政策的作用。因为供给侧改革对于提升经济中长期潜在增速的作用可能会更为显著。积极的需求管理政策包括积极的财政政策与积极的货币政策。积极的货币政策可能需要降息与降准并举。考虑到当前的政策空间,建议未来将降准作为主要的货币政策工具之一。

其次,为了给宽松货币政策打开空间,需要进一步增强人民币汇率形成机制的灵活性。比如减少对外汇市场的干预,让汇率在更大程度上由市场供求来决定。在当前形势下,若放松对人民币汇率的干预,可能会使人民币兑美元汇率在短期内贬值。但只要贬值幅度不是过大(不出现汇率超调),那么市场力量下的贬值还是利大于弊的。这既有助于缓解有效汇率升值过快对出口造成的冲击,也有助于释放贬值压力、消除市场上持续的贬值预期。笔者认为,建立人民币有效汇率的年度宽幅目标区机制,可能是当前人民币汇率形成机制的最佳选择。

再次,为了控制人民币兑美元汇率的贬值幅度,以及提高宽松货币政策的有效性,建议保持适当的资本账户管制,而非继续开放资本账户。一方面,如果资本流动没有障碍,那么汇率贬值预期与资本外流之间可能形成相互强化的恶性循环,这可能导致汇率发生超调。另一方面,如前所述,如果资本流动没有障碍,那么宽松货币政策将会导致资本外流,由此可能造成流动性不松反紧,会削弱货币政策的有效性。那么从这两方面出发,维持必要的资本账户管制的意义就不言而喻了。这又意味着,一是中国在短期内不应出台进一步放松资本外流的措施,例如 QDII2 等;二是加强现有资本账户框架下资本管制的有效性,例如加大对虚假贸易、贸易项下转移定价以及地下钱庄的打击等。要加强资本管制的有效性,还要注重顺应市场规律。例如,为了维持人民币兑美元汇率的稳定,要避免人为地提高离岸人民币市场的利率以及人为地压缩离岸人民币供给,以防止对人民币离岸市场产生负面影响。

总之,作为一个事实上的经济大国,我们需要遵循大国的行为逻辑。当国内经济形势要求货币政策放松时,建议毫不迟疑地放松货币政策,不被汇率维稳束缚了手脚。为了提高宽松货币政策的效力以及防止汇率向下超调,建议加强资本流动管制,并采用市场各方能够接受的方式来实现。

(本文作者系中国社科院世界经济与政治研究所国际投资研究室主任、研究员)

(本文原载于《债券》2016 年 2 月刊)

# 解锁流动性覆盖率和匹配率困局

张　旭

**摘　要**:2017 年 12 月下旬银行间市场经历了非同寻常的资金紧张,而此局面并非人民银行主动收缩所致,而是流动性在传导过程中遇到了障碍。从某种意义上讲,是流动性覆盖率(LCR)和流动性匹配率(LMR)等流动性指标的合规过程制约了货币政策的传导。本文依次阐述了 LCR+LMR 带来的资金困局、资金传导业务对于 LCR+LMR 的影响、解锁资金困局的方法,并最终对未来的流动性进行了预测。

**关键词**:流动性覆盖率　流动性匹配率　流动性　资金面

## LCR+LMR 带来的资金困局

2017 年 12 月下旬银行间市场经历了非同寻常的资金紧张,具有两个非常显著的特点:从期限上看,年内不紧跨年紧;从主体上看,大行不紧非银紧。例如,2017 年 12 月 22 日尚未跨年的 R007 为 3.03%,待其跨年后快速上升至 6.94%。在这个阶段中,R007 与 DR007 之间的利差也明显扩大。

事实上,该阶段人民银行的资金供给意愿较强,一级交易商所得到的流动性充裕,但是下游机构出现了明显的资金紧张(见图 1)。显然,资金紧张的局面并非人民银行主动收缩所致,而是流动性在传导过程中遇到了障碍。2017 年末的此种情况与 2016 年末具有某些共性。2016 年末,为了满足流动性覆盖率(LCR)指标的监管要求,市场参与主体或多或少地规避资金传导业务。2017 年 12 月,《商业银行流动性风险管理办法(修订征求意见稿)》增加了对流动性匹配率(LMR)等指标要求,2017 年末商业银行更加倾向于规避资金传导业务。

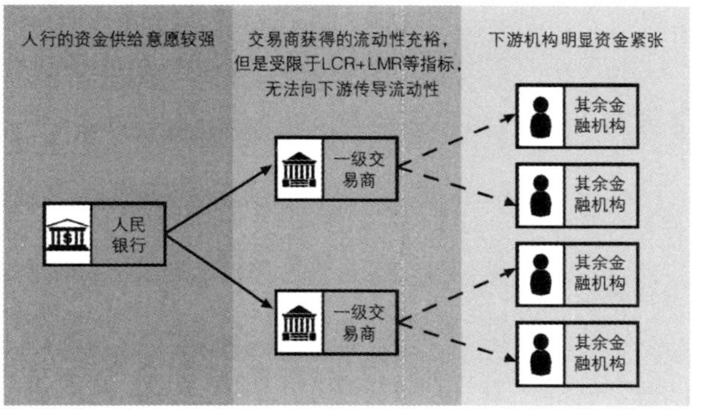


**图 1　银行间流动性传导示意图**

资料来源:光大证券研究所

从某种意义上讲,LCR+LMR 等流动性监管指标制约了货币政策的传导。一方面,在银行间市场流动性的传导过程中,人民银行处于最上游并通过公开市场操作(OMO)等工具向一级交易商提供流动性,再由交易商向下游进行二次传导。然而,LCR+LMR 等指标的合规过程降低了交易商等中间节点向下游传导的意愿,导致下游无法获得足够的流动性。另一方面,在当前的货币政策框架中,人民银行主要调控 DR007 等短期利率,利用金融市场自身的传导机制影响长端利率,短期利率的波动加大,不利于形成稳定的长端预期(见图 2)。

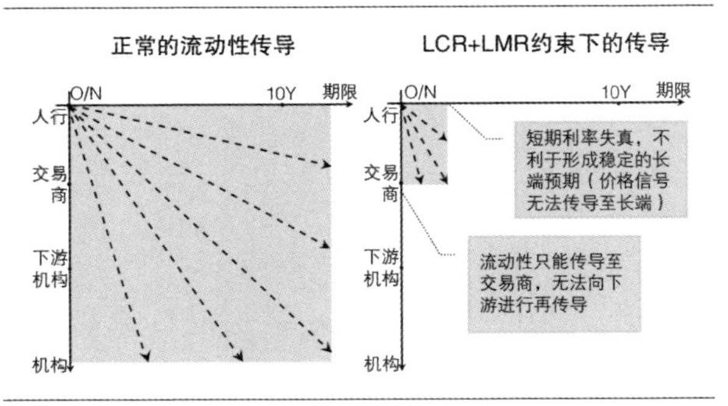


**图 2　流动性传导效果(正常状态 vs LCR+LMR 约束状态)**

资料来源:光大证券研究所

**资金传导业务对 LCR+LMR 的影响**

正常的资金传导业务是银行间市场资金传导链条中合理的组成部分,并不会影响过桥银行的超储水平,但是依然会对 LCR 和 LMR 等指标造成负面影响。在后文的讨论中,我们将交易商等处于流动性上游的银行称为 A 银行,将处于下游的银行称为 B 银行。我们假设这样的情景:A 银行通过 OMO 获得 M 亿元的 7 天资金(7D OMO),并于当日通过隔夜回购(质押式)融出给 B 银行,A 银行向人民银行提供一级优质流动性资产(HQLA)储备作为押品。上述过程可以分成两步:

第一步:从人民银行融入。在这个过程中,A 银行 LCR 和 LMR 的分子和分母都不会发生变化。

第二步:向 B 银行融出。此时 A 银行的 HQLA 会降低,因此 LCR 的分子减少 M 亿元;由于次日回购到期,因此 LCR 的分母也会减少 M。此外,A 银行的资金运用增加,所以 LMR 的分母会扩大 50%×M 亿元。

也就是说,如果 A 银行的 LCR 大于 100%,则这笔资金过桥会提高

LCR,反之是降低。但是,无论 LMR 处于什么状态,这笔业务都会降低 A 银行的 LMR。

在上面这个例子中,A 银行的融入和融出期限都是最短的。事实上,即使 A 银行选择更长的融入和融出期限也无法避免对 LCR 和 LMR 造成影响。我们将上面的情景改为"A 银行得到 M 亿元的 6 个月期中期借贷便利(6M MLF),并通过 6 个月期回购融出给 B 银行"。在这个情景中,LCR 的分子会降低 M 亿元,LMR 的分母会增加 70%×M 亿元,这两个指标均会降低(见表 1)。

**表 1　资金传导业务对 LCR、LMR 的影响**

| | 情景一:7D OMO | | | 情景二:6M MLF | | |
|---|---|---|---|---|---|---|
| | 向人行融入时 | 向 B 银行融出时 | 全过程 | 向人行融入时 | 向 B 银行融出时 | 全过程 |
| LCR 分折 | 不变 | -M | -M | 不变 | -M | -M |
| LCR 分母 | 不变 | -M | -M | 不变 | 不变 | 不变 |
| LMR 分子 | 不变 | 不变 | 不变 | 不变 | 不变 | 不变 |
| LMR 分母 | 不变 | +50% * M | +50% * M | 不变 | +70% * M | +70% * M |

资料来源:光大证券研究所

LCR 指标的分子、分母分别是 HQLA、未来 30 日的资金净流出量;LMR 指标的分子、分母分别是加权资金来源、加权资金运用。"加权资金来源"中并不包括来源于人民银行的资金(如 OMO 等,实际上从资金期限的角度看,OMO 资金与同业资金并无本质的区别),因此人民银行无法通过改变资金供给的期限影响 LMR。"未来 30 日的资金净流出量"和"加权资金运用"只会在 A 银行融出时发生变化,人民银行也无法对其进行直接的影响。也就是说,人民银行只能直接影响 A 银行的 LCR,而无法直接帮助其改善 LMR。如果是这样,难道未来季度末的资金超常紧张是无法避免的?

### 解锁 LCR+LMR 困局

为了回答以上问题,我们换个角度审视当前遇到的困难。从某种意义上讲,LMR 造成的影响是资金市场的供需失衡:B 银行对资金的需求没有变化,但是 A 银行融出资金的意愿明显下降。因此,提高 A 银行的资金供给意愿(供给侧措施)和降低 B 银行对于资金的需求(需求侧措施)都对改善现状有帮助。

需求侧措施的主旨是降低 B 银行对于资金的需求,使其融入资金的需求降低至 A 银行在 LCR+LMR 约束下能达到的范围。(定向)降准置换 OMO+MLF 可以在一定程度上达到这个目的:降准可以减少 B 银行对于回购资金的迫切需求;OMO+MLF 操作量的减少可以对冲由降准所释放出的流动性,使得货币政策保持稳健中性(见图 3)。

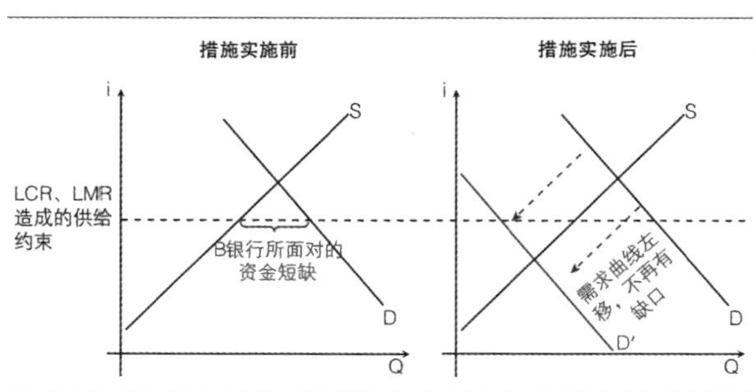


**图 3　需求侧措施的效果**

资料来源:光大证券研究所

从另一个角度看,这个措施又是在进行流动性的重新分配。LCR+LMR 所带来的问题是流动性传导不畅,即人民银行资金仅能传导至 A 银行,而 A 银行没有动力再向下进行传导,形成“大行钱多,小行钱荒”的局面。降准可以直接向 B 银行注入资金，而 OMO+MLF 的回笼可以将 A 银行的过量资金回收，这相当于人为制造了一条银行间市场的资金传导通路，使得银行体系的流动性分配更为均衡（见图 4）。

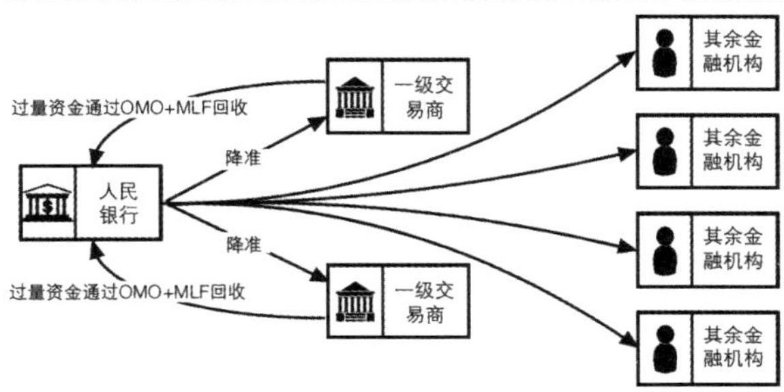


**图 4 （定向）降准置换 OMO+MLF 的效果**

资料来源：光大证券研究所

供给侧的手段主要针对于 LCR，本质是增加交易商的 HQLA，弥补其融出对于 HQLA 的损耗。例如，接受非 HQLA 作为押品、允许以非 HQLA 作为押品换取 HQLA、临时准备金动用安排。事实上，上文“用降准置换 OMO+MLF”的做法也可以提高 HQLA，因为在这个过程中大量被质押的 HQLA 得到释放。也就是说，“降准置换 OMO+MLF”的做法既能影响回购的需求，又能影响回购的供给。假设人民银行降准分别向 A 银行和 B 银行释放 M 亿元和 N 亿元超储，且通过减少 MLF 操作量的方式将这 M+N 亿元回笼，同时假设 A 银行在进行 MLF 融资时质押券的折算率为 100%（仅是为了表述方便，现实中并非如此）。在这个过程中，HQLA、超储、B 银行的回购需求所受到的影响如表 2 所示。

**表 2 (定向)降准置换 OMO+MLF 形成的影响**

| | HQLA | | 回购融资需求 | 超储 | | |
|---|---|---|---|---|---|---|
| | A 银行 | B 银行 | B 银行 | A 银行 | B 银行 | 合计 |
| (定向)降准后 | +M | +N | -N | +M | +N | +M+N |
| 流动性回收后 | 不变 | 不变 | 不变 | -M-N | 不变 | -M-N |
| 全过程 | +M | +N | -N | -N | +N | 不变 |
| 注释 | A 银行的资金供给意愿提高 | | B 银行的资金需求降低 | 对流动性总量无影响 | | |

资料来源:光大证券研究所

对于 HQLA 的影响:在降准时,A 银行和 B 银行的 HQLA 分别增加 M 亿元和 N 亿元。人民银行通过 MLF 从 A 银行回笼资金的操作对 A 银行的 HQLA 无影响,更不会影响到 B 银行。所以,在此过程中 A 银行和 B 银行的 HQLA 分别增加了 M 亿元和 N 亿元。

对于超储的影响:在假设中,降准释放 M+N 亿元超储通过 MLF 少做的方式等量回收,因此银行间超储总量不变,A 银行减少了 N 亿元,B 银行增加了 N 亿元,实现了流动性的再分配。超储从流动性宽松的 A 银行向资金匮乏的 B 银行流动,打通了一条银行间资金传导通路。

对于回购需求的影响:B 银行获得 N 亿元超储,因此其从 A 银行回购融资的需求降低了 N 亿元。

### 对未来流动性的预期

我们预计,2017 年人民银行“930 降准”的落地将增加 3000 亿元左右的流动性,这将在一定程度上纾解 LCR+LMR 所带来的困局,2018 年 3 月末的流动性状况大概率好于 2017 年年末。为满足春节前商业银行因现金大量投放而产生的临时流动性需求,人民银行已经建立了“临时准备金动用安排”,因此跨春节流动性状况也相对具有保障。

中央经济工作会议对于货币供给总闸门的提法由之前的“调节好”改为了“管住”,措辞更为严厉,毕竟“去杠杆千招万招,管不住货币都是无用招”。因此我们对中长期的资金利率并不乐观,预计 2018 年前三季度 R007 的中位数会高于 2017 年。

作者单位:光大证券固定收益部

(本文原载于《债券》2018 年 2 月刊)

# 主要经济体货币政策正常化进程中全球金融体系脆弱性研判

宋光磊

**摘　要**：本文分别从纵向和横向维度，分析了当前全球金融体系的脆弱性情况。在纵向维度上，全球面临巨债压力，利率上行推高债务成本，加剧金融体系的不稳定性；在横向维度上，跨境资本流动扰动因素愈发复杂，叠加多种不确定性因素影响，加大了对新兴经济体的冲击。从我国国内来看，受上述因素严重影响的概率不高，但需高度警惕外溢性风险。

**关键词**：利率反弹　美元加息　金融体系脆弱性　外溢冲击

2008年国际金融危机后，全球范围内维持了近10年的超宽松融资环境，发达经济体和新兴市场经济体实现了同步复苏和增长。期间，最大经济体美国跨越了史上第二长的复苏周期。2018年，宽松式复苏政策的后遗症开始发作，一些国家认识到"高债务+通胀"的政策将难以持续，开启货币正常化成为全球主要经济体货币政策的共同选择。

近期，美元加息正在引领全球利率反弹的风潮。一方面，美元加息提速(见图1)。2018年初，美国核心通胀率已触及加息目标，5月份非农数据火爆，失业率降至2018年来的最低点，薪资上涨已成定局。另一方面，全球利率反弹。在经济全球化形势下，美元加息带动全球主要货币政策趋紧，利率反弹的长期大趋势已经形成。在此情况下，全球金融脆弱性问题值得关注。

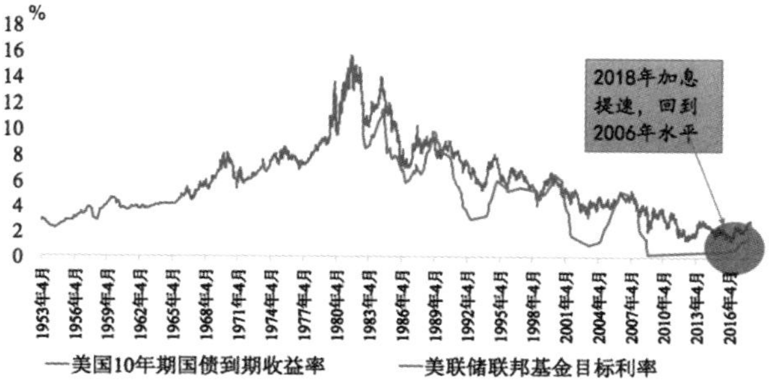


图1　2018年成为10年来美元利率走势的分水岭

资料来源：Wind

分析金融体系脆弱性风险有两个维度：一是纵向维度，即前期债务对于金融稳定的影响；二是横向维度，即各经济体之间的外溢性冲击。下面，本文将结合当前全球经济金融形势，分别从纵向和横向两个维度，分析全球金融体系的脆弱性问题，并结合我国经济现状提出相关建议。

## 利率反弹下的全球金融形势

得益于美国经济的强劲增长，全球经济复苏惯性犹在（见图2）。随着美强欧弱格局日渐明朗，在美元加息提速背景下，叠加油价走高、贸易摩擦、地缘政治等因素，2018年上半年全球金融市场陷入动荡，甚至有欧美主流经济学家预测两年内全球经济将重回衰退。

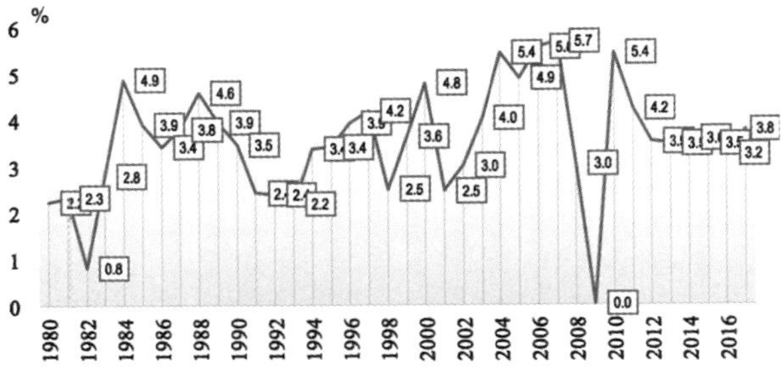

图 2　全球经济实际增长率

资料来源:IMF

(一)全球货币政策趋紧,利率反弹催生非理性行为

1. 利率反弹成大趋势

一是美债收益率重回阶段性高位。2018 年初以来,美国和欧盟持续乐观的经济数据加剧了通胀预期,推高美国 10 年期国债收益率一度站上 5 年来的高位(3%)。二是全球加息提速。美联储于 2018 年 3 月份、6 月份两次加息之后,市场普遍预计美联储年内还将有两次加息,这一年也成为 2008 年金融危机之后加息最密集的年份。在美元的带动下,欧央行、日本央行的货币宽松政策也有所转向,购买资产规模有限收缩。

2. 市场震荡加剧

一是市场振幅更大。2018 年上半年出现两次美股大跌,创近年来股市最大振幅纪录。机器交易和高信用放大了市场对政策的敏感性。二是传染性更强。股票下跌,投资者快速转移到债市避险;债市避险拉高到期收益率曲线,对股票价格形成二次打压。美债收益率拉高,缩小了新兴经济体和美国的利差,吸引美元从新兴经济体流向美国,打压非美元货币汇率,造成资金流出国通胀上扬,低评级投机级证券违约,银行资产质量下降,跨境传染性更强。

(二)全球金融市场处在高估值和天然脆弱性的夹缝中,金融风险正在积聚

1. 资产高估值

发达经济体此轮长复苏周期接近尾部,资产价格较高,具有下行压力。经过上半年两次大跌,道指等全球主要股指仍盘踞在历史上的高位区间。美国标准普尔房价指数恢复到了次贷危机爆发前的最高值。

2. 金融体系设计的天然缺陷

一是缺少“风险栅栏”。股票波动性急剧加大,激发投资低风险债券的避险行为,导致抛售高风险债券,引发危机。二是锚定美元的国际货币体系诱发传染。美元作为国际最主要的储备货币,通过汇率渠道,对非美元货币所在国的利率政策产生跨境传染。美元汇率及美债收益率“双高”,使得处于低利率环境中外债和赤字“双高”的国家陷入利率与汇率政策的两难选择。三是机器交易的顺周期特征。在下跌行情中,机器交易存在天然的止损设计缺陷,无法考虑市场情绪、监管敏感度等人性因素。一旦市场有变,会自动触发强行平仓或补仓,容易造成短时间击破多层杠杆,引爆系统性风险。

**纵向冲击:巨债压力下的金融稳定风险**

全球家庭部门债务增长成为最大风险,主权和公司债务杠杆空间有限,面临利率上行,脆弱性风险增大。

(一)主权债务高压下,发达经济体财政已无腾挪空间

从总体上看,长达10年的低利率环境增大了政府举债意愿,导致各

国政府债务竞相攀升。同时,金融危机后,随着国家主义和民粹势力抬头,叠加党派政治和地缘政治影响,欧美各国政府普遍超支,导致政府债务易上难下。2018 年美国政府债务余额达 20 万亿美元,创历史最高纪录。

1. 债务施压,财政已无退路

一是经济与赤字"双增长"。由经济复苏所拉动的政府税收增长,被债务利息支出所抵消。发达经济体未形成充足的财政盈余,财政赤字越来越大。二是利率上行增加政府债务支出。据 OECD 测算,2018—2020 年,OECD 国家 40%的主权债务将面临到期重定价压力,净利息成本将进一步施压财政收支。

2. 财政风险加剧,冲击金融稳定

一是评级恶化。过高的政府债务,造成评级恶化,增加主权债务再融资成本,导致债务漏洞越来越大。二是扩散传导。政府债务成本上升,将拉高社会总融资成本,催高私营部门的利息成本,加剧风险厌恶情绪,放大金融市场的脆弱性和波动性。

(二)家庭债务杠杆超过危机前的水平,新兴经济体家庭债务增长过快,金融不稳定因素快速累积

国际清算银行(BIS)数据显示,全球家庭部门债务超出全球金融危机前的水平,是危机后加杠杆的主力。

1. 家庭债务增长的新特点

一是增长方式分化。发达经济体家庭债务杠杆率更高,发展中经济体债务增长更快。IMF 数据显示,发展中经济体当前家庭债务/GDP 是 2007 年的 1.07 倍,高于发达经济体的 0.99。二是新兴国家按揭增长迅

猛。受居住条件改善需求的驱动,新兴经济体国家按揭贷款成为居民加杠杆的主要原因。

2. 家庭债务加剧金融脆弱性

一是违约风险。家庭债务来源单一,一旦出现违约,就可能引发连锁反应。2018 年美国信用卡违约率已有上升苗头。BIS 数据显示,澳大利亚、挪威和英国的家庭特别容易受到利率突然收紧的影响。穆迪报告(2018)显示,房价下跌 40%,将导致银行体系增加 3%~6%的不良资产。二是挤出效应。除了选择违约外,债务负担过重的家庭还会削减消费,挤出有效需求。从实证分析来看,按揭贷款会对家庭消费形成抑制,放大金融体系脆弱性。三是新兴市场风险。首先,监管政策失灵。IMF 指出,随着互联网金融创新,各种形式的消费贷、P2P、信用卡分期贷款绕道进入楼市,新兴经济体信贷监管政策常常失灵。其次,不良资产不实。一些新兴经济体信贷分类和预期损失模型基础薄弱,审计和披露不充分,影响资产质量的准确性判断。一旦遭遇利率快速反弹或汇率震荡,大面积信用风险将集中释放,可能引发危机。最后,出现次级贷款风险。证券化产品增长迅速,家庭债务(包括按揭和消费贷款)被包装成次级贷款产品,加速了各类风险交叉蔓延,可能引发新一轮危机。

(三)各国去杠杆政策开始显效,公司债务快速增长的势头得到控制,但仍处于高位

从总体上看,新兴经济体公司债务增速放缓。巴西、墨西哥、俄罗斯、韩国等国公司债务/GDP 开始下降。但仍有个别国家公司债务水平攀升,面临"息涨利薄"双重压力,部分企业将面临严峻的财务挑战。根据 BIS 报告,新兴经济体公司利息备付率(ICR)已经低于 2 倍,税前利润的一半

以上都将用于偿还利息。

1. 国际贸易环境更为复杂

一是国际市场风险。企业跨境融资活动越来越多,受到美元利率和指数上行的双重压力,风险形势更加复杂。二是贸易摩擦风

险。美国掀起的贸易摩擦前景不明,影响国际贸易持续增长,资本流动受到限制,如跨境并购遭遇禁令、诉讼调查等。

2. 存量债务稳定性受到冲击

一是集中度风险。新兴市场贷款集中度高,如果一个大型集团"踩雷",可能波及整个银行体系。二是信息盲区风险。风险监测和处置上存在差距,表现为:企业对冲汇率和利率风险的信息不完整;缺少对于国际和地方债券市场之间溢出机制的准确评估,新兴经济体国家和部门资产负债表有待完善。

## 横向外溢:国际资本流动对金融稳定的冲击

从历史经验看,每次欧美发达经济体的利率抬升,都曾驱动资金从新兴市场出逃,形成国别间风险的外溢性冲击,造成债市、汇市和股市震荡,酝酿新的金融体系不稳定因素。

(一)影响资本外流的因素

1. 宏观因素

从机理上看,一个国家应对国际资本流动冲击的能力,取决于该国宏观经济金融状况,以及是否建立了有效的金融监管体系。从新兴经济体抵御外来冲击的案例来看,更好的宏观基本面对于应对资本流动冲击将起到一种免疫作用,例如我国经济多年保持高速增长,财政赤字和外汇储

备稳定,没有受到严重的资本流动冲击。

2. 外溢因素

以美债收益率为代表的欧美国家利率上行,将加大全球范围内低评级投机资产的兑付难度和违约问题。由于这类资产更多分布在新兴经济体,因此将迅速拉大新兴经济体国家的信用利差,加大市场波幅。外溢因素的影响:一方面,外溢冲击的长短,取决于新兴经济体的经济复苏周期和债务周期的发展情况。另一方面,外溢冲击将造成新兴经济体被迫提高融资条件,暴露出一些潜在的信用风险。从 2015 年美元加息对全球市场的外溢性影响来看,主要有以下几点:首先,对发达经济体的影响不大。日本、法国、德国、意大利 10 年期国债收益率水平与 10 年期美债收益率相关性不显著。其次,对新兴经济体的冲击出现分化。例如对于陷入地缘政治漩涡、通胀高企、赤字居高不下的土耳其来说,其 10 年期国债收益率对美债的斜率高于 2 倍,且显著性水平也有所加大;对于经济保持持续增长、财政盈余稳定的印度来说,似乎对其并没有影响。

3. 资本因素

针对资本外流,新兴经济体大多制定了限制措施,但效果并不明显。类似阿根廷、土耳其、菲律宾的资本外逃冲击事件时有发生,其原因在于:一是资本回潮效应。即便是受益于资本流入的新兴经济体,历史上通常也都曾经历过更大程度的资本流出。二是赤字放大效应。在量化宽松期间,汇率出现最强劲升值以及经常账户赤字扩大的国家,受到的冲击最明显,即赤字放大冲击的效应。同时,卡恩斯和帕特尔(2016)认为,贷款和债券流向新兴市场的趋势,与全球市场的风险偏好和美元指数有高敏感性。2008—2016 年间,以美元计价的新兴国家主权和公司债务翻倍(达

3.6万亿美元),放大了美元加息的影响,这是近期新兴市场国家爆发危机的重要诱因。

此外,金融危机之后,新兴市场国际资本流动呈现新特点:一是市场超常规增长,债务市场体量迅速膨胀。二是资本流动与债务利差高度相关,投资者情绪容易波动,加剧外溢冲击。三是泡沫情绪蔓延。前期低利率期间美元过量涌入,加大了后期美元加息阶段的资本外逃压力。

4.产品和人为因素

银行在压力下可能更容易为减小风险敞口而抛售债券,在非银行投资者大量持有债券的情况下,债券被抛售的风险可能会有所变化。同时,新兴经济体债务持有者类型分布广泛,其中有相当大的比例是外国机构和非银行。开放式基金存在天然的结构脆弱性,包括流动性错配、大量赎回导致“砸盘”行为等。此外,莫里斯等(2017)发现一些新兴经济体的基金,倾向于过度“囤积现金”,加大了市场动荡的人为因素。

### (二)在资本流出压力下,部分新兴经济体金融稳健程度堪忧

新兴市场借款人资金成本的增加,不但影响外国投资者持有债券的意愿,而且会冲击新兴经济体的金融体系。一旦出现这种情况,将有可能重现1998年东南亚金融危机期间,印尼和泰国等国家企业违约“爆仓”、评级暴跌的局面。

从目前看,虽然新兴经济体国家治理水平在逐步提升,但也要警惕其金融体系违约率和不良贷款开始上升的苗头。阿根廷、土耳其等经常账户和财政明显“双赤字”的国家近期已经出现汇市、债市快速下跌的震荡局面。

由于新兴市场国家金融体系发展程度不同，企业信贷敞口占比依然较高，银行公司贷款占总资产的比例将近75%，将加大银行在利率反弹趋势下受到损失的概率。同时，较高的信用损失概率，叠加新兴市场债务问题，将在更大程度上影响银行资本充足率的稳定，形成潜在的金融不稳定因素。

## 结论和启示

综上所述，2008年国际金融危机以来，虽然通过强化监管、金融改革等手段，全球持续强化金融治理，加大了金融稳定的砝码，但在迈向利率正常化的过程中，繁荣于低利率滋润期的金融体系尚未完全做好准备，金融风险持续积聚。

### （一）主要结论

目前全球金融体系的脆弱性体现在两个方面：一方面，时间维度的巨债高压。随着利率上升，在低利率时代催化膨胀的巨额债务的还款压力加大，超过了名义经济增长所带来的积极因素的影响。再融资和重定价压力传导到金融体系，容易放大金融体系的脆弱性。另一方面，空间维度的资本溢出传染。新兴市场经济体对国际资本的依赖有增无减，对可能发生的全球市场震荡准备不足，银行资本实力偏弱，存在较大风险；一旦利率快速上涨，有可能无法抵御资本外流所带来的一系列冲击。

### （二）启示及政策建议

2018年上半年，我国经济继续呈现稳中向好、稳中有升的势头，经济增长韧性仍在，供给侧结构性改革不断深化，对于经济增长和金融稳定的支撑作用凸显。供给端增长较快,国内需求端也处于回升中。随着供给侧结构性改革的持续显效,结构性去杠杆和适当拉大内需相结合,将有效推动我国经济转向高质量发展轨道。同时,资产管理、流动性、股权、地方政府融资等方面的财政金融法规陆续颁布,金融市场乱象得到有效治理,金融支持实体经济融资功能有所恢复,金融体系的积极因素正在不断积聚。

笔者认为,面对全球金融体系的脆弱性风险,我国受到严重影响的概率不高。展望2018年下半年到2020年,全球经济增长放缓导致外需下滑、全球性贸易摩擦前景不明、基建投资下滑和房地产市场的不可持续性等诸多因素,将增加宏观经济增长的不确定性。由于地方债务规模较高,中央政府加杠杆空间有限,短期内杠杆压力依然较大。随着金融去杠杆,我国银行总资产自2018年起进入下降的拐点,资产管理产品、信用债等局部流动性吃紧,信用违约事件时有发生,信用风险压力仍在。因此,需要高度警惕外溢性风险。同时,需要加大金融对供给侧结构性改革的支持力度,重点防范债务风险,强化金融监管,提升金融体系透明度。

首先,警惕外溢性风险冲击,避免市场大幅震荡。6月份美联储加息后,年内预计还将有两次加息,中美利差仍处于历史较低水平,人民币汇率已显现承压迹象。4月中旬至5月底,在岸/离岸人民币兑美元汇率累计跌幅一度超过1100基点。美国掀起的全球性贸易摩擦仍在持续,市场不确定性预期仍未充分释放。一方面,在深化人民币汇率形成机制改革的同时,需要强化舆情监测和预期引导,防止市场跟风炒作和“羊群效应”。另一方面,警惕我国对外债务的脆弱性问题。关注地方融资平台、房企境外发债情况,以及银行“内保外贷”业务,防范美元和美债“双高”

对外债的冲击。

其次，加强政策协调，加大金融对供给侧结构性改革的支持力度。一方面，强化宏观审慎框架下的货币政策和财政政策的协调配合，守住货币供给总闸门，扩大财政支出拉动内需，推动经济结构转向高质量发展。另一方面，把握供给侧结构性改革的主线，坚持结构性去杠杆的精准发力，加强对科技创新、产能置换、民生幸福产业的金融支持力度，提高供给质量，促进金融与实体经济的良性循环。

再次，加大债务风险化解力度，谨防转化为系统性风险。

堵住地方政府违规融资的后门，守住地方专项债券融资限额，规范在建基础设施项目的融资来源，严肃财政纪律，做到专款专用。警惕国民储蓄率下降、民间投资下滑严重的情况，通过政府支出拉动社会投资回升，缓解企业杠杆率过高的状况。近期，三、四线城市房地产市场火爆，住房按揭贷款保持增长，家庭债务负担进一步加大。棚改货币化、人才新政对楼市的拉动缺乏可持续性，建议保持房地产宏观调控不放松，通过租售并举健全房地产调控的长效机制。考虑市场的风险耐受性，把握好打破刚性兑付与稳定市场之间的平衡，防范“处置风险的风险”。

最后，强化金融监管，提升金融体系透明度。金融体系的数据缺口和信息不对称问题是导致金融体系不稳定的潜在诱因，尤其是随着互联网、移动支付等技术的不断发展，比特币等一系列新兴资本流通渠道快速兴起，监管和监测难度加大。因此，当前需要强化金融监管，在抓紧完善金融业综合统计的同时，尽快明确数字货币、网络外汇、加密资产等新兴金融属性工具和行为的监管标准，提高金融体系透明度，避免监管盲区。

**参考文献**

[1]Anna Zabai. Household debt: Recent Developments and Challenges[J]. BIS Quarterly Review ,2017(3).

[2]BIS. Stress Tests Applied to Banking Sectors in Australia, Austria, Canada, Sweden, and UK.

[3]Moody's Investors Service, Financial Risks Remain Moderate, Asset Prices Consistent with LowRates, 2018 January.

[4]Mian A, Sufi A. House of Debt [M]. University of Chicago Press, 2014.

[5]IMF. FSAP: Emerging Market [R]. 2017.

[6]Kearns J, Patel N. Does the Financial Channel of Exchange Rates Offset the Trade Channel? [J]. BIS Quarterly Review , 2017.

[7]Morris S, Shim I, Shin H S. Redemption Risk and Cash Hoarding by Asset Managers [J]. Journal of Monetary Economics , 2017.

作者单位:工银亚洲(香港)有限公司

(本文原载于《债券》2018年6月刊)

# 从钱荒到资产荒
## ——基于一个一般均衡的视角

吴立雪

**摘　要**:本文基于一般均衡的视角,解释了钱荒和资产荒接连出现的原因,并通过数据印证了这一分析视角的正确性。基于此,本文展望了资产荒在未来可能的发展趋势。

**关键词**:钱荒　资产荒　一般均衡　投资　利率

2013 年 6 月,金融市场曾为钱荒而惶恐;而在不足两年后的 2015 年,金融市场又为资产荒而忧愁。钱荒和资产荒本是一对矛盾,却在短短时间内迅速切换,这种现象背后蕴含的深刻原因值得思考和分析。

对于资产荒,有些人习惯性将其归结为过多货币追逐过少资产,这种解释虽然直观简单,也符合很多人对货币政策操作的想象,但与事实是有偏差的。倘若这种假设成立,2013 年的钱荒也应归结为货币回笼,这显然是不合常理的。从货币当局的资产负债表看,近期央行外汇占款不断减少,虽然央行通过逆回购以及 SLF、MLF 等各种创新方式对冲外汇占款的下降趋势,但依然难以阻止央行资产负债表的不断"缩水"。所以可以基本确定,近期货币政策是偏中性的。

### 一个一般均衡的分析框架

从直觉出发,钱荒和资产荒如同发烧感冒一样,都是经济的非正常状态,用经济学术语来描述,这代表着经济处于非均衡的状态。分析这种现象需要借助一般均衡的方法,本文使用一个简约的一般均衡框架,不考虑财政因素和外部因素的影响,仅包含金融市场和商品市场,这样就简化了分析,且不影响核心判断。

在这个极简一般均衡分析框架里,金融市场和商品市场相当于硬币的两面,商品市场决定金融市场,而金融市场也会反作用于商品市场。如果商品市场处于非均衡状态,这种状态将映射到金融市场;同理,金融市场的非均衡状态也会反馈到商品市场。联系商品市场和金融市场的核心变量是利率,在本框架中出现了两种利率:一是实际利率,即在金融市场上真实交易的利率,商品市场也使用该利率作为投资决策的依据;二是均衡利率,即可以使商品市场和金融市场同时达到均衡的利率,该利率根据当前的投资收益率而来——如果投资收益率较高,那么就能支持较高的均衡利率;反之亦然。实际利率和均衡利率偏离到一定程度,就会引起商品市场和金融市场的不均衡。从这个框架出发,可以同时对钱荒和资产荒做出一个自洽的解释。

首先解释钱荒。钱荒的原因可以举出很多,如金融机构同业业务过度发展、中央银行反应不够及时等,但是从根本上来看原因是利率扭曲。由于利率管制的影响,金融市场上的利率长期低于均衡利率,由此导致两个结果:一是在金融市场上货币需求大于货币供给,二是在商品市场中总需求大于总供给。从直观感受上，则是一方面由于投资收益率高于实际利率，企业会投资过度，企业的资产负债率在上升，另一方面在金融市场上，金融机构通过高杠杆的方式过度地追求货币。这种非均衡的状态是不能持久的，最后的结果则是金融市场通过比较极端的方式来调整这种非均衡的状态。

其次来看资产荒。资产荒其实是一个伪命题，从经济学角度并不存在资产荒，因为只要价格合适，总能将资产的需求和资产的供给匹配上。所谓资产荒，实际上只是高收益、低风险的资产变少而已，消除资产荒只需要将实际利率水平拉低即可，换而言之，这种资产荒是实际利率高于均衡利率的结果。实际利率高于均衡利率，反映在金融市场上是货币供给大于货币需求，反映在商品市场上则是总供给大于总需求。从直观感受上，一方面因为投资收益率低于实际利率，所以企业通过去杠杆的方式降低亏损，并暂停或减少投资（虽然一部分僵尸企业能够通过以旧换新的方式来维持杠杆，但是依然形成不了真正的投资），整个社会投资不足，另一方面金融市场上有大量的资金难以获得理想的收益率。因此 2015 年的金融市场出现了两个现象：一是市场利率逐渐下降，这说明实际利率有向均衡利率收敛的趋势；二是为了获得理想的收益率，一些机构和个人将希望寄托在增加杠杆上，例如上半年两融余额快速上升，下半年保险公司借助杠杆收购的方式举牌上市公司，这些行为都是杠杆化操作的具体表现。

值得注意的是，无论在钱荒还是在资产荒情形中，金融市场都有加杠杆操作的出现，区别在于前者是因为资产价格合适而资金成本较低，所以杠杆操作有利可图；而后者是资产价格并不合适，资金成本也不低，是只有通过杠杆的方式才能获得理想的收益率。所以同样是加杠杆，前者是企业加杠杆投资,金融机构为了跟随企业的节奏也主动加杠杆,而后者是企业开始理性地去杠杆,而金融机构却为了维持原先的收益水平而不得不被动加杠杆。

## 数据对理论的印证

下面主要结合数据来验证本文的上述理论分析。

首先看投资情况。本文采用固定资产投资的同比增长数据来代表投资的增长情况。数据显示,从 2006 年至 2013 年 10 月,固定资产投资一直保持了高于 20%的增速;自 2013 年 11 月以来,固定资产投资增速开始低于 20%,而且呈不断下降的趋势;从 2015 年 11 月的数据来看,增速已经出现 10.2%的低点(见图 1)。这与上文理论分析所提出在资产荒时企业会出现投资不足的现象相呼应。

**图 1　固定资产投资同比增长情况**

数据来源:国家统计局

下面再来看企业杠杆率。本文采用大中型工业企业的资产负债率来代表企业的杠杆率情况;由于季节效应,杠杆率走势呈锯齿状,但其趋势依然具有解释力。大中型工业企业资产负债率在 2008 年以前一直处于较低的位置，说明2008年以前虽然固定资产投资增长较快，但是其驱动因素并非是杠杆因素，可能是企业通过内生性发展而增加投资；自2009年以来，企业的杠杆率有较明显的上升，此后杠杆率长期维持在高位，说明2009年后企业固定资产投资增加的重要原因是企业增加了杠杆率；自2014年9月以来，大中型工业企业资产负债率开始长期低于59%（见图2），说明企业开始逐渐去杠杆，并拖累到固定资产投资的增长。这与上文理论分析所提出的资产荒时企业会出现去杠杆现象的描述是一致的。

**图2　企业的杠杆率情况**

数据来源：国家统计局

最后看金融机构的杠杆情况。本文采用其他存款性公司的同业负债（其他存款性公司资产负债表中的“对其他存款性公司负债”和“对其他金融性公司负债”之和）的增长率来代表金融机构加杠杆的趋势，选取同业负债的原因在于该指标比较灵敏，能够较好地反映其他存款性公司主动加杠杆的意愿。从数据来看，在2013年以前，同业负债增长率一直较高；在2013年期间，同业负债增长率开始急剧下降，说明其他存款性公司的杠杆增加程度已经到达了一个瓶颈；而在2014年之后，其他存款性公司的同业负债又开始重拾上升趋势（见图3），说明其他存款性公司依然有意愿增加杠杆。这和上文中“无论在钱荒还是资产荒情形中，金融市场都有加杠杆操作"的判断是吻合的。

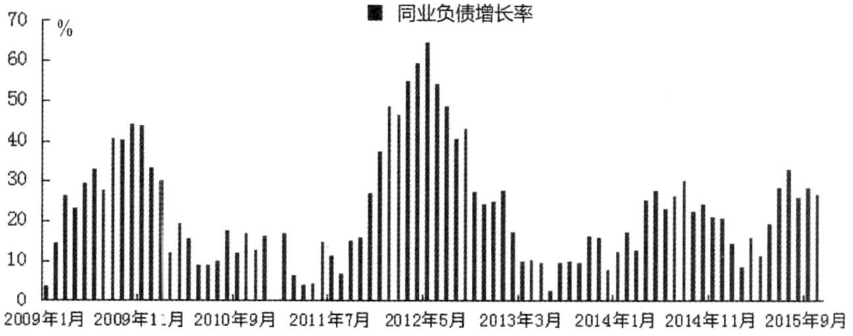


**图3　其他存款性公司同业负债增长情况**

数据来源:中国人民银行

## 资产荒未来的发展趋势

未来资产荒将向何处去?一种可能的趋势是政府并不干预,这就意味着经济还要经历长时间的调整,等待实际利率下降至均衡利率,并且需要承受投资长期走低的痛苦。也有研究者建议政府需要在需求端发力,如加大财政支持和基建投资、进一步放松货币政策等。但放松财政政策会因为"挤出效应"使得实际利率不降反升;放松货币政策当然有利于降低利率、降低融资成本,但也会带来资产价格上升等问题。而投资增长率下降的一个主要原因在于投资收益率走低,在如何提高投资收益率的问题上,却很少有人关注。

既然需求端政策难以奏效,目前的供给端改革就成为可行的解决思路。一方面供给端改革要求促进过剩产能有效化解,促进产业优化重组,这将有利于减少无效供给,从而使得总供给向总需求靠近;另一方面供给端改革要求简政放权、放松管制、提高创新能力,降低税费等,这些举措有利于提高生产率，并提高投资收益率，从而使得均衡利率上升。均衡利率向实际利率收敛的过程，即是经济重归平衡的过程。

作者单位：中国人民银行上海总部

（本文原载于《债券》2016年4月刊）

# 中国进入新时代对经济与大类资产影响前瞻

刘东亮

**摘　要**:本文阐述了党的十九大对中国经济增长、宏观政策的影响,对包括股票、房地产、债券及外汇市场等大类资产的发展前景进行了预测,并指出中国未来应着力从提高农业人口收入及持续投入人力资源等两方面来解决可能面临的中等收入陷阱等问题。

**关键词**:十九大　大类资产　金融监管　宏观审慎

党的十九大无疑是新世纪以来我国十分重大的一次会议,其对中国社会方方面面的影响极为深远。如何评估其对中国经济增长、宏观政策的影响,进而评估未来大类资产的方向,是十分重要的问题。

## 对中国经济的影响:修正与重构

党的十九大对中国历史定位与主要矛盾变化的阐述,即"我国社会主要矛盾已经转化为人民日益增长的美好生活需要和不平衡不充分的发展之间的矛盾",意味着我们过去所依赖的经济和金融市场的分析框架、路径可能都要做出相应的调整。以下三个领域的调整,对经济与资产价格的影响可能最大。

(一)市场与政府关系的重新梳理

党的十九大提出“发挥市场在资源配置中的决定性作用,更好发挥政府作用”并写入党章,其中发挥市场的作用从“基础性”修改为“决定性”,并增加了“更好发挥政府作用”。笔者认为,这一论断显示出,中国以市场经济为目标的改革不会停顿,只会加速,未来市场的力量会更强大;但同时,政府也会比以往更积极地介入经济活动,在政府划定的职能范围内,积极调节、干预经济发展,以实现政府设定的发展目标。

未来较长一个阶段内,政府或许会持续且深度介入金融市场监管、供给侧改革、建立房地产长效机制、农村振兴、国企改革等领域,我们将面临相对较小的宏观经济波动、受到一定程度抑制的资产价格波动,所有这些都将指向宏观调控政策、监管政策框架的重构。

(二)中央与地方事权责权关系的重构

经过历次税制调整后,中央与地方形成了分税制体系,税收大部分上缴中央,由中央统筹,但在经济增长方面,地方政府又承担了较多责任,而且某种意义上存在普遍的地方竞争,刺激了地方政府将资源更多投入到当地经济增长中,这带来了中央、地方事权责权不匹配的问题。

事权责权的不匹配,使得地方政府财力不足,进而衍生出土地财政、地方政府债务上升过快等一系列问题,如周小川行长所述,中国企业部门的杠杆率,由于地方各类融资平台的存在,造成了高估,而政府部门的杠杆率则被低估。

尽管中央陆续出台了许多措施约束地方政府的融资行为,但地方政府各类显性隐性债务依然高企,在事权责权不匹配的背景下,地方政府的融资冲动会始终存在,因此笔者预期中央与地方的事权责权将会重构,这是未来重大的改革方向,也会对地方融资平台、地方政府信用等许多问题带来影响。

(三)监管当局与金融市场关系的调整

改革开放以来,中国金融体系总体从金融抑制走向金融放松,利率、汇率市场化不断推进,近年来以互联网金融、Fintech 为代表的金融创新层出不穷。

从党的十九大文件之前的金融监管动向以及十九大相关部分的表述来看,守住不发生系统性风险的底线已经上升到前所未有的高度,而且是 2020 年全面建成小康社会的重要保障。因此,笔者认为未来中国监管当局与金融市场的关系也会面临较大变化,将会从"逐步全面放松"转向"有放有收",总体来看,强监管将成为未来数年的政策选择。

在此背景下,利率、汇率市场化会继续推进,但进程会更加谨慎,同时,对近年来出现的"乱加杠杆、乱做表外"以及"层层嵌套"等不被监管认可且带来脱实向虚倾向的所谓创新,监管力度只会加大不会减小,最终目标是要让金融回归本源,支持实体经济,而对互联网金融、Fintech 等创新,也会遵循谨慎原则。

## 大类资产中长期前景判断

(一)股票资产有望进入长期慢牛

笔者看好未来 3~5 年中国的股票类资产,包括二级市场及与此相关的一级和一级半市场,原因包括改革带来的制度红利释放、企业效益向好、直接融资比重提高以及多层次资本市场的建设等因素。

1. 制度红利释放

自1978年以来，改革红利、人口红利、资源红利成为推动中国经济快速增长的重要因素。但近年来，人口红利和资源红利已经逐步枯竭，未来经济增长，必然也只能依靠改革红利来推动。

目前正在进行的供给侧结构性改革，将会继续向深入推进，并逐步从上游向中下游铺开，重点仍是国有资本占主导地位的上中游行业；国有企业改革将成为未来改革的最重要环节，国企改革的终极目标，是提高国有资本的投资回报率，提高国有企业的效率与劳动生产率，提高国有企业在国际上的竞争力，兼并重组等都是围绕实现这一目标的具体手段；同时，"一带一路"将会继上世纪80年代建立经济特区和沿海开放城市后形成新一轮对外开放的新格局，且在"引进来"的同时，开始强调"走出去"。

此外，农村土地制度改革、农村集体产权改革、户籍改革、新一轮医疗教育改革等，都将持续释放制度红利。在此背景下，制度红利将成为推动股市长期向好的最根本保障，可以参考里根、撒切尔政府推出"里根经济学""撒切尔经济学"后，美国、英国成功走出滞胀并带来上世纪80年代股市长牛的例子。

2. 企业效益向好

党的十九大提出，中国经济已经从"高速增长阶段转向高质量发展阶段"，高质量发展，意味着经济增长将更多注重效益而非增量，正从总量增长时代进入效益增长时代，经济政策的出台，将更多考虑实体经济盈利问题，而非一味追求增长，这将有利于利润驱动的股市长牛。

供给侧改革对上游行业利润的影响已经充分体现，未来供给侧改革仍会对企业盈利带来正向影响,国企改革将带来国企盈利能力的增强,兼并重组将有利于行业集中度的提升,对各行业的龙头公司带来长期利好,产业升级则有利于淘汰盈利不佳的落后产业,培育更多盈利能力更强的新型产业。

3. 资本市场建设

无论是从中国直接融资比重来看,还是从中国股市市值占 GDP 比重来看,以股市为代表的中国资本市场仍有较大的发展空间。

2016 年中国股市市值占 GDP 比重为 65%,大约与西班牙相当,显著低于多数发达经济体和部分新兴市场——美国这一比重为 147%,是中国的 2.3 倍;韩国、日本在 100%左右;泰国则有 107%;而中国台湾地区这一比重甚至达到了 163%(见图 1)。

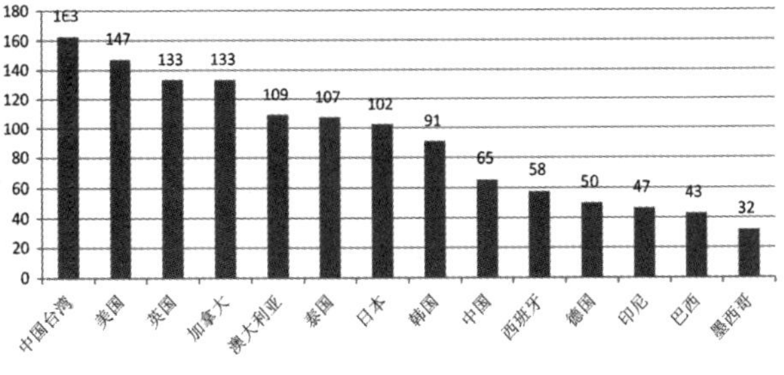


**图 1 部分经济体股市市值占 GDP 比重(单位:%)**

资料来源:Wind 资讯,招银资产管理

假设 5 年后中国股市市值占 GDP 比重提高到 90%,届时中国经济规模可能会再增长 40%,则股市市值将从 2016 年的 7.3 万亿美元增长至 14.1 万亿美元,意味着市值规模是现在的两倍,其中蕴含的投资机会不言而喻。

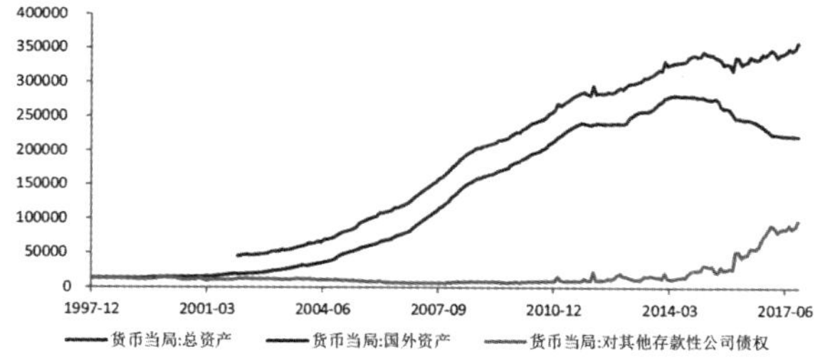


**图 2　中国央行总资产变化(单位:亿元)**

资料来源:Wind 资讯,招银资产管理

而党的十九大提出提高直接融资比重,建设多层次资本市场,也意味着决策层赋予股市更重要的地位,股市制度将会更规范透明,上市公司质量更高,转板机制更灵活。

### (二)利率环境相对不友好,债券收益率下行将十分缓慢

与股市相比,债券市场未来的环境相对而言可能不够友好,各类市场利率或在波折反复中缓慢下行。在未来几年重现 2014—2016 年波澜壮阔债券大牛市的条件并不充分。

#### 1. 经济下行压力最大的阶段已经结束

中国经济增速从 2010 年的 10.6%快速回落至 2016 年的 6.9%,这为债券大牛市奠定了良好的宏观环境,但随着 2017 年宏观经济企稳向好,以及供给侧改革等各项措施的推出,中国经济下行压力最大的阶段已经结束。预计未来几年,中国经济增速仍会逐级而下,但以稳中缓降为主,难以见到断崖式下行,经济增速可能从 6.9%逐步降至 6.5%,降幅较为温和,经济 L 型的底部逐渐探明。

在宏观经济波动愈来愈平缓的背景下,利率大幅下行的想象空间将受到明显抑制,债券重现大牛市的可能性不大。

2. 货币政策难以重回大幅宽松

为了应对2010年后经济的持续下行,过去几年中国的货币政策总体上以宽松为主,期间伴有数次降准降息,以及央行资产负债表的快速扩张。

但2016年后,货币政策已经明显出现转向,最明显的是央行扩表的速度变慢,央行执行了中性偏紧的货币政策,货币投放转为谨慎,M2增速出现大幅下跌,货币供给总量既受到外汇占款的影响,也受到央行主动缩减供给的影响。

党的十九大强调健全货币政策和宏观审慎政策双支柱调控框架,意味着未来除非经济出现严重恶化,否则货币政策回归大幅宽松的空间几乎不存在,货币政策逐步由放到收,这也是全球主要央行未来几年的一致方向。

3. 金融强监管将会长期存在

始于2016年的金融强监管政策,未来数年可能常态化,特别是党的十九大及近期重要会议均特别强调了"守住不发生系统性风险底线"的原则,未来金融监管环境甚至有可能会进一步收紧。

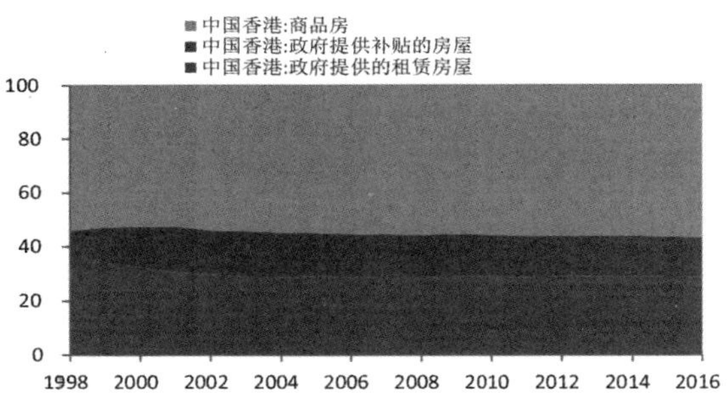


**图3 香港房屋类型占比(不含私房)(单位:%)**

资料来源:Wind资讯,招银资产管理

同业业务、杠杆率水平及表外资产已经成为中短期金融监管的重中之重，对同业业务的整顿只是开始，不是终点。在此背景下，叠加货币政策难以大幅宽松，金融机构的负债压力料将持续高企，对债券资产而言无异于釜底抽薪。

因此，虽然随着经济增速的缓慢回落，债券收益率并不具备持续走高的空间，但宏观面回落较为缓慢，将会制约利率下行的速度，而监管和货币环境难现往日宽松，也会对利率定价带来各种扰动和溢价。笔者认为未来较长一段时间内债券收益率将呈现小幅缓步下行的局面，难现大牛市，且充满波折，交易难度提升，但当前年末年初时点对配置机构而言，时机并不算差。

（三）房地产长效机制下，市场将趋于分化

以市场化为导向的房改启动以来，中国房地产市场取得突飞猛进的发展，对解决居民住房和拉动经济起到了重要作用，但在地方政府依赖土地财政的背景下，单纯依靠市场提供住房也显现出一些问题，特别是一二线城市房价高企，泡沫化势头愈来愈明显。

党的十九大指出，“坚持房子是用来住的，不是用来炒的定位，加快建立多主体供给、多渠道保障、租购并举的住房制度，让全体人民住有所居”。笔者认为这意味着：

（1）房地产市场会从“市场化”转向“市场与政府并举”，政府将在未来的房地产市场中发挥重大作用，重点将是平抑房价、分流购房压力、让中低收入人群住有所居；

（2）政府将通过引入社会资本，规定土地用途、租售同权等手段，由政府和市场共同提供只租不售以及长期租赁房源，引导需求从过度拥挤的

购房市场分流至租赁市场;同时,也会加大面向中低收入人群的保障性住房建设;

(3)投机性购房等炒作行为将受到抑制,大城市的限购限贷政策会长期存在;

(4)房产税可能会加速研究推进。

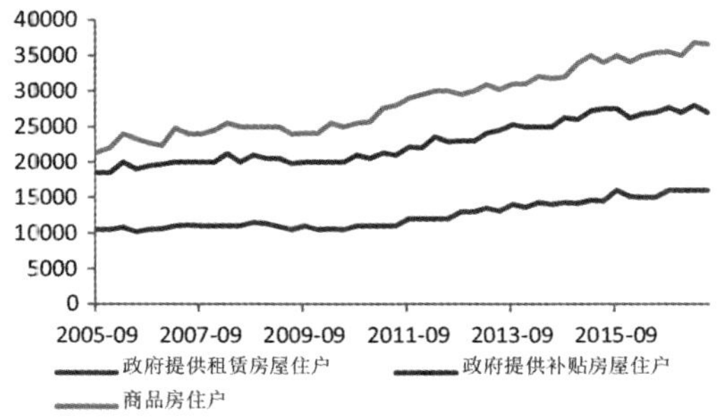


**图 4　香港各类型住户的月收入中位数(单位:港元)**

资料来源:Wind 资讯,招银资产管理

在此背景下,房地产定价机制中政府调控力度会逐渐增强,只租不售和长租房源的大量入市,会分流购房压力,政府提供的面向中低收入人群的共有产权或交易受限的住房会逐步增加,香港公屋、新加坡组屋模式可做借鉴。展望未来,全国范围内房地产价格大幅波动的风险趋于缓和,一线城市房价上涨的速度将放缓,大城市房价上涨最迅速的阶段或许已经结束。

房地产长效调控机制的建立,离不开金融体系的支持,以往金融对房地产业的支持主要体现在开发贷、居民按揭贷款等,但随着新型物业形式的出现,针对长租房源的地产 Reits、ABS 等融资需求面临极为广阔的发展空间。但也需要指出的是,从已有的信息来看,由于国内大城市租售比过低,通常不超过 2%,因此即使政府以较低的价格出让租赁地块,其未来租赁回报也只有 5%~6%，这一回报水平可能刚刚打平甚至不足以覆盖 Reits 的融资成本，这将对长租住房债权类融资构成较大限制，或许需要更多股权类融资的替换。

（四）人民币汇率将维持高波动性，但难见长期贬值

2015 年“8·11”汇改后，人民币汇率市场化定价提速，汇率波动明显加大，在美元走强的背景下，人民币一度出现贬值，但在中国经济逐步企稳后，贬值压力已经消退。预计未来人民币汇率将维持高波动性，在汇率市场化改革推进之下，将更多遵从市场规律，与国际市场非美元货币步调趋于一致，更多与美元汇率呈反向波动关系。

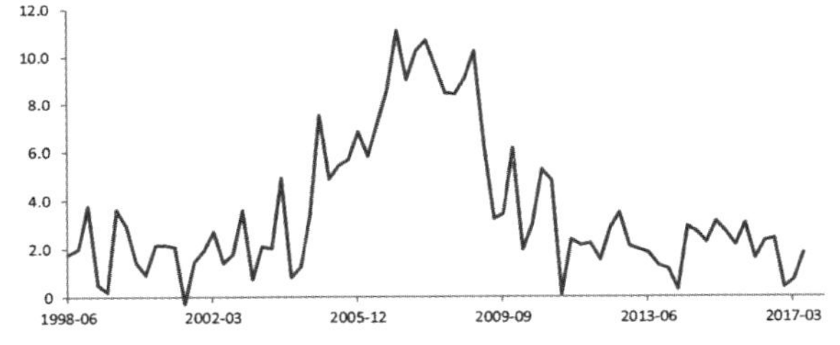


**图 5　中国经常账/GDP（单位：%）**

资料来源：Wind 资讯，招银资产管理

同时，中国经常账占 GDP 比重日趋均衡，表明目前人民币汇率不存在显著的高估与低估，处于相对均衡的水平，因此以较长的时间尺度来看，人民币汇率不会出现持续的大幅贬值或升值，围绕当前中枢宽幅波动将是常态。当然，如果未来中国劳动生产率能够保持较高增速的话，人民币汇率事实上是会趋于逐步升值的。

（五）中长期大类资产展望

综上所述，在未来 3~5 年的阶段内，由于改革红利的释放，最看好股

票类资产，其次看好一线城市核心区域的房地产资产，再次是债券类资产，然后是普通房地产资产。在不考虑境外资产配置的前提下，境内外币资产的投资回报率将会缺乏吸引力。

## 远景展望：跨越中等收入陷阱

党的十九大报告提出，到2035年中国将基本实现现代化，"人民生活更为宽裕，中等收入群体比例明显提高，城乡区域发展差距和居民生活水平差距显著缩小"，十九大将此前制定的实现现代化目标提前了15年，意味着中国届时将进入中等发达国家行列，成功跨越中等收入陷阱。笔者认为如果中国在未来能够解决好以下两方面的问题，就会有很大机会跨越中等收入陷阱。

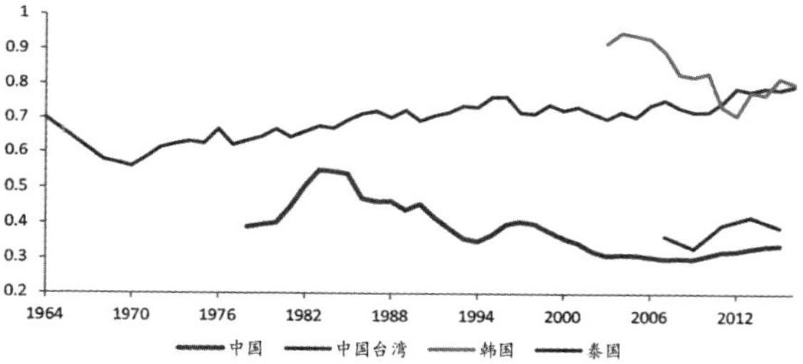


**图6 部分经济体农业/非农人均收入比**

资料来源：Wind资讯，招银资产管理

### (一)农村振兴，提高农业人口收入

农村经济历来是中国经济的重点，也是实现共同富裕的重要环节，但当前中国的农村经济和农民收入具有典型的中等收入陷阱特征。

农业与非农人均收入比，是一个经济体是否成为发达经济体的重要标志，典型的新兴市场通常有较大的收入差距，而典型的发达经济体则通常有较小的收入差距。中国的农业/非农人均收入比,在上世纪 80 年代初曾短暂超过 0.5,随后一路下滑,近年尽管有所回升,但比值仅为 0.34,也就是说非农人口的人均收入大约是农业人口的三倍,泰国的这一比值也仅有 0.39。因此,尽管中国和泰国的城市都很繁华,却并不能掩盖中泰两国城乡差异巨大的本质,这也是发展中国家的特征。

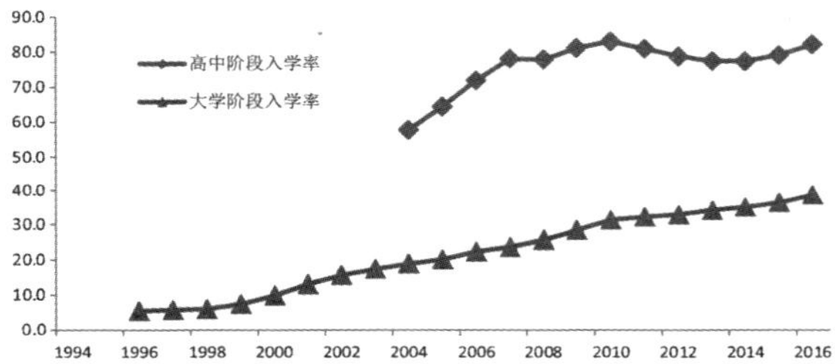


**图 7　中国高中、大学阶段入学率(单位:%)**

资料来源:Wind 资讯,招银资产管理

而中国台湾地区和韩国之所以成为发达经济体,重要原因之一就是其农业/非农人均收入比在 0.8 左右,即非农就业人口的人均收入仅比农业人口高 20%,城乡贫富差距较小。这种贫富差距的缩小,并不是以单纯提高城市化率、减少农业人口来实现的。中国台湾在 20 世纪 70 年代初,农业/非农业收入也仅有 0.56,也就是说那时台湾的农村也相对贫困,是典型的新兴市场,但此后这一比值不断提升,90 年代后即超过 0.7,台湾也跻身中等发达经济体。韩国与此类似,且在 2000 年初时这一比值一度接近 1.0。

中国内地若要在 2035 年进入中等发达国家行列,提高农业人口收入、实现农村振兴将是必由之路,由此衍生出的振兴农村经济的各项措施,都将带来长线投资机会。

(二)人力资源的持续投入

当人口红利逐渐枯竭后,人力资源的持续投入就变得十分重要,这在欧美国家陷入低生育率后,经济仍能保持增长中可见一斑。高素质的劳动人口,一方面可以带来更强的技术进步,一方面可以从事产业升级后的工作,也就拥有更强的消费能力。

能否跨越中等收入陷阱的决定性人力结构,并非高等教育人群的占比,而是包含了高中、中等职业教育的中等教育人群占比,欧美发达国家拥有接近百分之百的中等教育入学率,而新兴市场的入学率越高,该经济体越有可能更好地实现产业升级,进入中等发达经济体。

韩国、中国台湾的中等教育入学率,在较早阶段即超过80%,接近发达经济体水平,而拉美和非洲国家这一比例较低,甚至低于30%。中国内地的中等教育入学率,在2004年时只有58%,具有典型的新兴市场特征,但随后数年经历了快速提高,2016年时中等教育入学率已经达到82%,接近中等发达国家,也接近韩国、中国台湾的水平。中等教育人群的持续扩大,为中国跨越中等收入陷阱打下了良好的人力资源基础。

作者单位:招商银行资产管理部

(本文原载于《债券》2017年12月刊)

# 定向降准政策沿革以及对商业银行的影响

李雨桐　林　凡

**摘　要**：本文梳理了2017年这次降准政策的主要特点，根据上市商业银行公开数据，估算了本次普惠金融降准释放流动性规模区间及短期内可能受惠的银行分布，最后分析了定向降准政策的实际效果和长期影响。

**关键词**：定向降准　商业银行　释放流动性

2017年9月29日，《中国人民银行关于对普惠金融实施定向降准的通知》（银发〔2017〕222号）发布，决定统一对普惠金融领域贷款增量或余额占全部贷款增量或余额达到一定比例的金融机构实施定向降准政策。

## 本次定向降准政策特点

从2014年开始，央行通过定向降准鼓励信贷资源向小微企业和“三农”领域倾斜，主要相关政策有《中国人民银行关于定向降低部分金融机构存款准备金率的通知》（2014年6月）和《关于做好定向降准动态考核调整工作的通知》(2017 年 2 月)。

本次普惠金融定向降准是对原有定向降准政策的拓展和优化(见表 1),在贷款范围上将“三农”和小微企业贷款外延扩展为普惠金融贷款,同时降低了相应贷款增量和余量的考核标准。

**表 1 历次定向降准政策比较**

| 政策文件 | 《中国人民银行关于定向降低部分金融机构存款准备金率的通知》 | 《关于做好定向降准动态考核调整工作的通知》 | 《中国人民银行关于对普惠金融实施定向降准的通知》 |
|---|---|---|---|
| 机构范围 | 国有商业银行、股份制商业银行、城市商业银行、非县域农村商业银行 | 国有商业银行、中国邮政储蓄银行、股份制商业银行、城市商业银行、非县域农村商业银行和外资银行 | 国有商业银行、中国邮政储蓄银行、股份制商业银行、城市商业银行、非县域农村商业银行和外资银行 |
| 贷款领域 | “三农”和小微企业贷款 | “三农”和小微企业贷款 | 普惠金融领域贷款,包括:单户授信小于 500 万元的小微企业贷款、个体工商户经营性贷款、小微企业主经营性贷款、农户生产经营贷款、创业担保(下岗失业人员)贷款、建档立卡贫困人口消费贷款和助学贷款 |

续表

| 政策文件 | 《中国人民银行关于定向降低部分金融机构存款准备金率的通知》 | 《关于做好定向降准动态考核调整工作的通知》 | 《中国人民银行关于对普惠金融实施定向降准的通知》 |
|---|---|---|---|
| 考核标准 | 符合审慎经营要求且上年新增涉农贷款占全部新增贷款比例超过50%，且上年末涉农贷款余额占全部贷款余额比例超过30%；或者，上年新增小微贷款占全部新增贷款比例超过50%，且上年末小微贷款余额占全部贷款余额比例超过30% | (1)符合宏观和微观审慎经营标准。(2)“三农”或小微企业贷款达到一定比例，情形1：2016年度本外币涉农贷款增量占全部新增本外币贷款比例超过15%；或者，2016年度人民币小微企业贷款(含个人经营性贷款)增量占全部新增人民币贷款比例超过15%。情形2：2016年度本外币涉农贷款增量占全部新增本外币贷款比例超过50%，且2016年末本外币涉农贷款余额占全部本外币贷款余额比例超过30%；或者，2016年度人民币小微企业贷款增量占全部新增人民币贷款比例超过50%，且2016年末人民币小微企业贷款余额占全部人民币贷款余额比例超过30% | (1)符合宏观审慎经营标准：上年三个季度(含)以上宏观审慎评估(MPA)评级均在B级(含)以上<br>(2)普惠金融领域的贷款达到一定比例。比例分为两档：第一档是上年普惠金融领域的贷款增量占全部新增人民币贷款比例达到1.5%，或上年末普惠金融领域的贷款余额占全部人民币贷款余额比例达到1.5%；第二档是上年普惠金融领域的贷款增量占全部新增人民币贷款比例达到10%，或上年末普惠金融领域的贷款余额占全部人民币贷款余额比例达到10% |
| 调降幅度 | (不含2014年4月25日已下调过准备金率的机构)下调人民币存款准备金率0.5个百分点 | 对符合情形1的金融机构执行低于同类机构正常标准0.5个百分点的存款准备金率；对符合情形2的金融机构执行低于同类机构正常标准1.5个百分点的存款准备金率 | 符合第一档所规定标准的金融机构，其存款准备金率在法定存款准备金率基准档基础上下调0.5个百分点；符合第二档所规定标准的金融机构，其存款准备金率在法定存款准备金率基准档基础上下调1.5个百分点 |

注：国有商业银行、股份制商业银行、中国邮政储蓄银行按照《金融机构合格审慎评估实施办法》(银办发〔2014〕24号转发)2016年评估结果为达标；城市商业银行、非县城农村商业银行和外资银行2016年末资本充足率水平达到《商业银行资本管理办法

(试行)》(中国银行业监督管理委员会令 2012 年第 1 号)及《中国银监会关于实施〈商业银行资本管理办法(试行)〉过渡期安排相关事项的通知》(银监发〔2012〕57 号)规定的最低要求。

在贷款范围方面,除了小微企业和“三农”贷款等原有定向降准的领域外,此次将政策延伸到脱贫攻坚和“双创”等其他普惠金融领域,政策外延更加完整和丰富。政策指向单户授信 500 万元以下的小微企业贷款、个体工商户和小微企业主经营性贷款,以及农户生产经营、创业担保、建档立卡贫困人口、助学等贷款,力求聚焦真小微、真普惠,政策精准性和有效性显著提高。

在考核标准方面,本次定向降准保留了原有两档考核标准的政策框架,并适当调低了考核标准。第一档是前一年普惠金融领域贷款余额或增量占比达到 1.5%的,存款准备金率可在基准档基础上下调 0.5 个百分点,这一标准基本适应绝大多数商业银行普惠金融领域贷款的实际投放情况。第二档是前一年普惠金融领域贷款余额或增量占比达到 10%的,存款准备金率可按累进原则在第一档基础上再下调 1 个百分点,优惠幅度更大,这一档标准相对较高,只有在普惠金融领域贷款投放较为突出的商业银行才能达到。

**普惠金融定向降准规模估算**

据 23 家[①]上市商业银行(其中邮储银行在香港上市)2017 年半年报披露,建设银行、招商银行、兴业银行、中信银行、民生银行、浦发银行和平安银行等七家银行法定存款准备金率维持基准,尚未享受定向降准政策

① A 股和 H 股上市银行共 26 家,其中张家港银行、常熟银行、江苏江阴农商行属于县域农商行,不在本次定向降准范围内。

优惠。而据央行测算,本次对普惠金融实施定向降准政策可覆盖全部大中型商业银行、约90%的城商行和约95%的非县域农商行,由此推测上述七家银行将至少满足本次降准第一档考核标准。从上市城商行和非县域农商行半年报来看,除上海银行和南京银行降准0.5%外,其余各行基本已经取得1.5%幅度的定向降准优惠,因此本次普惠金融定向降准政策对这些城商行和非县域农商行新增流动性释放作用较为有限。以三季报存款为基数,假设各上市商业银行都至少满足第一档考核标准,则本次定向降准至少可以释放1735亿元流动性。

为了判断哪些银行符合第二档条件,需要估计普惠金融贷款情况。上市商业银行虽然未披露普惠金融口径贷款,但披露了小微企业贷款和个人经营贷款,可以据此估算普惠金融贷款情况。首先,可以估算单户授信500万元以下的小微企业贷款在小微企业贷款中的比例。根据上海市2013年度小微企业信贷奖励表彰会数据①,2012年和2013年上海市小微企业贷款中单户授信500万元及以下占比分别为11.7%和13.5%。考虑到近年来,在政策引导下商业银行加强了小微企业信贷支持,本文假设该占比增长至20%。其次,个人经营贷款大致涵盖了普惠金融贷款中个体工商户经营贷款、小微企业主经营性贷款和农户生产经营贷款。综合以上因素,单户授信500万元以下小微企业贷款与个人经营贷款之和近似等于普惠金融贷款(见表2)。根据各行半年报估算的普惠金融贷款余额占比和增量占比情况显示,邮储银行和光大银行有望享受到第二档定向

---

① 《招行、中行、交行等20家银行获专项奖励》:"2012年,上海小微企业贷款余额8353.9亿元……其中,单户授信500万元及以下微型企业贷款余额975.5亿元;2013年,上海小微企业贷款余额9032亿元……其中,单户授信500万元及以下小微企业贷款余额1218亿元"(和讯网:http://bank.hexun.com/2014-05-16/164845238.html)。

降准政策优惠，各行释放流动性或增至2750亿元(见表3)。

表2　2017年6月30日上市银行普惠金融贷款估算

| 上市银行 | 小微企业贷款总额(亿元) | 个人经营贷款总额(亿元) | 普惠金融贷款余额估计(亿元) | 普惠金融贷款余额估计占比(%) | 普惠金融贷款增量估计占比(%) |
|---|---|---|---|---|---|
| | a | b | a×20%+b | | |
| 工商银行 | 21310 | 2299 | 6561 | 4.7 | -0.9 |
| 农业银行 | 12827 | 1765 | 6438 | 6.2 | 2.8 |
| 中国银行 | 13758 | 1840 | 4592 | 4.3 | 4.7 |
| 建设银行 | 14901 | 1893 | 4873 | 3.9 | 1.3 |
| 交通银行 | 7399 | 1094 | 2574 | 5.9 | 4.7 |
| 邮储银行 | 1739 | 2946 | 10100 | 30.2 | 26.9 |
| 光大银行 | 3888 | 1276 | 2054 | 10.5 | 2.8 |
| 招商银行 | 2977 | 1403 | 1998 | 5.6 | 8.5 |
| 兴业银行 | 911 | 432 | 614 | 2.7 | -3.4 |
| 中信银行 | 4690 | 566 | 1504 | 4.9 | 8.1 |
| 浦发银行 | 3101 | 1759 | 2379 | 7.9 | 9.3 |
| 民生银行 | 1731 | 1731 | 2078 | 7.7 | 2.7 |
| 平安银行 | — | 1019 | 1019 | 6.4 | 3.7 |
| 华夏银行 | 2714 | 122 | 665 | 5.5 | 6.3 |
| 上海银行 | — | 168 | 168 | 2.8 | -5.8 |
| 南京银行 | 1327 | 17 | 282 | 7.7 | 9.4 |

注：1. 北京银行、江苏银行、宁波银行、贵阳银行、吴江银行、杭州银行和无锡银行已经享受了1.50%的定向降准，无需估算，不在本表列示。

2. 邮储银行披露了小微、个贷和涉农贷款，考虑到涉农贷款和个人经营贷款有一定重叠，且其涉农贷款规模远大于小微和个贷，因此邮储的普惠金融贷款用涉农贷款估算。

3. 农行披露了小微、个贷和涉农贷款，其普惠金融贷款用小微企业贷款(单户授信小于500万元)、个人经营贷款和涉农贷款总额估算。

4. 民生银行半年报小微企业贷款和个人经营贷款合并披露，本文假设其中小微企业贷款和个人经营贷款各占50%。

5. 华夏银行2017年半年报未披露小微企业贷款和个人经营贷款数据，该行普惠金融贷款余额和增量情况根据2016年报数据估计。

**表 3　普惠金融定向降准流动性释放估算**

| 上市银行 | 法定存款准备金率基准 | 半年报法定存款准备金率 | 已定向降准幅度 | 新增降准幅度:最小估算 | 新增降准幅度:最大估算 | 第三季度末存款余额(亿元) | 至少释放流动性(亿元) | 至多释放流动性(亿元) |
|---|---|---|---|---|---|---|---|---|
| 工商银行 | 17% | 16.5% | 0.5% | 0.0% | 1.0% | 193296 | — | — |
| 农业银行 | 17% | 16.5% | 0.5% | 0.0% | 1.0% | 163702 | — | — |
| 中国银行 | 17% | 16.5% | 0.5% | 0.0% | 1.0% | 138365 | — | — |
| 建设银行 | 17% | 17.0% | 0.0% | 0.5% | 1.5% | 165026 | 825 | 825 |
| 交通银行 | 17% | 16.5% | 0.5% | 0.0% | 1.0% | 48668 | — | — |
| 邮储银行 | 17% | 16.5% | 0.5% | 0.0% | 1.0% | 79134 | — | 791 |
| 光大银行 | 15% | 14.5% | 0.5% | 0.0% | 1.0% | 22272 | — | 223 |
| 招商银行 | 15% | 15.0% | 0.0% | 0.5% | 1.5% | 39742 | 199 | 199 |
| 兴业银行 | 15% | 15.0% | 0.0% | 0.5% | 1.5% | 29486 | 147 | 147 |
| 中信银行 | 15% | 15.0% | 0.0% | 0.5% | 1.5% | 33167 | 166 | 166 |
| 浦发银行 | 15% | 15.0% | 0.0% | 0.5% | 1.5% | 31190 | 156 | 156 |
| 民生银行 | 15% | 15.0% | 0.0% | 0.5% | 1.5% | 29367 | 147 | 147 |
| 平安银行 | 15% | 15.0% | 0.0% | 0.5% | 1.5% | 19117 | 96 | 96 |
| 华夏银行 | 15% | 14.5% | 0.5% | 0.0% | 1.0% | 14153 | — | — |
| 上海银行 | 15% | 14.5% | 0.5% | 0.0% | 1.0% | 9067 | — | — |
| 南京银行 | 15% | 14.5% | 0.5% | 0.0% | 1.0% | 7014 | — | — |
| 合计 | | | | | | | 1735 | 2750 |

市场主流机构预估本次定向降准释放流动性在1500亿元至7000亿元之间(见表4),跨度较大,本文估算结果属于其中偏低水平。但有迹象表明,上述对各家银行达标第二档的情形估计偏高:一方面,多数银行单户授信500万元以下小微企业贷款在小微企业贷款中占比或尚未达到20%①;另一方面,本次定向降准新增条件“单户授信500万元以下”的考核标准后,之前已经享受第二档降准的机构可能不再符合条件,本文未考虑部分机构由于不再符合条件而面临存款准备金率调升的情况。

① 以光大银行为例,在单户授信500万以下小微贷款占全部小微贷款20%的假设下,光大银行2017年6月30日普惠金融贷款余额占比为10.3%,但实际并未达到。

表4 市场主流机构对普惠金融定向降准流动性释放的估算

| | 流动性释放估算(亿元) |
|---|---|
| 国泰君安 | 1500 |
| 中金公司 | 2000~4000 |
| 兴业证券 | 2000~5000 |
| 海通证券 | 3000 |
| 招商基金 | 2700~6700 |
| 联讯证券 | 7000 |

从本次普惠金融定向降准政策发布和实施的时间间隔来看,已经符合第一档考核标准的银行只有3个月时间可以实现从第一档向第二档的进阶。据表2测算,只有浦发银行和南京银行接近第二档考核标准,正如央行所述[①]"这一档标准相对较高,只有在普惠金融领域贷款投放较为突出的商业银行才能达到"。

## 定向降准政策对商业银行的影响

首先,定向降准政策成效斐然。定向降准政策实施以来,商业银行加大了对小微、"三农"领域信贷的投放支持力度,许多银行在不同程度上享受到了定向降准政策优惠,银行类金融机构总体准备金缴存比率逐渐下移(见图1),已接近中小型存款类金融机构基准准备金率,定向降准政策起到了明显的引导作用。今年以来,货币政策保持稳健中性,央行在公开市场"削峰填谷",银行间资金面保持了不紧不松的紧平衡态势。商业银行争取负债难度加大和超储率低位徘徊倒逼商业银行开源节流、精耕细作、充分利用定向降准政策,争取更高档次降准优惠动

① 中国人民银行有关负责人就对普惠金融实施定向降准政策答记者问(http://www.pbc.gov.cn/goutongjiaoliu/113456/113469/3393337/index.html)

力更足。预计本次普惠金融定向降准政策的达标要求将再次成为各家商业银行努力的方向。长期来看,商业银行总体准备金率有望进一步下移。

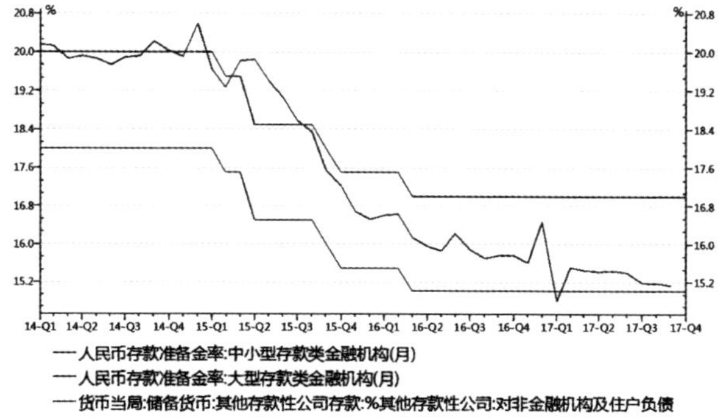


**图 1　定向降准政策发挥引导作用**

数据来源:Wind 资讯

其次,短期来看,本次普惠金融定向降准主要惠及建设银行、邮储银行和大部分股份制商业银行,城商行和非县域农商行受惠有限。本文预估此次定向降准对上市商业银行流动性释放规模在 1735 亿到 2750 亿元之间,释放对象包括建设银行、邮储银行、光大银行、招商银行、兴业银行、中信银行、浦发银行、民生银行和平安银行等,其中建设银行、邮储银行受益最多。对股份制银行而言,定向降准释放的流动性有助于缓解监管压缩同业负债造成的压力。

最后,本次定向降准释放流动性相对有限,对市场影响较小。截至第三季度末,央行资产负债表中其他存款型公司存款余额为 22.9 万亿元;23 家上市商业银行吸收存款余额为 106 万亿元,需要缴准 17.1 万亿元,占准备金总额的 74.7%,具备广泛的代表性。本次降准释放的流动性只有全市场准备金存量的 1%~1.6%,相当于降准 16.5~26bp,预计短期内影响较小。

作者单位：中国光大银行金融市场部

(本文原载于《债券》2017年12月刊)

# 中国基准利率的泰勒规则检验及2013年走势展望

郭济敏　张嘉为

**摘　要**：本文运用泰勒规则对我国基准利率的适用性进行了检验，得出了相关结论，并在此基础上，设定了三种情景并运用带利率平滑的前瞻型泰勒规则模型，对2013年基准利率的走势做出预测。

**关键词**：基准利率　泰勒规则　通货膨胀　经济增长

随着我国利率日益市场化，如何构建稳健货币政策的利率规则，提高我国宏观调控的质量，成为当前学术界和决策当局亟待解决的理论和技术难题。泰勒规则因其简单、实效性强，成为美联储、欧洲中央银行、英格兰银行和加拿大银行等西方发达国家央行货币政策操作的依据。以下，本文分别检验了经典后顾型泰勒规则、前瞻型泰勒规则以及带利率平滑的前瞻型泰勒规则对我国现有法定基准利率中的1年期定期存款利率和备选市场基准利率——银行间市场同业拆借利率（SHIBOR）的适用性，并得到最优的泰勒规则模型，接着根据该模型预测了所考察基准利率的未来走势。

**泰勒规则常用形式介绍**

泰勒规则主要描述中央银行如何根据通货膨胀缺口和产出缺口调节基准利率,以保持通货膨胀率稳定可控、避免产出和就业剧烈波动。除了经典形式外,泰勒规则还有许多扩展形式。本文研究常用的三种形式:经典后顾型、前瞻型以及带利率平滑的前瞻型。

经典后顾型泰勒规则的一般形式表示如下:

$$r_t = \bar{r} + p_t + \beta(p_t - p^*) + \gamma\tilde{y}_t \quad (1)$$

其中,$r_t$ 是联邦基金利率的目标值;$\bar{r}$ 是名义利率的长期均衡值;$p_t$ 是 t 期前四个季度的平均通胀率;$p^*$ 是目标通胀率;$\tilde{y}_t$ 是产出缺口;β,γ 是政策参数。

前瞻型泰勒规则在经典后顾型泰勒规则的基础上引入了合理的预期通胀。该规则认为中央银行在制定货币政策时,同期或过去的实际通胀率并非关注的重点,事前预期的通胀率才是斟酌政策取向的关键。前瞻型泰勒规则的一般形式为:

$$r_t = \bar{r} + \beta(E[p_{t,k} \mid \Omega_t] - p^*) + \gamma E[\tilde{y}_{t,q} \mid \Omega_t] \quad (2)$$

其中,$p_{t,k}$ 表示 t 期至 t+k 期的平均通货膨胀率;$p^*$ 是目标通胀率;$\tilde{y}_{t,q}$ 是 t 期至 t+q 期的平均产出缺口;E 代表预期;$\Omega_t$ 代表当前时间下的信息集;$\bar{r}$ 是名义利率的长期均衡值;β,γ 是政策参数。

已有实证研究显示,各国央行的货币政策操作具有明显平滑的特点,其原因可能是央行担心大的政策调整会导致资本市场动荡以及政策可信度下降或者央行需要寻求相关的支持等。带利率平滑的前瞻型泰勒规则一般形式为：

$$r_t = (1-\rho)\bar{r} + (1-\rho)\beta(p_{t,k} - p^*) + (1-\rho)r\widetilde{y}_{t,q} + \rho r_{t-1} + \varepsilon_t \quad (3)$$

其中，$\bar{r}$，$\gamma_t$ 分别是名义利率的长期均衡值和 t 期值；$p_{t,k}$ 表示 t 期至 t+k 期的平均通货膨胀水平；$p^*$ 是目标通货膨胀率；$p_{t,k}-p^*$ 是通胀缺口；$y_{t,q}$ 是 t 至 t+q 期的平均产出缺口；ρ 是利率平滑系数；$\varepsilon_t$ 代表预期偏差。

## 中国基准利率的泰勒规则检验

### （一）数据选择与处理

#### 1. 基准利率的选择

现阶段，我国央行在确定存、贷款基准利率时，通常是先确定 1 年期定期存款利率，然后以此为基础进一步确定其他期限存、贷款利率。因此，本文以央行确定的 1 年期定期存款利率作为法定基准利率的代表。

随着金融市场的发展以及利率市场化的不断推进，银行存、贷款基准利率终将被市场化基准利率所取代。最新发布的《金融业发展和改革"十二五"规划》明确提出，要将上海银行间同业拆借利率（SHIBOR）发展成为未来的基准利率。目前 SHIBOR 按照期限分为短期、中期、长期三类。美、欧等西方发达国家通常以短期货币市场利率作为基准利率。考虑到当前国内各种债券产品的发行利率以及银行中长期资金定价等多以 3 个月期 SHIBOR 为基准，因此本文分别选取隔夜、7 天与 3 个月期 SHIBOR 作为市场化基准利率的代表。

#### 2. 数据样本期的选择

SHIBOR 数据从 2006 年 10 月开始发布，因此本文选取 2006 年 10 月至 2012 年 9 月作为主要的样本期。此外,1 年期定存基准利率的历史数据远较 SHIBOR 长,而公开的 GDP 季度增长率数据从 1992 年开始,因此为了使研究更加全面,我们在研究 1 年期定存基准利率时,将样本期向前推至 1992 年 1 月。在进行模型检验时,所有指标均采用月度数据。因此,当原始公开数据为季度数据时,我们用线性插值法将季度数据转成月度数据。

### 3. 产出缺口的确定

本文基于季度 GDP 定基比指数计算产出缺口。国家统计局从 2010 年第 4 季度开始发布 GDP 环比数据,因此,我们以 2010 年第 4 季度为基期,计算得到各季度 GDP 的定基比数据,然后采用 X12 方法对数据进行季节调整。

计算潜在产出的主要方法包括线性趋势法、HP 滤波法、状态空间——卡尔曼滤波方法、生产函数等。综合考虑模型的便捷性与结果的稳定性,本文采用 HP 滤波法。产出缺口 $\tilde{y}_t$ 的计算公式为:

$$\tilde{y}_t = 100 \cdot (y_t - y_t^*)/y_t^*$$

其中,$y_t$ 为季节调整后的 GDP 定基比指数值;$y_t^*$ 通过 HP 滤波后得到的长期趋势值。

图 1 显示,1992 年第 1 季度至 2012 年第 3 季度期间,我国产出缺口波动幅度很大。其中,产出缺口显著为正的时期包括 1995 年第 2 季度至 1997 年第 4 季度、2007 年第 1 季度至 2008 年第 2 季度以及 2011 年全年。产出缺口显著为负的阶段包括 1992 年第 1 季度至 1994 年第 2 季度、2004 年第 1 季度至 2006 年第 3 季度以及 2008 年第 4 季度至 2009 年第 2 季度。这与我国经济的实际运行情况是大体吻合的。

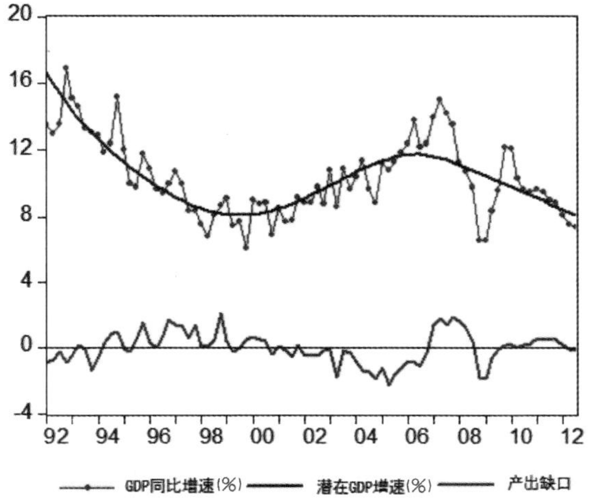


图 1　GDP 同比增速与产出缺口(单位:%)

4. 通胀缺口的确定

本文选用消费者价格指数(CPI)作为通胀指标。2006—2012 年 CPI 同比增速中位数为 3.2%,1992—2012 年则为 2.7%。另外,殷波(2011)基于动态随机一般均衡模型得到中国在 1990—2009 年期间,社会福利函数最大化对应的最优通货膨胀率在 3%附近。因此,我们在这里选择 3.0%作为目标通货膨胀率。

表 1　模型指标的基本统计信息

| | GAP_CPI | GAP_GDP | R_Y1 | SHIBOR1D | SHIBOR7D | SHIBOR3M |
|---|---|---|---|---|---|---|
| 均值 | 0.590141 | 0.352625 | 3.018873 | 2.196197 | 2.741549 | 3.463944 |
| 中位数 | 0.5 | 0.283406 | 3 | 2.15 | 2.81 | 3.64 |
| 最大值 | 5.7 | 1.87612 | 4.14 | 4.72 | 5.9 | 6.13 |
| 最小值 | -4.8 | -2.12829 | 2.25 | 0.8 | 0.94 | 1.21 |
| 标准差 | 2.649097 | 0.934375 | 0.689904 | 0.90963 | 1.120125 | 1.378015 |
| 偏度 | -0.30336 | -0.63213 | 0.292501 | 0.568565 | 0.330773 | -0.01149 |
| 峰度 | 2.544313 | 3.577293 | 1.686647 | 3.040484 | 2.755231 | 1.849636 |
| JB 检验 | 1.703307 | 5.714342 | 6.115241 | 3.830165 | 1.47193 | 3.916432 |
| 相伴概率 | 0.426709 | 0.057431 | 0.046999 | 0.14733 | 0.479043 | 0.14111 |
| 样本个数 | 71 | 71 | 71 | 71 | 71 | 71 |

5. 数据的统计特征

2006 年 1 月至 2012 年 9 月期间,模型中各指标的基本统计信息以及相关系数分别见表 1 和表 2。首先,除了 7 天期 SHIBOR(SHIBOR7D)与通胀缺口(GAP_CPI)不服从正态分布外,其他指标如 1 年期定存利率(R_Y1)、产出缺口(GAP_GDP)、1 天期 SHIBOR(SHIBOR1D)和 3 个月期 SHIBOR(SHIBOR3M)在较高置信水平下服从正态分布。其次,1 年期存款利率的中位数与均值均在 3%左右,并且高于 1 天期 SHIBOR 与 7 天期 SHIBOR,但是略低于 3 个月期 SHIBOR。再次,1 年期定存基准利率的波动性明显小于市场化基准利率。最后,各个基准利率与通胀缺口的相关性均高于与产出缺口的相关性。

表 2 模型指标的相关性

| | R_Y1 | SHIBOR1D | SHIBOR7D | SHIBOR3M |
|---|---|---|---|---|
| GAP_CPI | 0. 796837 | 0. 579874 | 0. 644631 | 0. 749233 |
| GAP_GDP | 0. 558438 | 0. 312456 | 0. 384582 | 0. 4175 |
| R_Y1 | 1 | 0. 584964 | 0. 644129 | 0. 794651 |
| SHIBOR1D | 0. 584964 | 1 | 0. 976647 | 0. 86889 |
| SHIBOR7D | 0. 644129 | 0. 976647 | 1 | 0. 889095 |
| SHIBOR3M | 0. 794651 | 0. 86889 | 0. 889095 | 1 |

(二)1 年期定存基准利率的泰勒规则检验

1. 三种模型的结果检验

本文分别检验了 2006—2012 年期间经典后顾型、前瞻型与带利率平滑的前瞻型模型对 1 年期定存基准利率的适用性。其中,经典后顾型模型采用最小二乘估计法;前瞻型与带利率平滑的前瞻型模型由于存在预期变量,因此采用广义矩估计法(GMM)。在 GMM 法下,预期阶数(k,q)均选 1 期;工具变量集合 z 包括产出缺口、通胀率、1 年期定 t 存利率和 GDP 实际增长率等指标的滞后 1 期值。通过这些变量,就能够预测预期产出缺口和预期通胀缺口，并且外生于 1 年期定期存款利率。三种模型的估计结果见表 3。

**表 3 1 年期定存基准利率的泰勒规则模型检验(2006—2012 年)**

| | 后顾型(最小二乘法) | 前瞻型(GMM) | 带利率平滑的前瞻性(GMM) |
|---|---|---|---|
| 回归系数 | | | |
| 产出缺口 | 0.026615 | — | — |
| 预期产出缺口 $(1-\rho)\gamma$ | — | -0.28153* | 0.049073* |
| 通胀缺口 β | 0.200691*** | — | — |
| 预期通胀缺口 $(1-\rho)\beta$ | — | 0.258518*** | 0.023045*** |
| 常数 | 2.89307*** | 3.232815*** | 0.280955*** |
| 利率滞后一期 | — | — | 0.903526*** |
| $R^2$ | 0.633551 | 0.380166 | 0.954563 |
| 修正 $R^2$ | 0.622612 | 0.361383 | 0.952466 |
| DW | 0.203246 | 0.170258 | 1.561715 |
| 单步预测误差 | 0.35 | 0.41 | 0.10 |
| 单步预测误差率(%) | 12.4 | 15.7 | 3.39 |
| 弹性系数 | | | |
| 产出缺口 γ | 0.026615 | -0.28153 | 0.508666 |
| 通胀缺口 β | 0.200691 | 0.258518 | 0.238873 |
| 均衡利率 $\bar{r}$ | 2.89307 | 3.232815 | 2.912235 |

注：***、**、*分别表示在 1%、5%、10%水平上显著。

实证结果显示，带利率平滑的前瞻型泰勒规则模型的 R2 高达 0.95，不仅显著高于后顾型(0.63)与前瞻型模型(0.38)，而且单步预测误差率(3.39%)也显著低于后两者(12.4%、15.7%)。因此，接下来选用带利率平滑的前瞻型泰勒规则模型分析 1 年期定存基准利率。另外，为了检验该模型的稳定性，本文还对比分析了其在 1992—2012 年以及 2006—2012 年的表现，结果见表 4。

表 4　带利率平滑的前瞻型模型在不同样本区间的检验结果对比

| | 2006—2012 年 | 1992—2012 年 |
|---|---|---|
| 回归系数 | | |
| 预期产出缺口(1-ρ)γ | 0.049* | 0.006 |
| 预期通胀缺口(1-ρ)β | 0.023*** | 0.016*** |
| 常数(1-ρ)$\bar{r}$ | 0.280*** | 0.128*** |
| 滞后一期利率 | 0.903*** | 0.958*** |
| $R^2$ | 0.954 | 0.992 |
| DW 值 | 1.561 | 1.984 |
| 样本个数 | 71 | 248 |
| 单步预测误差 | 0.10 | 0.28 |
| 单步预测误差率(%) | 3.39 | 2.59 |
| 弹性系数 | | |
| 产出缺口 γ | 0.508 | 0.151 |
| 通胀缺口 β | 0.238 | 0.389 |
| 均衡利率 r | 2.912 | 3.060 |

注：***、**、*分别表示在 1%、5%、10%水平上显著。

首先，在所考察的两个时期内，预期通胀缺口的回归系数在显著性水平为 1%时，都是显著为正的。其次，2006—2012 年期间的预期通胀缺口弹性系数为 0.238，显著低于 1992—2012 年的 0.389。再次，在所考察的两个时期内，滞后一期的 1 年期定期存款利率的回归系数在显著性水平为 1%时都显著为正，而且系数值接近于 1(其中 2006—2012 年为 0.903；1992—2012 年为 0.958)。最后，预期产出缺口回归系数在 2006—2012 年只在显著性水平为 10%时才显著，在 1992—2012 年，则不显著。另外，2006—2012 年预期产出缺口的弹性系数为 0.508，远高于 1992—2012 年的 0.151。

2. 模型对实际统计的一致性检验

自 1992 年以来，1 年期定存基准利率具有以下特点：(1)盯住通胀，但对通胀的反应力度不足，而且近年来有减弱的趋势。(2)显著的平滑性。每一次利率调整不仅盯住上一期利率,而且对其反应的力度远高于对预期通胀和产出缺口的反应。(3)对预期产出缺口的反应远不如对通胀和上一期利率的反应显著,有时甚至不显著,不过近年来有明显提高。

值得关注的是,在所考察的两个时期内,模型得到的 1 年期定期存款利率的均衡水平均稳定在 3%附近,与实际统计结果基本一致。这一方面说明模型对目标通胀率与潜在产出的计算基本合理,另一方面也从另一个侧面反映带利率平滑的前瞻型泰勒规则模型较好地反映了 1 年期定存基准利率的实际运行情况。

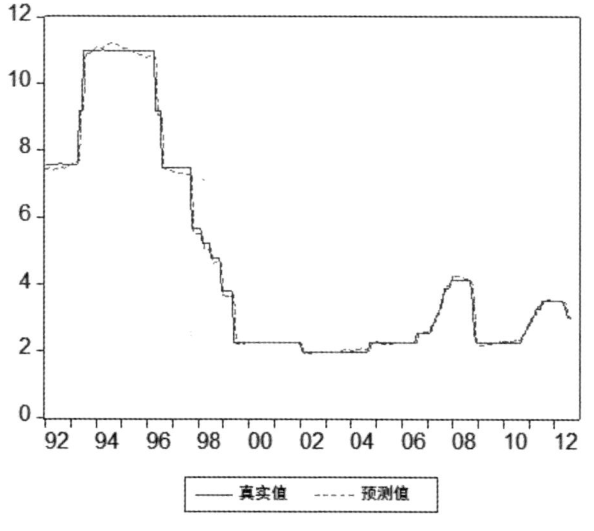


**图 2　1 年期定期存款利率真实值与泰勒规则预测值比较(单位:%)**

图 2 比较了自 1992 年以来由带利率平滑的前瞻型泰勒规则模型得到的 1 年期定存基准利率的单步预测值与实际值。从图中可以看到,1 年期定存基准利率实际值围绕泰勒规则预测值窄幅波动。在经济处于上行周期时,1 年期定存利率实际值通常小于泰勒规则模型预测值;在经济处于下行周期时,1 年期定存利率实际值通常大于泰勒规则模型预测值。

### (三)SHIBOR的泰勒规则检验

本文也分别用经典后顾型、前瞻型以及带利率平滑的前瞻型模型对三种SHIBOR进行了检验,结果同上,即带利率平滑的前瞻型泰勒规则模型的拟合度最高(见表5)。因此,接下来分析带利率平滑的前瞻型泰勒规则模型的检验结果,具体见表6。

**表5 各期限SHIBOR不同模型R2对比(2006—2012年)**

| | 后顾型(最小二乘法) | 前瞻型(GMM) | 带利率平滑的前瞻性(GMM) |
|---|---|---|---|
| SHIBOR1D | 0.348684 | 0.164796 | 0.620599 |
| SHIBOR7D | 0.412085 | 0.270936 | 0.646996 |
| SHIBOR3M | 0.516508 | 0.474378 | 0.953896 |

**表6 不同期限SHIBOR的带利率平滑的前瞻型模型检验结果**

| | SHIBOR1D | SHIBOR7D | SHIBOR3M |
|---|---|---|---|
| 回归系数 | | | |
| 预期通胀缺口 | 0.134069*** | 0.174229*** | 0.065339*** |
| 预期产出缺口 | −0.25843* | −0.28634* | 0.013353 |
| 常数 | 0.795954*** | 1.046936*** | 0.353597*** |
| 利率滞后一期 | 0.642625*** | 0.618481*** | 0.889284*** |
| $R^2$ | 0.620599 | 0.646996 | 0.953896 |
| 修正$R^2$ | 0.603611 | 0.63119 | 0.951831 |
| DW值 | 1.767794 | 1.736058 | 1.13535 |
| 单步预测误差 | 0.42 | 0.66 | 0.29 |
| 单步预测误差率(%) | 19.9 | 19.4 | 6.03 |
| 弹性系数 | | | |
| 通胀缺口 | 0.375149 | 0.456672 | 0.59015 |
| 产出缺口 | −0.72313 | −0.75053 | 0.120606 |
| 均衡利率 | 2.227224 | 2.744125 | 3.19373 |

注:***、**、*分别表示在1%、5%、10%水平上显著。

第一,3个月期SHIBOR不仅R2(0.95)远高于1天期SHIBOR(0.62)和7天期SHIBOR(0.65),而且单步预测误差率(6.03%)也远低于1天期SHIBOR(19.9%)和7天期SHIBOR(19.4%),但高于1年期定存基准利率(3.39%)。

第二,在显著性水平为 1%时,三种 SHIBOR 的预期通胀缺口回归系数都显著为正。1 天期 SHIBOR 与 7 天期 SHIBOR 的预期通胀缺口弹性系数在 0.4 左右,3 个月 SHIBOR 则在 0.5 左右。它们均高于相同样本区间 1 年期定存基准利率的预期通胀缺口弹性系数(0.24),表明市场化基准利率对通货膨胀的反应力度更大。

第三,在显著性水平为 1%时,三种 SHIBOR 滞后 1 期利率的回归系数均显著为正,但都小于 1 年期定存基准利率的回归系数。

第四,1 天期 SHIBOR 和 7 天期 SHIBOR 的预期产出缺口的回归系数仅在显著性水平为 10%时,才显著为负;1 年期定存基准利率的预期产出缺口回归系数则显著为正。3 个月期 SHIBOR 的预期产出缺口即使在显著性水平为 10%时也不显著。

第五,模型得到的利率长期均衡估计值分别是:1 天期 SHIBOR 利率为 2.2%,7 天期 SHIBOR 为 2.7%,3 个月期 SHIBOR 为 3.2%。前两者与实际统计均值一致,3 个月期 SHIBOR 则略低于实际统计均值(3.46%)。

总之,三种所研究的 SHIBOR 利率都具有盯住通胀、平滑调整的特点。首先,它们对预期通胀缺口的反应力度虽然显著高于 1 年期定存基准利率,但依然反应不足。其次,只有 1 天期和 7 天期 SHIBOR 对预期产出缺口反应显著并且反应力度强于对预期通胀缺口的反应。不过与 1 年定存基准利率不同,它们对预期产出缺口是负向反应。

### 未来基准利率的走势展望

预计 2013 年通胀基本上是温和的。一方面,经济增长相对稳定,粮食连续九年增产,工业生产和供给能力充足以及需求不旺等,有利于物价继续保持基本稳定。另一方面,猪肉价格周期、公用事业价格改革以及美国和欧洲宽松货币政策带来的输入性通胀等可能推动国内物价上涨。利用邹至庄(2010)基于 MV=PY 框架构建的年度 CPI 预测模型,根据 2012 年 M2 同比增长率 14%与 GDP 同比增长率 7.7%,计算得到 2013 年 CPI 同比增速预测值为 2.5%以及在置信水平为 95%时的置信区间为 2%~3%。

根据上述判断,本文具体设定了三种情景:第一种情景,2013 年 GDP 同比增速为 7.3%,CPI 同比增速为 2%;第二种情景,GDP 同比增速为 7.6%,CPI 同比增速为 2.5%;第三种情景,GDP 同比增速为 8%,CPI 同比增速为 3%。每一种情景下 GDP 季度同比增速和 CPI 月度同比增速值见图 3 和图 4。

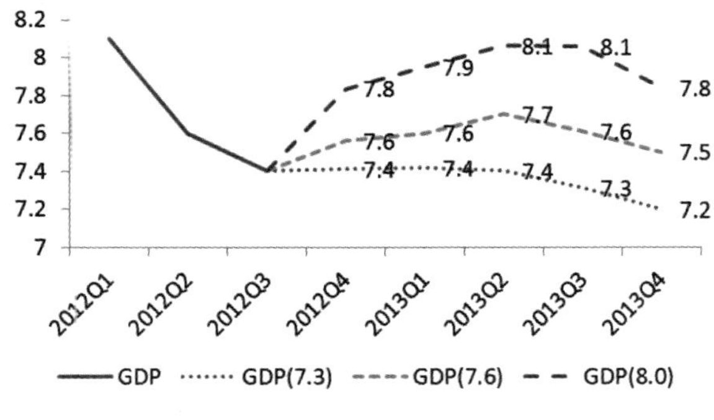


图 3　不同情景下 2012 年第 4 季度至 2013 年第 4 季度 GDP 季度同比增长率预测值(单位:%)

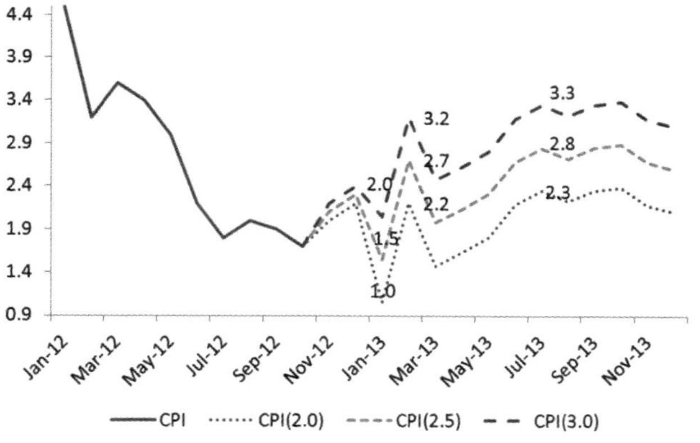


图 4　不同情景下 2012 年第 4 季度至 2013 年第 4 季度 CPI 月度同比增长率预测值(单位:%)

接着,利用 2006—2012 年的带利率平滑的前瞻型泰勒规则模型预测明年 1 年期定存基准利率和市场化基准利率。1 年期定存基准利率月度走势见图 5;1 天期 SHIBOR、7 天期 SHIBOR 以及 3 个月 SHIBOR 的利率中枢见表 7。

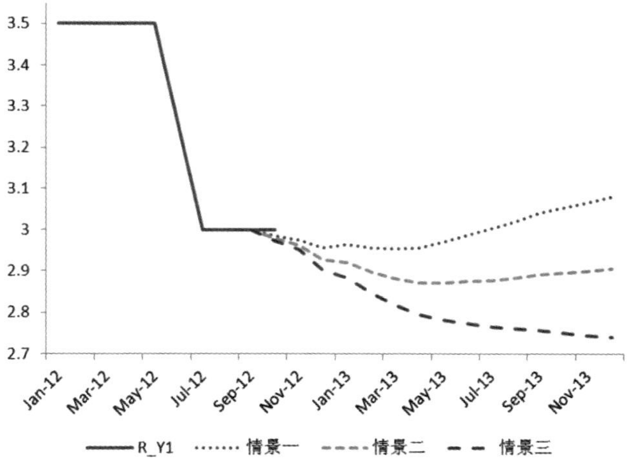


图 5　不同情景下 2012 年第 4 季度至 2013 年第 4 季度 1 年期定存基准利率预测值(单位:%)

在设定的三种情景中,今年最后两个月至明年底,1 年期定存基准利率的月度最小值分别是 2.95%、2.87%和 2.74%。结合此前得到的历史规律——在经济下行期,1年期定存基准利率实际值通常低于泰勒规则预测值,可以推断:在第一种情景下,1年期定存基准利率将保持不变;在第二种情景下,1年期定存基准利率存在下调一次的可能;在第三种情景下,1年期定存基准利率至少需要下调一次。

**表7 2013年各期限SHIBOR不同情景预测中枢对比**

| | 情景一 | 情景二 | 情景三 | 2012年前10月平均值 |
|---|---|---|---|---|
| 1天期SHIBOR | 2.04 | 2.23 | 2.41 | 2.95 |
| 7天期SHIBOR | 2.48 | 2.72 | 2.96 | 3.57 |
| 3月期SHIBOR | 3.11 | 3.43 | 3.88 | 4.41 |

三种SHIBOR在三种情景下的中枢值都要低于今年前三季度,其中第二种情景下各个SHIBOR平均值与历史统计均值大体一致,因此可以看成是一种中性情景。不过需要说明的是,带利率平滑的前瞻性泰勒规则对SHIBOR的预测力明显弱于对1年期定存基准利率的预测,因此结果仅供参考。

**参考文献:**

[1]刘斌,张怀清.我国产出缺口的估计[J].金融研究,2001(10):69-77.

[2]谢平,罗雄.泰勒规则及其在中国货币政策中的检验[J].经济研究,2002(03):3-12,92.

[3]王胜,邹恒甫.开放经济中的泰勒规则——对中国货币政策的检验[J].统计研究,2006(03):42-46.

[4]李文溥,李鑫.利率平滑化与产出、物价波动——一个基于泰勒规则的研究[J].南开经济研究,2010,01:36-50.

[5]殷波.中国经济的最优通货膨胀[J].经济学(季刊),2011(03):821-844.

[6]白仲林,赵亮.我国通货膨胀率的最优目标区间几何?[J].统计研究,2011(06):6-10.

[7] Clarida R., Gali J., Gertler M., Monetary Policy Rules and Macroeconomic Stability: Evidence and Some Theory. NBER Working Paper, No. 6254. 1997.

[8] Chow G., Wang P., The Empirics of Inflation in China. Economics Letters [J]. 2010: 28-30.

[9] Taylor J. B., Discretion Versus Policy Rules in Practice [M]. Carnegie-Rochester Conference Series on Public Policy 39, 1993: 195-214.

[10] Taylor, J. B., An Historical Analysis of Monetary Policy Rules. NBER Working Paper, No. 6768. 1998.

作者单位:中国银河证券债券投资部

(本文原载于《债券》2012 年 12 月刊)

# 我国 PPI 与 CPI 背离的特征表现与成因分析

吕光明　金　蛟

**摘　要**：自 2011 年以来，我国 PPI 与 CPI 出现了较大背离。本文梳理了本期背离的过程及其特征，对比分析了本次背离与此前三次背离的异同，重点分析了 PPI 与 CPI 出现背离的原因及其影响，并提出了相关政策建议。

**关键词**：经济运行　资源配置　价格传导　结构性错配

在市场经济中，价格是经济运行的核心变量，是资源配置的指示灯，其变化直接关系着国民经济运行的好坏与否。然而，自 2011 年以来，我国工业生产者出厂价格指数（PPI）与居民消费价格指数（CPI）的运行轨迹出现了较大的背离。这预示着我国国民经济运行过程中出现了一些新情况、新问题。因此，有必要深入探讨分析本次 PPI 与 CPI 背离的特征及其形成原因。

## 我国 PPI 与 CPI 背离的特征

### (一)本次 PPI 与 CPI 的背离过程

自 2011 年 10 月我国 PPI 同比增长率下行穿越 CPI 同比增长率之后,PPI 同比增长率持续急剧下行,其中枢水平先是在 5%左右,于 2012 年 3 月下跌到零值以下,之后长期在-2%左右徘徊,于 2015 年 2 月再次下行至-4%以下,8 月份更是低至-5.9%。与此同时,CPI 同比增长率也呈现缓慢下行趋势,其中枢水平从交叉点 5%左右开始,到 2012 年 5 月滑落到 3%以下,之后长期在 3%以下,并几乎在 2015 年 1 月探底到 0.8%。PPI 和 CPI 同比增长率的相差幅度自 2011 年 10 月之后不断扩大,并在 2012 年 1 月之后长期保持在 4%以上,最大偏离幅度为 7.9%(见图 1)。这预示着我国 PPI 与 CPI 已出现持续、严重的背离。

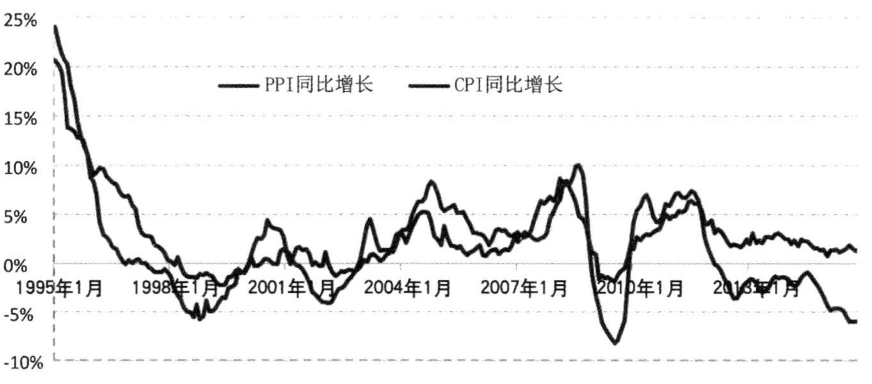


图 1 我国 PPI 与 CPI 的同比增长率对比图

### (二)PPI 与 CPI 的前三次背离过程

在我国宏观经济运行中,类似于本次 PPI 与 CPI 之间的背离并非第一次发生。从 1995 年至 2011 年 10 月,我国 CPI 与 PPI 之间至少出现过三次背离[①]。

第一次背离从1995年11月开始,主要表现为PPI同比增长率的大幅快速跌落和CPI同比增长率的稳步下降。由于PPI同比增长率的下降幅度和速度均大于CPI同比增长率,导致PPI与CPI出现背离,最大偏离幅度达到6.9%,1999年PPI同比增长率开始不断回升,同年10月PPI与CPI才开始同步运动,结束背离。

第二次背离开始于2001年1月,主要表现为PPI同比增长率的大幅下降和CPI同比增长率的小幅波动。PPI同比持续负增长,甚至到-4%的低位,而CPI同比增长率在零附近波动,两者的最大偏离幅度为5.2%。直到2002年10月,当PPI大幅回升穿越CPI之后,背离才宣告结束。

第三次背离从2008年11月开始,主要表现为PPI同比增长率的急剧下降,PPI同比增长率甚至达到-8%的低位,为历史最低,而CPI同比增长率虽然也为负,却基本在-1%的水平徘徊,两者的最大偏离幅度为6.7%。2009年底,PPI同比增长率回升,两者结束背离(见表1)。

**表1 我国历次PPI与CPI背离情况**

| | 开始时间 | 结束时间 | 持续时间 | 最大背离出现时间 | 最大背离幅度 |
|---|---|---|---|---|---|
| 第一次背离 | 1995年11月 | 1999年10月 | 48个月 | 1996年11月 | 6.9% |
| 第二次背离 | 2001年3月 | 2002年10月 | 20个月 | 2002年1月 | 5.2% |
| 第三次背离 | 2008年11月 | 2009年12月 | 14个月 | 2009年8月 | 6.7% |
| 本次背离 | 2011年10月 | 尚未结束 | 49个月 | 2015年2月 | 7.9% |

注:以上数值由作者计算得到,所依据的基础数据截至2015年10月。

① 本文重点研究PPI下行过程中发生的背离,PPI上行过程中的背离仅发生过一次,本文不予讨论。

### (三)本次背离与前三次背离的对比

#### 1. 历次背离的相同点

笔者通过将本次 PPI 与 CPI 的背离与前三次历史背离进行对比,发现几次背离之间具有以下共同点。一是历次背离的出现与宏观经济不景气背景下的总需求减弱有很大关系。在我国历次出现 PPI 与 CPI 背离时,都伴随着 GDP 增长率下降或低水平徘徊的情况。二是几次背离都发生在 PPI 同比增长率大幅快速下降并穿越 CPI 同比增长率之时,并终结于 PPI 同比增长率的大幅快速回升并穿越 CPI 同比增长率。

#### 2. 本次背离与此前三次背离的不同之处

本次背离与此前三次背离的不同之处在于:一是本次背离持续时间长、背离幅度大。此前三次背离的持续时间呈缩短的趋势,其中,距此最近的一次背离(第三次背离)仅仅持续了 14 个月。本次背离从 2011 年 10 月开始,截至 2015 年 10 月,已持续 49 个月。目前 PPI 同比增长率尚未出现明显的拐点迹象,更不用说本次背离的结束迹象。同时,本次背离的最大幅度已达 7.9%,远高于此前三次背离最大幅度中的最高值 6.9%。二是在本次背离中,PPI 与 CPI 出现一负一正的阴阳运动。在以往三次背离中,PPI 与 CPI 的同比增长率同时为负,没有出现正负完全相反的局面,而本次背离却是 PPI 同比负增长,而 CPI 同比正增长,呈现负正背离态势。

## 当前我国 PPI 与 CPI 背离的成因及其影响

### (一)价格正向传道堵塞背景下,由需求主导的经济周期机制是两指数背离出现的基本原因

PPI 和 CPI 都是反映特定时期市场供求关系的价格水平指数。PPI

主要从生产者的角度衡量39个行业工业品第一次出售时出厂价格变动情况,在其构成中,约有76%为生产资料(其中能源、原材料所占权重很大),而用于居民最终消费的生活资料约占24%。CPI是从消费者的角度衡量居民购买的生活消费品和服务价格水平的变动情况,包括8大类商品与服务价格,其中工业消费品约占45%,另外一些是价格易受气候因素影响的食品项目(约占34%)及服务项目(约占22%)。从生产消费链条看,PPI处于上游的生产环节,而CPI则居于下游的消费环节,CPI包含的分类调查内容与PPI所包含的分类调查内容之间存在部分交叉影响,二者理应存在正反向传导关系。具体地说,PPI向CPI正向传导的途径主要有三条:PPI(煤炭、成品油、电力)—农业生产资料—农产品—CPI;PPI(采掘工业)—水电燃料—CPI;PPI(原料工业、加工工业)—工业消费品—CPI。CPI向PPI反向传导的途径主要有两条:CPI(猪肉、面粉、棉布等消费品)—工业企业生产资料(衣着、食品等)—PPI;CPI(服务价格)—工业用工成本—PPI。

然而,很多研究表明,我国越是接近上游的行业,资源属性越为明显,垄断性越强,市场越发具备垄断竞争市场特征,其本身越容易转移成本、留存利润;越是接近零售端的中下游行业越具备完全竞争细分市场特征,其竞争性很强,本身对成本转移的能力比较薄弱。这导致我国从上游PPI到下游CPI的正向传导途径并不通畅,经常会出现较大的传导阻塞。

在PPI向CPI正向传导存在堵塞的情况下,当投资等需求强劲时,经济景气上升,PPI同比的大幅上涨只会带动CPI同比的小幅上涨,最终导致PPI与CPI出现“倒挂”现象;当投资等需求回调时,经济景气下降,PPI同比的大幅下降也只是小幅拉低CPI同比增长率,结果导致PPI和CPI

出现“背离”现象。

（二）世界经济深度调整所导致的外部需求羸弱是我国当前两指数出现背离的外部诱因

我国是世界制造业中心，在 PPI 所反映的工业品中，大部分是贸易品，其价格走势较多地由国际市场需求决定。受国际金融危机的深层次影响，世界经济深度调整，复苏进程缓慢艰难，启动非常困难，国际市场需求依然羸弱，目前尚无明显的筑底企稳迹象。这与亚洲金融危机背景下的第一次背离有不少相似之处。

2012 年，欧债危机持续发酵并形成全球性冲击，发达经济体经济增速大幅下滑，新兴市场和发展中国家经济经历艰难调整。进入 2013 年和 2014 年，世界主要经济体复苏势头出现分化，发达国家增长动力略有增强，发展中国家困难增多。2012、2013、2014 年世界银行公布的世界经济增长率分别为 2.4%、2.5%、2.6%，相应的货物贸易增长率分别为 2.0%、3.0%、3.4%。预计 2015 年发达国家和发展中国家内部经济会继续分化。随着欧元区及日本经济增长回升和美国经济继续扩张，发达国家经济复苏开始呈现出一些趋好的势头，而伴随着原油和其他战略性大宗商品的长期低价位和借贷成本看涨，广大发展中国家经济前景仍然不容乐观。尽管世界经济在深度调整中有所恢复，但世界贸易增长速度还是大大低于国际金融危机前约 7%的平均水平，我国面临的国际市场需求环境在近期内难以得到根本改善。这些都构成了我国当前 PPI 和 CPI 背离的外部诱因。

### (三)国内生产与需求的结构性错配是当前两指数出现持续背离的内部深层次原因

本文前述两个原因只是解释了当前 PPI 和 CPI 发生背离的机制原理和外部诱因,而我国 PPI 和 CPI 长期持续背离还存在着内部深层次原因——生产与需求存在结构性错配。这种情况之所以出现是基于以下情况:一是 2008 年出现了席卷全球的金融危机,为应对危机,我国政府审时度势,推出了四万亿等经济刺激政策。从效果来看,这些政策措施提升了全社会的信心,保证了生产的连续性,但同时也在一定程度上加大了生产和需求之间的扭曲程度,突出表现为形成了部分偏离市场需求的生产能力。2013 年 10 月,国务院发布《关于化解产能严重过剩矛盾的指导意见》,指出传统制造业产能普遍过剩,特别是钢铁、水泥、电解铝等高能耗、高排放行业产能过剩情况尤为突出。二是随着我国消费升级换代,以房地产、汽车为代表的传统工业品消费增长趋于平稳,而教育、医疗、旅游等劳动力需求大的高端服务需求日益增加,这会进一步加大生产与需求的错配程度。事实上,近些年随着我国高端服务需求的快速增加,服务类 CPI 同比增长率已超过了总体 CPI 同比增长率。

为解决生产与需求之间结构性错配的矛盾,我国当前生产体系不能仅仅依靠行业内产能利用率的简单调整来适应终端消费变化,而是需要行业间资本结构调整,这无疑拉长了本次 PPI 与 CPI 背离的持续时间。一般而言,PPI 与 CPI 的适度背离是经济运行中的正常现象,但 PPI 与 CPI 像当前这样的持续阴阳背离则极不寻常。PPI 与 CPI 的长期持续背离,不仅会使国家宏观调控政策面临两难境地,而且也可能会降低企业对未来投资的信心,对制造业投资、经济增长带来不利影响。

## 政策建议

由于当前 PPI 与 CPI 背离的形成原因表现在经济结构方面,主导因素在供给方面,这就需要政府从以下方面进行应对。

(一)积极化解传统工业中的过剩产能

建议综合利用价格、环境成本和技术等杠杆,设定资源、工艺、环保等标准,倒逼落后产能退出。鼓励企业走出去,把过剩产能转移到产业发展阶段较低的国家或地区。

(二)积极推进投融资体制改革,培育高端服务需求产品的供给

近年来,国务院不断推进简政放权,放管结合,优化服务,释放改革红利。今年 11 月 4 日,国务院常务会议又决定精简优化企业投资和高速公路审批,推动扩内需惠民生,我国投资管理体制改革已向纵深推进。建议下一步尽快出台地方政府投融资体制改革指导意见,鼓励民间投资,逐步减少地方政府的投融资行为。同时,通过公私合作模式等推出更多面向社会资本开放的高端服务投资项目,从供给侧释放民间投资潜力。继续完善鼓励民间投资的财税、金融等政策措施,构筑激发社会投资活力的长效机制。

**参考文献:**

[1]吴镇宇.生产体系与需求结构重配:经济运行的核心问题与调控取向[J].中国发展观察,2013(1).

[2]吕光明,杨滨嘉.中国主要价格指数间传导机制研究[J].财经问题研究,2013(1).

[3]张成思. 长期均衡、价格倒逼与货币驱动——我国上中下游价格传导机制研究[J]. 经济研究,2010(6).

[4]董德志. 投资交易笔记:2002—2010 年中国债券市场研究回眸[M]. 经济科学出版社,2011.

[5]李昕. 数字看宏观:国内外经济观察及热点问题研究[M]. 中国统计出版社,2015.

作者单位:北京师范大学统计学院

(本文原载于《债券》2015 年 12 月刊)

# 互联网金融发展对金融市场及债券市场影响分析

屈　庆　陈　黎　余文龙

**摘　要:**近年来,国内各种互联网金融创新层出不穷,传统电商从支付宝开始进入金融领域,直接与银行和基金公司的核心业务展开竞争。互联网金融提升货币流通速度,扩大货币乘数,提高通货膨胀对货币供应量的敏感性;同时增强支付功能、提高资产流动性,推动利率市场化,使固定收益类低收益率产品竞争压力增大。从长期发展看,互联网金融蓬勃兴起将带动国内债市收益率上行。

**关键词:**互联网金融　利率市场化　金融创新

国外互联网金融从20世纪90年代开始发展,产生了网络银行、第三方支付、P2P信贷[①]、众筹融资等多种模式。我国由于互联网普及应用较晚,互联网金融近几年才开始发展,但发展步伐很快,出现了如支付宝、余额宝、供应链贷款等创新产品。传统电商从支付宝开始进入金融领域,直接与银行和基金公司的核心业务展开竞争。面对竞争,传统金融融入互

① P2P信贷是指有资金并且有理财投资想法的个人,通过第三方网络平台牵线搭桥,使用信用贷款的方式将资金贷给其他有借款需求的个人。

联网平台,通过互联网渠道销售产品、改变业务模式,金融与互联网多方位融合(见图1),开启了互联网金融时代。

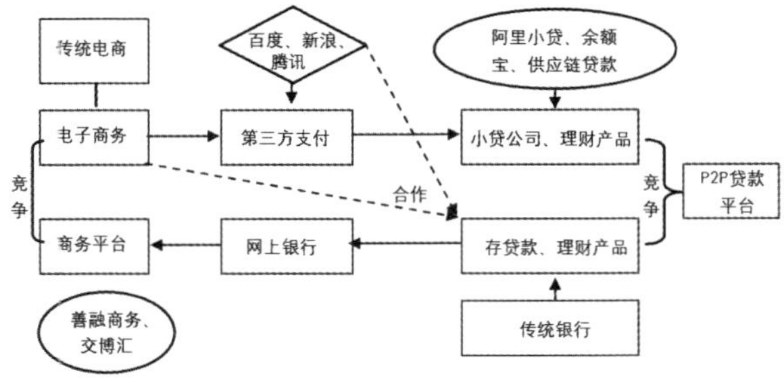


**图1　传统金融与互联网从竞争到合作,创新层出不穷**

资料来源:申万研究

**互联网货币经济:提升货币流通速度,扩大货币乘数**

(一)互联网金融发展促进货币流通速度提高

之所以关注货币流通速度,是因为通货膨胀不仅与货币供给相关,也与货币流通速度相关。较长时间以来,我国货币流通速度都呈下行趋势。近年,互联网金融发展提高了金融资产流动性,培养了投资者的投资习惯,吸收小额闲散资金,推动货币流通速度上行。货币流通速度提高可能增强通胀对货币供给的敏感度。

(二)互联网金融发展增大货币乘数

互联网金融发展对货币供需也会产生影响,从货币供给角度分析,互联网金融发展会通过推动货币乘数上升,促进货币内生性增长。

1. 电子货币具有高度流动性,商业银行能快捷且低成本地在头寸不足时进行融资,这会降低商业银行的超额准备金率,使货币乘数增大。

2. 电子货币主要对流通中的现金产生替代并使其部分转化为活期存款,这使现金漏损率减小,使货币乘数增大。

3. 电子货币的广泛使用使得资金支付结算效率提高,于是现金和活期存款所占的比重下降,而收益率相对较高的定期存款所占比重上升,货币乘数增大。

互联网金融创新对货币乘数也有负向影响,如P2P信贷平台发展促进直接融资发展,缩短银行体系内通过存贷业务实现的信用创造链条;虚拟货币发展可能促进现有货币体系外的信用创造,分流体系内信用创造。但是目前P2P和虚拟货币刚刚发展,对货币乘数的负向影响还较小。

(三)互联网金融会降低货币需求

1. 随着金融市场发展,金融资产收益率提高,货币持币成本提高。互联网金融发展促进金融资产的流动性提高,资产变现成本降低。例如,余额宝类产品的推出使人们可以将为消费留存的存款也转化为投资,降低交易性货币需求(见图2)。

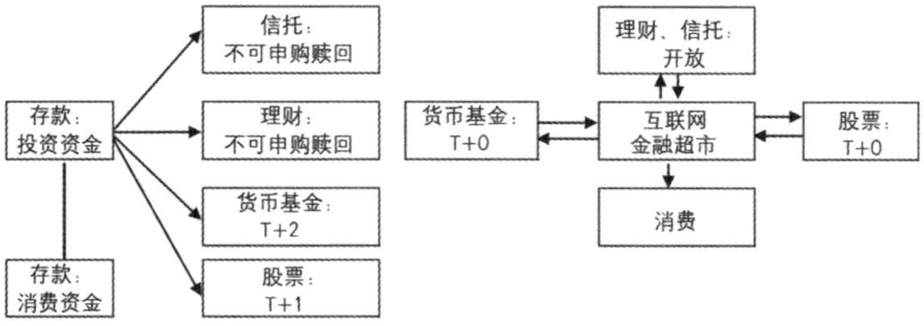


**图2　互联网金融发展降低交易性货币需求和投机性货币需求**

资料来源:申万研究

2. 金融产品创新正朝着高流动性方向发展,如T+0货币基金、开放式理财产品、余额宝等。未来互联网将成为金融产品的主要销售渠道,金融产品之间的转移也会更加便捷,投机性货币需求降低。

另外,随着互联网金融的发展,货币市场流动性将提高,货币的利率敏感性也会提高。

(四)虚拟货币发展增大货币供给,削弱货币监管

互联网金融对货币经济的另一个重要影响,是虚拟货币的产生,比较典型的是比特币。比特币是由特定算法的大量计算产生,不依靠特定货币机构发行的虚拟货币。

由于虚拟货币的发展会增大现有货币体系外的货币供给,可能引发通货膨胀,并且虚拟货币平台可能为洗黑钱等非法交易提供不受监管的平台,会逐步削弱现有货币监管对货币体系的控制力,因此目前美国和德国已经率先将比特币纳入现有货币监管体系。

目前我国还没有将虚拟货币纳入监管,随着互联网经济和金融发展,虚拟货币的应用将更加广泛,未来可能也将被纳入现有货币监管体系。比如制定资料来源:申万研究发行人准入机制,如由银行统一发行;要求发行人计提主权货币准备金,以控制发行规模;监控虚拟货币发行规模和流通情况等。

(五)互联网金融影响货币政策

我国传统的货币政策是以货币供给作为中介目标以实现稳定物价、促进经济增长等最终目标,互联网金融发展对传统货币政策将产生影响:

1. 互联网金融发展使得货币乘数增大,未来控制在更低水平。

2. 互联网金融发展提高货币流通速度,同样的货币增速可能引发更高的通货膨胀,未来为了实现同样的通货膨胀目标,可能会将货币供应量增速控制在更低水平。

3. 互联网金融发展促进直接融资比重提高,银行体系外的信用创造增加,导致货币停留在金融体系内,与实体经济的相关性减弱,通过货币供给目标来实现经济增长的效果减弱;虚拟货币的发展增大体系外货币供给,银行对货币供给的控制力度减弱。货币政策未来可能逐步从以调节货币供应量为主的数量型货币政策转化为以调节利率为主的价格型货币政策。

## 互联网金融产品:增强支付流动性,推进利率市场化

### (一)互联网金融创新层出不穷

近年,互联网金融创新层出不穷(见图3)。本文将各种创新总结为四类,分别为支付方式创新、渠道创新、投融资方式创新和金融机构形式创新。

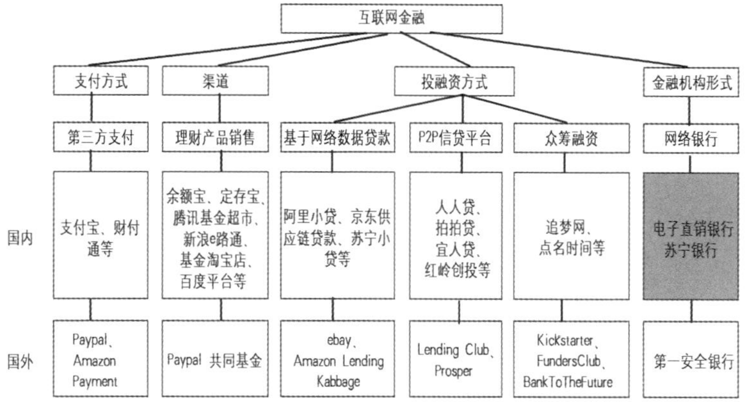


**图3　互联网金融创新层出不穷**

资料来源:申万研究

1. 支付方式创新有以支付宝、财付通等为代表的网络第三方的产生和发展。随着互联网发展,传统银行业务越来越多通过互联网完成,目前我国主要国有银行和股份制银行电子替代率达70%以上,华夏银行、招商银行、民生银行的电子替代率超过90%。随着电子商务发展,第三方支付

的出现解决了网络支付中的信用问题,2012 年第三方支付规模达 3.65 万亿元,同比增长 66%。其中支付宝占比 42%,财付通占比 20%。未来,随着智能手机和平板电脑等移动终端普及度逐步提高,移动支付发展空间广大。截至 2013 年 6 月底,手机在线支付网民规模达到 7911 万,使用率提升至 17.1%。国外的主要第三方支付有 ebay 的 paypal 和 Amazon 的 Amazon Payment。

2. 渠道创新有以余额宝为代表的传统金融产品通过互联网渠道销售,从而扩宽市场和销售渠道。美国余额宝同类产品有 Paypal 共同基金。

3. 投融资方式创新有以阿里小贷为代表的基于网络数据的信贷公司,国外的 Amanzon Lending 也刚刚发展起来;还有直接以互联网替代金融中介机构的 P2P 信贷平台,如我国的人人贷、拍拍贷等,美国最主要的两家 P2P 平台为 Lengding Club 和 Prosper。

另外,国外目前还有股权众筹融资,如 2012 年成立的 Foundersclub,主要为风险投资项目融资。目前我国法律还不允许股权众筹融资,但国内已经出现股权众筹融资的雏形,如点名时间和追梦网。这些平台为有创意的项目融资,如小发明、创意小店等,投资者没有报酬或者是获得会员资格等非现金性报酬。

4. 在金融机构形式创新方面,美国 1995 年成立了世界第一家网络银行——"第一安全银行"。网络银行即没有线下机构,完全依靠网络处理银行业务,能够大大节省业务成本,并且提供有相对优势的存款利率。目前我国还没有真正意义的网络银行,未来民生银行和阿里巴巴合作推出的电子直销银行以及苏宁银行等互联网公司即将成立的民营银行可能会成为我国的网络银行。

## （二）渠道创新降低信息不对称，促进利率市场化

目前我国互联网金融创新集中于以互联网作为传统金融产品销售渠道的创新，余额宝是典型代表。余额宝是支付宝推出的理财产品，支付宝客户将资金转入余额宝便自动投资于天弘基金增利宝货币基金，可以随时赎回并用于支付宝消费或取现。余额宝自 2013 年 6 月推出后，3 个月吸收了 500 亿元资金，引起广泛关注。

余额宝实质是可随时申购赎回的 T+0 型货币基金。T+0 型货币基金从 2012 年 10 月审批通过以来并没有引起广泛关注，重要原因之一是 T+0 型货币基金只能通过官网直销，而传统基金 70%通过银行代销，销售渠道限制了 T+0 型货币基金发展。

| 类型 | 赎回 | 门槛 | 最新收益率 | 其他功能 | 渠道 |
|---|---|---|---|---|---|
| 普通货币基金 | T+2 | 1000 元 | 3%～6% | 信用卡还款、还贷、转账 | 银行、直销 |
| T+0 货币基金 | 随时 | 1000 元 | 3.5%～5% | 无 | 直销 |
| 现金宝 | 随时 | 1000 元 | 3.94% | 信用卡还款、还贷款、投资 | 直销 |
| 活期宝 | 随时 | 500 元 | 4.40% | 投资 | 直销 |
| 货币通 | 随时 |  | 4.10% | 购物、订机票 | 直销 |
| 余额宝 | 随时 | 1 元 | 4.89% | 购物、信用卡还款、转账等 | 直付宝及直销 |
| 普通理财 | 不可赎回 | 5 万元 | 3%～7% | 无 | 银行 |
| 开放式理财 | 工作日 | 5 万元 | 2.1%～4.5% | 无 | 银行 |
| 活期存款 | 随时 | 0.01 元 | 0.35% | 购物、还款、投资等 | 银行 |
| 定期存款（1 年期） | 不可赎回 | 50 元 | 3% | 无 | 银行 |

**图 4　余额宝与其他理财产品比较**

资料来源：申万研究

余额宝以支付宝这个全国最大的第三方支付平台为依托大大扩展了传统货币型基金的销售渠道。而且余额宝投资门槛低至 1 元，依托于最大的网络零售平台——淘宝网，成功地将消费性资金转化为了投资性资金（见图 4）。

公开资料显示余额宝户均余额2500元,远低于传统投资型资金账户。

余额宝的产生对传统金融产品造成压力。货币基金开始积极开发附加功能,如还贷、信用卡还款、消费等。银行也不断推出可在工作日申购赎回的开放式理财产品,与余额宝相比,开放式理财产品收益率较低,普遍集中在2%~2.5%。余额宝类理财产品的发展将推动理财产品收益率上升以应对竞争,如目前浦发银行"天赢一号"收益率达到4.5%。

除拓宽基金销售渠道外,余额宝的发展还能培养消费者的投资习惯,使一般消费者将目光从银行转向金融市场。但是余额宝的劣势在于投资标的单一,对投资性资金吸引力较小。其他同类产品,如汇添富基金的现金宝和天天基金网的货币通可以连接多种基金,丰富投资标的,对投资性资金更有吸引力。

余额宝只是互联网作为传统金融产品销售渠道的一个案例。随着互联网普及,互联网用户大规模增加。互联网渠道的营销范围和效果远远好于传统渠道。目前各类金融机构都开始借助互联网渠道销售金融产品(见图5)。例如,光大银行在支付宝推出定存宝,销售定期存款;招商银行在微信推出微银行;基金公司在淘宝开设基金超市,等等。

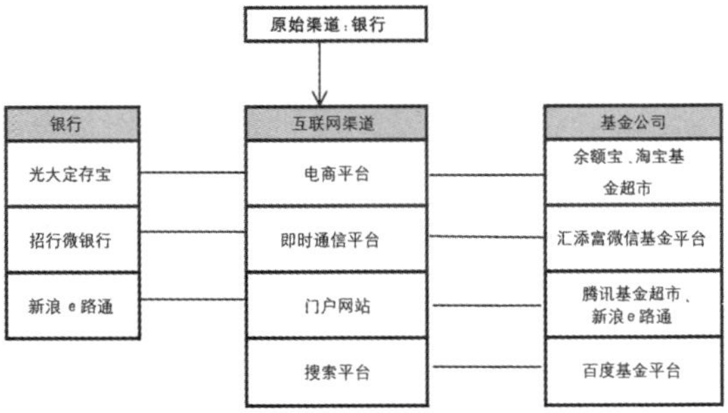


**图5　互联网金融下的新渠道**

资料来源:申万研究

互联网平台除拓宽销售渠道外,还有一个重要优势是降低产品信息不对称。平台上的产品透明度和可比性增强,投资者可以比较挑选各类金融产品,从而增大固定收益类产品竞争压力,推动利率市场化进程。

随着更多的金融产品在互联网平台上销售,将这些产品整合起来就会产生金融超市。目前已经有"新浪 e 路通"金融超市,销售基金、保险和银行理财产品,未来余额宝也可能发展为金融超市。

(三)P2P 信贷丰富金融产品,分流理财资金

除了作为传统金融机构的销售渠道,互联网也开始逐步替代传统金融机构发挥中介作用,作为投融资的直接渠道,如 P2P 信贷平台。

P2P 信贷(见图 6)主要针对消费信贷、小微企业融资;主要贷款模式包括债权转移、资产贷款、信用贷款等。典型的 P2P 平台运作模式是由借款者向 P2P 平台申请借款并提供相关信息,P2P 平台进行评级和定价,再由投资者对该借款项目进行投标,投标完成后资金通过第三方支付机构实现借款发放和收回,过程中 P2P 平台起监督作用。

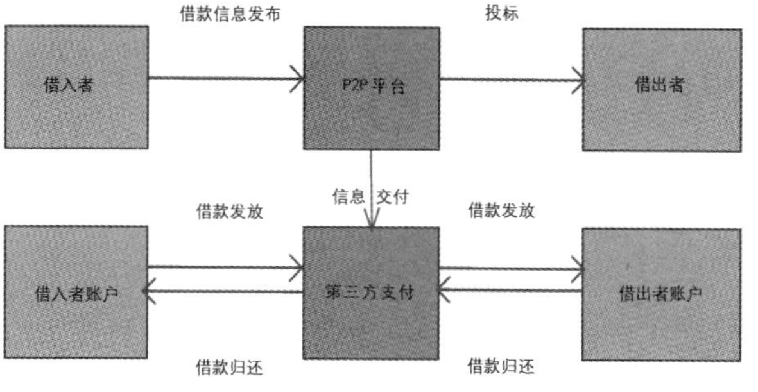


**图 6　平台主要运作方式**

资料来源:申万研究

作为融资平台,P2P 平台填补了我国个人小额信用贷款的空白。作为投资渠道,P2P 平台的项目利率平均在 15%左右(见图 7),高于传统固

定收益类产品,丰富了投资者的投资标的。P2P 信贷的风险也高于其他固定收益类产品,主要有两类风险:

| | 一般平均收益率 | 风险 |
|---|---|---|
| 银行存款 | 2% | 无 |
| 理财产品 | 4% | 无 |
| 债券 | 4% | 小 |
| 外汇 | 5% | 适中 |
| 基金 | 7% | 波动幅度小于股票 |
| P2P 贷款 | 15% | 有违约风险 |
| 股票 | 10% | 波动幅度较大 |

**图 7　P2P 信贷与其他投资方式比较**

资料来源:Wind 资讯,申万研究

(1)借款人违约风险。目前已经产生通过计提风险准备金、提供本金保障、引入担保机构等方式降低违约风险。(2)平台自身信用风险。我国 P2P 信贷平台数量已超 2000 家,质量参差不齐,而且除了行业自律外并没有被纳入监管,平台自身风险高,频频爆出破产、卷款潜逃等风险事件。根据国外经验,这两类风险将随着平台竞争和监管加强而降低,届时 P2P 信贷对投资者的吸引力将进一步提高。

目前 P2P 信贷平台开始推出标准化产品,如宜人贷推出的“宜定盈”产品,通过“智能投标”和“循环出借”的系统功能,让出借在 3 万元及以上,出借时间 12 个月以上的出借人,借款给宜人贷平台上的精英客户,在扣除平台管理费后可以达到预期年收益率 10%。标准化产品风险更低,不需要投资者判断每个借款项目的风险,可能分流传统的理财资金。

(四)第三方支付衍生金融创新

第三类重要的创新方式是互联网公司进入金融领域,由第三方支付衍生的互联网金融创新。随着第三方支付的快速发展,阿里巴巴等互联网公司获得了大量的信息和交易数据,可以解决金融核心问题,即信用评级和风险定价。依据交易数据提供贷款,坏账率低于一般银行贷款,从而衍生出了供应链贷款和消费者信用支付。阿里巴巴的调研结果显示,有90%的小微企业都有融资需求,同时小额贷款收益高,阿里小贷利率超过18%,供应链贷款潜力巨大。但是小贷公司资本金和融资受到限制,即从银行融资不得超过资本净额的50%,在浙江和重庆不超过100%。

为了突破融资约束,阿里小贷选择了资产证券化的方式,通过一次注册、多次发行的信贷资产证券化产品融资。目前阿里小贷资产证券化产品“阿里巴巴1号”和“阿里巴巴2号”已于今年9月18日在深圳交易所上市流通,优先级收益率达6.5%。

从2005年开始试点资产证券化以来,我国资产证券化发展进程缓慢,而互联网金融发展则非常迅速,资产证券化可能不足以解决互联网公司的融资矛盾。于是互联网公司开始将目光转向银行,目前苏宁云商已获得银行准入资格。虽然我国居民对国有银行高度信赖,民营银行短期内可能难以对现有银行体系造成冲击,但是资产端的高收益率给民营银行通过提高存款利率竞争存款提供了空间。民营银行加入竞争后可能推动存款利率上行。

## 互联网金融对银行体系及债券市场的影响

### (一)对银行体系的影响:改变银行负债结构,竞争加剧抬升利率

整体而言,互联网金融发展后资金仍留在银行体系内。各种创新的理财产品和方式主要针对个人投资者,分流个人投资者的活期存款和短期定期存款,然后通过各种理财产品流向其他投资者、同业资产以及企

业,最终仍在银行体系内。但未来银行通过互联网销售理财产品,各家银行的产品可比性提高,会加剧银行间的竞争。

互联网金融发展还会改变银行的负债结构。活期存款和短期定期存款被金融产品分流后,银行的个人存款减少,企业存款和同业存款增加(见图8)。银行间竞争加剧和负债结构改变增加银行融资成本。

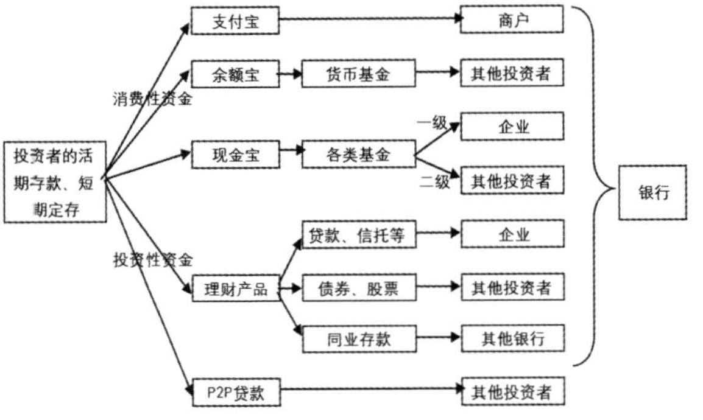


**图8　互联网金融改变银行负债结构**

资料来源:申万研究

## (二)对债券市场的影响:促进利率市场化,推动国内债市收益率上行

互联网金融扩大货币供给,提升了货币流速度及通货膨胀对货币供给的敏感度;互联网金融产品创新增强了金融市场流动性,提高了债券及类固定收益产品的透明度和可比性,促进利率市场化进程。从长期发展来看,互联网金融蓬勃兴起为国内债市收益率提供了上行动力。

作者单位:申银万国证券研究所债券研究部

(本文原载于《债券》2013年10月刊)

# 金融市场发展与利率市场化

人民银行上海总部金融市场管理部课题组

**摘　要**:本文回顾了金融市场发展在推动利率市场化改革方面的作用,阐述了当前我国金融市场在促进利率市场化方面的现状及存在的主要问题,通过借鉴美国等发达国家利率市场化经验,提出了适时推进产品创新、有序发展多层次衍生品市场、大力培育市场主体、完善基准利率体系、不断加强市场制度建设,从而全面推动利率市场化的政策建议。

**关键词**:金融深化　金融市场　利率市场化　改革

利率市场化是建设社会主义市场经济体制的必然要求,它不仅是金融深化质的标志,更是推动金融宏观调控由数量型向价格型转变、疏通货币政策市场化传导机制的重要环节和基础。

当前我国的利率市场化改革正积极、稳妥地推进,市场机制在利率形成中的作用不断增强,改革已进入存贷款利率市场化的攻坚阶段。但进一步推进利率市场化还面临着一定的障碍,其中金融市场的完善程度直接关系到利率市场化的基础性条件是否具备。本文从金融市场发展的视角,对如何推动我国利率市场化进程进行研究。

## 我国金融市场建设支持了利率市场化的推进

纵观我国利率市场化进程,金融市场的建设和发展为市场化利率提供了重要形成场所、调控平台以及传导渠道,为利率市场化改革的顺利推进发挥了保障作用,为进一步放松利率管制提供了基础环境。

具体来说,我国金融市场在产品体系建设和功能发挥、参与主体成熟与多元化发展、基准利率的形成和引导作用等方面支持了利率市场化的推进。但参照美国经验,要进一步推动利率市场化还必须在上述几方面继续发展和完善,优化利率市场化实施环境,为改革的平稳有效推进创造有利条件(我国金融市场利率市场化的主要措施详见表1、表2)。

表1　我国货币市场利率市场化进程主要措施

| | |
|---|---|
| 1986年1月 | 国务院颁布《中华人民共和国银行管理暂行条例》,明确规定专业银行资金可以相互拆借,资金拆借期限和利率由借贷双方协商议定 |
| 1990年3月 | 人民银行出台《同业拆借管理试行办法》,系统制定同业拆借市场运行规则,并确定了拆借利率实行上限管理的原则 |
| 1996年1月 | 所有同业拆借业务均通过全国统一的同业拆借市场网络办理,生成了中国银行间拆借市场利率(Chibor) |
| 1996年6月 | 人民银行在《关于取消同业拆借利率上限管理的通知》中明确指出,银行间同业拆借市场利率由拆借双方根据市场资金供求情况自行确定 |
| 1997年6月 | 人民银行下发了《关于银行间债券回购业务有关问题的通知》,决定利用全国统一的同业拆借市场开办银行间债券回购业务。借鉴拆借利率市场化的经验,银行间债券回购利率和现券交易价格同步放开,由交易双方协商确定 |
| 2006年10月 | 上海银行间同业拆借利率(Shibor)试运行,2007年1月正式运行 |

表 2　我国债券市场利率市场化进程主要措施

| 时间 | 措施 |
|---|---|
| 1991 年 | 国债发行开始使用承购包销的发行方式。 |
| 1996 年 | 财政部通过证券交易所平台实现了国债的市场化发行，发行采取了利率招标、收益率招标、划款期招标等多种方式；同时根据市场供求状况和发行数量，采取了单一价格招标或多种价格招标。 |
| 1998 年 9 月 | 国家开发银行首次通过人民银行债券发行系统以公开招标方式发行了金融债券，随后中国进出口银行也以市场化方式发行了金融债券。 |
| 1999 年 | 财政部首次在银行间债券市场实现以利率招标的方式发行国债。 |
| 2008 年 1 月 | 发改委下发《关于推进企业债券市场发展、简化发行核准程序有关事项的通知》将企业债发行由审批制改为核准制。 |

表 3　我国金融市场产品体系

| 市场 | 产品和工具 |
|---|---|
| 货币市场 | 同业拆借、债券回购、商业汇票的贴现与转贴现等 |
| 债券市场 | 国债、地方政府债券、政府支持机构债券、政策性金融债、一般性金融债、企业债券、短期融资券、超短期融资券、中期票据、公司债、中小企业集合票据、资产支持证券等 |
| 利率衍生产品市场 | 债券远期、人民币利率互换、远期利率协议 |
| 信用衍生产品市场 | 信用违约缓释凭证、信用违约缓释合约 |

## 我国金融市场利率市场化进程评估

### （一）金融产品体系初步形成，但风险对冲作用未充分发挥

伴随利率市场化改革的推进，我国金融市场不断蓬勃创新，各类融资型和交易型创新产品层出不穷，货币市场交易产品、债券产品，以及以利率和信用为标的的衍生产品相继推出，金融产品体系初步形成。这些产品在金融市场上自发形成价格，产品的丰富扩大了利率市场化的范围，也为金融机构提供了应对利率市场化挑战的风险管理工具，宏观上优化了资金流向和配置，提高了社会整体资金使用效率。

#### 1. 融资类债券产品丰富，且市场化程度较高

我国自 1991 年进行国债发行方式的市场化改革，1997 年银行间债券

市场成立之后,政策性金融债券和国债陆续开始通过公开招标的方式发行,实现市场化定价。在2004年开始的新一轮债券市场创新中,面向金融机构推出了一般性金融债、次级债、混合资本债、资产支持证券,面向非金融企业推出了短期融资券、中期票据、超短期融资券和见,后来发改委简化企业债核准程序,并逐步实现债券价格市场化。目前企业债发行利率仍然受到不得高于同期限银行定期存款利率40%的限制,短融和中票发行利率受到银行间市场交易商协会公布的指导下限的约束,但总体上债券市场基本实现了市场化的定价方式。

2. 货币市场产品序列不完整,发展滞后

我国货币市场主要产品包括同业拆借,债券质押式回购和买断式回购,商业汇票的贴现和转贴现。从产品序列上看,我国货币市场缺乏可转让存单等市场化定价的类存款产品。目前货币市场上同业拆借和债券回购的交易主要集中在7天以内,由于3个月以上期限的主要产品——可转让存单的缺乏,使得货币市场3个月到1年的工具匮乏,交易不活跃,也影响了市场价格的形成。目前,储蓄存款在银行的资金来源中占据主导地位,存款替代产品市场发展的滞后,使得银行存款缺乏市场化定价的基础,对下一步存款利率的放开可能形成制约。

3. 衍生产品发育有限,风险对冲功能有待加强

我国利率衍生产品包括债券远期、利率互换、远期利率协议三大类,信用衍生产品包括信用违约缓释合约、信用违约缓释凭证两类。具备衍生功能的工具还包括债券借贷、买断式回购、含权类债券等,它们的推出进一步丰富了投资者自由定价的工具和手段,提高了投资者在面对逐步暴露的利率风险情况下的风险管理和对冲能力。但这些产品发育程度有

限，没有真正发挥风险锁定和对冲作用。

金融市场风险对冲功能有待加强。首先，随着市场规模的扩大，市场面临的风险也随之增加，利率市场化凸显了对有效管理利率风险和信用风险工具的需求。其次，商业银行经营模式转变面对更大挑战。商业银行资产规模和资本规模迅速扩张，但其增长过度依赖于信贷业务和存贷利差，这种发展模式面对利率市场化的推进将受到更大挑战，金融市场需要提供有效的风险管理工具以支持商业银行转变经营模式、转移存量信用风险，提高风险管理能力和盈利能力。第三，宏观经济走势具有内在的周期性和波动性，资产的信用风险在金融体系内部或某个金融领域的过度集中，必然会给金融体系造成风险隐患。有效的风险对冲工具将完善金融市场风险分担机制，有利于防范系统性风险。

（二）参与主体逐步成熟化、多元化，但参与程度有限

伴随满足不同需求的金融市场产品的日益丰富，金融市场吸引了更多的机构参与进行投融资活动。参与主体的数量不断增加，类型上也体现多元发展趋势，这些参与主体行为反映了自身经营和投资需求，使得市场利率更加有效地形成和传导，也为自身在市场化利率环境下积累了运作经验，支持了利率市场化的改革。

1. 发行主体趋于多元，融资效率提高

长期以来，我国存在直接融资和间接融资不平衡、政府信用债券和公司信用债券不平衡的问题。随着创新产品的推出，更多的中小银行、财务公司、金融租赁公司、汽车金融公司以及各类企业得到发债融资的渠道，发行主体规模增长、类型丰富，地区分布、行业分布不断扩大，体现出从大型企业向中小型企业、从高信用层次向低信用层次，从发达地区、主导产

业向全国范围所有行业辐射的趋势,而债券发行市场化形成的利率也跟随这一路径影响了实体经济。

债券市场的定价方式为优质企业降低了融资成本,为小型企业拓宽了渠道,影响了社会融资成本,提高了资源配置效率。从表5可以看出,2008年-2009年是大型优质企业发债的集中期,短期融资券和中期票据的发行利率区间明显低于同期的商业银行贷款基准利率,体现了大型企业高信用、低风险的优势;2010年以后创新产品发行主体范围扩大,信用层次趋于丰富,短期融资券和中期票据的发行利率区间也随之扩大,体现了市场化的风险溢价。中小企业集合票据等债券创新产品还为解决中小企业融资难问题,支持产业结构调整进行了有益的探索,支持了社会整体多层次、有弹性的融资机制的建立和完善,进一步扩大了市场利率对实体经济的影响。

2. 投资主体相对集中,同质性较强

截至2010年末,我国同业拆借市场机构投资者共887家,债券市场机构投资者超过1万家。投资者数量众多,类型丰富,但资金交易、债券的持有和交易都过于集中。如:2010年约70%的同业拆借交易、债券交易,以及债券持有量都集中于商业银行,相比之下其他类型投资者参与少,对市场收益率影响力小。交易过度集中于商业银行产生了相应的问题,一是商业银行同质性强,交易需求常常趋于一致,造成市场不活跃,二是大型银行的单笔交易金额非常大,往往难以找到交易对手。交易对手不对称使得大型银行对价格具有显著的影响,从而影响了资金价格形成机制。

金融衍生产品中,只有人民币利率互换交易活跃,但其交易主要是商业银行之间出于对利率走势看法的不同而达成的，仍然集中于商业银行体系内部。非银行金融机构出现了开始参与利率互换的趋势，但交易规模小，参与程度浅，还没有在市场上形成差异化需求。而实体经济的参与也比较少，衍生产品为实体经济套期保值的功能没有充分发挥。

3. 市场主体参与度与成熟度有待进一步提高

在利率市场化过程中，金融市场承担了形成真实利率、有效传导利率并为利率调控提供平台的重要作用，而参与主体是实现市场这一功能的基础。在目前的二元调控模式下，我国金融市场利率对实体经济的影响较弱，要进一步推动利率市场化，必须疏通金融市场和实体经济的传导渠道。与美国等发达国家相比，我国市场主体的参与度、成熟度，金融市场的活跃度还有待提高。

首先，参与者深度不足，市场交易不够活跃。我国债券市场的持有和交易主要仍集中于少数投资者内部，机构的活跃度相差较大，风险没有得到合理有效的分散，市场价格水平易受波动。无论是债券周转率还是买卖价差，我国债券市场与美国债券市场都存在较大差距。从换手率上看，2010 年我国债券市场达到 2. 5 倍，而美国近几年债券市场周转率平均超过 10 倍；从买卖价差上看，在市场平稳的情况下，我国政府信用债券价差约在 2–3 基点，而美国约在 0. 5 基点的水平，一旦市场波动或流动性下降，我国债券买卖价差迅速扩大，尤其在信用债市场特别突出。

其次，参与者的定价能力应进一步提升。由于我国利率长期处于管制状态，商业银行的自主定价能力比较薄弱，没有系统性的数据积累和经验，包括分类的企业违约率状况及其产生原因的数据。随着利率市场化的推进，在一定程度上为商业银行自主定价提供了空间，商业银行的风险管理和定价能力取得了进步。各商业银行和城乡信用社已基本建立起根据贷款成本、风险等因素区别定价的利率管理制度,有条件的商业银行还加强了利率定价系统和内部转移定价体系的建设,沟通了市场利率与存贷款利率间的传导与反馈机制,银行体系的风险和盈利状况得到明显改善。

**表4 债券创新产品发行利率区间与同期贷款基准利率对比(单位:%)**

| 两次利率调整间隙 | 1年期贷款基准利率 | 短期融资券发行利率区间 | 3年期贷款基准利率 | 中期票据发行利率区间 |
|---|---|---|---|---|
| 2008年9月16日—10月8日 | 7.2 | (4.45,6.53) | 7.29 | |
| 10月9日—10月29日 | 6.93 | (4.05,7.02) | 7.02 | (3.9,4.58) |
| 10月30日—11月26日 | 6.66 | (3.6,6.98) | 6.75 | (3.85,4.58) |
| 11月27日—12月23日 | 5.58 | (2.3,5.05) | 5.67 | (2.8,4.09) |
| 12月23日—2010年10月19日 | 5.31 | (1.35,5.71) | 5.4 | (2.08,6.4) |
| 10月20日—12月25日 | 5.56 | (3.23,6.79) | 5.6 | (3.6,5.4) |
| 12月26日—2011年2月8日 | 5.81 | (3.95,6.55) | 5.85 | (4.83,5.5) |
| 2011年2月9日—4月6日 | 6.06 | (4.1,6.1) | 6.1 | (4.48,6) |

数据来源:中国人民银行网站、中国债券信息网

### (三)基准利率体系初步建立,市场认可度有待提高

随着产品结构日益丰富、市场投资和交易活动愈加活跃,以Shibor和国债收益率曲线为核心的我国基准利率体系初步建立起来,为市场提供了从隔夜到50年期限结构完整的定价基准,为各类金融产品提供了直接定价参考。基准利率体系的建立,是我国利率市场化改革在放松管制的基础上,进一步向深层次机制建设推进的体现。配合利率市场化进程,培育我国货币市场基准利率,一方面可以完善货币政策传导机制,提高货币政策执行效果,另一方面利用金融市场平台提高金融机构自主定价能力,促进市场价格发现功能的发挥。

1. Shibor的基准作用与面临的问题

2007年1月中国人民银行推出了上海银行间同业拆放利率(Shibor)。Shibor是由信用等级较高的银行组成报价团自主报出的人民币同业拆放利率计算确定的算数平均利率,具有单利、无担保、批发性特点,是对境内信用等级较高银行拆出资金的利率。目前对社会公布的Shibor品种包括隔夜、1周、2周、1个月、3个月、6个月、9个月及1年共8个品种。Shibor报价行由16家商业银行组成。

Shibor在定价发面发挥了基准作用。首先,Shibor在商业银行内外部定价中发挥重要作用。一是Shibor为商业银行内部资金转移定价(FTP)提供了定价基准。目前,16家报价行的FTP价格已不同程度地与Shibor结合。一方面,商业银行在Shibor基础上加点生成回购、拆借及票据等业务的FTP价格;另一方面,报价行还采用市场化产品的FTP价格作为Shibor报价基础,Shibor与FTP价格之间实现了较好的互动。二是Shibor促进贴现利率定价机制不断完善。Shibor推出后,报价行每日通过票据网对以Shibor为基准的票据转贴现进行双边报价。在此基础上,多家报价行先后建立了贴现利率参照Shibor的定价机制。三是Shibor推动了同业存款业务的科学定价。同业存款是金融机构间的资金互存,其利率本质上与Shibor类似。目前,大部分报价行的同业存款均已不同程度地参照Shibor定价。

其次,Shibor为金融市场产品定价提供了基准。一方面,Shibor在债券定价中的指导作用逐步增强。自2007年6月第一只Shibor浮息债面世至今,共发行以Shibor为基准的浮息债46只,总发行量为2795亿元。发行的浮息债类型包括政策性银行债、商业银行债、企业债、短期融资券和中期票据。另一方面,以 Shibor 为基准的衍生品市场不断深化。2010 年,以 Shibor 为基准的利率互换交易量猛增,累计成交 5827 亿元,约占全部利率互换交易量的比例上升到 40.3%。远期利率协议截止 2010 年末累计成交 220 亿元,全部以 Shibor 为基准。此外,2008 年 10 月以来,中国人民银行与马来西亚、韩国等国家的中央银行签署了 6500 亿元货币互换协议,全部采用 Shibor 为基准利率。

Shibor 也面临一定的问题。Shibor 发展到现阶段初步奠定了一定的市场基准地位,但其认可度仍有待提高,最主要体现在中长端 Shibor 的有效性。一是从目前货币市场的交易结构看,3 个月以上的中长端交易比较少,且主要是价格不透明的同业存款业务,因此 Shibor 报价短端与回购利率和同业拆借利率高度吻合,而中长端可供参考的交易数量少。二是在目前的利率双轨制下,货币市场短期利率基本由实际市场资金供求情况决定,市场化程度比较高,Shibor 的有效性强,而中长端利率除了市场资金面因素外,还受到存款利率影响,这也影响了 Shibor 的有效性。此外,与 Shibor 挂钩的金融产品的数量和规模仍然有限,并且其中一部分是行政行为推动,没有完全反映市场实际需求,Shibor 对市场利率的影响和传导作用仍有待提高。

2. 国债收益率曲线的基准作用和面临的问题

国债收益率曲线是指各不同期限国债利率与到期期限之间的关系,是利率期限结构的表述。1999 年,中央结算公司开始编制并对外发布国债收益率曲线,并成为目前市场应用最广泛的国债收益率曲线,分为到期、即期和远期三类,最长期限为 50 年。

国债以国家信用为担保,期限结构丰富,发行规律且规模较大,通常是金融市场最好的无风险基准利率。在金融市场上，以国债收益率曲线反映的利率水平是其他金融产品和金融资产重要的定价参考。国债收益率曲线是金融市场重要的基础设施，伴随债券市场的发展和活跃，国债收益率曲线的有效性和基准地位也逐步提高，一是为债券估值和债券定价提供参考。近年来，我国信用债券市场得到快速发展，信用债券层次丰富，信用利差范围扩大，在信用债券的定价过程中，国债收益曲线起到了无风险基准利率的作用，信用债在其基础上考虑一定的风险溢价后确定适宜的价格。二是为商业银行内部转移定价提供参考，这一点与 Shibor 类似，国债收益率曲线在商业银行确定市场化产品资金价格中得到了较广泛的应用。

国债收益率曲线面临的问题。目前国债收益率曲线的完整性、可靠性和稳定性尚需要改进。尤其是半年以内和 10 年以上的国债基准性有待提高。由于现阶段国债发行考虑的重点仍是国家预算赤字筹措任务，对国债收益率曲线的完善关注不够，使得半年以内和 10 年以上的国债发行频率偏低、集中发行中长期品种，各种期限的债券的流动规模和交易量不均衡。在国债收益率曲线采集额样本数据存在两端缺失、中间集中的现象，期限结构不健全，难以形成完整平滑的收益率曲线。

**政策建议**

目前，我国利率市场化进入最后攻坚阶段，要进一步放开存款利率上限和贷款利率下限，需要继续夯实金融市场基础，完善价格发现和资源配置功能，畅通市场化利率形成、传导途径，为利率市场化改革的全面实现创造条件。

(一)适时推进货币市场产品和工具创新

近年来,我国债券市场陆续推出了大量的创新产品,尤其是信用类债券得到了迅速发展,企业可以根据自身的资金需求情况、财务策略和宏观经济形势,较自主地选择发行时机、发行期限、发行方式,更自主地享有金融产品的价格决定权。从目前看,贷款利率市场化的条件已经相对成熟,债券市场创新产品的发展,在很大程度上锻炼了金融机构的贷款定价能力,为进一步放开贷款利率奠定了一定的基础。未来债券市场的创新一是推动浮息债、含期权债券等避险债券品种发行,创新避险机制,发挥避险作用;二是进一步扩大债券信用层次,放开高收益债券逐步进入市场,形成多层次、有弹性的利率体系。

存款替代产品的缺失将延缓我国存款利率市场化的进程。存款利率市场化的早期重点工作,应该以培育替代品市场为主。未来,除了继续大力发展债券市场创新产品,还应根据企业实际需求和我国利率市场化的发展进程,在法律环境具备、技术条件成熟的前提下,充分借鉴美国货币市场经验推出包括大额可转让定期存单等更多的货币市场创新产品。可转让存单是最重要的存款替代品,存款利率的市场化也基本肇端于大额可转让存单市场的发展。之后,随着存款替代品占银行资金来源比重的逐步上升,最终实现存款以及银行所有资金来源的利率市场化。

(二)有序发展多层次衍生产品市场

美国经验表明,利率市场化的推动需要货币市场、债券市场以及衍生产品市场的配合,其中衍生产品是直接交易利率风险的工具,面对利率风险的企业可利用它进行套期保值,机构投资者可利用它进行风险对冲,也可以通过预测利率走势获得投资、投机的机会。衍生产品市场的发展可配合利率市场化进程,减少市场参与者风险敞口,保障利率市场化推进过程更加平滑顺畅。

我国衍生产品市场起步晚,发展相对滞后,借鉴国际经验,应大力发展建设多层次的衍生产品市场,适应下一步利率市场化的需要。一是适时研究推出利率期权,推广利率互换和远期利率协议的交易,形成完整的利率衍生产品体系。二是推动信用衍生产品的有效运用,建立健全相关配套措施,三是继续发展资产支持证券、资产支持票据市场,关注衍生产品市场发展中的风险,控制杠杆率,防范衍生产品过于脱离经济基本面需要进而形成泡沫风险。

(三)大力培育市场投资主体

与美国经验相比,我国市场投资者数量众多,但持有和交易结构过于集中,造成市场不活跃,影响了价格有效性。要进一步推动利率市场化,提高市场化利率的真实性和有效性,扩大和畅通市场化利率的影响范围和传导渠道,需要大力培育市场投资主体,优化主体类型结构。

培育市场投资者应从放松监管限制,鼓励参与创新入手。一是逐步提高保险公司持有债券比例,根据一般国际经验,保险公司是金融市场重要投资者和创新主体,但我国保险公司在金融市场的运作受到比较严格的监管限制,如保险公司不能投资 AA 及其以下级别的短期融资券、无担保和信用评级在 AA 级以下的企业债,不利于市场的活跃。二是鼓励住房公积金、地方社保基金、企业年金、资金信托计划和商业银行理财产品等非法人机构参与金融创新产品,在建立和完善监管的基础上,为市场注入差异化需求,活跃市场交易。三是加大在银行间市场引入境外合格机构投资者的力度。境外合格机构投资者的增加不仅可以为我国金融市场引入长期的资本、成熟的投资理念,还可以为金融市场机构投资者建立一个互相学习、互相竞争的平台,有利于培育和完善我国的机构投资者队伍。

(四)继续加强基准利率体系建设

推动利率市场化的完全实现,必须配合相应完善的市场化利率形成机制,其中的核心就是市场基准利率体系的建设。继续加强市场基准利率体系建设,仍需要从培育 Shibor 和国债收益率曲线入手,提高市场公信度和影响力。

继续培育 Shibor,树立其货币市场基准利率地位。一是应通过推动更多的产品定价与 Shibor 挂钩,比如推出标准额度的基于 Shibor 的可转让大额存单,短期的贷款利率定价参照 Shibor 利率等,逐步覆盖表内表外各种产品,进一步巩固 Shibor 的基准地位。二是加强 Shibor 在银行内外部定价中的应用,并以此为契机加快金融机构自身定价机制建设,夯实利率市场化的微观基础。三是强化利率定价的自我约束,提高报价精确性,引导正常的价格竞争区间,提高 Shibor 的公信力和透明度。

不断完善国债收益率曲线,为市场提供期限完整、价格有效的无风险基准利率。在高度重视国债余额管理条件下,定期发行短期国债对于形成无风险收益率曲线的重要作用。一是明确基准利率的关键期限,在此期限上坚持均衡、滚动发行,保证关键期限国债余额达到市场交易要求。二是加强做市商作用,在做市商做市要求中强化对关键期限国债的报价价差和规模的要求,提高考核权重。三是促进市场多元化投资需求形成,活跃市场交易。

### （五）不断完善市场制度建设

利率市场化需要有运行有效、功能完备的金融市场作为支撑，完善金融市场基本制度、运行机制和基础设施建设，对保障利率市场化进一步平稳顺利推进具有重要意义。

首先，完善金融市场的法规体系建设。解决企业破产还债、担保品快速处理的法律问题，明确买断式回购、资产支持证券、信用衍生产品等创新类产品的会计、税收等相关配套法规制度。对过时和不合理的法律法规进行修改，逐步放宽企业发行人累计债券余额不超过净资产40%的限制和最近三年连续盈利限制。加强上位法、监管法规、操作指引和会计税收各方面政策的协调配合，形成完整的法规体系，支持市场进一步发展。

其次，强化市场信用评级和信息披露约束。信用评级和信息披露是保障市场价格发现、维护市场安全运行的重要制度安排。我国已经创新式地建立了由投资者付费的信用评级公司，对解决信用评级委托代理中潜在的道德风险进行了有益探索，下一步应继续完善投资者付费模式，发挥其对市场公平和公正的引导作用，同时加强对信用评级行业的监督和管理，提高信用评级的规范性和公信力。在信息披露方面，在减少不必要的重复披露的基础上，从投资者保护的核心要求出发，进一步明确和细化披露内容要求，加强后续监督和处理措施，提高信息披露的有效性和效率。

第三，完善做市商制度，活跃市场交易。培育壮大做市商队伍，引入保险机构、基金等其他类型机构投资者加入做市商，鼓励对长期限和关键期限的债券做市。切实落实做市商优惠政策，不断完善做市商考核标准，强化做市商考核，建立惩罚措施和退出机制。建立承销商、公开市场一级交易商与做市商的联动机制。根据做市表现,给予做市商在成为公开市场一级交易商、国债债券承销商中相应的加分,同时要求承销商对所承销的债券进行做市。在日间资金和债券融通方面为做市商提供便利,支持做市业务。建立做市商之间的大额交易市场,细分市场层次,减少做市商之间的相互冲击,考虑建立做市商之间通过经纪人匿名报价交易机制。

**参考文献:**

[1] 米什金. 货币金融学[M]. 北京:中国人民大学出版社, 1998.

[2] 李越. 金融市场秩序[M]. 北京:中国发展出版社,1999.

[3] 托马斯. 货币、银行与金融市场[M]. 北京:机械工业出版社,1999.

[4] 解川波,尹志超. 利率市场化与利率风险管理》[M]. 成都:西南财经大学出版社,2006.

[5] 邵伏军. 利率市场化改革中的风险及控制》[M]. 北京:中国金融出版社,2005.

[6] 爱德华. 肖. 经济发展中的金融深化[M]. 上海:上海三联书店出版社,1998.

[7] 易纲. 进一步确立 Shibor 的基准性地位[J]. 中国货币市场,2008.

[8] 李东荣. 加强金融市场基准利率体系建设稳步推进利率市场化改革[J]. 中国货币市场, 2010.

[9] 中国银行间市场交易商协会课题组. 中国信用债市场发展研究[R], 2010.

[10] Asli Demirguc- Kunt and Enrica Detragiache. Financial Liberalization and Financial Fragility. IMF Working Paper,1998.

[11] Chen, Hongyi, Lars Jonung, and Olaf Unteroberdoerster. Lessons for China from Financial Liberalization in Scandinavia. HKIMR Working Paper, forthcoming, 2009.

课题组组长:周荣芳

课题组成员:荣艺华　王　莹　王学军　叶可松

(本文原载于《债券》2012 年 9 月刊)

# 负利率下的金融市场

郭草敏　何津津

▲负利率推升了债券价格,各负利率经济体的国债收益率已经变为负值,并可能随着央行进一步的宽松政策而继续下行。

▲黄金作为避险资产,在负利率政策下逐渐受到青睐,此外,原油、农产品等大宗商品价格也有所回暖。

▲货币市场上,若负利率政策拉低银行间市场利率甚至影响其由正转负后,银行间市场交易规模或将萎缩。

负利率通俗意义上意味着央行正努力将资金从银行里赶出来,让居民去消费、投资。在它的影响下,资产价格可能出现较大幅度上涨。为观察负利率政策对金融市场的冲击,本文将依次剖析负利率对债券市场、股票市场、大宗商品市场、货币市场以及房地产市场的影响。

## 负利率对债券市场的影响

负利率为债券收益率下行打开空间。负利率对债券市场最直接、明显的影响莫过于大量经济体国债收益率变为负值。德国、瑞典、丹麦、瑞士、日本的2年期、5年期、10年期、30年期(瑞典无30年期)国债收益率的走势见图1。目前,实行负利率的经济体中,其2年期、5年期国债收益率均为负,德国、瑞士、日本的10年期国债收益率为负,瑞士的30年期国债收益率甚至也已经为负。此外,众多欧洲经济体(如荷兰、比利时、奥地利、法国等)的2年期、5年期国债收益率均为负。

**图1 负利率经济体2、5、10、30年期国债收益率(单位:%)**

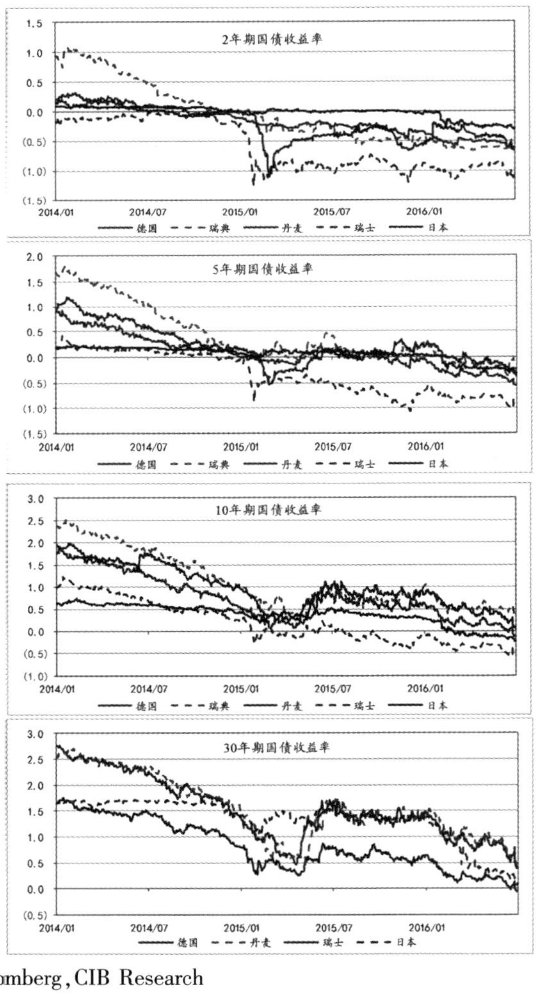


数据来源:Bloomberg,CIB Research

即使国债收益率为负,投资者依然趋之若鹜。除银行和保险为传统配置债券的机构外，投资者投资债券的逻辑可能在于，首先，目前欧洲、日本的经济前景并不明朗，通缩的预期使名义收益率已为负的国债实际收益率可能转为正值，这使得负利率债券依然具有吸引力。其次，各国央行为促进经济发展可能进一步降息或量化宽松，这将导致国债收益率或进一步下行，投机者也有追逐资本收益的动机。再者，瑞典、丹麦等部分经济体有货币升值预期，它们的负利率债券也能够吸引投资者。但从长远角度来看，银行或将不再愿持有国债，甚至退出国债市场一级交易商行列。这种情况已在日本发生，今年 7 月 13 日，据日本财务省消息，三菱东京日联银行将退出日本国债的一级交易商行列，它成为日本央行推行负利率以来首家退出国债标售交易的大型金融机构。从持有量上看，实施负利率政策以来，日本国内银行所持政府债券已由 2016 年 1 月的 102 万亿日元下降到 5 月的 93 万亿日元，而同期日本央行所持政府债券规模则由 338 万亿日元增加到 370 万亿日元(见图 2)。银行业对国债热情明显下降，日本央行正逐渐成为日本政府债券的最终买入者。

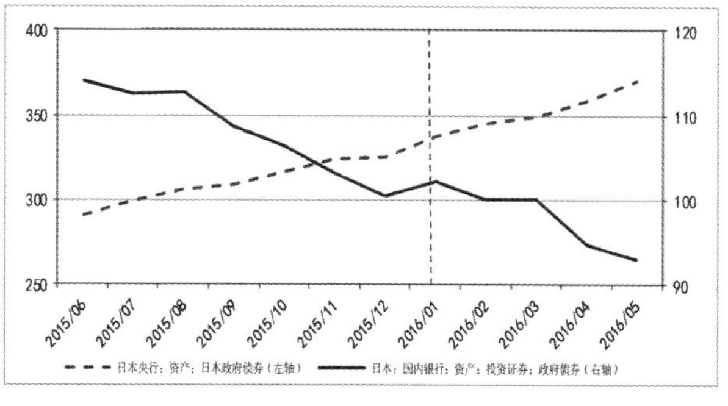


**图 2　日本央行及日本国内银行所持政府债券对比(单位:万亿日元)**

注:竖虚线代表日本宣布实施负利率的时点。

数据来源:Wind 资讯,CIB Research

## 负利率对股票市场的影响

负利率政策通常会引发股市波动。为观察负利率对股票市场的影响,本文跟踪了实施负利率的欧洲经济体及日本在政策前后股市的变动情况。

观察来看,短期内股市以震荡为主。一般来说,利率下行有利于资金面宽裕,利好股市。然而实施负利率经济体的股市在短期内并未明显受到负利率的刺激,日本股市甚至逆势大跌(见图3),这反映了投资者对未来不确定性的悲观预期。

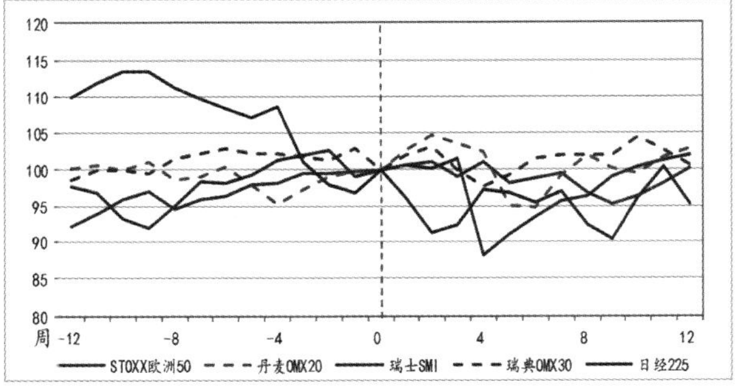


**图3　负利率对股市的短期影响**

注:横坐标中“0”代表各经济体宣布实施负利率的时点,并设置该时点的基数为100。
数据来源:Wind资讯,CIB Research

长期来看,极宽的货币政策,如负利率政策可能收到适得其反的效果。负利率事实上是经济增长疲软的产物,这将引发市场对央行政策能否奏效的担忧,且负利率将导致银行业盈利能力下降,这可能造成投资者逃离股市,奔向其他避险资产。长期来看,在负利率政策实施一年后,股票市场开始逐渐下跌,如欧元区、瑞典和瑞士,但丹麦市场除外(见图4)。换言之,负利率对股票市场未必具有长期刺激作用,股票市场的发展同时也受货币政策之外的其他因素影响,如经济增长前景预期等。

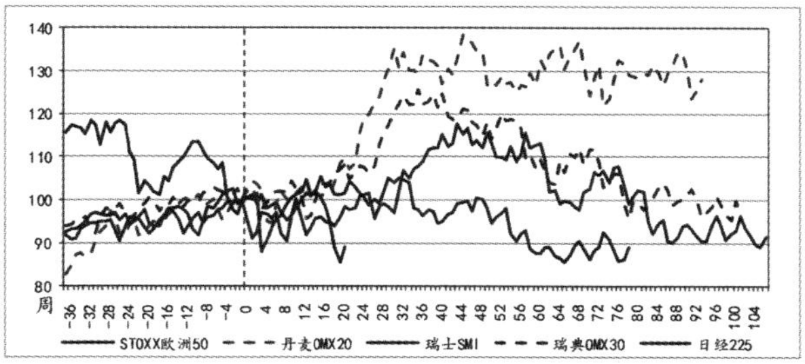


**图 4　负利率对于股市的长期影响**

注:横坐标中"0"代表各经济体宣布实施负利率的时点,并设置该时点的基数为 100。
数据来源:Wind 资讯,CIB Research

银行股成为重灾区。虽然人们关于负利率对股市的影响判断见仁见智,但负利率将对银行业产生负面影响相对比较确定。自 2014 年 6 月宣布实施负利率起,欧洲银行业指数(STOXX 欧洲 600 银行业指数)已从 202 点跌至 2016 年 7 月中旬的 124 点,跌幅达 33%,日本银行业指数的跌幅也已达 26%(见图 5)。

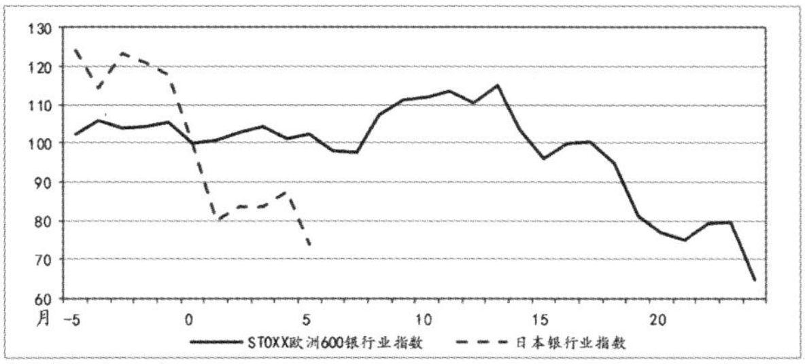


**图 5　负利率对于银行股的影响**

注:横坐标中"0"代表各经济体宣布实施负利率的时点,并设置该时点的基数为 100。
数据来源:Bloomberg,CEIC,CIB Research

### 负利率对大宗商品市场的影响

负利率可能致使大宗商品市场呈现缓慢的结构性牛市。如前文所述,股票市场的不确定性,可能导致资金撤离股市,涌向避险的债券、黄金等资产,甚至可能涌向大宗商品市场。

利好黄金。负利率利好黄金的逻辑在于:与负利率有关的不确定性(如经济增长节奏放缓)往往会提高黄金的吸引力。此外,负利率也会降低持有黄金的机会成本。伴随着负利率政策的深化,全球经济增长的前景更为不明朗,黄金逐渐成为较好的避险保值资产。自 2015 年 7 月至今,黄金价格大致转入回升周期(见图 6)。鉴于通缩依然严峻、经济增长持续疲软,叠加英国退欧等地缘政治因素,各国央行很可能进一步调低政策利率,黄金作为避险资产的作用依然被持续看好。

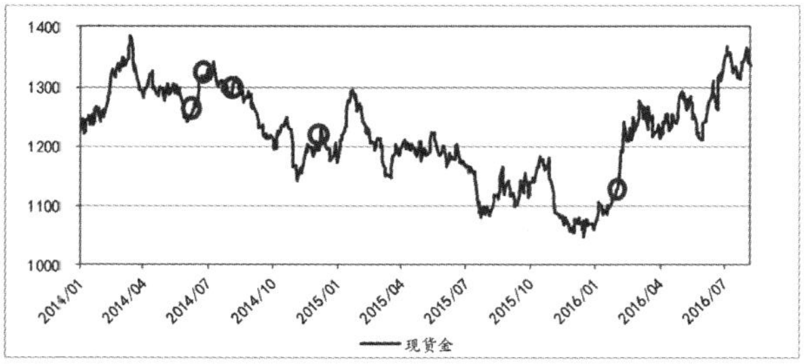


**图 6 黄金价格走势(单位:美元/盎司)**

注:图中红圈从左至右分别表示欧元区、瑞典、丹麦、瑞士及日本宣布实施负利率政策的日期。

数据来源:Wind 资讯,CIB Research

此外,大宗商品价格可能回升。负利率政策并未改善实体经济,但持续深化的负利率政策,可能导致资金涌入大宗商品市场,原油、农产品(糖、棉花、大豆等)等大宗商品价格自今年以来出现明显回升(见图 7),

但这并非由于经济复苏，而是资金推动。这甚至可能令经济复苏面临尴尬境地，若大宗商品带动 PPI 回升，那负利率所依赖的前提，即长期通缩便不再成立，据此退出负利率甚至将利率由负转正，可能进一步影响经济复苏。

**图 7　CRB 综合现货指数**

数据来源：Wind 资讯，CIB Research

**负利率对货币市场的影响**

(一) 隔夜拆借市场或萎缩

随着负利率在市场的推开，货币市场利率也开始逐渐下移，甚至可能也变为负利率。在欧央行实行负利率政策初期，欧洲银行间隔夜拆借总额的确有所上升。然而，但自 2015 年起，随着隔夜拆借利率的进一步降低，隔夜拆借交易总量也逐渐下降。从长期趋势来看，欧洲银行间隔夜拆借市场的利率与成交量之间呈正相关(见图 8)。

无独有偶，这种现象也发生在日本。在其宣布实施负利率政策之后，隔夜拆借市场余额大幅萎缩，从 2016 年 1 月的 7.1 万亿日元大幅缩减至 2 月份的 2.4 万亿日元，缩水 66%(见图 9)。此外，未来日本货币基金规模或将萎缩。据《日本经济新闻》，日本多家货币基金管理人正计划关闭旗下货币基金。由于日本货币市场基金主要投资于商业票据和短期政府债券,实施负利率之后,为避免出现大规模货币基金跌破面值,货币基金管理方准备提前清盘。对此,2016 年 3 月 15 日,日本央行已经决定对货币储备基金免征负利率。

从欧洲和日本的经验来看,若负利率传递至银行间市场,进一步将银行间市场利率拉低或由正转负,将可能导致隔夜拆借市场逐渐萎缩。

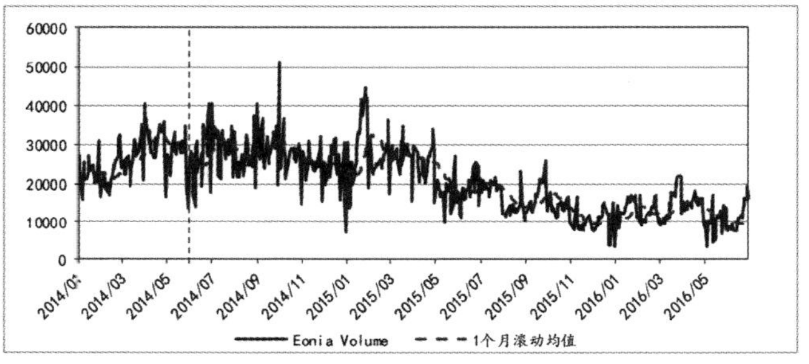


图 8　欧洲银行间隔夜拆借总额(单位:百万欧元)

注:Eonia Volume 为欧洲银行间隔夜拆借总额。
数据来源:European Central Bank,CIB Research

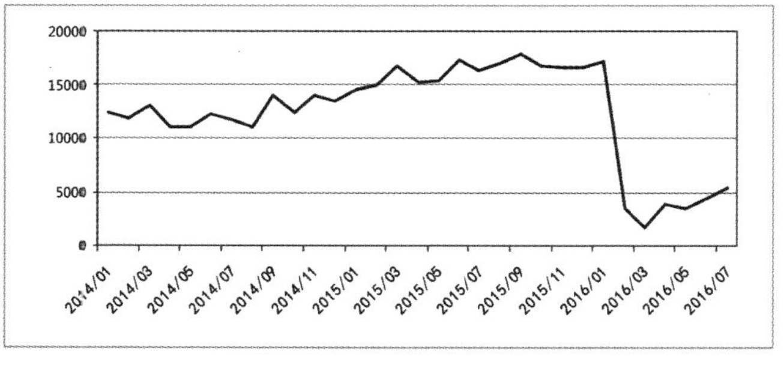


图 9　日本隔夜拆借余额(单位:十亿日元)

数据来源:Bloomberg,CIB Research

(二)负利率与货币窖藏

根据伯南克的观点,货币窖藏是指将一部分资金以货币的形式持有在手中，而影响货币窖藏的关键因素在于预期管理，若市场参与者预期负利率会一直持续并最终影响长期利率，则不倾向于窖藏货币；反之，若市场不信任央行，则倾向于窖藏货币。

亚欧差异大。目前，实施负利率的各经济体情况如下：日本在实施负利率之后，居民猛囤纸币。然而，欧洲经济体并未引发大规模货币窖藏。通过观察流通货币发现，丹麦、瑞士的流通货币显著增加，欧元区流通货币量走势平稳，瑞典则继续淘汰纸币，向“无现金社会”迈进（见图 10）。关于货币窖藏问题，日本和欧洲之间的差异可能源于其消费观念的不同。面对通缩，亚洲人普遍倾向储蓄型消费、延迟消费、持有现金，而欧洲人则倾向贷款消费。

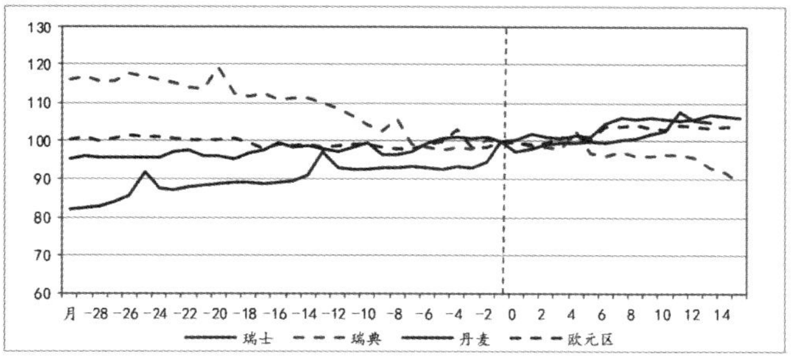


**图 10　欧洲四经济体流通货币**

注：横坐标中“0”代表各经济体宣布实施负利率的时点，并设置该时点的基数为 100。
数据来源：CEIC，CIB Research

## 负利率对房地产价格的影响

负利率推升房地产价格。负利率的本意在于实现中长期的通胀目标，但这一政策对房价的影响可能持续发酵。各经济体房地产价格在实施负利率前后的变动见图 11，较负利率政策之前房地产价格均有所上升，但幅度有别。瑞典、丹麦房价明显上升,欧元区与瑞士房价略微上升。房价因负利率上升的逻辑可能是,在负利率政策刺激下,居民最佳应对方式之一即是消费,因此负利率政策在一定程度上推升了房价。

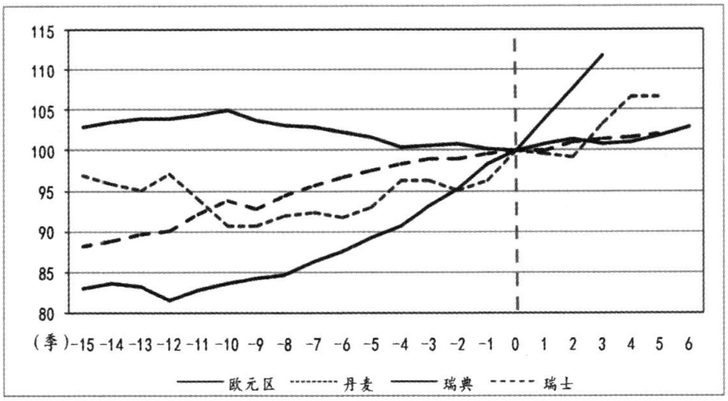


**图 11　负利率对房地产价格的影响**

注:横坐标中“0”代表各经济体宣布实施负利率的时点,并设置该时点的基数为 100。
数据来源:BIS,CIB Research

## 总结

为应对日益严峻的通缩并尽快使经济走向复苏,各经济体央行陆续推出负利率政策,并不断深化。然而负利率也带来了很多政策意图之外的影响,金融市场备受冲击。

整体而言,负利率推升了资产价格,但呈现结构分化的特征。分类别看,在负利率推出后,负利率推升了债券价格,各负利率经济体的国债收益率已经变为负值,并可能随着央行进一步的宽松政策而继续下行;股市短期震荡加大,但负利率对股市的长期作用依然存在分歧,股市整体呈现先上升、后下降的态势;黄金作为避险资产,在负利率政策下逐渐受到青睐，此外，原油、农产品等大宗商品价格也有所回暖；货币市场上，若负利率政策拉低银行间市场利率甚至影响其由正转负后，银行间市场交易规模或将萎缩，此外负利率与货币窖藏并无必然联系，货币窖藏与否或与各经济体之间的消费差异有关；各实施负利率经济体的房价均有不同程度上升。（感谢赵鹏、石玉山对本文所作出的贡献）

作者单位：兴业经济研究咨询股份有限公司

（本文原载于《债券》2016 年 8 月刊）

# 利率市场化、分层定价及商业银行的应对之策

谭海鸣

**摘　要：**随着 LPR 的推出，我国利率市场化改革进入新阶段。本文首先从利率市场化及分层定价的理论基础出发，探讨了商业银行在利率市场化环境下，可以通过差异化定价策略获取超额收益；然后总结了美国在利率市场化及分层定价方面的经验；最后论述了我国面临的相关挑战及商业银行的应对之策。

**关键词：**利率市场化　贷款市场报价利率　客户分层　货币政策

2019 年 8 月 20 日，改革后的贷款市场报价利率（LPR）新鲜出炉。同日，中国人民银行副行长刘国强等出席国务院政策例行吹风会，向市场发出明确信号，此次改革不仅要推进利率市场化，还要推动银行降低实际贷款利率，但要确保房贷利率不下降。这是一个多层次的价格型货币政策框架，与货币信贷市场事实上存在的分层是相吻合的。下一步，存款利率最终也将实现市场化，可能也需要分层定价。对此应该如何理解，国际国内又有哪些经验和教训，商业银行应该如何应对，本文将结合理论和国内外实践进行分析。

## 利率市场化及分层定价的理论基础

### (一)利率市场化和价格歧视定价原理

在现代金融体系中,资金可被看作一种特殊的商品,存款者与商业银行构成了资金供给方与需求方的双向关系。在存款市场,存款者可能会占据一定的主动权,他们可根据不同的储蓄金额定价(二级价格歧视[①]),或者根据银行类别和服务模式(不同银行对存款的渴求不同)定价(三级价格歧视)。这为商业银行通过提供差异化服务来获取客户存款提供了可能和机遇。在贷款市场,商业银行是资金供给方,借款者为资金需求方。按照信贷配给理论,由于商业银行报出的贷款利率低于瓦尔拉斯市场[②]出清利率,借贷市场总是存在超额信贷需求,信贷供给相对不足。也就是说,作为资金供给方的商业银行占据一定的主动权,既可根据不同的贷款金额定价(二级价格歧视),也可根据贷款客户的类别定价(三级价格歧视)。但是,想要做到完全因人定价(一级价格歧视)则是不可能的。

### (二)包含预期的资金供求曲线

#### 1. 资金供给曲线

从供给曲线看,资金供给者在利益最大化原则下,确定最优资金供给量(Q)与资金供给价格(r)。在资金定价中,供给者通常考虑三大要素:

---

① 一级价格歧视又称“完全价格歧视”,就是每一单位产品都有不同的价格,所确定的价格正好等于商品的需求价格,因而获得消费者的全部消费剩余;二级价格歧视也称“按量定价”,是指垄断厂商了解消费者的需求曲线,且把这种需求曲线分为不同段,根据不同购买量确定不同价格,垄断者获得一部分而不是全部买主的消费剩余;三级价格歧视也称“信号选择”,是最普遍的价格歧视形式,即有时企业拥有关于客户的信息,特别是关于客户愿意支付的价格信息,据此将客户分组,并对每一组制定不同的价格。这也被称为“市场分割”。

② 瓦尔拉斯市场是指信息完备的完全竞争市场。

基准利率(RB)、资金投放后承担的期限风险①(期限溢价 TP)及借款者违约可能造成的损失(违约风险溢价 RP)。对应的资金供给价格可表示为:

资金供给价格 r=基准利率 RB+期限溢价 TP+违约风险溢价 RP

由于存在违约风险,在基准利率和期限溢价可控的情况下,资金供给价格越高,违约风险和潜在损失越大,尤其是达到一定的价格阈值后,预期收益(ER)反而会减少。也就是说,资金供给者的预期收益与资金供给价格可能存在“倒 U 型”关系(见图 1)。此时,资金供给曲线(S)是由资金供给价格和最大化预期收益共同决定的,即 S=f(RB,TP,RP,ER),其形状可能为开口向左的“U 型”曲线(见图 2)。

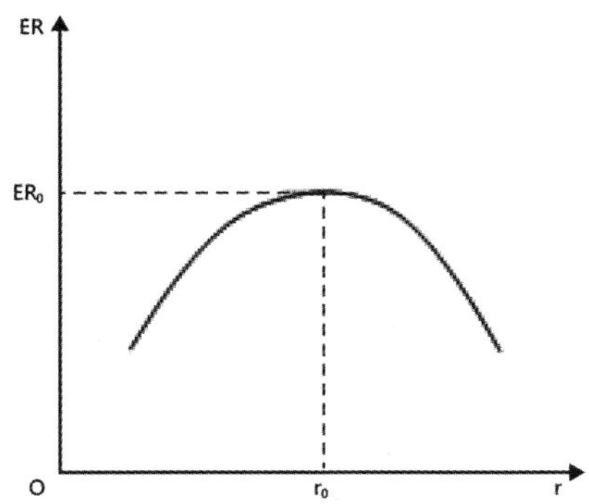


**图 1　预期收益与资金供给价格的关系**

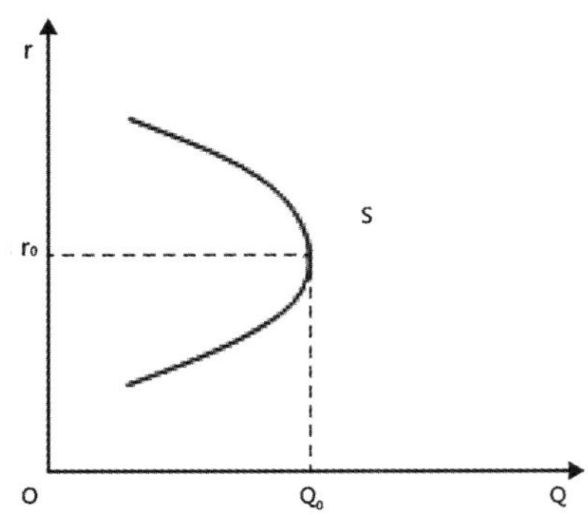


**图 2　资金供给曲线**

2. 资金需求曲线

从需求曲线看,需求曲线衡量了同样偏好的客户为获取一定规模商品(资金)而愿意付出的均衡价格。在完全竞争市场,由于假设客户具有高度同质性,需求偏好相同,所以市场上所有客户只存在一条相同的需求曲线。但在资金市场,由于客户存在明显的异质性,不同客户由于所处领

① 期限风险是指因到期时间长短不同而形成的利率变化风险。

域、生命周期等要素不同,对资金价格的敏感性也会存在较明显的差异,即使所需的资金规模相同,但可承担的资金价格却完全不同,从而不同客户可能对应着不同的资金需求曲线。

### (三)分层定价在存贷款市场的运用

#### 1. 存款市场的分层定价

在存款市场,存款者持有的资金规模越大,议价能力越强,越倾向于高收益和优质的服务体验。商业银行可根据客户资金规模,提供差异化资金价格和多样化的服务体验,以吸引客户存款。比如,假设 A 银行和 B 银行想获取相同规模的存款(Q):A 银行根据资金规模将客户分为 E、F、G 三组,并给予差异化定价,此时 A 银行需支付的利息成本为三个矩形阴影面积;B 银行未将客户进行分组,在统一定价模式下,B 银行需支付的利息成本为大矩形阴影部分(见图 3)。显然,A 银行支付的资金成本更少。所以,商业银行可以通过对客户进行精细化分组来节约资金成本,以提高竞争优势。尤其是随着利率市场化水平的提高,在存款竞争日益激烈的情况下,科学、合理、精细化的客户管理可能才是商业银行核心竞争力所在。

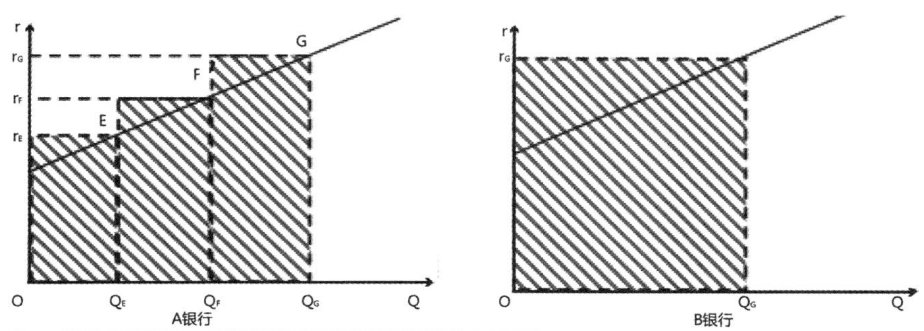


图 3　不同定价模式下的商业银行资金成本比较

对不同产品而言,由于理财、货币基金、存款的风险等级、流动性情况不同,存款者对其价格的要求也存在一定差别。一般来说,理财产品风险较高,货币基金次之,存款由于受到存款保险制度的保障,风险最低,所以理财产品收益率必然要高于货币基金收益率和存款利率。但理财产品收益率也不是越高越好,在达到一定的价格以后,理财产品的预期损失也会变大。不同产品市场的资金供给曲线如图 4 所示。在利率市场化过程中,传统存款市场由于利率较低,因此会面临货币基金、理财产品等高收益产品的冲击,商业银行将面临吸储压力。然而,由于理财市场存在更大的违约风险和规模约束,理财产品与存款之间并不是完全的替代关系,商业银行可以合理配置自身负债结构,以最小化成本支出。

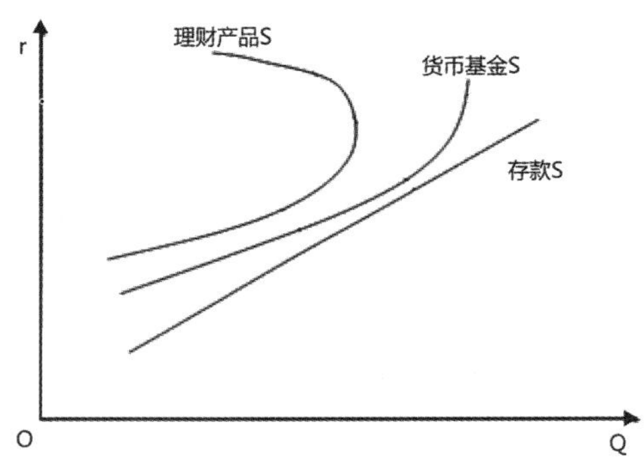


**图 4　不同产品的资金供给曲线**

2. 贷款市场的分层定价

在贷款市场,商业银行根据利率定价模型,针对不同的贷款期限、风险等级,制定不同的贷款价格。在信贷配给约束下,即使针对期限和风险等级相同的客户,商业银行也可以根据不同的资金需求进行差异化定价,获取超额收益。比如,假设 A 银行和 B 银行具有相同规模的可贷资金(Q):A 银行根据客户不同的资金需求规模将客户分为 E、F、G 三组,并给予不同的贷款定价，B 银行未对客户进行分组定价，则 A 银行可获得 $r_G$ 线以上的阴影部分超额收益（见图 5）。商业银行对客户分组越精细，超额收益越高。现实中，商业银行会综合考虑经营成本、技术手段等优化分组策略，以获取最大收益。

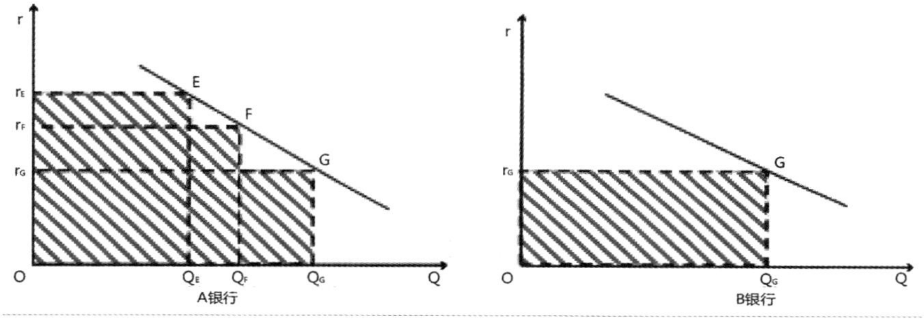


**图 5　不同定价模式下的商业银行贷款收益比较**

商业银行还可以根据所掌握的客户信息，按照需求价格弹性原则对客户进行分组，并据此实施差异化定价，获取超额收益。比如，假设在不对客户进行分组的情形下，A 银行的贷款规模为 $Q_0$，贷款利率为 $r_0$，贷款收益则为 $Q_0 \times r_0$。若 A 银行通过了解到的客户信息，将客户分为 E、F 和 G 三组。其中，E 组客户为具有相对优势企业，利率敏感性适中；F 组客户比较看重资金转账、财富管理等金融服务，利率敏感性较弱；G 组客户则为僵尸类企业，利率敏感性最弱。E、F、G 三组客户的需求曲线 $D_E$、$D_F$、$D_G$ 如图 6 所示。A 银行可基于该分组制定不同的贷款价格：对 E 组客户可以制定相对低的贷款价格；对 F 组客户可以制定相对较高的贷款价格，同时加强相应的增值服务；对 G 组客户虽然贷款定价提高，但风险也较大，可考虑放弃资金供给。

综上所述，商业银行在存贷款市场均可以根据客户行为偏好等特征进行分组，并通过差异化定价策略，获取超额收益。而且对客户分组越精

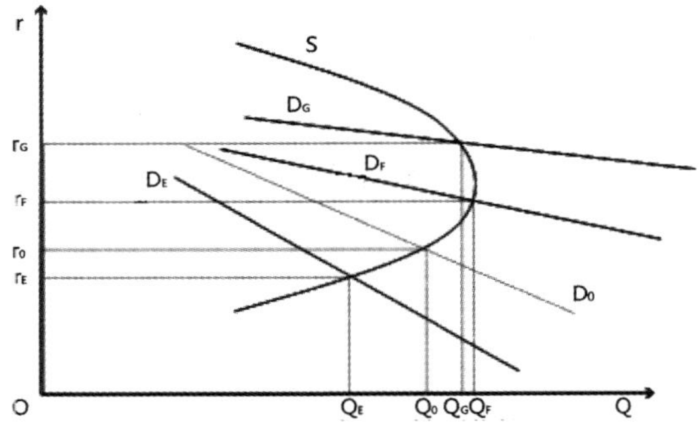


**图 6　商业银行三级价格歧视定价**

细,所获取的超额收益可能会越多,并可以在一定程度上规避高风险客户违约带来的损失。当然,对客户精细化分组既需要先进的技术手段,尽可能多地获取客户信息,以实现对不同客户精确分组,同时也需要商业银行具备更强的客户管理能力和多元化产品支持体系。

## 利率市场化及分层定价的美国经验

一般认为,美国利率市场化于 1970—1986 年进行并完成,历时 17 年。但是,此后美国仍然对银行存款账户实施某种程度的管制。具体来说,对活期存款账户,虽然在实践中可以支付诸如 0.01%的利率,但法律上的禁止付息条款直至 2010 年 11 月《多德—弗兰克法案》通过后才真正被取消;储蓄账户和货币基金账户至今仍受到一定限制,每月支取次数不能超过 6 次。在利率市场化过程中,美国的存款和贷款品种日益多样化,并且逐渐分层,为差异化定价奠定了市场基础。

### (一)美国银行业负债结构变化

在实施利率市场化之前,美国银行业的负债以活期存款为主,且占比为 70%~80%,其余主要为储蓄存款①。由于活期存款占比高且无需付息,商业银行能够享有巨额利差。1961 年美国花旗银行率先推出可在二级市场流通转让的大额存单(CD),并在银行业迅速推广,活期存款占比快速下降。20 世纪 80 年代以后,随着金融创新的兴起,存款向创新型存款账户集中的趋势明显。1980—1995 年,能够满足客户结算交易和收益双重目的的储蓄存款在总存款中的占比从 13.6%提高到 34.0%(见表1)。在利率市场化过程中,存款账户创新主要围绕储蓄存款展开,如可转让支付命令账户、自动转存服务账户②等。同期,低成本的活期存款和高成本的定期存款(包括大额 CD)占比均下降:以结算交易为目的、不付息或付息成本较低的活期存款占比下降约 10 个百分点,定期存款占比下降约 6 个百分点。

**表 1　美国商业银行存款结构变化情况**

| | 1980 年 | 1986 年 | 1995 年 |
|---|---|---|---|
| 活期存款 | 29.0% | 22.4% | 19.1% |
| 储蓄存款 | 13.6% | 31.2% | 34.0% |
| 定期存款 | 37.5% | 32.7% | 31.9% |
| 国外营业网点存款 | 19.9% | 13.7% | 15.0% |
| 总存款 | 100.0% | 100.0% | 100.0% |

数据来源:美国联邦存款保险公司(FDIC)

### (二)美国银行业资产结构变化

实现利率市场化后,为提高资金使用效率,在存款准备金制度改革的

---

① 活期存款可随时支取,利息成本最低,客户流动性最好;定期存款有固定到期日,稳定性最好,但利息成本最高;储蓄存款比定期存款的利息成本低,可支取,但通常有限制条款。

② 可转让支付命令账户也称“付息的活期存款账户”,既可用于转账结算,又可支付利息,利率略低于储蓄存款,提款使用规定的支付命令,与支票一样可自由转让流通;自动转存服务账户与可转让支付命令账户类似,储户同时在银行开立两个账户——储蓄存款账户和活期存款账户,银行在收到储户所开出的支票需要付款时,可随即将支付款项从储蓄存款账户转到活期存款账户,即时支付支票上的款项。

背景下,美国商业银行不断减少现金资产——现金资产在总资产中的占比从 1980 年的 10.7%下降至 1995 年的 5.3%,将更多资金投入到生息资产中。在生息资产中,收益率波动较大的同业资产在生息资产中的占比持续下降,1995 年较 1980 年下降了 6.4 个百分点;投资类资产的占比逐步提高,1995 年较 1980 年提高了 4.9 个百分点;贷款的占比变化不大(见表 2)。

**表 2　美国银行业生息资产结构变化情况**

| | 1980 年 | 1986 年 | 1995 年 |
|---|---|---|---|
| 贷款占生息资产的比重 | 65.4% | 68.1% | 66.9% |
| 投资类资产占生息资产的比重 | 21.5% | 20.5% | 26.4% |
| 同业资产占生息资产的比重 | 13.1% | 11.4% | 6.7% |
| 生息资产占总资产的比重 | 83.8% | 87.7% | 90.2% |

数据来源:美国联邦存款保险公司(FDIC)

贷款占比之所以变化不大,是因为美国利率市场化改革整体处于美国经济稳定发展期(20 世纪 80—90 年代),信贷需求较旺,保证了贷款的增长。但贷款结构发生了较大变化:受金融脱媒影响,优质企业通过发债或股权融资,使得企业贷款占比下降;受房地产市场繁荣影响,房地产抵押贷款(含个人和对公贷款)占比上升(见图 7)。

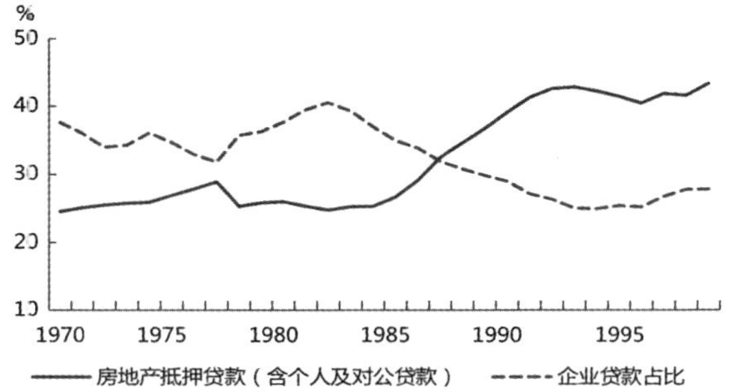


**图 7　美国银行业贷款结构变化**

数据来源:美国联邦存款保险公司(FDIC)

（三）美国银行业的分层定价

在实施利率市场化之前，美国银行业主要根据Q条款设定利率，各银行自由裁量的空间不大。从20世纪60年代开始，各种金融创新层出不穷，利率开始差异化。在实现利率市场化以后，存款利率的定价基准向市场利率靠拢。从最市场化的欧洲美元利率看，存款利率已经与市场利率高度一致。在市场化的原则下，美国商业银行根据账户类型、存款规模等对存款进行市场化定价；同时还根据客户综合贡献进行客户分层，针对不同类型客户给予不同利率。总体而言，存款规模越大，利率越高；客户贡献越大，利率越高。

**我国利率市场化改革的必要性及面临的挑战**

（一）利率市场化改革的必要性

我国利率市场化的进程，从1993年提出此项改革设想至今已历时26载，总体上按照“先外币、后本币，先大额、后小额，先贷款、后存款”的顺序在渐进地推进，存贷款市场和金融市场之间的联动性逐步增强，利率传导效果稳步提升。同时，也应看到利率传导的滞后性仍然明显，灵活性仍然不足，对民营和中小微企业的信贷供给和定价歧视问题仍然存在，弱化了利率传导效果。自2018年下半年以来，货币市场流动性相对充裕，市场利率大幅回落，而信贷市场利率反而出现了反弹，尤其是中小企业信贷利率上升幅度更大，客观上形成了“利率双轨”，因此有必要推进一系列改革。一是确立市场化的利率定价基准，淡化甚至取消存贷款基准利率；二是做实短期政策利率导向性功能，创新货币政策调控工具，进一步优化央行资产负债表结构,强化“量服从于价”的调控理念;三是优化监管指标,拓宽商业银行负债渠道,降低对存款的依赖,实现利率市场化与监管体系协同发展;四是以中央加快国企改革、解决民营和小微企业融资难题为契机,进一步打破刚性兑付和预算软约束对利率定价的束缚,弱化非市场因素的干扰;五是继续优化利率定价自律机制,加强行业自律管理,避免无序甚至恶性竞争。LPR 形成机制的改革,即是从“先贷款、后存款”角度推动利率最终实现市场化的重要一步。

(二)商业银行面临的挑战

随着利率管制的逐步放开,商业银行所享有的利差保护也会随之消失。从国际范围看,主要经济体银行业在利率市场化过程中均遭遇了大面积破产倒闭。美国 1970 年启动利率市场化后,1980—1992 年破产和救助的银行数量累计达到 2920 家,1995 年以后破产和救助的银行数量才开始趋于稳定。日本 1977 年开启利率市场化后,存款利率上升较快,而贷款利率下降,甚至出现了“存贷款利率倒挂”现象,导致众多小银行无力招架,被迫破产或被大银行兼并。

就我国具体情况而言,在贷款利率市场化过程中,商业银行面临的诸多挑战包括战略经营、资产定价、风险控制等方面。一是在贷款利率市场化初期,银行面临存贷利差收窄的压力。二是取消贷款基准利率对商业银行内部资金定价、资产风险定价及两者的联动性提出了更高要求。三是在存贷利差收窄的背景下,商业银行追求更高收益资产的意愿上升,高收益资产意味着更高的风险,商业银行如何把控这些资产的信用风险将成为重要挑战。四是在利率市场化环境下,利率波动带来的利率风险、流动性风险加大,银行面临如何平衡好短期资金利率风险和长期资金成本的挑战,即要通过科学的资产负债管理来控制风险和改善盈利。

## 我国商业银行的应对之策

基于本文的理论框架和国际经验,我们认为,当前我国商业银行可以围绕“两条主线”,抓住“六大要素”大力构建市场化利率定价机制,进一步强化市场化定价能力。“两条主线”是指遵循利率定价模型和优化差异化定价体系,“六大要素”包括基准利率、期限溢价、违约风险溢价、客户分层、价格策略和产品服务。

### (一)遵循利率定价模型

#### 1. 基准利率

基准利率由央行和市场共同决定,其形成方式取决于市场,而调控主动权则在央行。基准利率是商业银行资金定价的“锚”。目前存贷款基准利率仍承担一定的定价基准作用,市场化机制较弱。随着利率并轨的稳步推进,尽快推出基于市场化方式形成的基准利率日益迫切,商业银行也应该提前做好基准利率市场化波动的准备。

#### 2. 期限溢价

反应灵敏的期限溢价离不开成熟有效的货币市场和债券市场。目前我国存贷款市场期限溢价主要还是以不同期限的存贷款基准利率为主,应尽快拓展债市的广度和深度,形成完整高效的利率期限结构,打通债券市场与信贷市场间的传导壁垒,强化彼此间的联动性,以更市场化的方式确定存贷款的期限价格。

3. 违约风险溢价

风险定价就是遵循风险与收益对等的原则,跳出"风险即损失"的思想束缚,强化风险创造价值理念,提升资金盈利能力。长期以来,商业银行将大量资源配置到国企等具有隐性担保的部门,风险管理意识较弱。随着我国经济转型升级的加快及打破刚性兑付意愿的增强,强化商业银行风险管理既是规避损失的需要,也是寻求新的盈利增长点的现实要求。

(二)优化差异化定价体系

1. 客户分层

客户精细化分层是商业银行获取超额利润的基础。商业银行可以根据客户的需求偏好实施三级价格歧视,根据议价地位的不同实施二级价格歧视。而且,商业银行还可以根据客户所在区域、所处生命周期等标准将客户进一步分层,制定出更加精细化的包含核心客户、高端客户及关注客户的客户管理体系。

2. 价格策略

在客户分层的基础上,需要构建与之相匹配的多层次差异化定价策略。首先需要根据客户群结构、资产负债结构等基本资料,确定挂牌利率;然后以此为基础,根据客户行为特征、价格敏感性、生命周期等要素实施差异化定价,甚至个性化定价。

3. 产品服务

高品质且差异化的产品服务是拓展客户资源、增加客户黏性必不可少的组成部分。投资者都在用脚投票,只有满足不同客户群体差异化的产品服务需求,才有可能以最低的资金成本,获取最大化的客户支持,并保持客户群体的稳定性。

作者单位：招商银行研究院

（本文原载于《债券》2019 年 9 月刊）

# 商业银行流动性风险管理的重点与对策

尚航飞

**摘　要：**近年来，我国商业银行对流动性风险管理愈发重视。当前各种外部因素变化叠加，给商业银行流动性风险管理带来新的挑战。本文介绍了商业银行流动性风险监管政策的最新进展，探讨了当前流动性风险管理应该关注的重点，最后就如何提升流动性风险管理能力提出若干建议。

**关键词：**流动性风险　资产负债管理　同业负债

近年来，随着防范化解金融风险攻坚战的持续推进，我国商业银行流动性风险监管政策更加契合银行业态的最新变化。目前，商业银行的同业去杠杆已取得良好成效，流动性风险管理压力得到一定的缓解。同时，面对2019年包商银行发生的流动性危机，以及今年新冠肺炎疫情在短期内对宏观经济的冲击，央行已通过全面降准、超预期公开市场操作、专项再贷款等货币政策，来保持银行体系流动性的合理充裕，预计银行业的总体流动性风险不会出现明显起伏。但从长期看，宏观经济波动、外部金融市场下跌等其他因素可能会产生连锁反应，给商业银行流动性风险管理带来新的挑战。下面本文将对我国商业银行流动性风险管理的重点和对策进行简要探讨。

## 流动性风险监管政策的最新动态

### (一)全球流动性风险监管政策实施出现分化

巴塞尔委员会在总结2008年全球金融危机经验教训之后,提出了商业银行流动性风险的量化监管标准,包括流动性覆盖率(LCR)和净稳定融资比率(NSFR)这两个全球统一的监管指标。目前,LCR规则在全球范围内已经得到了较好的实施。有关巴塞尔监管框架的实施进展报告显示,巴塞尔委员会的27个成员国和地区都已出台了最终版的LCR规则,而且巴塞尔委员会在2017年7月已完成对各成员国和地区LCR规则实施情况的一致性评估,其中有16个国家和地区被评为"符合"巴塞尔标准,11个国家和地区被评为"大致符合"。

与LCR规则不同的是,NSFR规则在各成员国和地区的实施进展存在较大差异,国内银行的海外机构需关注当地流动性风险监管政策的变化。截至2019年9月,全球只有22个成员国和地区发布了NSFR最终版规则或草案,美国和日本至今尚未发布NSFR最终规则,这不符合巴塞尔委员会提出的在2018年1月引入NSFR最低监管标准的要求。此外,自2018年以来,巴塞尔委员会开始对各成员国和地区NSFR规则的实施情况开展一致性评估,目前已完成对中国、澳大利亚、加拿大等7个成员国的评估,且评价都是"符合"巴塞尔标准。

### (二)我国流动性风险监管更加契合市场变化

我国在推动流动性风险监管规则与国际接轨方面比较积极。在巴塞尔委员会发布 LCR 和 NSFR 规则后,银监会于 2011 年 10 月发布《商业银行流动性风险管理办法(试行)》(征求意见稿),将 LCR 和 NSFR 两个指标都纳入管理办法。2018 年 5 月,银保监会正式发布《商业银行流动性风险管理办法》(银保监会令 2018 年第 3 号),确定了商业银行流动性风险管理框架,充分考虑了近年来我国银行业经营的深刻变化,创设了两个监管指标,即优质流动性资产充足率和流动性匹配率,两者的设计理念分别类似于 LCR 和 NSFR,但计算过程较为简便。

创设新监管指标的一个原因在于,我国中小银行在 2016 年之前快速加杠杆,借取同业资金并投资以各类资管计划、同业存单为主的产品,造成资金长期在同业市场空转,拉长资金投向实体经济的链条。此外,这种资金运用模式也使大量资金流向房地产等行业,银行支持实体经济发展的效果大打折扣,系统性风险逐步集聚。创设的两个在测算时突出同业往来科目,旨在促使商业银行降低同业杠杆。另一个原因在于,LCR 和 NSFR 只适用于资产规模在 2000 亿元以上的商业银行。目前,优质流动性资产充足率适用于资产规模在 2000 亿元以下的商业银行,流动性匹配率则适用于全部商业银行,可以弥补 LCR 和 NSFR 适用范围的不足。同时这也意味着,在新监管指标要求下,同业杠杆较高的中小银行流动性风险管理压力将更大。此外,《商业银行流动性风险管理办法》也对监测指标体系中的同业融入比例和最大十家同业融入比例进行了调整,在公式的分子中都加入了同业存单项,不仅使同业往来资金的核算更加全面,而且也与前期已将同业存单纳入央行宏观审慎评估(MPA)考核的要求保持一致。

### (三)流动性风险管理总体表现良好但仍有银行承压

近年来,在金融严监管的政策环境下,我国商业银行的同业杠杆正在逐步下降。基于央行发布的商业银行信贷收支表,可以观察到中型银行和小型银行负债端的同业负债占比在2016年之前快速上升,但在2017年之后随着“三三四十”检查,以及《关于规范金融机构资产管理业务的指导意见》(银发〔2018〕106号)、《商业银行流动性风险管理办法》《商业银行理财业务监督管理办法》(银保监会令2018年第6号)的发布,系列措施相继落地,中小型银行的同业负债占比开始下降,小型银行的同业负债占比已降至2019年二季度末的11.5%。反观大型银行,其同业负债占比波动并不大,近两年保持在6%~8%。商业银行的同业资产占比也在2016年达到最大值,随后逐步回落。

商业银行去杠杆取得成效后,流动性风险管理压力总体也得到缓解。具体来看,截至2019年末,商业银行的流动性覆盖率和流动性比例分别为146.63%和58.46%,同比分别上升了8.62个和3.15个百分点。不过从个体来看,虽然大部分上市银行2019年二季度末的LCR较2017年末有所改善,但不同银行之间的流动性风险水平仍存在差异(见图1)。比如,2019年二季度末,LCR较高的银行可达到307.58%,而同期LCR较低的银行不足110%。当然,商业银行持有较多的流动性资产会降低资产端的整体收益,所以始终将LCR保持高位并非开展流动性风险管理的最优方案。

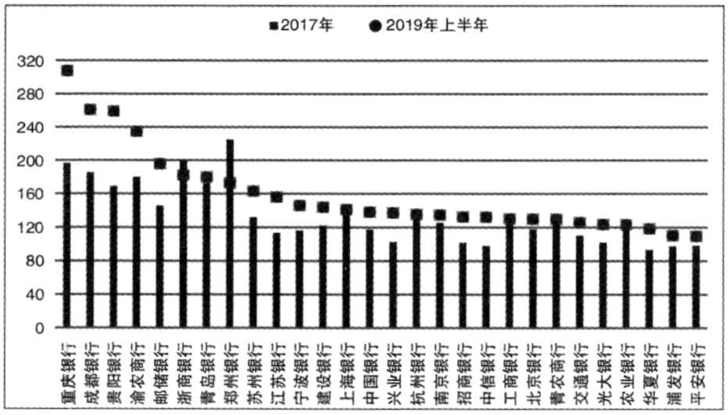


**图 1　部分上市银行流动性覆盖率变化情况(单位:%)**

数据来源:Wind

## 当前流动性风险管理的关注重点

### (一)存款增速下滑影响资金来源的稳定性

从资金匹配的角度看,存贷款是银行资产负债表中最主要的项目,代表资金的流入和流出。因此,新增贷款需要新增存款在期限和规模上动态匹配。然而数据显示,存款类金融机构境内人民币存款的增速下降较快,同比增速从 2016 年的 11.34%下降至 2019 年的 8.68%,其中 2019 年 1 月的同比增速更是创下近三年的最低值 7.24%。出现这种情况的原因是多方面的,包括金融业竞争越来越激烈,理财产品和互联网金融产品分流了一部分存款等。存款类金融机构的存款增速越来越慢于贷款增速,意味着存款资金来源对贷款资金运用形成了较大制约。在既定的贷款或资产增速规划下,银行需要通过发行同业存单、发行金融债等主动负债方式为资产扩张筹集资金,流动性风险管理的压力也随之增大。

### (二)中小银行的同业融资难度加大

2019 年 5 月以前,国有商业银行、股份制银行和城市商业银行、农村商业银行的同业存单发行利率之间的利差相对平稳，但在5月24日包商银行被接管后，市场对中小银行的信用水平重新评估，银行间市场的流动性分层现象更加显著。为此，央行采取了为发行同业存单提供增信、扩大再贴现额度和质押品范围等一系列措施，中小银行同业融资较难局面得到缓解，但2019年同业存单发行利率仍保持在相对高位(见图2)。这一点增加了中小银行灵活进行主动负债以及调控流动性水平的难度，对其流动性风险管理能力提出了更高要求。

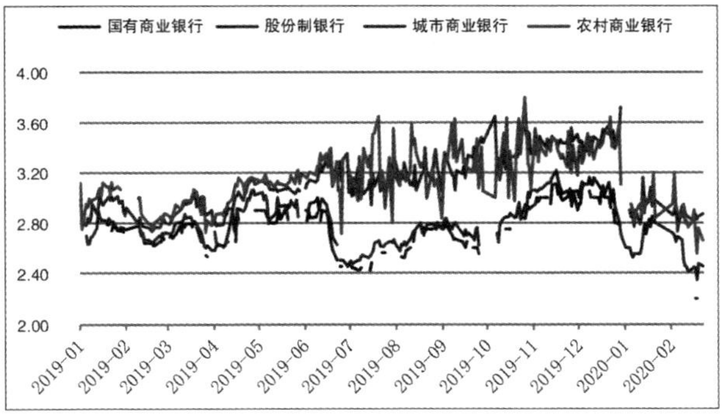


**图2　商业银行3个月期同业存单发行利率(单位:%)**

数据来源:Wind

(三)流动性管理机制有待持续完善

银行建立流动性风险管理相关的组织架构、管理流程、工具以及技术平台，以加强对流动性风险的识别、计量、监测和控制。调研资料显示，部分银行的流动性风险管理仍然存在较多不足。一方面，部分银行没有设立独立的流动性风险管理部门，专业管理人员配备较少，资产负债管理工具较为落后，无法实现流动性风险的精细化管理。另一方面，流动性风险管理的后台支撑薄弱。例如，在头寸管理过程中，假如没有合理的模型和工具，就无法有效识别潜在的流动性风险。

（四）理财业务的流动性风险管理愈发重要

在《关于规范金融机构资产管理业务的指导意见》和《商业银行理财业务监督管理办法》出台之前，商业银行表内和表外的理财产品都主要由资产管理部门负责，银行在管理流动性风险过程中需将表外理财业务纳入并表口径，对并表后的流动性风险进行监测和控制。自2018年12月以来，宁波银行、杭州银行等城市商业银行获批筹建理财子公司。值得关注的是，理财子公司是独立法人，银行需要从集团层面加强对理财子公司的管理，防范子公司出现流动性问题后对集团流动性水平形成冲击。同时，理财新规也要求商业银行建立健全理财业务流动性风险管理制度，加强对理财产品及其所投资资产期限的管理，专业审慎、勤勉尽责地管理理财产品流动性风险。因此，在商业银行尤其是中小银行陆续开设理财子公司的趋势下，理财业务的流动性风险管理也是亟待弥补的短板。

（五）警惕信用风险对流动性风险的冲击

流动性风险通常由其他风险因素所导致。如银行大量客户未能按期偿还贷款，令银行面临信用风险突然暴露，银行资产端的到期资金流入会急剧减少，资金缺口增大，被迫从同业市场拆借更多资金。同业交易对手掌握该银行面临信用风险暴露的信息后，就不再愿意拆出资金，而且会要求提前偿还已借出的资金。随着市场恐慌情绪的蔓延，该银行可能无法补足日间资金缺口，从而出现临时流动性风险。自2018年以来，我国宏观经济下行压力较大，此次疫情又将对我国宏观经济造成短期冲击，商业银行的不良贷款率可能相应出现较快上升。同时，部分银行的资本充足率也已濒临最低监管要求，抵御风险的能力下滑。对此需要提高警惕。

## 对提升流动性风险管理能力的建议

### (一)提高核心负债的稳定性

商业银行在发展存款业务时,应积极发挥自身在网点分布、客户群体、产品体系等方面的差异化优势,持续挖掘吸储潜力。同时,应更多发展活期存款,避免过度依赖提高存款利率的吸储方式。如果较长期限的定期存款发展较快,会导致存款付息成本相对增加。而随着新增和存量贷款陆续挂钩贷款市场报价利率,实际贷款利率很可能出现下行,不仅会增加利率风险管控难度,还将进一步降低利差收益。

### (二)完善流动性风险管理体系

目前金融科技发展迅速,许多国有商业银行、股份制银行和城市商业银行都成立了金融科技子公司,助力银行内部管理能力和效率提升,支撑业务创新和发展。商业银行应不断优化数据的业务标准,提高数据质量,为流动性风险计量的准确性打下良好基础;不断提高管理系统的性能,扩大管理系统的覆盖面,争取囊括影响流动性的各类信息,提升流动性风险的识别、计量、监测和控制水平,降低流动性风险爆发的可能性。

### (三)发挥压力测试的风险预警作用

监管部门要求商业银行至少每个季度开展一次流动性风险压力测试并报送压力测试报告,同时也要求至少每年评估一次压力测试方案。商业银行应更加关注压力测试模型的开发工作,提高模型的敏感度。尤其应结合市场波动情况和突发事件,加强对极端压力情景的关注,更真实地模拟压力事件对流动性水平造成的冲击,有针对性地制定应急预案。

（四）适时动态调整资产负债结构

合理的资产负债结构是防范流动性风险的前提。在审慎监管要求下，商业银行应加强对市场走势的研判，在快速变化的市场中动态调整资产负债结构。一是贯彻国家宏观调控政策，加大信用风险管控力度，优化贷款类资产结构。例如，加大对科技型中小企业及医疗相关行业的信贷支持力度。疫情结束后，还应进一步加大对受冲击行业的定向支持力度，助力经济平稳运行。二是应及时将表外业务和其他创新业务所产生的风险敞口纳入全面风险管理框架，高度关注因业务调整带来的流动性风险特征变化。三是在保证流动性充足、平稳的前提下，控制流动性资产规模，不一味追求流动性风险监管指标的较高数值，平衡好流动性、风险性和盈利性之间的动态关系。

作者单位：中国邮政储蓄银行资产负债管理部

（本文原载于《债券》2020 年 3 月刊）

# 当前贸易环境影响下的通货膨胀与债券市场

吴秋君　马俊炯

## 当前贸易环境对国内通胀的影响

从理论上讲,在一国汇率保持基本稳定的情况下,提高关税税率会导致进口商品价格上涨,最终导致通胀水平上升。按照实际的征税规模,美国对我国340亿美元产品加征了25%的关税,同时我国对美340亿美元进口商品加征25%的同等关税。按照8月初进展的情形,美方声称将对2000亿美元我国输美产品加征25%的额外关税。若后期继续,我国为了等值反击,意味着将对从美国进口的全部约1500亿美元规模的进口商品征收关税。

按照海关及出入境管理机构《商品名称及编码协调制度》二级分类来看,我国进口规模排名前十的商品种类包括机电产品、矿产品、化工产品、车辆航空器等(见图1),这10类商品的进口额占总进口规模的比重超过九成。本文假设这10类商品是国内需求较多、进口关税调整或引起国内商品价格变化的主要类型(最为典型的是矿产品,包括煤炭、原油等能源产品,是我国输入型通胀的主要代表,但这一领域从美国的进口规模相对较小,产生的影响有限)。进一步交叉对比这些商品对美国进口的依赖程度,可以发现对美征收关税更容易引起国内相关商品价格水平变化的领域主要集中在农产品(植物产品)、车辆航空器、光学医疗仪器、化工等领域(见图2)。

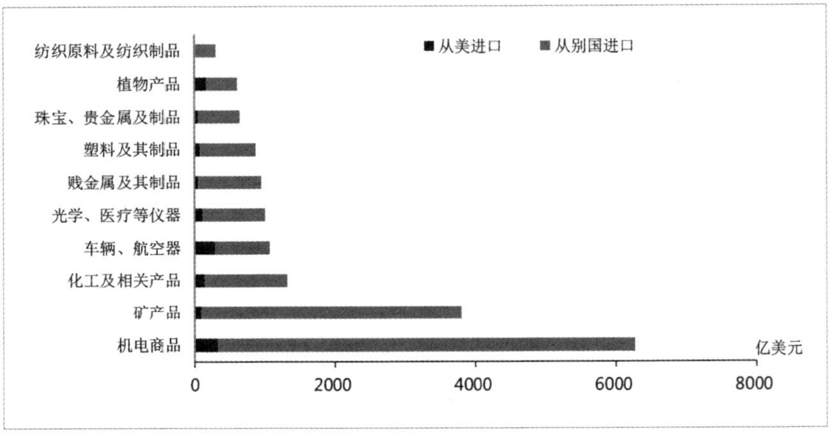


**图1 2017年我国主要进口商品规模**

资料来源:Wind,人保资产宏观与战略研究所

进一步分析对美依赖程度相对较高的商品种类,可以总结为以下几种类型:第一,对CPI影响较为直接,但容易被国内其他消费品或别国进口所替代的,如谷物、食用水果坚果、汽车等,加征关税对价格的实际助推作用较小;第二,虽然不容易被国产或别国进口商品替代,但对CPI的直接影响较小,比如航天器、医疗机械等;第三,对CPI影响较为直接且替代难度较大的,最典型的就是大豆,加征关税对CPI的影响相对最大。

目前我国大豆的对外依存度高达85%,其中从美国进口的大豆约占需求总量的40%,由此可见在当前贸易环境中大豆或成为影响国内通胀的主要变量。从CPI构成来看,大豆价格主要通过食用油、豆干及豆制品、肉禽制品三个渠道对CPI产生影响,这三类商品价格占CPI的权重约

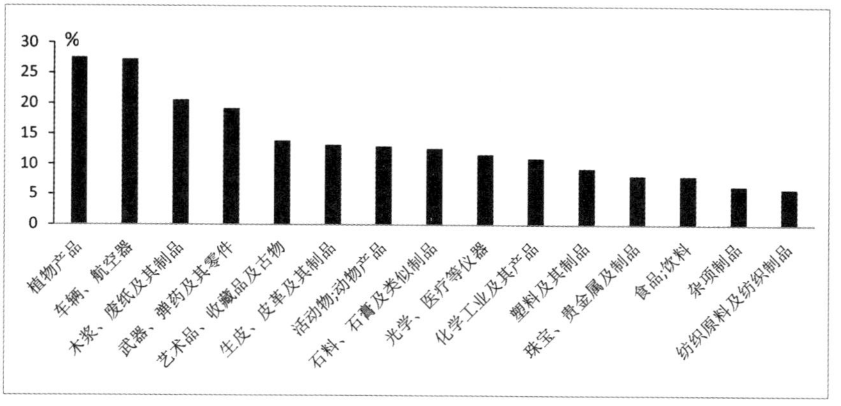


**图 2　对美依赖程度较高的进口商品种类(从美方进口额/总进口额)**

资料来源:Wind,人保资产宏观与战略研究所

为 6%左右(见图 3)。利用回归方程简单测算大豆价格对三类商品的影响幅度,可推断大豆价格每上涨 10%,或影响 CPI 总指数提高 0.3 个百分点左右。

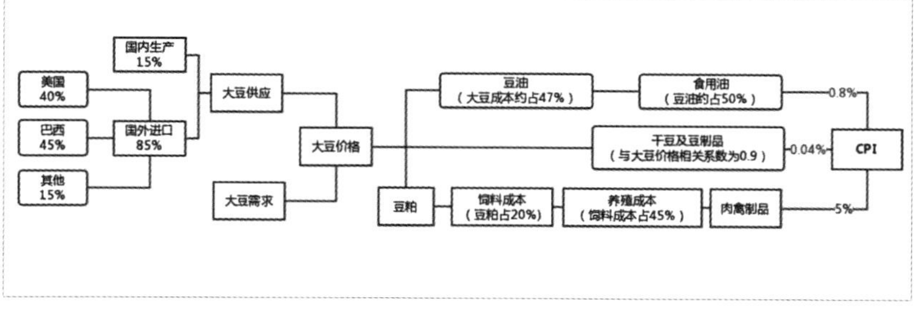


**图 3　大豆价格对 CPI 的传导途径**

资料来源:Wind,人保资产宏观与战略研究所

从静态角度看,若总需求量及美国进口占比不变,加征 25%关税或使得国内大豆价格上涨 10%,推升 CPI 上涨 0.3 个百分点,下半年 CPI 涨幅中枢或由基准情形下(环比均值法预测)的 1.9%回升至 2.2%左右,全年 CPI 价格中枢由基准情形的 2.0%回升至 2.1%左右。在极端情形下,

25%的关税完全转嫁,并引起其他替代国的进口大豆价格上涨25%,那么将推升下半年CPI中枢升至2.6%,全年CPI价格中枢升至2.3%。

为了对冲加征关税所带来的负面影响,政府已经提前做了相关部署,如加快扩大大豆种植面积,同时对一些国家大豆进口实施零关税政策等。所以从动态角度看,综合考虑替代效应、库存等因素,加征关税对大豆价格的影响可能会更低。事实上,自今年以来,我国已经明显减少了从美国进口大豆的数量,目前国内大豆现货和期货价格基本稳定。基于此,预计在贸易摩擦不断升级的动态情形下,加征25%关税或推升CPI上涨0.2个百分点,下半年CPI涨幅中枢或由基准情形下的1.9%回升至2.1%左右。

整体来看,贸易战背景下中美互征关税对其中一国通胀的影响可能是双向的、动态的。一方面,会提高自身进口关税或提高国内商品价格;但另一方面,进口商品被征收关税也会带动国内需求走弱、从而抑制通胀抬升。此外,提高关税税率对商品价格的影响还取决于出口企业的定价如何对关税进行反应,即关税变动并不会全部传导至消费品价格。事实上在绝大多数情况下,关税变动对消费品价格的传递是高度不完全的,有学者测算传导率大约只有15%。近日有消息称通用电气公司已经向中国代理商发函声明,由该公司自己承担加征的关税,不提高代理商进货成本。由此可见,综合多方面因素,进口关税的提高对国内CPI的最终影响或相对有限。相比贸易环境的影响,下半年地缘政治风险发酵对原油价格的影响、极端天气带来的扰动则会对通胀产生更大的上行风险。

### 贸易环境引发的通胀抬升对债券收益率的影响

国债收益率主要与经济增长和通货膨胀、货币政策和金融监管、资金面、债券供需、海外利率变化等因素相关。综合上述因素可以建立多变量回归模型，利用2002年至今的月度数据进行回归分析。考虑到数据的代表性和可得性，本文选取工业增加值、CPI和PPI及其加权值、1年期贷款基准利率和存款准备金率、银行间市场7天逆回购利率、国债发行量、指示金融监管力度的虚拟变量、人民币对美元汇率和10年期美债收益率作为变量指标。测算表明基准利率和准备金率变量不显著，事实上货币政策变量可能与资金利率存在较强相关性；国债供给、人民币汇率影响也均不显著。最终得到如下模型：

$$BOND_t = 1.317 + 0.019 \times IND\_INF_t + 0.327 \times R007_t + 0.196 \times JG_t + 0.328 \times US_t$$

其中BOND为10年期国债收益率；IND_INF为工业增速加上CPI与PPI加权值所代表的名义经济增速；R007为银行间市场7天逆回购利率；JG为监管变量，在部分严监管时期取1，否则取0；US为美国10年期国债收益率。

根据我们对下半年宏观基本面进行的预测，预计工业增速下降至6.1%左右；通胀总体温和，CPI、PPI中枢分别约为1.9%、2.9%；货币政策边际放松，资金利率可能有所下行，R007中枢预计处于3.2%左右；由于2017年至今金融业杠杆明显下降，监管压力将趋于缓和；美联储年内料将再加息2次，美债收益率中枢可能会上行至3.0%~3.1%。基于上述数据，模型输出的结果——下半年我国10年期国债收益率中枢为3.53%。

若考虑贸易环境推升通胀的影响,在静态情形和极端情形下分别会推升下半年 CPI0.3 和 0.7 个百分点(分别达到 2.2%和 2.6%),根据模型预测,这将使得 10 年期国债收益率上升 0.6 和 1.3 个 BP;而在考虑替代效应和政策效应的动态情形下,贸易环境仅会抬升下半年 CPI0.2 个百分点,根据模型预测,将使得 10 年期国债收益率中枢上升 0.4 个 BP(见表 1)。总体来看,贸易环境短期内对通胀和 10 年期国债收益率的影响有限,更多地是从经济基本面、情绪面影响到债券市场。

**表 1 贸易环境通过通胀影响 10 年期国债收益率变动有限**

| | 贸易环境影响下半年 CPI | 模型显示贸易环境通过通胀影响 10 年期国债收益率变动 | 贸易环境影响下半年 GDP | 模型显示贸易环境通过 GDP 影响 10 年期国债收益率变动 | 10 年期国债收益率中枢 |
|---|---|---|---|---|---|
| 静态情形 | 上升 0.3 个百分点 | 上升 0.6BP | 下降 0.3 个百分点 | 下降 0.6BP | 3.530% |
| 极端情形 | 上升 0.7 个百分点 | 上升 1.3BP | 下降 0.9 个百分点 | 下降 1.6BP | 3.527% |
| 动态情形 | 上升 0.2 个百分点 | 上升 0.4BP | 下降 0.3 个百分点 | 下行 0.6BP | 3.528% |

资料来源:Wind,人保资产宏观与战略研究所

## 经济稳中趋缓态势对债券收益率的影响

当前经济稳中趋缓态势明显,债市利多因素大于利空因素。

从经济基本面的外需角度来看,贸易环境具有长期性和复杂性,对于进出口的影响将在三四季度逐渐体现,外需将会受到一定程度影响。根据笔者测算,如果算上对 2000 亿美元出口产品加征 10%关税,我国对美出口将缩减 4.96%,影响总出口下降 1.10%,并下拉 GDP 增速约 0.32 个百分点。从内需角度来看,今年二季度及最新公布的经济数据表明,无论

是在投资还是消费方面，内需增速均有所放缓。此外，调整后社融增速也出现较大幅度下滑，从去年 11 月的 14.7%快速下降至今年 6 月的 11.2%，表明名义经济增速存在进一步下行的压力。因此经济基本面的稳中趋降为下半年的债券收益率震荡下行打开了一定空间。

从通胀角度看，我们的分析表明进口关税的提高对国内 CPI 的最终影响或相对有限，在最极端的情形下，CPI 最多提升 0.7 个百分点至 2.6%，仍然维持温和震荡态势，PPI 由于基数效应将继续下降，通胀因素将不会对债券收益率震荡下行形成较大制约。

从资金面角度看，前期 3 次降准、MLF 扩容以及并未跟随美联储加息的态度，都表明货币政策出现明显微调。从 7 月货币政策操作来看，在流动性本已相对宽松的环境下进行 MLF 等额续作，意味着货币当局不仅对短期资金面进行维稳，也对长期流动性环境给予呵护。自 MLF 担保品范围扩充以来，MLF 工具的定向效果更为突出，预计下半年货币政策仍将延续“降准+MLF”的投放方式，流动性环境仍将维持宽松。

从监管角度看，严监管格局不变，同时金融去杠杆进入新阶段，从总体去杠杆向结构性去杠杆转变，监管力度的冲击将边际减弱，对债市的压力或将边际趋缓。资管新规细则对非标压缩边际放松、国务院常务会议释放去杠杆力度放缓信号，均表明监管力度在一定程度上边际缓和。

从海外因素角度看，我国采取扩大进口而不是减少出口的方式来应对，对内可促进国内消费，进而有效转变经济发展模式，对外平衡国际间贸易的不平衡，同时使人民币汇率更富有弹性。另外，中美利率相关性将逐渐减弱。

债券市场的利空因素在于市场供需的博弈，上半年利率债的发行节奏明显慢于过去两年,下半年利率债供给压力增加。从上半年实际情况来看,国债与金融债发行节奏与去年基本相当,但明显慢于2016年;地方债发行节奏则明显慢于前两年,后续地方债净融资压力将成为下半年利率债供给压力的最大来源。根据2018年政府工作报告推算,2018年地方债净融资规模将达到2.18万亿元(包括8300亿元的地方政府赤字和1.35万亿元的专项债),下半年将是地方债净融资高峰期,三季度的净融资压力将高达1万亿元。相较于供给确定性压力,在银行负债端压力不断加大的背景下,配置需求可能难有起色。

下半年预计在贸易环境有所恶化、经济下行压力加大、通胀压力可控的背景下,流动性宽松格局维持,监管力度边际缓和,短端债券利率趋降,长端利率也伴随一定下行空间。

作者单位:人保资产宏观与战略研究所

(本文原载于《债券》2018年8月刊)

# 暴雨将至　债券为上

## ——欧美去杠杆形势下的中国债券市场

屈　庆

▲当前全球主要经济体都面临被动去杠杆的局面。鉴于比以往更糟糕的条件，本轮去杠杆可能长期化，并会对经济产生较大的负面影响。

▲在外围经济回落、欧洲银行资金需求较大、金融市场避险情绪上升、人民币升值预期减弱甚或贬值的情况下，2012 年外汇占款将出现大幅回落。

▲今年上半年尤其是 1 季度仍然是欧债问题比较敏感的时点，金融市场不稳定因子多。海外经济可能明显回落，欧元区可能面临衰退，这将给国内债券市场带来较好的投资机会。

### 去杠杆不可怕，去杠杆叠加经济衰退才可怕

本轮去杠杆比历史上任何一次去杠杆所面临的条件都更糟糕。这主要表现在：第一，目前政府开支的刚性更强。历史上的两次去杠杆，分别是在“一战”和“二战”后，军费开支随着战争的结束自然缩减。而在本轮

去杠杆中,政府支出刚性更强,尤其是福利支出具有逆周期性。第二,当前的投资需求低迷,而战争会对基础设施造成毁灭性破坏,因此,战争过后投资需求一般较旺盛。第三,当前消费需求不足,而战后会呈现恢复性需求,因此,战争过后消费需求一般会比较旺盛。第四,当前劳动生产率比过去的几十年更难提高。生产率的提高与科技进步、知识存量、政府效率、经济制度、文化传统等各方面因素相关,而从各方面来看,目前生产率的提高比过去几十年更加困难。第五,目前杠杆率较高,而经济十分脆弱。1933 年大萧条之后的去杠杆,是随着经济恢复后的主动去杠杆,且当时的杠杆率较低。而目前的杠杆率较高,且是在经济脆弱之时就开始的被动去杠杆。

这些较历史上更恶劣的条件,导致本轮去杠杆可能面临以下特征:第一,本轮去杠杆是被动去杠杆,是逆周期的去杠杆。从本轮政府加杠杆的过程来看,金融危机之后,一方面,政府为稳定金融市场,大规模救市;另一方面,私人部门去杠杆,经济衰退,导致财政收入减少。两方面原因共同促使政府在危机之中大幅加杠杆,政府加杠杆具有主动性,而目前的经济恢复仍然脆弱,去杠杆则是被动的。第二,本轮去杠杆对经济的负面影响较大。第三,本轮去杠杆速度将十分缓慢,短期内未必能去杠杆,甚至可能被动小幅加杠杆。第四,最终成功去杠杆还是要依靠经济恢复增长,去杠杆是结果而不是过程。

### 2012 年欧美经济将呈前低后稳态势

受欧元区债务危机影响,欧洲经济增长动力衰弱,2011 年年初以来经济增长明显放缓,而美国经济复苏状况略有企稳。我们认为,2012 年欧美经济总体上将呈现前低后稳态势，欧洲一季度可能陷入衰退，美国的情况好于欧洲，但不可避免会受到欧元区影响。

（一）欧元区经济增长面临诸多制约

1. 欧元区特殊结构增加经济调整难度

作为一个整体，欧元区整体债务情况并不算糟糕，甚至可以称得上较为健康。但欧元区特殊的经济结构导致经济调整难度较大，经济不均衡导致债务问题更为严重。首先，加入欧元区的各个国家并不都满足趋同条件，边缘国家的竞争力较弱。其次，加入欧元区后，使用统一货币导致内在的经济不平衡无法通过调整汇率来改善本国产品竞争力。这就导致欧元区内部强国越强，弱国越弱，如以德国为首的核心国家经济项目一直保持盈余，而希腊等边缘国家贸易赤字不断扩大。第三，由于并未统一财政政策，这就导致欧元区国家之间无法实现内部转移支付以弥补内部各国经济的不平衡。

2. 欧元区私人需求低迷

受金融危机影响，欧元经济内在增长动力本身就较为脆弱，私人部门去杠杆的过程必然地伴随着私人需求低迷。第一，2010 年下半年以来，欧元区工业订单迅速回落，显示出欧元区投资需求迅速回落。第二，2011 年以来，欧元区工业信心指数迅速下降，持续处于较低迷的状态。第三，当前欧元区消费信心极为低迷，欧元区整体消费信心与 2008 年下半年比较接近，而部分债务危机较严重的国家，消费信心甚至低于 2008 年。第四，欧元区零售同比回落很快，同样接近 2008 年下半年的水平。

3. 持续的财政紧缩导致政府需求低迷

一般来说，私人需求低迷时，政府宣实施扩张性财政政策以扩大政府需求,而当前欧元区持续的财政紧缩导致政府需求也较为低迷。为维护欧元区稳定,边缘国家紧缩财政对于减小经常项目赤字是必要的,但由于目前边缘国家及一些相对核心的国家经济陷入低增长,甚至有衰退的可能,在这样的情况下减赤任务往往无法按计划完成。而这会导致紧缩政策的进一步推出,反过来对经济产生负面影响,形成债务与经济的恶性循环链。从目前的数据来看,2012 年欧元区国家财政紧缩还将继续,其中意大利、法国和希腊的紧缩压力较大。

4. 金融市场动荡将进一步阻碍经济恢复

当前欧元区经济增长面临的另一个不利因素在于,金融市场的动荡可能会进一步阻碍经济恢复。一般来说,金融市场动荡会通过影响信心和扭曲货币政策传导机制对经济产生负面作用。我们可以看到,ZEW 景气指数与 VIX 指数呈现出明显的负相关关系,一般来说,当 VIX 指数高企,也就是金融市场波动加剧时,经济信心会出现明显回落。我们通过做计量检验发现,ZEW 景气指数与 VIX 指数互为格兰杰原因。也就是说,经济信心回落会加大金融市场的波动,同时,金融市场的波动又会反过来加剧经济信心的回落,二者的负反馈有不断放大的特点。

5. 欧元区银行信贷紧缩加剧

欧洲银行业管理局(EBA)数据显示,为扩充资本金,目前所有欧洲银行的资本缺口高达 1147 亿欧元。2011 年 7 月以来,欧元区银行的融资成本明显上升。以 Euribor-OIS 利差来衡量欧洲银行业的短期资金紧张程度,我们可以看到,二者的利差不断攀升,超过 2010 年 4、5 月份,仅次于 2008 年雷曼兄弟倒闭后。以欧洲金融机构 CDS 衡量欧洲银行业长期融资成本,可以看到,欧洲银行业长期融资环境已处于历史最高水平,甚至超过2008年金融危机时。

6. 欧元区货币政策空间有限

自金融危机爆发以来,2008年11月至2009年5月,欧央行半年内连续降息7次,基准利率从4.25%降至1%的历史低位。而2011年11月3日和12月8日,欧央行分别下调再融资利率0.25个百分点,目前欧元区基准利率已经处于历史低位1%。这就决定了2012年降息的空间有限。我们估计2012年欧央行降息可能在2次左右,基准利率下降至0.5%后较长时间保持低位。

(二)美国复苏基础好于欧洲,但会受欧元区影响

1. 美国房地产市场低迷,复苏尚待时日

美国经济与房地产市场关系密切,目前美国经济出现一定的复苏迹象,但房地产市场尚未真正走出低谷,导致美国经济复苏还比较脆弱。金融危机爆发前的房地产繁荣,提前透支了购房需求,因此,美国房地产市场可能会持续较长时间低迷状态以等待复苏。当前房地产市场各项指标都处于低迷状态:第一,目前的新屋开工和建筑许可远低于健康市场的水平。对于健康的房地产市场来说,每月新屋开工和建筑许可在100万~150万套,而目前美国的这两项指标均只有60万套左右。第二,目前新屋月度供应仍位于正常水平之上。尽管已经有较大幅度的回落,但目前美国新屋供应仍在半年以上,较高的房地产库存决定了企业的再投资动力有限。第三,从房地产市场指数来看,目前美国住房市场指数处于历史性低位。

2. 美国居民消费喜忧参半

当前居民消费有喜有忧。喜的地方在于:第一,目前美国居民消费支

出有企稳回升迹象,这也是去年3季度美国GDP增长加快的重要原因;第二,当前利息支出占个人可支配收入下降,表明居民杠杆率下降。忧的地方在于:第一,尽管消费信心有所回升,但绝对水平目前依然较低;第二,2010年下半年以来,美国居民储蓄率不断降低,较低的储蓄率会制约未来消费。

3. 美国就业市场改善缓慢,政策空间同样有限

就业市场改善缓慢。一般来说,就业恢复往往会滞后于经济增长恢复,这就导致了就业市场的粘性很大,改善较为缓慢。当前美国失业率持续位于高位,随着失业保险的失效,失业时间越长,越来越多的长期失业者将失去消费能力,进而引发社会的不稳定,对整体经济的伤害也会越大。

政策空间同样有限。美国无论是财政政策还是货币政策空间同样有限。第一,政府负债严重,经历美债风波后,政府同样面临去杠杆,无力逆周期调控经济。第二,当前美国基准利率已接近于0,利率政策已无空间。第三,美国经济有所恢复,而通胀依旧较高,进行量化宽松的必要性下降。此外,即使注入流动性,对经济的刺激效应也将下降,这从美国货币乘数大幅下降可以看出。

4. 美国经济情况好于欧洲,但复苏较脆弱

总的来看,美国经济已出现一些较好的复苏迹象,2012年美国经济复苏基础好于欧洲,但本身还较脆弱,要警惕欧元区衰退对其产生的负面影响。预计2012年美国经济同样呈现前低后稳态势,但整体增长水平高于欧元区。

## 2012 年外汇占款总体将大幅降低，分布呈现前低后高态势

欧美经济对我国债券市场的影响，大致可以通过以下路径：第一，通过影响出口，影响国内经济；第二，通过大宗商品价格，影响国内通胀；第三，通过金融市场动荡，影响投资者情绪；第四，通过国际资本流动，影响外汇占款，进而影响国内货币状况，影响国内通胀水平，以及央行的货币政策。其中，第四条路径对于债券市场的影响更为直接，影响力更大，本文重点分析外汇占款情况。

### （一）2012 年贸易顺差将进一步缩窄

预计 2012 年贸易顺差将进一步缩窄。从历史情况来看，贸易顺差与欧美经济状况呈现明显的正相关关系，随着 2012 年欧美经济的进一步回落，2012 年全年贸易顺差将进一步缩窄至 1300 亿美元左右。

### （二）2012 年 FDI 继续保持稳定

预计 2012 年 FDI 继续保持稳定。FDI 在 2008 年以前呈不断上升趋势，此后一直比较稳定，受经济增长情况影响不大，大体保持在 1000 亿~1100 亿美元，预计 2012 年 FDI 为 1000 亿~1100 亿美元。

### （三）2012 年热钱流入将大幅减少

第一，2005 年汇改以来，人民币已大幅升值，目前人民币的升值空间相对有限。第二，由于美国经济好于欧洲，日元和瑞郎等传统避险货币受到本国央行干预影响，避险性有所下降，美元将成为最为抢手的避险货币。2012 年美元的升值预期较高，有利于缓解人民币的升值压力。第三，海外看空 2012 年中国经济，而房市和股市低迷也导致国内资金回报

率下降,逐利资本流入动力将进一步减弱。

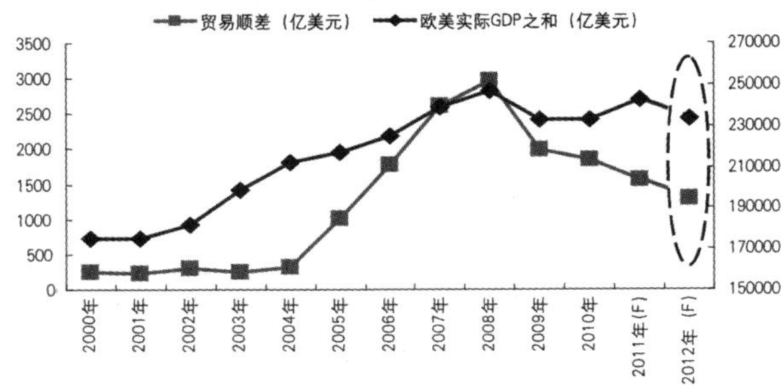


**图 1　2012 年贸易顺差继续下降**

资料来源:CEIC,财汇,申万研究

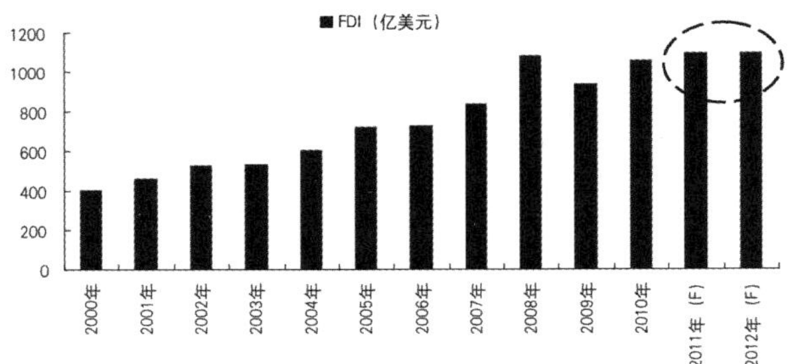


**图 2　预计 2012 年 FDI 继续保持平稳**

资料来源:CEIC,财汇,申万研究

目前央行外汇储备很高,维持人民币汇率稳定的能力很强,2012 年人民币不太可能出现趋势性大幅贬值。从全年看,人民币仍然可能保持小幅升值,但会增强双向波动性。所以,2012 年热钱流入为负的可能性也不大,热钱流入回归到 2000 亿~3000 亿的可能性较大。

(四)外汇占款年内分布前低后高

从金融市场表现来看,目前美元表现强劲,美元在远期市场对欧元和新兴市场国家货币大多升值,部分反映资金的避险需求。由于欧债危机仍有进一步深化的可能,今年上半年资金的避险需求还会持续。同时,热钱流入也会受到外部资金紧张程度的影响。目前欧洲银行业的资金缺口较大,欧洲银行业资金紧张的局面还将持续。综合以上原因,我们预计今年1季度热钱依然会呈净流出状态。

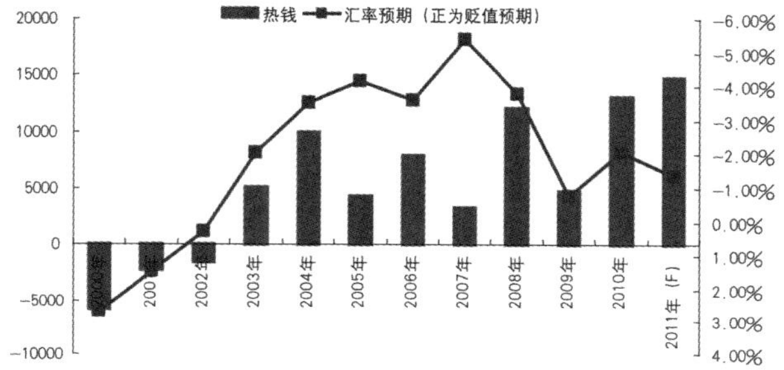


**图3　2005年汇改以来,每年热钱流入均为正**

资料来源:CEIC,财汇,申万研究

**图4　美元在远期市场对欧元和新兴市场国家货币大多升值**

资料来源:bloomberg,申万研究

## 海外金融市场不稳定因子多

海外市场避险情绪明显上升将支撑国内债市的行情。海外市场的情况,还可以通过影响金融市场情绪对国内债券市场产生影响。从历史情况看,每每海外金融市场出现大幅动荡,国内债市往往走势较好,无论是

2008 年雷曼兄弟倒闭后,2010 年 4、5 月欧债危机首次集中爆发时,还是 2011 年 8 月以来欧债危机越演越烈时。

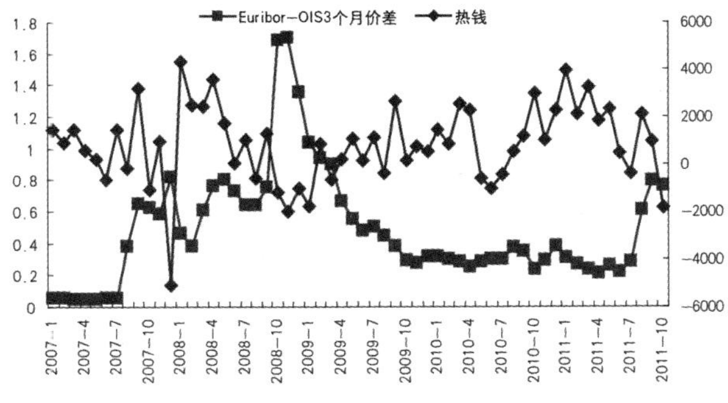


**图 5　热钱流入下降反映了外部资金的紧张**

资料来源:bloomberg,申万研究

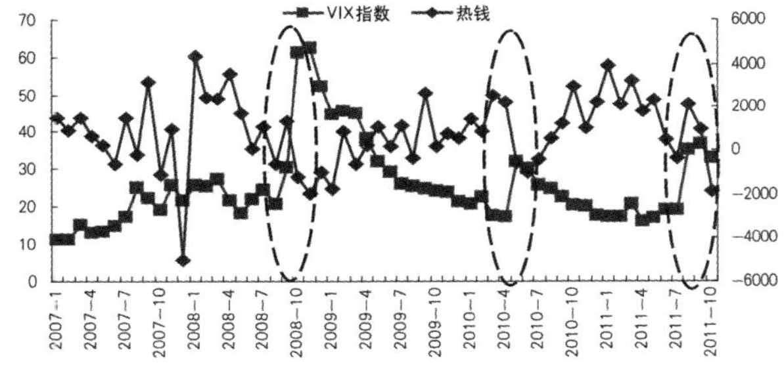


**图 6　热钱流入下降部分反映了资金的避险需求**

资料来源:CEIC,财汇,申万研究

今年上半年,欧债危机仍有进一步深化迹象。主要表现为:第一,债务偿还高峰在 2、3、4 月份,"PIIGS 五国"201 债务总额约 2450 亿欧元,占全年债务总额的 40%。第二,2012 年欧元区核心国家,法国的 AAA 评级也遭到调降。同时,标普去年就将 EFSF 列入"负面评级观察"名单。法国的 AAA 评级对于欧洲金融稳定基金(EFSF)的 AAA 评级至关重要,如果法国的 AAA 评级不保,那么 EFSF 也将失去 AAA 评级,这将严重制约 EFSF 的救助能力,对欧债危机的缓解产生致命打击。第三,由于 2012 年意大利债务到期量巨大，意大利将成为市场新的焦点。如果意大利的再融资出现困难，不排除意大利债务出现重组的可能，而围绕着减赤方案投票、与各方谈判以及救助开展，将给金融市场带来极大的不确定性。第四，希腊等经济完全陷入衰退以及竞争力十分低下的国家可能面临是否退出欧元区的抉择。新的欧元区峰会结果要求实施更为严格的财政紧缩，这可能导致经济活力已极低下的希腊再也无力跟随其他国家的脚步，最终不得不被迫退出货币区。届时，金融市场或许将再次遭到海啸袭卷。

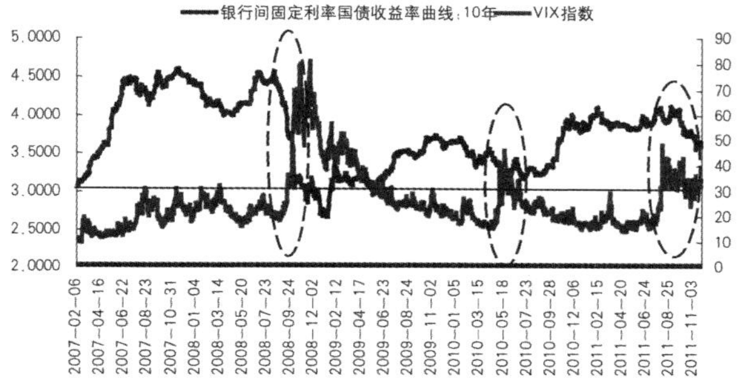


**图 7　海外市场避险情绪明显上升支撑国内债市的行情**

资料来源：CEIC，财汇，申万研究

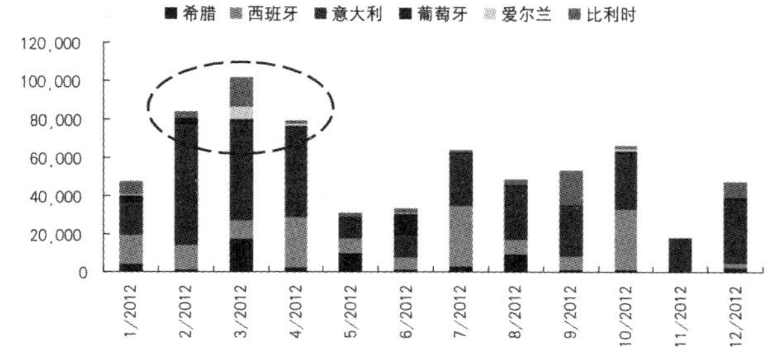


**图 8　债务偿还高峰在 2、3、4 月份**

资料来源：bloomberg，申万研究

总的来看，当前全球去杠杆面临比以往任何一次去杠杆都更为糟糕的条件，而且本轮去杠杆是长期的，对经济的负面影响也将是长期的。

2012 年上半年,欧元区经济可能陷入衰退,美国的经济基础尽管好于欧元区,但会受到欧元区经济的不利影响,总体欧美经济全年将呈现前低后稳的趋势。受欧美经济金融市场的影响,2012 年外汇占款将出现明显下降,全年外汇占款总量为 1.6 亿~1.8 万亿,呈现前低后高的分布,1 季度外汇占款下降压力较大,央行下调存款准备金的压力也较大。2012 年上半年尤其是 1 季度,仍然是欧债问题相当敏感的时点,欧债危机可能进一步深化,届时海外金融市场的动荡将对国内债市形成有利支撑。总之,海外经济情况为国内债券市场投资提供了良好的环境,2012 年上半年尤其是 1 季度债券市场投资的安全性较高。

作者单位:申银万国证券研究所

(本文原载于《中国债券》2012 年 2 月刊)

# 债券牛市接近尾部

石　磊

▲长期来看,未来债券市场将经历收益率趋势性上升、波动性增加的过程。

▲今年出现展期的项目融资将在明年上半年集中到期,届时融资压力可能推高信用风险。

▲今年第三季度可能是本轮债市牛市的尾部,信用债整体的持有期收益率还可能上升 1 至 2 个百分点。

中国债市牛市已经持续了近三个季度,信用债市场的平均投资收益率达到 10%。若稍稍增加些杠杆,本轮牛市的投资收益率达到 20%并不困难。

2008 年后,三轮比较显著的信用债牛市的持续时间都在 2~3 个季度,每一轮牛市信用债市场平均收益率一般都在 10%~15%,这一次牛市能超过前两次牛市的涨幅么?从信用债利率的绝对水平看,当前 5 年期 AA 级企业债低于贷款基准利率 1.2 个百分点,相当于在基准利率上打了 8 折,企业发债融资的冲动很强,这样低的融资成本能维持多久?

从债券投资的资金成本看,5、6 月份 30%以下的回购利率已经抬升到3%~4%,债券投资的息差收入已经低得可怜,如果把息差水平作为类似股票市场市盈率,相较各自的历史波动来看,现在的债市估值大概相当于上证综指4500至5000点时的估值水平。高处不胜寒,现在或许是投资者重新审视债券投资的时候了。

**资金利率上升、波动增加将是债券市场的长期趋势**

长期趋势由于难以直接提供超额收益,因而常常被资产管理者忽视,但由于其具有较高的确定性,常常能避免投资出现大的失误。

在这里谈谈对债市影响较大的三个长期趋势。

第一是经济潜在增长速度“下行”与通胀趋势“上行”相伴而生。这不是说中国的经济增长速度持续下降或者通胀持续长升,而是指当经济增速上行时,通胀上升幅度较大;当经济增速下降时,通胀下降幅度较小。从长期趋势上看,就是经济增速下降与通胀上升并存。GDP增速的下降将令企业营业收入增速下滑,从而压制资产周转率的提升,企业股本回报率的提高只能更加依赖毛利率和杠杆率的提升。如果依靠加杠杆提升投资回报,则企业会越来越依赖外部融资,而通胀的趋势性上升往往引发央行流动性调控,外部融资的波动性会显著增加,对外部融资依赖性强的企业信用情况会产生巨大的波动。对于债券市场而言,信用利差的波动会因为流动性调控和信用事件的冲击而产生较大波动。

第二是中国的资金成本将越来越高。国际收支盈余显著下降使得新增基础货币下降,流动性的产生将更加依赖于金融体系,而利率市场化提高了金融机构的资金成本,通胀趋势性上升也使得流动性调控易紧难松,这意味着利率的长期趋势是上行而不是下降。

第三是中国金融体系正在从以银行为主导的间接融资向以市场为主导的直接融资转变,市场融资是对信息高度敏感的,也有明显的从众心态,市场融资的波动性明显强于银行融资,且结构性的调控更难,更多的信用主体会令债券市场的波动性明显增加。

从以上三个长期趋势来看,未来债券市场将经历收益率趋势性上升、波动性增加的长期过程。

市场波动性加大,使得债券投资的波段性操作对投资收益而言变得十分重要,因此在确定长期趋势后,对一至两个季度的中期判断尤其关键。

## 经济增长将在第三季度企稳回升

市场是聪明的,特别是对近期经济环境的理解。当前国内市场股弱债强,下游的房地产销售量升价稳,中游的工业金属价格企稳,而上游的煤炭价格持续下跌,这表明国内经济处于流动性明显好转、下游需求逐步恢复,但上游和中游去库存过程尚未完成的时期,这一时期企业的利润依然下滑,但信用风险已经大为降低。

房地产销售量回升,实际固定资产投资回升已经预示经济增长的底部即将出现,但回升的速度有赖于去库存和去产能的过程,第三季度经济底部回升的概率很大,但回升的幅度可能是较弱的。

从通胀角度看,食品价格周期在第四季度开始由降转升,这使得第三季度 CPI 可能低于市场预期,而第四季度 CPI 可能高于市场预期。若果真如此,第三季度经济回升,第四季度通胀回升,那么第三季度债市长期品种转熊、第四季度全面转熊的可能性就很高。

就货币政策而言,第三季度的低通胀水平依然给货币政策宽松提供了环境,从外汇占款的增长情况来看,年内下调存准一至两次的可能性还存在,但最多再下调一次基准利率。而且,由于中国的利率政策调整常常是滞后的,减息并没有给市场带来更多资金和信息,反而会刺激信贷需求回升,因此减息一般会增加市场波动,而不会对市场产生趋势性影响。

**明年上半年企业再融资压力将再现,推升信用风险**

经济制激政策常常使得经济波动加剧,调控将会较频繁地变化,流动性波动也会明显加剧。由于流动性冲击来自货币政策的变化,货币政策的调整又源于通胀水平的变化,所以,影响流动性波动程度的主要因素是投资刺激的力度、通胀的长期趋势水平,货币政策的力度和弹性,以及实体部门融资的期限结构。

本轮投资刺激会不会引发未来的流动性冲击?从政策导向上看,本轮刺激带来的总需求回升幅度应该比较有限,货币政策的宽松程度和融资利率都没有回落到2010年的水平,整体来看,这次政策刺激是比较谨慎的。

但是,这轮的问题在于企业的融资期限结构趋向于短期化,2012年1—4月,企业中长期信贷余额增长与短期融资(短期信贷和票据融资)余额增长之比仅有0.45,而2011年同期这一比例高达2,即使在2009年同期也达到了0.8。由于非银行渠道融资期限相较银行信贷更短,因此,如果考虑社会全部长期融资和短期融资,该比例将会更低。这意味着,2013年上半年需要集中再融资,特别是在今年出现展期的"问题项目"融资将在明年上半年集中到期的情况下。

第二季度开始投资刺激,下半年总需求将会回升。从食品价格周期推算,通胀水平应会在2012年第四季度触底回升,明年上半年应是通胀的快速回升期。由于本轮通胀回落幅度较小,明年上半年可能会出现CPI同比增幅超过4%的月份,流动性紧缩政策必将再来,此时恰逢再融资需求集中释放,那些自身经营性现金流较差的项目很可能出现集中的信用风险。这一信用风险可能先对非银行金融机构构成冲击,少量项目依靠银行资金的腾挪支撑也能过关,一旦信用风险大规模爆发,指望银行买单是不现实的。

**第三季度将是中国债市牛市尾部**

从以上分析可以看出,原本今年上半年再融资压力很大,但由于经济增速和通胀水平下滑,流动性调控转为宽松,使得再融资压力侥幸得以满足。但2013年上半年恰逢下一个再融资压力峰值与通胀上行相遇,信用风险集中爆发的可能性远高于今年上半年。当前经济刺激的力度越大,未来爆发流动性风险的可能性越高,从房地产库存推算明年也会出现超过今年的融资压力,真正的大浪淘沙将发生在2013年,而并非今年。

因此,今年第三季度可能是本轮债市牛市的尾部,信用债整体的持有期收益率还可能上升1至2个百分点,但那以后也许就是深渊。下一轮冲击可能有两个特点:第一,当前债市投资机构正在使用历史上最高的回购融资杠杆,去杠杆一旦开始,将十分猛烈;第二,由于今年企业利润的不如意,经营性现金流较差可能导致明年还款时压力巨大,毕竟在通胀回升期再融资的难度将是明显上升的。

作者单位:平安证券固定收益事业部

(本文原载于《债券》2012年7月刊)

# 利率市场化背景下债市盈利模式的思考

王　晶

印象中,国内的债券市场从来没有像 2013 年这样吸引如此多的关注。先是爆诸于各大财经媒体的行业稽查,接着是登上新闻联播的银行间流动性问题,再到超日债违约危机等引发强烈舆论反应的信用事件。除此之外,不能不提的还有国债期货的隆重登场,以及随后的“犀利”走势,国债收益率刷新九年新高,政策性金融债发行受阻……2013 年,债市的话题可谓不胜枚举,以至于市场上由此引发了一轮“文艺创作”热潮,大家纷纷借诗词歌赋以抒怀,抒发对市场的无助,以及对现实的难以置信。

尽管 2013 年的债市几多风雨,但无论如何,过去的终将过去,在崭新的 2014 年即将开启之时,我们需要的更多是对问题的反思与认知——2013 年债市的疯狂与绝望究竟在讲述什么?我们是否已经充分汲取了惨痛的教训?是否已经有能力去收获债市的 2014?我认为相比投资收益而言,这些问题同样价值千金,虽然在短期之内我们可能无法找到标准答案,但个人仍然希望抛砖引玉,通过一些不成熟的思考引发更广泛的业务探讨。

让我们从今年6月份的银行间流动性问题说起，时至今日，随着越来越高层次的政策导向，坊间再也没有“技术性问题”“小概率事件”等自信说辞，转而选择自我调整、主动适应。原因何在？如果仅仅是认为短期内货币政策向着“紧平衡”一侧倾斜，就未免太过单薄了。随着三中全会后《中共中央关于全面深化改革若干重大问题的决定》的发布，以及权威部门的政策解读，我们已经清楚地看到，国内的利率市场化进程开始向着“最后一公里”扎实推进。而今年9月初国债期货的推出则给予了看涨利率者以历史性的市场话语权。这些意味着什么？

对照发达国家的历史经验，我们有理由相信，这意味着越来越多触动既得利益的改革措施开始一浪接一浪地冲击金融机构的心理底限。以美国为例，20世纪70年代的滞胀导致美国的实际利率长期为负，严重影响了社会资金的配置效率。为此，美国在1980年至1986年坚定地走完了利率市场化的“最后一公里”，全面放开了银行存款利率。就货币政策而言，期间也发生了方向性的转变，货币主义开始替代凯恩斯主义登上历史舞台。在沃尔克(Paul Volcker)的带领下，美联储开始严格控制货币总量的供给，而将利率波动的容忍度大幅提高。不得不说，现时的中国有着非常类似的境遇。就物价而言，我们以统计范围更加广泛的“GDP平减指数”为例，金融危机以来，即使全球经济增幅放缓，国内2007年至2012年的平均水平也在6%左右，相比20世纪70年代石油危机时期美国7%的CPI均值，我们没有任何可以乐观的资本。同样，在此过程中由于利率管制，中国也出现了长期的实际负利率，全社会的资金配置效率亟待提高。如此一来，国内2013年6月至今的货币政策操作就显得理所当然了。

不过，对于债券投资而言，除了关心货币政策的逻辑，大家更关心政策操作的节奏。这一问题,就国际经验看,将主要围绕实际利率水平展开。仍以美国为例,1 年期国债实际利率水平从 1981 年开始转正,最高到 1984 年的 6.6%,而后开始逐渐回落,20 世纪 90 年代稳定在 2.5%左右的水平,可以说利率市场化带来的实际利率攀升给美国经济转型和繁荣提供了有利的市场保障。

现阶段国内的情况是,经历了半年的痛苦调整,以 1 年期政策性金融债的收益率为例(因为我国国债的税收制度与美国不同,所以无法直接比较),扣除物价因素,目前的实际利率也已经接近 2.5%,这是除 2009 年物价负增长以来的历史新高。大家可能还要问,明年实际利率会不会像美国在 20 世纪 80 年代初那样继续上蹿?这一问题的答案显然是仁者见仁,智者见智,但我个人更倾向于认为“不会”。

原因在于,当 1982 年美国的实际利率首次上 6%时,随即带来了 GDP 的负增长,而后实际利率的继续攀升主要是因为物价的大幅回落,名义利率已经实质处于下降通道之中。对于中国的国情,正如李克强总理所言,7.2%的经济增长对就业有着非常重要的意义;因此,个人判断实际利率短期不太可能过快地上升,从这个意义上讲,货币层面对于债市的第一波冲击很可能已经结束,但就此预期收益率开始向下显然也不现实,因为一个合适的实际正利率可以给经济转型增长提供“防护栏”作用,利用价格杠杆淘汰掉缺乏竞争力的低效生产,这是当下中国所必需的。

至此,我们初步讨论了第一个问题,即实际利率水平。但还有一个问题更加重要,那就是利差水平。众所周知,金融企业盈利的根基在于赚取利差,当利差可靠时,还会通过主动负债来放大利差带来收益。这一行业基础在任何时候都不会改变,无论利率市场化改革与否。唯一的区别在于,利率市场化以前,这一利差是受保护的,因而也就容易产生寻租,效率低下;在市场化之后,利差水平会急速收窄,攫取高利差将成为一件高技术含量的事,迫使金融机构进行技术转型,无法适应者势将被淘汰。

自今年6月以来,国内金融机构赖以生存的利差开始加速收窄,初步估算,债券市场融资成本较今年前5个月上升了200BP。银行的负债成本也随之快速攀升,理财产品收益率维持高位,以余额宝为代表的互联网金融的崛起,也加速了对银行存款的蚕食。同样,今年以来监管机构对债券市场的大稽查从本质上讲也是对以往存在于债券一二级市场上的不合理利差进行挤压。

作为应对利差收窄的武器,部分银行开始躲避监管,加大杠杆配置高收益高风险资产,例如当下监管层高度重视的同业业务。从发达国家的历史经验看,这样的行为在利率市场化后期司空见惯,但其未来对应的必然是金融机构资产质量的迅速恶化,特别是在存款市场竞争进入白热化的阶段。可以想见,如果当前不对此类行为及时规范,随着国内银行牌照的放开,类似的系统性风险已不再遥远。

2014年,我们假设银行此类无视风险及追逐高收益的行为将随着相关法规的出台得到控制,那么接踵而至的问题可能将是,银行转向配置债券,从而进一步挤压债券投资业务的利差空间。一旦如此,国内的债券市场依旧乏善可陈,一方面实际利率水平难以回落,另一方面利差的收窄愈发明确。可以大胆做出预测,以往债券市场上多数赚钱的门路未来都将失去意义,该如何应对?

应对之策涉及盈利模式问题,这方面既引发热议,同时也讳莫如深。但个人认为,有些事情还是显而易见的。例如,当市场缺乏系统性的机会时,alpha 策略往往是一个占优的选择。这种寻找超额收益的策略从本质上讲是对市场数据的深度挖掘,这种挖掘将不仅仅停留在找趋势、找分位点等初级的操作,而是更进一步向着二阶距、三阶距的深度迈进。

过去在国内债券市场上最主流的投资模式就是通过对宏观经济数据的趋势预判给出一个所谓"合理"的评级、杠杆和久期的搭配。但实际上,这种合理性是存疑的。举个例子,假设国内债券牛市出现的无条件概率是 0.15,已知当债券牛市出现时有一种经济现象同时也会以 0.8 的概率出现,但在非债券牛市的情况下这种经济现象也有 0.2 的出现概率,那么当我们看到这种经济现象时,意味着债券牛市出现的概率有多大?可能多数人都会据此认为债券牛市将会是个大概率事件,其实不然,这个概率仅有 0.4 而已。如果就此将组合配置得过于激进,显然缺乏合理性。但这种不合理情况在以往的投资过程中却屡见不鲜。

再有,假设我们已知各个债券品种的风险和收益属性,我们该如何确定相互之间的比例关系?我们知道在博彩中有一个凯利公式(Kelly criterion),那么相应地,对于投资而言,是否也应该存在着一个基于数据分析得来的最优配置比例?这些都将是未来我们在债券投资过程中值得深入挖掘的内容。

另外,对于发达债券市场运行规律的研究也将会逐步显现出其应有的经济价值。例如,在美国投资级的债券与国债的利差比国内今年 6 月以前的水平要窄很多,这对于利率市场化后期的中国债市会有哪些启示?关于信用债的违约风险,有数据显示,尚德的债权回收率约 30%,温州目前的银行贷款坏账率约 4%,这些数字纯属偶然吗?对国内的信用利差定价又有哪些启示?再加上国债期货这一崭新的风险管理工具,相信未来国内债券投资一定会有新的盈利模式登上历史舞台，它依仗的将不再是人脉、资源，不再是传统的关系型金融（Relationship Finance），而是高超的投研技术，是真正意义上的现代金融。

毋庸讳言，2013 年的债券市场给了我们太多深刻的记忆，也许很多年以后大家仍然会热衷将其作为一个经验分享的绝佳素材，原因就在于它内含的大量信息，以及对未来中国债市发展的标志性意义。在刚刚闭幕的十八届三中全会上，中央对于债券市场的建设也有专业而深刻的规划，要求“健全反映市场供求关系的国债收益率曲线”，这对于债券市场的参与者而言，既是动力，也是压力。所以即使已经谈了很多，我仍然不禁想问，2013 年的债券市场还可以引发我们哪些思考？

作者单位：金元证券固定收益总部

（本文原载于《债券》2013 年 12 月刊）

# 固定收益资产的夏普比率及其对资产配置的意义

董文卓　邹　强

**摘要:**本文结合固定收益资产配置研究,通过选取相关样本数据,分别对利率债、信用债、可转债的夏普比率进行分析。分析结果表明,信用债的性价比是最高的,适合长期配置投资;利率债需要择时,投资可转债需要择时、择券;拉长债券久期降低夏普比率,下沉信用评级抬升夏普比率;如果杠杆水平受到的限制小,高杠杆配置短久期中等评级信用债是长期占优的配置策略;如果杠杆受限较大,可以通过适度配置可转债来提高预期收益,但需要提高对净值波动的容忍度;股性可转债的夏普比率总体上高于债性可转债。

**关键词:**固定收益资产　夏普比率　配置价值

笔者在对固定收益资产配置进行基础研究时发现,夏普比率的测算对固定收益资产的配置具有重要意义。以下本文将围绕相关问题进行探讨。

## 夏普比率的含义及其测算

夏普比率可以理解为承担单位风险可以获得的超额收益,它反映的是资产的性价比,是收益与风险的比值。夏普比率的计算公式为:

夏普比率=(资产的预期收益-无风险收益)/资产的波动率

其中,资产的预期收益与无风险收益之差可以理解为资产的风险溢价,资产的波动率可以理解为资产的风险。

笔者通过选取相关样本数据,分别测算利率债、信用债、可转债的夏普比率。其中,资产的预期收益率选取固定收益资产的月度收益率,利率债、信用债和可转债均采用相关指数;无风险利率采用月均 7 天期质押式回购利率(R007),目的是较真实地反映通过加杠杆可以获得的边际超额收益。

## 最适合长期配置的固定收益资产

笔者分别选取中债-总财富指数[①]、中债-信用债总财富指数和中证转债及可交换债指数作为代表,对利率债、信用债和可转债的夏普比率进行计算,结果见表 1。

表 1　固定收益资产的夏普比率

| 项目 | 中债-总财富(总值)指数 | 中债-信用债总财富(总值)指数 | 中证转债及可交换债 |
|---|---|---|---|
| 月度超额收益率(%) | 0. 115 | 0. 193 | 0. 623 |
| 月度收益波动率(%) | 0. 867 | 0. 692 | 6. 378 |
| 夏普比率 | 0. 133 | 0. 278 | 0. 098 |

资料来源:Wind、光大保德信基金

① 内含国债、央行票据和政策性金融债。

由表 1 可见,信用债资产的夏普比率显著超过利率债和可转债,信用债在长期配置价值方面的优势非常明显,而可转债和利率债的投资更多需要从择时的角度进行灵活配置。

如果没有仓位和杠杆的限制,那么投资者可以通过加杠杆配置信用债,在同等风险的情况下获取更高的收益。然而,由于大部分机构存在杠杆限制,目标收益较高,则需要配置具有更高预期收益的资产。笔者测算可转债和可交换债的年度平均收益率达到 9.8%,如果对净值波动的容忍度更高,也可以考虑长期配置可转债。

**拉长久期能否提高利率债的夏普比率**

随着利率债久期的增加,利率债的收益和风险都会随之增加。那么与短久期债券相比,长久期债券的性价比如何?随着久期的增加,风险和收益相比哪个增加得更明显?

为解答上述问题,笔者分别采用中债各期限国开债财富指数对夏普比率进行测算,选取的时间段为 2002 年 1 月至 5 月,测算结果见表 2。

**表 2　利率资产的夏普比率**

| 项目 | 中债-国开行债券总财富(1 年期以下)指数 | 中债-国开行债券总财富(1~3 年期)指数 | 中债-国开行债券总财富(3~5 年期)指数 | 中债-国开行债券总财富(5~7 年期)指数 | 中债-国开行债券总财富(7~10 年期)指数 | 中债-国开行债券总财富(10 年期以上)指数 |
|---|---|---|---|---|---|---|
| 月度超额收益率(%) | 0.054 | 0.088 | 0.125 | 0.152 | 0.142 | 0.247 |
| 月度收益波动率(%) | 0.164 | 0.421 | 0.790 | 0.955 | 1.189 | 2.542 |
| 夏普比率 | 0.330 | 0.210 | 0.159 | 0.159 | 0.119 | 0.097 |

资料来源:Wind、光大保德信基金

由表2可见，随着久期增加，夏普比率回落，说明久期增加带来的风险扩张比收益提升更加明显。因此，投资者可以通过短端资产加杠杆的方式，在同等波动率水平下获得更高的预期收益。

国内之所以出现长端债券夏普比率低于短端的情况，是因为大量的债券投资者受到杠杆空间限制，无法通过短端加杠杆来实现目标收益，只能配置性价比更低且预期收益更高、久期更长的债券。

杠杆空间的限制导致中国债券市场长久期债券的夏普比率更低。由于杠杆空间稀缺，在债券配置过程中充分利用杠杆就显得非常重要。

此外，笔者计算了不同久期国债的夏普比率，结果要明显低于国开债的夏普比率，主要是由于预期收益水平更低。但对于部分债券投资者来说，根本原因在于国债免税效应更大。

有趣的是，我国国债的上述特征与美国国债相反。笔者通过计算各种期限美国国债交易型开放式指数基金(ETF)的月度收益率和相应的波动率，估算了各期限美国国债的月度夏普比率(见表3)。

**表3　美国利率资产的夏普比率**

| 项目 | ISHARES 1~3年期美国国债 | ISHARES 3~7年期美国国债 | ISHARES 7~10年期美国国债 | ISHARES 10~20年期美国国债 | ISHARES 20年期以上美国国债 |
|---|---|---|---|---|---|
| 月度预期收益率(%) | 0.03 | 0.14 | 0.23 | 0.34 | 0.49 |
| 波动率(%) | 0.26 | 1.01 | 1.65 | 2.32 | 3.76 |
| 夏普比率 | 0.105 | 0.136 | 0.141 | 0.146 | 0.131 |

资料来源：彭博、光大保德信基金

根据笔者的测算，随着久期增长，美国国债的夏普比率总体呈抬升之势，最高的是10~20年期美国国债。笔者认为，在美国国债市场，与杠杆空间相比，能够配置长久期的债券是一种更加稀缺的权利，所以长久期利率债的夏普比率更高。由于中美两国债券市场监管制度不同,当久期不同时,中国国债与美国国债的夏普比率呈现不同的变化方向。

## 下沉评级能否提高信用债的夏普比率

信用债的夏普比率主要涉及两个问题:一是信用债加久期的性价比如何,二是信用债下沉评级是否具有性价比。

笔者通过分析发现,与利率债相似,信用债加久期后的夏普比率下降(见表4)。

**表4　不同久期信用资产的夏普比率**

| 项目 | 中债-信用债总财富(1年期以下)指数 | 中债-信用债总财富(1~3年期)指数 | 中债-信用债总财富(3~5年期)指数 | 中债-信用债总财富(5~7年期)指数 |
|---|---|---|---|---|
| 月度超额收益率(%) | 0.138 | 0.187 | 0.234 | 0.269 |
| 月度收益波动率(%) | 0.171 | 0.499 | 0.836 | 1.018 |
| 夏普比率 | 0.810 | 0.374 | 0.280 | 0.265 |

资料来源:Wind、光大保德信基金

值得注意的是,随着久期增加,信用债的夏普比率回落得非常明显,1年期以下信用债的夏普比率达到0.810,这是在笔者所测算的所有固定收益资产细分类别中夏普比率最高的。从长期来看,在130%左右的杠杆率限制下,加杠杆配置短期融资券可以达到4.5%左右的年度收益率水平,其年度波动率为0.6%左右。如果加杠杆不受限制,那么短端信用资产有非常明显的配置优势。

在下文中,笔者主要分析信用债下沉评级后的性价比。首先分析信用债下沉评级会使其收益提升得更加明显还是净值波动得更加明显。

由表5可见,AAA级信用债与国开债的夏普比率接近,AA级信用债的夏普比率较AAA级信用债有明显的抬升,说明AA级信用债投资的性价比较高,AA-级信用债的夏普比率反而略有降低。

**表5 不同信用评级企业债的夏普比率**

| 项目 | 中债-国开行债券总财富(总值)指数 | 中债-企业债AAA财富(总值)指数 | 中债-企业债AA财富(总值)指数 | 中债-企业债AA-财富(总值)指数 |
|---|---|---|---|---|
| 月度超额收益率(%) | 0.127 | 0.188 | 0.290 | 0.289 |
| 月度收益波动率(%) | 0.778 | 1.067 | 1.021 | 1.107 |
| 夏普比率 | 0.164 | 0.176 | 0.284 | 0.261 |

资料来源:Wind、光大保德信基金

受指数品种限制,笔者采用企业债来观察信用下沉的效果,这不可避免存在偏差。中低评级企业债以城投债为主,城投公募债刚性兑付特征明显,这可能是低等级企业债夏普比率偏高的一个原因。另外,对于信用债来说,资产的波动率未必能完全刻画信用风险,比如声誉风险等未必能反映在波动率中,这也是夏普比率偏高的原因。

另外,笔者分别测算了不同期限信用债(1年期以内、1~3年期、3~5年期)在信用下沉后的性价比(见表6)。

**表6 不同信用评级的1年期以内企业债的夏普比率**

| 项目 | 中债-国开行债券总财富(1年期以下)指数 | 中债-企业债AAA财富(1年期以下)指数 | 中债-企业债AA财富(1年期以下)指数 | 中债-企业债AA-财富(1年期以下)指数 |
|---|---|---|---|---|
| 月度超额收益率(%) | 0.054 | 0.110 | 0.165 | 0.334 |
| 月度收益波动率(%) | 0.164 | 0.235 | 0.254 | 0.264 |
| 夏普比率 | 0.330 | 0.467 | 0.647 | 1.265 |

资料来源:Wind、光大保德信基金

在信用下沉后,1 年期以内企业债的夏普比率抬升得非常明显,1 年期以内 AA 级企业债的月度夏普比率达到 1.265。

从 1~3 年期企业债来看,随着评级下沉,其夏普比率也出现抬升现象,但并不像 1 年期以内企业债抬升得那么明显(见表 7)。

**表 7　不同信用评级的 1~3 年期企业债的夏普比率**

| 项目 | 中债-国开行债券总财富(1~3 年期)指数 | 中债-企业债AAA 财富(1~3 年期)指数 | 中债-企业债AA 财富(1~3 年期)指数 | 中债-企业债AA-财富(1~3 年期)指数 |
|---|---|---|---|---|
| 月度超额收益率(%) | 0.088 | 0.159 | 0.246 | 0.298 |
| 月度收益波动率(%) | 0.421 | 0.532 | 0.550 | 0.564 |
| 夏普比率 | 0.210 | 0.299 | 0.448 | 0.528 |

资料来源:Wind、光大保德信基金

在 3~5 年期企业债中,夏普比率最高的是 AA 级企业债,AA-级企业债的夏普比率反而有所回落(见表 8)。

**表 8　不同信用评级的 3~5 年期企业债的夏普比率**

| 项目 | 中债-国开行债券总财富(3~5 年期)指数 | 中债-企业债AAA 财富(3~5 年期)指数 | 中债-企业债AA 财富(3~5 年期)指数 | 中债-企业债AA-财富(3~5 年期)指数 |
|---|---|---|---|---|
| 月度超额收益率(%) | 0.125 | 0.224 | 0.348 | 0.359 |
| 月度收益波动率(%) | 0.790 | 0.850 | 0.842 | 0.937 |
| 夏普比率 | 0.159 | 0.264 | 0.414 | 0.383 |

资料来源:Wind、光大保德信基金

最后,为了消除企业债样本偏离的影响,笔者将所有信用债根据隐含评级进行分类得到指数,并利用这些指数计算夏普比率,得到的结论与上述结论基本一致(见表 9)。

**表 9　不同隐含评级、不同久期信用债的夏普比率**

| 信用债久期 | 隐含评级为 AAA 级信用债的夏普比率 | 隐含评级为 AA+级信用债的夏普比率 | 隐含评级为 AA 级信用债的夏普比率 |
| --- | --- | --- | --- |
| 1 年期以内 | 0. 838 | 0. 875 | 1. 005 |
| 1～3 年期 | 0. 391 | 0. 425 | 0. 477 |
| 3～5 年期 | 0. 303 | 0. 326 | 0. 369 |

资料来源:Wind、光大保德信基金

但这种方法存在的问题是:隐含评级出现的时间偏短,其所涉及的时间序列是从 2018 年初开始,只覆盖了牛市和震荡市。但优势在于仍然覆盖了 2018 年以来违约频发的时期,对于分析信用下沉的性价比具有一定参考性。

由表 9 可见,短端信用下沉到隐含评级为 AA 级的策略是性价比最高的,这与企业债指数性价比分析所得到的结论基本一致。

### 配置价值更高的可转债类型

股性可转债与债性可转债之间并没有清晰的界定,笔者将其分为两类,一是不同平价的可转债,二是不同价格的可转债。笔者认为,平价低、价格低的可转债偏债性,平价高、价格高的可转债偏股性。下文将测算随着可转债价格或平价发生变化,其配置性价比是如何变化的。

根据可转债价格,笔者将其分为 105 元以下、105～120 元、120 元以上三类。根据可转债平价,将其分为 80 元以下、80～100 元、100 元以上三类。在指数编制过程中可能遇到的问题是,一旦遇到股票牛市,低价可转债将没有样本,因而笔者去掉了没有样本的时段。

本文的全样本指数包含了可转债和可交换债。从 2006 年至今,这些债券的整体夏普比率是 0. 1225。

通过对可转债价格的分类分析发现,105 元以下可转债的夏普比率与 105~120 元可转债的夏普比率接近,120 元以上可转债的夏普比率更高。可以认为,配置股性可转债的夏普比率更高一些(见表 10)。

**表 10 不同价格可转债的夏普比率**

| 项目 | 价格在<br>105 元以下 | 价格在<br>105~120 元 | 价格在<br>120 元以上 |
|---|---|---|---|
| 月度超额<br>收益率(%) | 0.348 | 0.495 | 1.340 |
| 月度收益<br>波动率(%) | 2.809 | 4.086 | 8.879 |
| 夏普比率 | 0.1239 | 0.1212 | 0.1510 |

资料来源:Wind、光大保德信基金

笔者按平价分类得到的结论是相似的。股性可转债的夏普比率高于债性可转债的夏普比率(见表 11)。

**表 11 不同平价可转债的夏普比率**

| 项目 | 平价在<br>80 元以下 | 平价在<br>80~100 元 | 平价在<br>100 元以上 |
|---|---|---|---|
| 月度超额<br>收益(%) | 0.114 | 0.548 | 0.930 |
| 月度收益<br>波动率(%) | 1.706 | 5.641 | 7.900 |
| 夏普比率 | 0.067 | 0.097 | 0.118 |

资料来源:Wind、光大保德信基金

上述分类方法会在一定程度上低估债性可转债的收益水平,因为一旦遇到牛市,低价可转债成为高价可转债,那么低价可转债样本将不再存在。为了解决这个问题,笔者删除了没有低价可转债样本的时间段,得到的结果是相似的。从总体上看,股性可转债的夏普比率更高。

## 结论

根据上述分析，笔者得到以下结论：

第一，从大类固定收益资产的夏普比率来看，其值从大到小依次为信用债、利率债、可转债。从长期配置价值来看，信用资产的优势明显，投资利率债和可转债需要从宏观、市场环境的角度灵活选择时点。可转债的预期收益显著高于信用债和利率债，如果放松对波动率的限制，可以通过增配可转债达到更高的预期收益率。

第二，从利率资产来看，久期越长，利率债的夏普比率越低。从配置的角度来看，短久期加杠杆模式的性价比更有优势。夏普比率随久期下降的原因在于现实中杠杆和仓位的空间是有限的，需要通过配置更长久期的资产来实现更高的预期收益。我国国债的这一规律与美国国债刚好相反。

第三，从信用资产来看，长久期信用资产的夏普比率相对更低，这一点与利率债相似。下沉信用评级会带来信用债夏普比率的抬升。下沉评级带来净值波动增加，但会得到更加明显的超额补偿收益，1 年期信用债下沉到隐含评级为 AA 级加杠杆的策略是夏普比率最高的策略。

第四，从可转债资产来看，股性可转债的夏普比率要高于债性可转债。不管从配置的角度还是从交易波段的角度来看，股性可转债都具备一定的优势。

作者单位：光大保德信基金

（本文原载于《债券》2020 年 8 月刊）

# 企业会计准则下借款费用会计处理方法对上市公司绩效的影响

吕　晶

**摘　要**：根据财政部发布的企业会计准则，我国企业借款费用有费用化、资本化两种会计处理方法。本文分析了会计实务中这两种会计处理方法及其对企业的影响，从实证角度分析了上市公司利用借款费用会计处理方法进行盈余操纵的有关问题，最后提出了避免企业盈余操纵的相关建议。

**关键词**：企业会计准则　借款费用　盈余操纵　资本化

近年来，我国会计准则中会计处理方法及相关规定更趋国际化。2006年，财政部发布了《企业会计准则第17号——借款费用》，规范了借款费用的确认、计量和披露相关事宜，提高了会计信息的可比性与相关性。但在实务中，若企业对于借款费用采取费用化或者资本化的不同会计处理方法，则往往会对企业资产价值、当期及以后各期利润、税收产生不同影响。如果企业不当运用会计准则也会产生盈余操纵空间，从而影响信息使用者对于企业盈利能力的评价，最终可能会改变投资者的决策。

因此,有必要对于近年来我国上市公司是否利用借款费用的不同会计处理方法进行盈余操纵来做一研究,从而进一步提高会计信息披露的真实性和准确性,保护投资者利益。

## 借款费用会计处理方法及其对企业的影响

根据财政部发布的会计准则,我国企业借款费用会计处理有两种方法,一种是将其费用化并计入当期损益,按照该方法处理,资产价值不包含借款费用;另一种是将每期发生的借款费用资本化计入相关资产的成本,待资产使用时再将其分期转为费用。

### (一)借款费用资本化的确认及其影响

我国会计准则规定:“企业发生的借款费用,可直接归属于符合资本化条件的资产①的购建或者生产的,应当予以资本化”,而不仅仅包括固定资产。借款费用资本化资产范围的扩大使生产周期长、占用资金多、借款时间长的制造业企业、房地产企业可以将部分借款费用计入生产成本,在产品销售时再作为成本转出,这样做更符合配比的原则。从这个角度来说,会计准则对企业当年具有正面影响:对于固定资产,允许资本化的借款费用计入资产成本,会增加当期的资产价值,减少当年财务费用,从而增加当期利润,企业所得税增加,随着折旧的计提,以后各年度的利润会减少;对于存货,允许资本化的借款费用计入产品成本,会增加当期资产价值,减少当年财务费用,从而增加当期收益,当存货被销售时,会增加销售成本,减少利润。

---

① 符合资本化条件的资产是指需要经过相当长时间的购建或者生产活动才能达到预定可使用或可销售状态的固定资产、投资性房地产和存货等资产。

此外,为购建或者生产符合资本化条件的资产而发生的借款费用都允许资本化,包括专门借款和一般借款[①]。在会计准则下,允许资本化的借款分为专门借款和一般借款,所以应分别核算,把其中资本化的部分计入资产中,把不符合的部分计入当期损益。允许资本化的一般借款如果用于多项资产,资本化费用应按资产支出权重合理分配。规定的借款范围不再严格划分专门借款与一般借款的界限,允许符合条件的一般借款的借款费用资本化,体现了实质重于形式的原则,同时可能会增加企业的资本化借款费用金额,当期相关资产价值增加,当年财务费用减少,当期利润增加,企业所得税增加,但以后年度利润可能会减少。

根据会计准则,借款费用必须同时满足三个资本化开始条件才能确认,如资本化的开始是以资产购建或生产活动开始为基准的,再如资产支出不仅包括支付的现金,还包括非现金的资产或债务转移,体现了实质重于形式的原则。同时对于原来只看借款费用是否支出来确认资本化开始的企业,这项规定可能会使借款费用资本化提前开始,资本化金额增加,当期相关资产价值增加,当年财务费用减少,当期利润增加。会计准则规定,在购建或者生产符合资本化条件资产的过程中发生非正常中断且中断时间连续超过 3 个月的,应暂停借款费用资本化,并把在中断期间发生的借款费用确认为费用计入当期损益,直至构建或生产重新开始。这样企业的借款费用资本化不会从开始到结束都没有中断,可能会使发生非预期事故不得不暂停资本化的企业资本化金额减少,当年财务费用增加,当期利润减少。会计准则规定,符合资本化条件的资产达到预定可使用

① 专门借款是指为购建或者生产符合资本化条件的资产而专门借入的款项,通常应有明确用途及标明该用途的合同。一般借款是指除专门借款以外的借款。

或可销售状态时，应停止对借款费用资本化。在其之后所发生的借款费用，应确认为费用计入当期损益。这样，企业不必等到资产的购建“完全结束”时再结束资本化，可能会使企业资本化金额减少，当年财务费用增加，当期利润减少。

（二）借款费用资本化的计量及其影响

对借款费用进行会计处理的关键是正确计算其资本化与费用化金额，在会计实务中，只要将当期资本化的借款费用确定，费用化的借款费用就可以确定了。以下将对会计准则中资本化的借款费用计算方法进行分析。

1. 专门借款中利息支出资本化、费用化金额的计算

会计准则规定，在确定专门借款利息支出资本化金额时，应以专门借款当期实际发生的利息费用，扣除尚未动用的借款存入银行取得的利息或进行暂时性投资取得的收益后的金额，公式如下：

专门借款利息支出资本化金额＝当期实际发生的专门借款利息支出－尚未动用的借款的银行利息收入或暂时投资收益

公式表明专门借款利息支出资本化金额反映了真正的利息负担。会计准则规定，把扣除尚未动用的借款资金的利息收入或进行暂时性投资取得的收益后的金额确定当期专门借款资本化的借款费用金额。这样计算的资本化金额可能会减少，企业当期相关资产价值减少，财务费用增加，当期利润减少，企业所得税减少。

2. 借款发生辅助费用的计算

会计准则规定：“专门借款发生的辅助费用[①]，在所购建或者生产的

① 辅助费用是指企业在借款过程中发生的费用，如手续费、佣金、印刷费等。

符合资本化条件的资产达到预定可使用或者可销售状态之前发生的,应当在发生时根据其发生额予以资本化,计入符合资本化条件的资产的成本;在所购建或者生产的符合资本化条件的资产达到预定可使用或者可销售状态之后发生的,应当在发生时根据其发生额确认为费用,计入当期损益。一般借款发生的辅助费用,应当在发生时根据其发生额确认为费用,计入当期损益。"对于专门借款发生的辅助费用,新准则不用判断其金额大小,均计入资产成本。因此,计算的资本化金额可能会增加,企业当期相关资产价值增加,财务费用减少,利润和所有者权益增加,企业所得税增加。

3. 外币专门借款汇兑差额的计算

会计准则规定,在资本化期间,外币专门借款的汇兑差额[①],应予以资本化,计入相应的资产价值中。其他外币借款产生的汇兑差额应确认为财务费用,计入当期损益。因此,在企业的外币借款中,只允许对专门借款部分进行资本化,一般借款不允许资本化,可能会减少资本化金额,使当期财务费用增加,利润减少。

(三)借款费用资本化的报告与披露

会计准则规定,企业财务报表附注中应披露本期确定的借款费用资本化金额及资本化率。这样会使企业财务信息处于公众监督下,更能反映企业的真实经营状况。

① 汇兑差额是指由于汇率变动导致市场汇率与账面汇率出现差异,从而对外币借款本金及利息的记账本位币产生影响的金额。

## 借款费用会计处理相关盈余操纵问题分析

企业适当的盈余管理行为能够更好地反映公司的会计信息,而过度的盈余操纵行为会导致会计信息不能准确反映公司实际经营情况,误导利益相关者。

(一)再融资上市公司借款费用盈余操纵方式分析

目前我国上市公司利用借款费用进行盈余操纵有诸多原因,如根据相关监管政策,上市公司配股,在其申请配股的前三个会计年度加权平均净资产收益率平均要在10%以上,属于能源、原材料、基础设施类的公司可以略低,但也不低于9%,上述指标计算期间内任何一年的净资产收益率不低于6%;再如企业增发时,除符合公开发行证券所需的一般条件外,还需满足最近三个会计年度加权平均净资产收益率平均不低于6%的要求,发行债券企业最近三年平均可分配利润足以支付公司债券一年的利息①。这说明公司上市后,净利润仍然是企业融资所需满足的重要条件,为达到再融资目的,企业可能会进行盈余操纵以调高利润。会计准则扩大了资本化资产的范围,增加了资本化的借款范围,改变了借款费用资本化金额的计算方法,这为企业利用借款费用进行盈余操纵提供了空间,企业可能会利用相关规定中未明确及未规范之处进行盈余操纵。

1. 借款费用资本化的确认方面

在会计准则中,对符合资本化条件的资产的定义中并没有说明"相当长时间"的具体含义,虽然在实务中通常以一年为基准,但是企业很可能

① 参见《证券市场操纵行为认定办法》。

为了扩大资本化资产的规模使某些购建或生产时间未到一年的资产纳入资本化范围中，增加当期资本化金额，调增利润。而且，企业也可能故意拖延购建或生产活动的延续时间，使资本化资产规模增大，增加当期资本化金额，调增利润。

企业还可能会利用允许资本化资产的范围进行盈余操纵，尤其对于一般借款，并没有标明借款用途，更容易被企业用来调节利润。企业可能会将不应资本化的一般借款费用计入资产成本，增加当期资本化金额，减少当期财务费用，调增利润；或在资产之间进行调节，将可资本化的借款费用在畅销和滞销的产品间人为分配，将较多费用计入畅销产品中，这样一方面可以降低畅销产品的成本，虚增当期利润；另一方面可以提高期末存货的成本，提高资产价值，粉饰企业的财务状况。

对于资本化时间的确定，企业可利用资本化开始、结束条件的不明确进行盈余操纵。会计准则规定在购建或者生产的过程中发生非正常中断、且中断时间连续超过 3 个月的，应暂停借款费用资本化，企业会利用 3 个月这一基准进行盈余操纵，无论中断时间是否超过 3 个月，企业若想持续进行借款费用资本化，会披露中断时间短于 3 个月，这样不但不能减少当期资本化金额，而且企业的信息也会变得不真实。

会计准则规定资本化结束的条件是资产达到预定可使用或可销售状态，其中购建或者生产符合资本化条件的资产需要试生产或者试运行的，在试生产结果表明资产能够正常生产出合格产品、或者试运行结果表明资产能够正常运转或者营业时，应当认为该资产已达到预定可使用或可销售状态。虽然会计准则规定了基本条件，但对资产预定可使用或可销售状态的判断还很模糊，未具体说明试生产的时间期限、产量，需产出合格品比例等，企业可以根据自己的目的利用未规定的条款进行盈余操纵。

2. 借款费用资本化计量方面

会计准则规定专门借款的利息支出以当期实际发生的利息支出，减去尚未动用的借款存入银行取得的利息收入或进行投资取得的投资收益确定，这样可能会使部分企业将未占用借款的利息收入或投资收益部分扣除，而非全部扣除，增加计入资产的借款费用，减少当期费用，增加企业当期利润。对于一般借款费用资本化的计算，会计准则要求企业应按照资本化率乘以有关的资产支出来确定。试图盈余操纵的企业可能会人为地将资本化率提高，使得一般借款资本化的金额增加，减少当期费用，虚增利润。

3. 借款费用资本化披露方面

会计准则要求企业披露借款费用资本化金额，但在实务中很多企业做得并不完善，某些存在盈余操纵动机的企业甚至会伪造财务信息，或不披露相关数据。

(二)上市公司实证分析

根据前文的分析，上市公司有进行盈余操纵的动机，尤其对于计划再融资的公司更是如此，企业可以利用相关规定使会计结果向着自身希望的方向变动，也有可能实现盈余操纵。为了验证实务中上市公司利用借款费用资本化的相关规定进行盈余操纵的做法，本文选取了部分上市公司数据进行实证研究。

1. 样本选择

本文选取在沪深两市A股市场上市的公司作为研究对象。根据会计准则对资本化对象等相关规定，从行业分布情况上初步判断借款费用资本化的公司应主要集中在制造业、房地产业，在之后的资料与数据整理过程中,这一点也被证实。最后综合考虑数据的可得性与研究可行性,选取161家在沪深两市A股市场上市的制造业、房地产业公司(根据证监会分类),其中34家公司在2013年有配股或增发、发行债券等再融资行为,其他157家公司2013年并未出现上文提到的三种情况。本文搜集了2009—2012年这些公司的财务费用明细,其中包括资本化的部分[①]。由于披露的信息中只有资本化的利息支出数据较全,而且利息支出占借款费用的主要部分,所以本文主要针对利息支出的资本化进行研究。

2. 研究工具:Spss19.0

3. 研究假设

(1)在持续经营假设下,由于所选取的公司经营周期较长,且没有重大重组事项,那么认为在研究样本时间内,公司经营结构与业务规模不会发生很大波动,借款来源与运用方式遵从公司的经营传统与习惯,故借款费用资本化率不会出现很大变化。

(2)根据前文的研究,对于拟通过配股或增发等方式进行再融资的公司,若要保证最近会计年度一定标准以上的盈利能力,则会在2010—2012年中有较强的盈余操纵动机,如果公司利用利息支出资本化来调高利润,那么资本化率会变大,尤其是当年的全部利息支出增加较多时,公司更有动机增大资本化比例。

(3)其他公司虽然没有特别的盈余操纵动机,但是对于拥有利息支出可资本化资产的制造业、房地产业的公司来说,增大资本化比例也是一种提高利润,从而吸引投资及进行再融资的方式,但统计结果并不一定会像再融资公司那样明显。

① 数据来源:Resset数据库。

4. 实证分析与结论

(1)大部分制造业、房地产业公司有增大利息资本化率、减少利息费用的倾向。根据本文所选161家公司的利息支出与利息支出资本化率绘制出二维散点图,其中纵轴:0代表利息支出与前一年相比减少,1代表利息支出与前一年相比增加;横轴:0代表利息支出资本化率与前一年相比变小,1代表利息支出资本化率与前一年相比变大(见图1)。

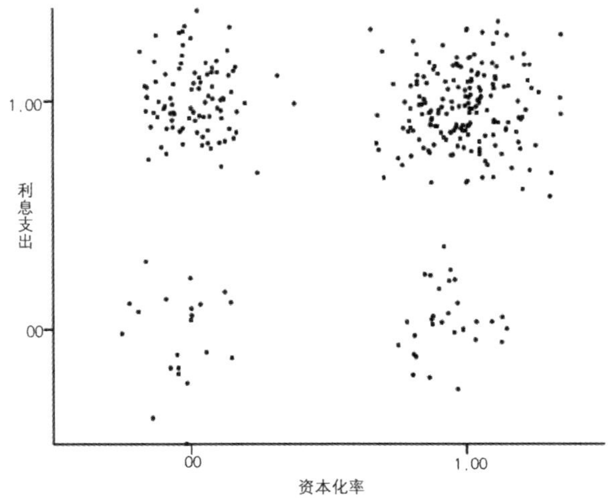


**图1 利息支出与利息支出资本化率二维散点图**

数据来源:Resset数据库

图1中右上角的样本说明,当公司总的利息支出规模变大时,为了不因借款费用的增加而减少当期利润,公司会增大相应资本化的金额,将更多的利息支出计入资产成本,使当期费用减少或增加的金额减少。

为了研究方便,以及排除偶然因素,本文将2010—2012年三年中至少有两年,随着总的利息支出的增加而增大资本化率的公司定义为有利用资本化减少利息费用倾向的公司,并对研究的161家公司进行了分类:有利用资本化减少利息费用倾向的公司和其他公司。统计结果发现,有

131 家公司有盈余操纵倾向,占比 81.37%。可以验证假设:在制造业、房地产业中,公司普遍有盈余操纵的倾向,并且会在利息支出资本化方面进行相关处理(见图 2)。

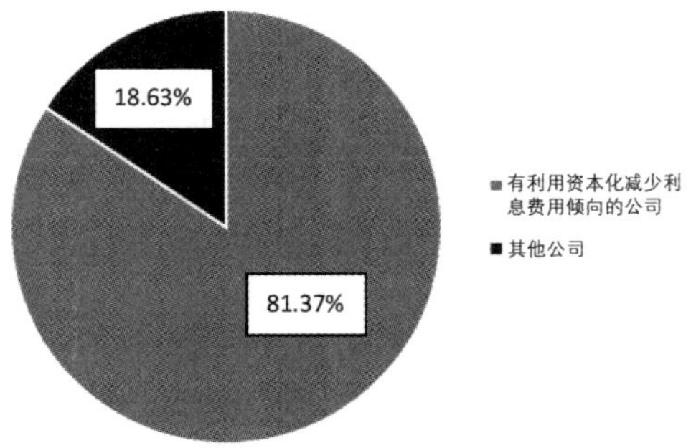


图 2　具有利用资本化减少利息费用倾向的上市公司占比

数据来源:Resset 数据库

(2)进行再融资的上市公司有利用利息资本化进行盈余操纵的倾向。本文对研究的 34 家配股、增发的公司进行统计,发现有 29 家公司有盈余操纵倾向,占比 85.29%,这说明配股、增发是利用利息资本化进行盈余操纵的主要动机,进行再融资的公司更有利用借款费用资本化进行盈余操纵的倾向,与本文的理论分析一致(见图 3)。

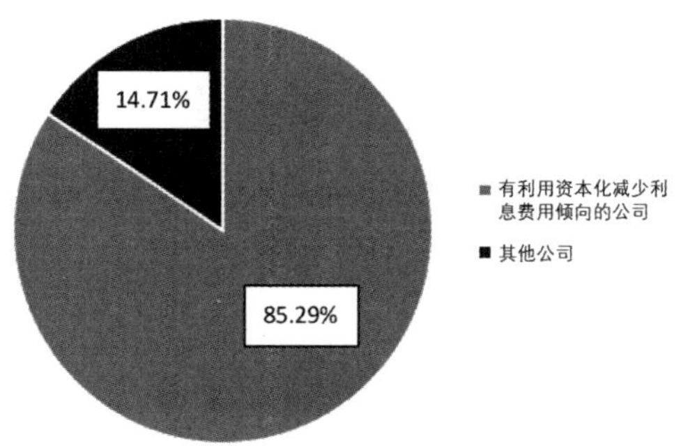


图 3　2013 年再融资上市公司利用资本化减少利息费用情况

数据来源:Resset 数据库

通过上述分析可以发现,大型制造业、房地产企业上市公司有利用借款费用进行盈余操纵的倾向,其中进行再融资的公司更有动机。净利润是企业融资的重要标准,企业为达到再融资目的,可能会进行盈余操纵从而调高利润。在借款费用方面,为了扩大资本化规模,企业可能将某些购建或生产时间未到一年的资产纳入资本化范围中,或将不应资本化的一般借款费用计入资产成本,类似做法都能提高企业利润。进行再融资的上市公司有利用利息资本化进行盈余操纵的动机与手段。

## 政策建议

为使会计信息更有效地体现公司的经营情况,避免公司进行盈余操纵,现提出如下建议。

### (一)进一步完善会计准则

企业会计准则中涉及借款费用的准则在某些方面规定模糊,为企业调节利润提供了机会,企业可以利用相关规定中未明确之处进行盈余操纵。建议尽快完善相关会计准则,做到实质重于形式。如在资本化确认过程中,引入第三方核查作为确认的必要条件;在判断资产预定可使用或可销售状态时,对试生产的时间期限、产量等设立相关考核标准等。

### (二)加强企业信息披露监管

在实证分析中,本文发现企业关于借款费用及其资本化方面的信息披露不完全,而企业的信息披露与其会计信息质量有密切联系。一方面,信息披露在一定程度上减少了上市公司盈余操纵的可能性;另一方面,信息披露传递了一种正面信号,表明管理层对会计信息质量的信心。因此,企业能够真实地披露信息是防止盈余操纵的重要措施。建议加强对大型制造业、房地产业企业,尤其是有再融资计划的上市公司资本化借款费用信息披露的相关监管。

此外,在对再融资公司进行审核时,建议除了关注会计材料的完整性外,还要分析会计信息的真实性与合理性。针对为了迎合监管要求等而产生的盈余操纵问题,建议对接近发行条件边缘的发行人加强信息披露质量审核,要求其对异常项目作出合理解释,杜绝选择性信息披露行为。

(三)改进公司的考核评价方式

公司的质量,如净资产增长率、每股现金流量等。

在对企业盈利能力进行考核评价时,建议用在上述指标中,每股现金流量可以揭示企业盈利相关指标体系取代单一的净资产收益率指标。由能力的高低,且不易被人为调整。监管部门可以于净利润的可操控性,净资产收益率指标易被粉通过对上市公司现金流量的分析,判断其是否需饰,以该指标决定上市公司能否配股或增发新股要配股,以避免利用借款费用资本化虚增净资产是不科学的。建议建立指标体系,综合考核上市收益率的弊端。

**参考文献:**

[1]王跃堂.对证券市场监管政策的经济后果的分析[J].经济科学.1999(5):82-87.

[2]陆建桥.中国亏损上市公司盈余操纵实证研究[J].会计研究.1999(9):25-35.

[3]魏明海.盈余操纵基本理论及其研究述评[J].会计研究,2000(9):37-42.

[4]赵桂娟,王伶.解读《企业会计准则第17号——借款费用》[J].会计之友,2006(10):73-74.

[5]邓勇.新旧借款费用准则对损益和应纳税所得的影响[J].商业会计,2007(3):13-14.

[6]黄银婉,马汉杰.专门借款利息费用的会计核算[J].财经界(学术版),2011(7):164.

[7] Scott N. Bronson, Joseph V. Carcello, K. Raghunandan. Firm Characteristics and Voluntary Management Reports on Internal Control[J]. Auditing: A Journal Practice & Theory, 2006.

[8] Andreas Haufler, Marco Runkel. Firms' Financial Choices and Thin Capitalization Rules under Corporate Tax Competition[J]. European Economic Review, 2012.

作者单位:对外经济贸易大学

(本文原载于《债券》2015年3月刊)

# 关于银行自营投资业务转型的思考

程丛宝

**摘　要：**近年来，我国直接融资加快发展、金融创新不断推进，银行自营投资比重稳步提升。从挖掘银行资产经营的潜力来看，有必要进一步拓展银行自营投资业务的深度和广度，从持有债券资产获取稳定收益的持有型投资模式向交易型投资、多产品线经营模式转变，从而有效提升投资回报率。

**关键词：**银行自营投资　交易型投资　相对价值策略　多产品线经营

## 银行自营投资业务的范畴

在我国债券市场建设和发展过程中，商业银行始终是最主要的投资者之一。根据中央国债登记结算有限责任公司托管数据，截至2016年一季度末，商业银行口径持有债券余额约16.5万亿元，占其总托管量的59%，如果考虑到难以准确统计的商业银行委外管理的债券规模，这一比重将会更高。

从商业银行购买债券的资金来源看，分为表内自有资金和表外理财资金两大类。在实践中，银行表内自有资金投资又称为自营投资，与贷款、应收款项类投资都是商业银行表内资金运用的主要方向。根据《企业会计准则第22号——金融工具确认和计量》的规定和银行实践，银行自营投资的资产主要计入可供出售金融资产和持有至到期投资，投资方向以债券为主。相比之下，由于大多数理财产品具有表外性和非保本性，理财投资的投资范围逐步从债券发展成为以债权产品为主、权益投资和另类投资为辅的多产品投资，具备了较好适应各类资产轮动的潜力。当前无论是从挖掘银行资产经营潜力的要求，还是为了更好适应金融创新趋势的角度看，银行自营投资业务都有必要进行一定的转型。

## 银行自营投资业务的主要特点

### （一）银行自营投资突出体现了商业银行经营的“三性”原则

从传统商业银行经营管理的角度看，银行自营投资突出体现了商业银行的“三性”原则，即“安全性、流动性、效益性”。从安全性来看，自营投资纳入银行表内授信授权管理体系，执行与贷款同等甚至更高的信用风险审查标准；从流动性来看，自营投资主要投资于债券，作为银行资产负债表内的高流动性资产，充当着商业银行的二级准备金（指银行可以随时变现的资产）和向中央银行、其他金融机构融入资金的质押品角色，是银行流动性管理的重要工具；从效益性来看，债券是银行一类重要的生息资产，但由于具有安全性标准和流动性优势，投资回报率一般低于信贷资产。

（二）自营投资具有一定被动配置的性质

从银行资产负债表的结构来看，近年来自营投资在银行资产中的比重稳步上升，但增幅不大，这与银行理财近年来爆发式增长的情况不同。根据国内上市银行近三年年报及2016年一季度季报数据来看，在五大行、全国性股份制银行和区域股份制银行的总资产中，自营投资占比基本处于20%、10%和20%的份额。

出现上述现象的原因，主要是在商业银行的资产配置过程中，信贷类资产的投放计划具有核心重要性。如果简化描述银行的资产配置过程，将资产投放看成信贷类资产和债券两大类，那么对于银行来说，债券具有一定被动配置的性质，一般是银行在满足信贷增长等目标以后的配置选择。在两大类资产都可选择的情况下，一般很少出现商业银行主动提高债券配置比重的情况。只有在信贷类资产增长乏力的情况下，银行才会在资产运用上主动提高债券投资的比重。

信贷类资产在银行资产运用中的优先地位，一方面是因为贷款作为低流动性资产，利率水平一般高于债券；另一方面是因为贷款具有债券投资所不具备的存款派生功能，对拉动银行对公负债具有重要作用。

（三）银行自营投资具有较低的资产周转率

银行自营投资在绝对规模上具有较大的体量，在操作方式上体现出长期配置资金寻求长期稳定回报的特点，总体以买入持有为主，并基于对经济基本面和债券市场中长周期的判断进行资产结构调整，但交易频率明显低于交易性资金，交易量与资产规模比相对较低，因此资产周转率处于较低水平。

(四)银行自营投资无杠杆

银行作为存款性金融机构,吸收存款等负债的规模远大于资本金,具有较高的经营杠杆,但自营投资业务在经营过程中一般不会再通过融入资金的方式加杠杆。一般而言,国内大中型银行的债券自营投资业务都无杠杆,这与券商、基金等机构的操作方式明显不同。

## 商业银行自营投资业务转型的必要性

近年来,我国社会融资结构中直接融资比重不断提高,客观上推动着银行资产结构的转型;而银行同业竞争愈发激烈,金融创新不断深化,使商业银行主观上具有加强资产经营的要求。

(一)直接融资推动自营投资占比提升

从宏观来看,债券融资规模在社会融资总规模中的占比由 2013 年的不足 10%提高到目前的约 20%,同期上市银行自营投资占银行资产的比重由 2013 年的 15.1%提高到 2016 年一季度的 16.9%,绝对金额约增加了 6.5 万亿元,处于稳步增长的势头。

从微观来看,债券融资在企业融资中的地位显著提高,由于融资成本优势,企业发债对贷款的替代作用也越来越明显。值得注意的是,2015 年开始的地方政府债置换工作进一步推动了银行资产结构的变化。目前,市场普遍预计地方债置换将用三年时间达到约 15 万亿~16 万亿元。按照 2015 年末银行业金融机构总资产 194 万亿元计算,如果上述债券全部留在银行体系内,将使银行资产中债券的比重上升约 8%;如果考虑到债券交易流通,按照 60%留存在银行体系计算,银行资产中债券的比重也将提高4%~5%。因此,地方债置换将直接影响银行的资产结构,提升自营投资的比重。

(二)同业竞争和合作要求商业银行强化资产经营能力

国内银行业竞争日趋激烈,对资产经营提出了更高要求。自营投资在银行资产结构中占有相当比重,应当在做好二级备付职能的同时,提升资产的盈利能力。

近年来,国内固定收益类资产不断发展,非标准化债权资产、债券/货币型基金、REITs(房地产信托投资基金)/类REITs等产品发展较快,上述资产或是基于债券而衍生,或是与债券相关的债权型产品,资产收益的波动性总体较低,处于银行风险管理体系可控的范畴内,可以成为银行自营投资的标的。

从同业合作来看,银行与非银金融机构利用专业优势和自身特点加强合作趋势较为明显,表现为委外主动管理型、通道型、产品直投型、投资顾问型等模式。这些模式在银行理财投资和保险资金投资中已经普遍开展,可以为银行自营投资业务所借鉴,进行投资方式的创新。

**关于自营投资业务转型的思考**

综合以上分析,笔者认为银行自营投资业务需要进一步拓展深度和广度,从持有债券资产获取稳定收益的持有型投资模式向交易型投资、多产品线经营的模式转变;应以债券投资为核心,一方面扩大债券资产的有效交易规模,另一方面应将投资范围扩展到债券以外的类固定收益资产,从而提升投资回报。具体包括以下两个方面:

## (一)挖掘自营投资业务深度:从持有型债券投资向交易型债券投资转变

在工商业企业的生产活动中,资产周转率是衡量企业经营能力的重要指标,经营者投入资金进行生产,在"资金投入—生产—销售—资金回收—资金再投入"的周转过程中完成了价值增值和利润创造。资产周转率的高低,反映了企业营运能力的高低。

$$\text{工商企业资产周转率}=\frac{\text{营业总收入}}{\text{平均总资产}}$$

自营投资的资金运动和工商企业有相似之处。以债券投资为例,投资者在"投入资金—收回资金—再投资"的过程中获得资产增值(或损失),资产增值主要来源于:持有债券的利息收益和交易债券的资本利得(损失)。如果债券在买入后以持有至到期为主,那么资产增值取决于利息收益,资产周转率主要取决于一定时间内的到期再投资量和新增投资量,资产周转率较低,获取收益的模式单一。

$$\text{资产周转率}=\frac{\text{总交易量}}{\text{总资产}}=\frac{\text{到期再投资量}+\text{新增投资量}}{\text{存量规模}+\text{到期再投资量}+\text{新增投资量}}$$

挖掘自营投资业务的深度,应当扩大有效交易量,即:在研究分析的基础上,扩大以获取资本利得或提升资产收益率为目标的交易量,从持有型投资的模式向交易型投资的模式转变,通过提高有效交易量,让存量债券资产运转起来,提高资产周转率。

$$\text{资产周转率}=\frac{\text{总交易量}}{\text{总资产}}=\frac{\text{到期再投资量}+\text{新增投资量}+\text{有效交易量}}{\text{存量规模}+\text{到期再投资量}+\text{新增投资量}}$$

需要指出的是,扩大有效交易规模只是手段,根本目的是为了提升投资回报。从笔者经验来看,从持有型投资向交易型投资的转变,可以从

“趋势性策略”和“相对价值策略”两个维度展开。趋势性策略是根据对债券市场基本趋势的综合分析,形成对市场方向性和波动幅度的判断,并据此对债券资产的投资时机、久期、保值对冲等进行积极调整。相对价值策略是在对各类债券的品种价值、期限价值、信用价值等角度进行分析判断的基础上,把握局部的投资机会,在不承担或少承担风险的情况下,寻找相对“便宜”的资产进行资产替换或配置,提升投资回报。具体可分为:

1. 品种价值

从债券大类品种来看,以国债和政策性金融债为例,二者的利差是分析二者相对价值的主要指标。在今年3月到4月债券市场收益率向上调整的过程中,在特定投资者个体因素和营改增政策的影响下,10年期国债和金融债的利差由30bp逐步放宽到最高约55bp。二者利差的放宽,使当时政策性金融债相对国债的价值十分突出:从4月底至6月底,中债金融债券净价指数取得了约1.4%的绝对回报,远高于同一时期国债约0.3%的净价回报。从相对价值的角度来看,此时投资组合中不应再增加国债的配置,甚至应该卖出国债,并置换为政策性金融债。

从债券细分品种来看,以创新产品为例,近年来债券市场创新产品在推出初期普遍出现了较高的利差溢价,随着该产品市场容量的扩大,利差水平随后显著收窄(见表1)。因此,创新产品的早期投资者享受了较高的利差补偿和相对价值收益,这对于债券资产组合的配置有一定借鉴意义。

表 1　债券创新品种的利差变化情况

| | 前 5 只债券平均收益率 | 前 5 只债券的平均利差(对比国债) | 当前同类产品的利差(对比国债) | 利差收窄 |
|---|---|---|---|---|
| 定向债务融资工具 | 6.00% | 216bp | 118bp | 98bp |
| 永续企业债 | 7.10% | 302bp | 96bp | 206bp |
| 二级资本债 | 6.43% | 241bp | 122bp | 119bp |

数据来源:根据 Wind 资讯整理

2. 期限价值

收益率曲线交易是债券交易的一个重要策略。收益率曲线的形态既体现了投资者对未来利率水平的预期,同时也是债券市场某一时期的交易结果,常常存在着收益率曲线上个别期限点的收益率定价过高或过低的情况。合理判断收益率曲线各个期限的价值,可以有效挖掘交易机会。

判断债券的期限相对价值,一种方法是根据各期限利差的历史走势和历史均值,将当前期限利差水平与历史情况相比较,并结合对近期利率走势的判断进行投资交易。

将当前与历史期限利差水平进行比较的方法简单直观,易于操作,但无法量化分析收益率曲线各个期限的具体价值。分析曲线价值的另一种方法是考察债券的到期收益率曲线、即期收益率曲线和远期收益率曲线。投资者经常使用的到期收益率代表了未来一段时间的年平均回报率,而远期收益率(FY,forward yield)代表了未来某一期限点上该年实际蕴含的回报率。远期收益率由即期收益率(SY,spot yield)曲线推算而来,远期收益率曲线上第 n 年收益率 FYn 与第(n-1)年收益率 FY(n-1)的利差,代表了该债券在第 n 年和第(n-1)年的实际溢价水平。投资者可以通过计算远期收益率及利差水平,计量各期限实际蕴含的回报率。

第 n 年期限的实际溢价 = $FY_n - FY_{(n-1)}$

以2016年7月29日公布的中债国债收益率曲线为例,根据当日公布的即期收益率曲线,可以计算出对应的远期收益率曲线,将即期、到期、远期三条曲线对比可以发现,虽然即期和到期收益率曲线呈现正常的上凸型,但远期收益率曲线却呈现出中端明显凸起、长端回落的形态,显示6年期和7年期国债的期限价值最高。

3.信用价值

信用债发行人近年来呈现出地区分化、行业分化和个体分化的态势,例如东北省份、中西部资源密集型省份近年来经济增长乏力,当地银行业不良贷款水平明显高于全国平均值;煤炭、钢铁等产能过剩行业发行人经营压力仍处于继续恶化态势,而交通基建类企业随着政府基建投资的拉动效应和银行信贷资金的持续流入,企业财务表现持续改善;房地产行业分化明显,其中行业龙头房地产民企在实际经营中得到了银行较大的信贷支持,自2015年国内对房地产行业放开发债以来,其债券信用利差整体上也持续收窄。上述反映在区域、行业和个体的信用变化情况,都对相关发行人债券的二级市场价格产生了明显影响,体现出迥异的债券相对价格变化,值得投资者重点挖掘。

(二)扩展自营投资业务广度:完善银行自营投资的产品线建设

完善银行自营投资的产品线建设,需要在满足监管合规的前提下,挖掘债券以外其他资产的投资机会。当前,银行自营投资逐步形成以债券投资为核心、多产品线经营的模式。具体来看,应在银行风险管理框架下,扩展固定收益大类资产的投资机会,如公募债券基金/货币基金、非标准化债权资产、REITs/类REITs,还可以深入探讨保本型基金、分级基金A、股票质押式回购等产品。这些产品通过牺牲一定流动性或通过结构化安排,使得收益率一般高于债券,同时风险可控、增信措施较好,符合银行自营投资的风险偏好。

1. 公募债券基金/货币基金

公募债券基金/货币基金在投资标的上以债券类资产为主,在投资方向、风险偏好等方面基本与银行自营投资的要求相符合,且公募基金公司在监管合规性等方面都执行着较为严格的规定,强化了投资审慎性。

银行自营资金投资于公募债券型基金,可以通过借助外力实现管理精细化,还可以通过债券型基金能够加杠杆(基金总资产一般不得超过净资产的 140%)的优势,在债券牛市时获取更高收益。货币基金投资期限较短、申赎灵活、无手续费,在遭遇债券市场中长期熊市时,可以作为投资者缩短久期的较好防御性工具。此外,对于公募保本型基金的投资,也可以在满足银行合规性和外部审计要求的基础上进行探讨。

2. 非标准化债权资产

近年来某些机构出于规避信贷监管等目的,对非标准化债权资产(即非标资产)的投资迅速增长。非标资产本质上是基于银行信贷或信托贷款衍生出的一类资产,与一般债券一样具有纯债权属性,对于银行自营投资而言具有现实的可行性和可操作性。与债券投资不同的是,一些非标资产可能涉及抵押、质押、第三方担保等多种增信措施,需要银行总分行联动,切实落实好投后控制和管理。

3. REITs/类 REITs

自 2014 年以来,国内已经推出 8 只交易所挂牌 REITs 和类 REITs 产品,总发行量合计约 256 亿元人民币。从目前已经发行的此类产品来看,基础资产所对应建筑物/不动产的资产质量优良;从结构设计来看,该类产品目前一般具备优先级/次级或者优先级/权益级的结构安排,部分产品还设计了融资人的回购承诺或差额支付承诺,具备较好的增信措施。从收益率来看,已发行的8只此类产品优先A档收益率水平较同时期、同评级中票高约141bp,具备较强的投资价值(见表2)。

**表2　国内已发行的REITs类产品情况**

| 项目名称 | 发行总额(亿元) | 发行日期 | 优先A档利率 | 优先A档实际期限(年) | 与可比中票利差(bp) |
|---|---|---|---|---|---|
| 中信华夏苏宁云创资产支持专项计划 | 43.95 | 2014-12-16 | 6.17% | 3 | 121 |
| 中信华夏苏宁云创二期资产支持专项计划 | 33.35 | 2015-06-29 | 5.6% | 3 | 153 |
| 招商创融—天虹商场(一期)资产支持专项计划 | 14.50 | 2015-12-11 | 5.24% | 5 | 166 |
| 中信华夏苏宁云享资产支持专项计划 | 18.47 | 2016-06-24 | 3.9% | 4 | 51 |
| 中信启航专项资产管理计划 | 52.10 | 2014-04-25 | 7.0% | 5 | 127 |
| 恒泰浩睿—海航浦发大厦资产支持专项计划 | 25.00 | 2015-12-02 | 5.3% | 3 | 174 |
| 恒泰浩睿—彩云之南酒店资产支持专项计划 | 58.00 | 2015-12-23 | 4.49% | 3 | 127 |
| 东证资管—青浦吾悦广场资产支持专项计划 | 10.50 | 2016-06-16 | 5.35% | 3 | 209 |

数据来源:根据Wind资讯整理

相比美国和新加坡等成熟REITs市场,我国目前REITs类产品处于起步阶段,在产品设计上更多地突出债权属性而非权益属性,因此能够较好匹配银行自营投资的方向,是完善银行自营投资产品线建设的重要方向。

作者单位:中信银行股份有限公司

(本文原载于《债券》2016年11月刊)

# 境外机构增持人民币债券的原因分析及展望

鄂永健

**摘　要：** 近年来境外机构持续增持境内人民币债券。债市开放、离岸人民币资金池扩大、人民币国际地位提升、人民币汇率对冲成本下降是境外机构增持人民币债券的主要原因。随着外部经济环境的变化，预计境外机构持有人民币债券的增速或将趋于放缓。

**关键词：** 债券市场　境外机构　人民币债券　对冲成本

今年以来，境外机构持续增持境内人民币债券。今年1—7月，境外机构在银行间市场累计增持人民币债券3800亿元，占同期人民币债券增量的13%（见图1）。境外机构为何连续增持境内人民币债券？这一趋势是否可持续？笔者将对此进行分析。

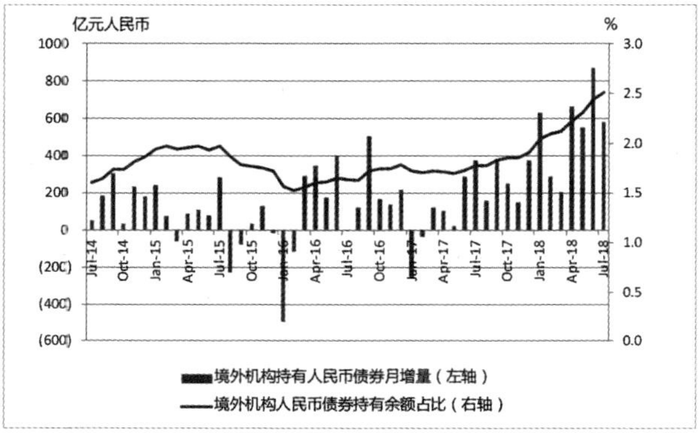


**图 1 境外机构加快布局境内人民币债券市场**

数据来源:CEIC

## 多种因素共同促成境外机构增持境内债券

(一)债市开放措施为境外投资者提供了多样的投资渠道

随着债市开放的推进,境外投资者投资境内人民币债券的渠道更加多样。截至 2018 年 6 月末,近 700 家境外机构直接进入银行间市场,持有债券超过 1.3 万亿元,共有 356 个境外主体通过“债券通”渠道间接进入银行间债券市场,累计成交量达 4220 亿元。

(二)离岸人民币资金池扩大带动了境外投资者的境内投资需求

从历史走势来看,离岸人民币存款与人民币汇率变化有着较强的相关关系。人民币升值会增强境外主体持有人民币的意愿,带动境外人民币存款上升,反之则下降。最近一轮的人民币升值始于 2017 年初,到今年 6 月中旬结束。受人民币汇率升值的带动,香港市场的人民币存款规模从 2017 年二季度开始止跌回升并持续扩大,截至今年 6 月末已达 5845

亿元(见图2),较2017年3月末的低点增加了772亿元,增幅达15%。不断增长的境外人民币存款必然有保值增值的需求,在境内债券市场开放程度扩大、投资渠道增多的情况下,境外人民币资金投资境内债券市场也会增多。

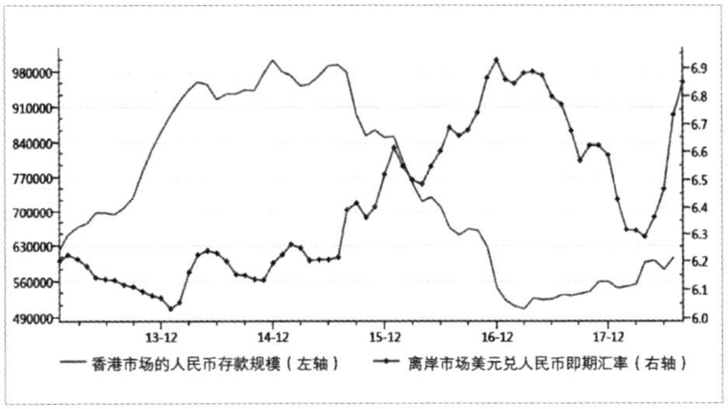


**图2　2017年以来离岸人民币存款规模扩大**

数据来源:Wind

(三)人民币国际地位提升带动了境外机构对境内人民币债券的中长期配置需求

人民币于2016年10月1日正式加入SDR,初期由于人民币汇率处于贬值态势,在全球的使用范围并未立即显著扩大。随着2017年初人民币汇率开始企稳并趋于上升,加入SDR的效应开始显现,人民币国际地位逐步抬升。IMF发布的季度数据显示,自2017年以来人民币在全球外汇储备中的份额稳步上升,从2016年四季度末的1.08%上升到2017年四季度末的1.23%,2018年一季度末则进一步上升到1.39%。越来越多的国家将人民币纳入外汇储备,此举将催生出对人民币资产的中长期配置需求。从境外机构持有的境内人民币债券品种来看,主要以收益稳定的国债、政策性银行债等中长期品种为主。截至今年6月末,在1.35万亿元的境外机构持有的人民币债券余额中,国债为 9800 亿元,政策性银行债为 3300 亿元,两者合计占比达 97%(见图 3)。

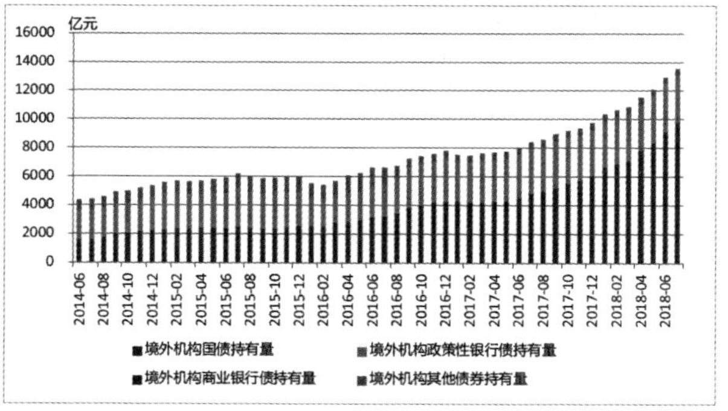


**图 3　境外机构主要投资国债和政策性银行债**

数据来源:Wind

(四)人民币汇率风险对冲成本持续显著下降是重要推动因素

与美元、欧元等主要国际货币相比,人民币在全球的使用范围还有限。目前境外离岸市场人民币存款规模在 1 万多亿元,而当前境外投资者持有的境内人民币债券余额已超过人民币 1.35 万亿元。因此,投资境内市场的境外投资者的本金主要可能还是外币资金,其在投资境内市场时必然要考虑汇率波动的风险,人民币汇率风险对冲成本就成为影响境外机构投资境内市场的一个重要因素。在香港人民币市场上,货币掉期是用来对冲人民币汇率波动风险的主要工具。货币掉期相当于是以美元为抵押来获取人民币,目前人民币货币掉期市场日均交易量在 200 亿美元左右,远超拆借交易量(每日约 50 亿~80 亿美元),成为离岸主体获得人民币流动性的主要渠道。人民币汇率风险对冲成本可以用香港离岸市场美元兑人民币汇率一年期 NDF 减去离岸即期汇率的掉期点数来加以衡量。如图 4 所示,人民币汇率对冲成本与境外机构持有境内人民币债券的月增量之间存在较强的负相关关系。在人民币汇率对冲成本上升时期,境外机构持有的境内人民币债券月增量下降甚至为负;而在对冲成本下降时期,境外机构加快增持境内人民币债券。此外,二者之间的紧密关系也进一步证明了境外投资者的本金主要是外币的观点,因为若是以人民币本金投资境内市场,其行为不应对汇率对冲成本的变化如此敏感。

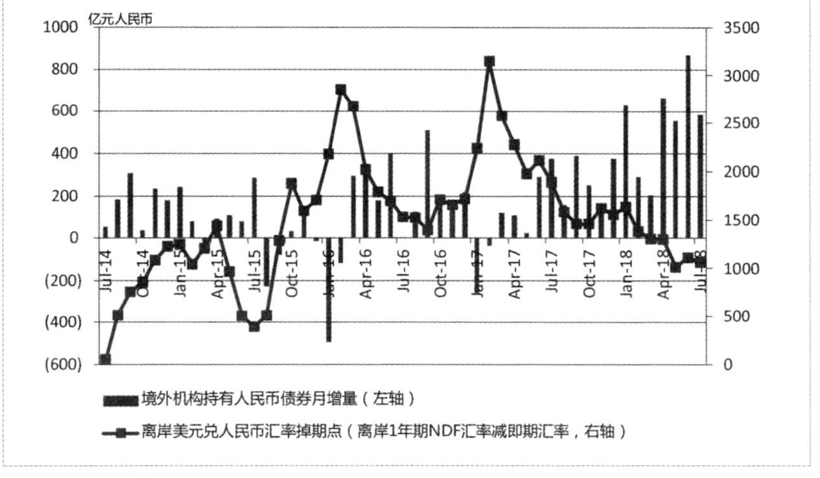


**图 4　境外机构投资行为与人民币汇率风险对冲成本**

数据来源:CEIC

人民币汇率对冲成本自 2017 年年初以来持续显著下降,至今年 7 月份下降到 643 点,较 2017 年年初的最高点下降了近 80%,这在很大程度上推动了境外机构不断增持境内人民币债券。影响货币掉期点数(即对冲成本)的主要因素有两个:一是市场对人民币汇率的预期,另一个是人民币与美元的利差。2017 年初至今年一季度,对冲成本下降的主要推动力量是人民币贬值预期下降并逐步转为升值预期。自二季度以来,尽管人民币对美元停止升值并于近期出现贬值,但远期汇率预期尚未发生显著变化,在货币政策边际放松、流动性充裕、人民币利率水平下行且美联储逐步加息推升美元利率的情况下,人民币与美元利差收窄,进而使人民币汇率对冲成本继续下行。不论是何种因素导致人民币汇率对冲成本下降,只要对冲成本不高,在保持一定收益率的情况下,境外投资者就有较强的动力继续增持境内人民币债券,特别是收益率较为稳定的国债和政策性银行债。

**境外机构增持人民币债券的可持续性分析**

(一)境外人民币存款规模增长将因人民币贬值而放缓

从市场历史走势来看,境外人民币存款增长与人民币汇率密切相关。在人民币升值时期,境外企业和居民持有人民币意愿增强,反之则下降。近期人民币对美元汇率出现较大幅度贬值,市场预期开始有所变化。如图2所示,人民币对美元汇率贬值后的2~3个月,境外人民币存款开始下降。此轮人民币汇率贬值始于6月中旬,而境外人民币存款于6月份已开始下降,当月香港人民币存款规模较上月减少了164亿元,未来增长形势不容乐观,因这部分资金而产生的对境内市场的投资需求也可能会随之减少。

(二)汇率贬值不利于人民币在全球外汇储备份额的增长

人民币在全球外汇储备中的比例与人民币汇率变化有一定关系。目前人民币在全球外汇储备的数据序列较短(IMF从2017年开始发布该数据),较难发现其与人民币汇率变化的关系,但可以用人民币在国际支付中的份额来近似代替,二者都是衡量人民币国际化程度的指标。如图5所示,在人民币贬值时期,人民币国际支付份额一般呈下降态势,而在升值时期,人民币国际支付份额则保持稳定或上升。在人民币加入 SDR 前,研究机构普遍预计人民币在全球外汇储备中的占比将会显著上升,有机构甚至预计会上升到 5%。截至目前,人民币加入 SDR 已近两年时间,人民币在全球外汇储备中的地位弱于当初预期,笔者认为主要原因是在此期间人民币经历了一段时期的持续贬值。近期因人民币汇率贬值,市场预期有所变化,未来人民币在全球外汇储备中的比例持续上升的难度较大。当然,以人民币作为外汇储备而产生的人民币资产配置需求多是中长期的,稳定性较其他交易型资金更好,因此也不会因为短期汇率波动而显著下降。

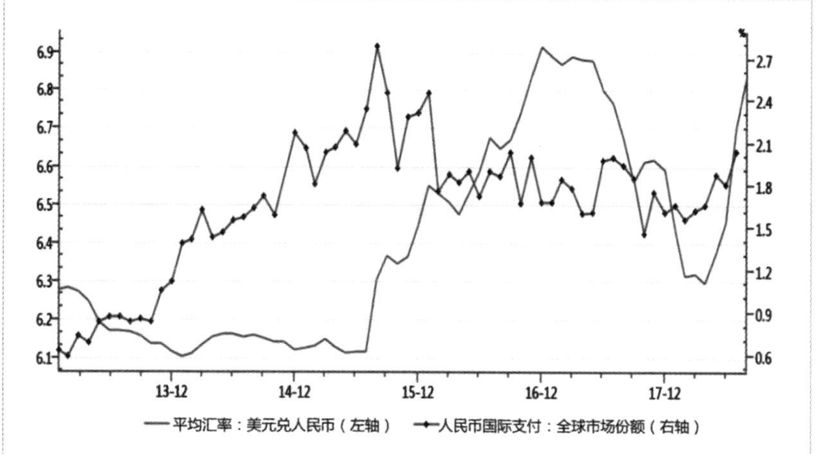


**图 5　人民币国际支付份额与人民币汇率变化紧密相关**

数据来源:Wind

(三)人民币汇率对冲成本不大可能持续保持在低位

从影响人民币汇率对冲成本的两个主要因素来看(如图 6、图 7 所示),中美利差与人民币汇率掉期点数之间有一定同向变动关系,但并不显著,在不少时期二者还呈现反向变化;远期汇率预期与人民币汇率对冲成本之间的关系相对更为紧密,贬值预期上升(美元兑人民币远期汇率上升)一般会带来人民币汇率对冲成本的提高,二者之间的相关系数高达80%。进一步仔细观察图6和图7可以发现,在大部分时间内,汇率预期是影响对冲成本的主要因素,而在中美利差连续大幅收窄时期,利差的影响更是成为主导。比如,在2015年2—7月,中美利差从4.13%大幅收窄到2.6%,这导致汇率对冲成本从1207点大幅下降到507点,降幅超过一半,而同期远期汇率仅从6.38小幅下降到6.27。再如,从2016年1—8月,汇率对冲成本从2855点连续大幅下降到1393点,而远期汇率仅从6.9下降到6.79,期间还经历了一段上升时期,同期中美利差则从2.15%大幅下降到1.52%,显然中美利差是促使汇率对冲成本降低的主要因素。

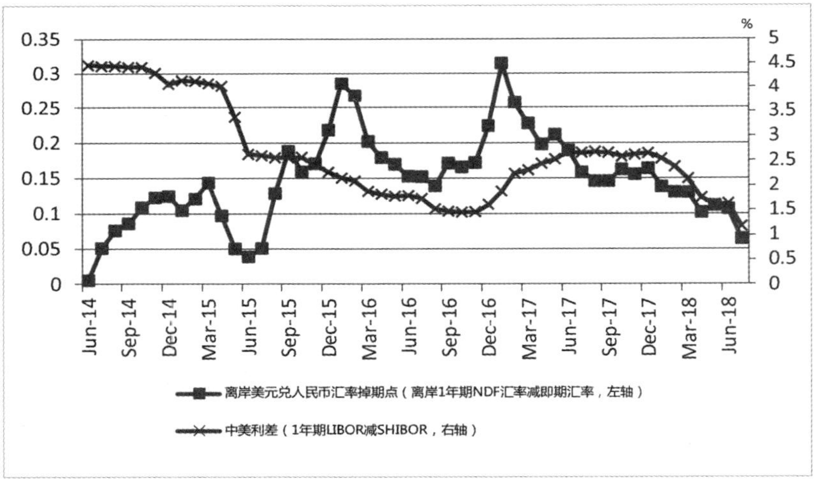


**图6　中美利差与离岸人民币汇率对冲成本**

数据来源:Wind

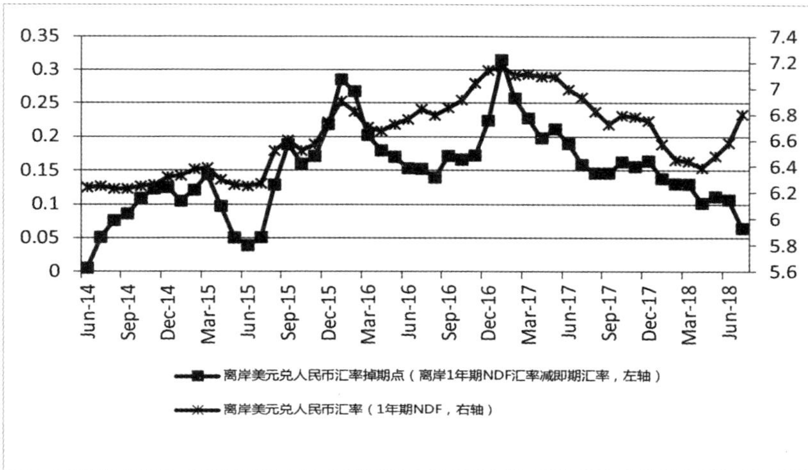


**图 7　人民币汇率预期与离岸人民币汇率对冲成本**

数据来源：Wind

今年 4 月以来人民币远期汇率由升转贬，尽管贬值幅度不小（4—7 月累计贬值 6%），但由于在此期间货币政策向稳健偏宽松调整，国内银行间市场利率水平快速下行，加之美联储两次加息，使中美利差从 1.75% 显著下降到 1.17%，因此汇率对冲成本持续保持在低位。但未来这一格局很可能发生变化：一是近期流动性过于宽松、市场利率水平迅速下行主要是因为流动性投放力度加大后，银行信贷尚未投放出去，致使资金淤积在银行间市场。随着更为积极财政政策的逐步落实，一系列定向支持措施加快实施，信贷投放将加快，预计这一宽松格局难以持续，近几日货币市场利率已经有所抬升。二是在诸多因素的影响下，人民币贬值压力依然存在，市场预期开始变化。6 月和 7 月银行结售汇差额连续大幅收窄，预计离岸远期汇率仍会继续贬值，这将对汇率对冲成本产生持续上升压力。三是对远期售汇征收风险准备金、收紧离岸人民币流动性等都可能抬高汇率对冲成本，未来不排除还有相关举措出台。预计未来人民币汇率对冲成本可能难以持续保持在低位,会逐渐趋于上升,这将对境外投资者投资境内债市产生一定影响。

## 结论

人民币汇率贬值会在一定程度上影响境外人民币存款增速,人民币在全球外汇储备中的地位会因贬值而受到影响,与境外机构投资境内债市相关性较强的人民币汇率对冲成本也难以保持在低位。但从另一个角度看,由于境外机构以人民币作为外汇储备而产生的对境内债券的配置需求多是中长期的,其波动性不大,只不过未来这部分的增量资金规模可能有限。近期我国稳定人民币汇率的信号十分明确,预计未来人民币汇率不会持续大幅贬值,这有利于稳定外汇市场。

从总体来看,随着美国经济中短期内稳步向好、美联储渐进加息路径明确、国内货币政策边际转松,人民币汇率仍将承压,这将使汇率对冲成本趋于上涨。逆周期调节政策应能够避免人民币过度贬值,预计境外机构持有境内人民币债券难以持续显著增长,增速或将逐渐趋于放缓。

作者单位:交通银行金融研究中心

(本文原载于《债券》2018 年 9 月刊)

# 新商业银行资本管理办法对债市估值影响的量化测算

石　磊　贾继承

**摘　要：**本文基于合理的假设，对新资本管理办法的长期约束和信用风险权重调整对债市的影响进行了量化分析，同时对杠杆率监管和铁道债风险权重调整可能产生的影响也进行了探讨和测算。

**关键词：**新资本管理办法　债券定价　信用风险权重

根据巴塞尔协议Ⅲ，我国建立了以资本充足率监管、流动性监管和贷款损失准备监管为核心的有机统一的审慎监管制度安排，增强了银行机构抵御风险的能力。2012 年 6 月银监会颁布了《商业银行资本管理办法（试行）》，详细规定了资本充足率监管的内容，作为审慎监管制度的重点，其又包括改进资本充足率计算（严格资本定义、调整信用风险权重、加入操作风险）、提高资本充足率监管要求等部分。

## 新资本管理办法对银行体系的长期约束测算

目前，商业银行资本充足率高于监管要求，因此短期内并不会因新政限制贷款、信用债等风险资产的增长，但长期约束如何？这取决于商业银行未来资本和风险资产的增速。

(一)商业银行未来资本增速测算

商业银行资本增长来自于内源性(利润留存)和外源性(次级债、股权等)两方面,其中:内源性增速=股权收益率(ROE)×利润留存比例

目前,大型、中小型银行ROE在23%附近,而城商(农商)行ROE在19%附近。基于中国经济去产能的大周期和银行不良率提升的判断,假设未来6年ROE以每年0.5%的速度递减。同时,根据经验数据,大型银行、城商(农商)行利润留存比例在60%左右,中小型银行高一些,约70%。此外,笔者估算商业银行外源性资本增速为0.5%左右。依此可以测算出大型银行资本增速为14%,中小型银行为16%,城商(农商)行为11%,且增速逐年下降(见表1)。

**表1 商业银行资本增速测算**

| 大型银行 | 2013年 | 2014年 | 2015年 | 2016年 | 2017年 | 2018年 |
|---|---|---|---|---|---|---|
| ROE假设 | 22.5% | 22.0% | 21.5% | 21.0% | 20.5% | 20.0% |
| 利润留存比例 | 60.0% | 60.0% | 60.0% | 60.0% | 60.0% | 60.0% |
| 内源性资本增速 | 13.5% | 13.2% | 12.9% | 12.6% | 12.3% | 12.0% |
| 外源性资本补充假设 | 0.5% | 0.5% | 0.5% | 0.5% | 0.5% | 0.5% |
| 资本增速估计 | 14.0% | 13.7% | 13.4% | 13.1% | 12.8% | 12.5% |
| 中小型银行 | 2013年 | 2014年 | 2015年 | 2016年 | 2017年 | 2018年 |
| ROE假设 | 22.5% | 22.0% | 21.5% | 21.0% | 20.5% | 20.0% |
| 利润留存比例 | 70.0% | 70.0% | 70.0% | 70.0% | 70.0% | 70.0% |
| 内源性资本增速 | 15.8% | 15.4% | 15.1% | 14.7% | 14.4% | 14.0% |
| 外源性资本补充假设 | 0.5% | 0.5% | 0.5% | 0.5% | 0.5% | 0.5% |
| 资本增速估计 | 16.3% | 15.9% | 15.6% | 15.2% | 14.9% | 14.5% |
| 城商行、农商行 | 2013年 | 2014年 | 2015年 | 2016年 | 2017年 | 2018年 |
| ROE假设 | 18.5% | 18.0% | 17.5% | 17.0% | 16.5% | 16.0% |
| 利润留存比例 | 60.0% | 60.0% | 60.0% | 60.0% | 60.0% | 60.0% |
| 内源性资本增速 | 11.1% | 10.8% | 10.5% | 10.2% | 9.9% | 9.6% |
| 外源性资本补充假设 | 0.5% | 0.5% | 0.5% | 0.5% | 0.5% | 0.5% |
| 资本增速估计 | 11.6% | 11.3% | 11.1% | 10.7% | 10.4% | 10.1% |

资料来源:平安证券固定收益事业部

（二）长期内资本增速能否支撑风险资产的快速增长？

截至2012年三季度，商业银行资产增速为20.5%（近几年均维持在20%附近），其中，股份制银行为31.9%，城商行为27.8%，农商行为57.1%。资产中贷款占50%，商业银行整体贷款增速为16.7%；债券占16.5%，整体债券增速为12.7%，如果剔除掉“无风险”的利率债，信用债增速方面，全国性商业银行为7.5%，城商行为20.2%，农商行为56.0%。

基于以上数据，笔者发现商业银行尤其是股份制银行、城商行、农商行，其资产增速均高于资本增速。因此，尽管短期内资本增速并不会限制风险资产的增长，但长期约束会越来越明显。笔者预计，资本增速对资产增速产生压力的时间点可能在2016年左右，而在该时点以后，信用债需求增速可能面临下降的不利局面。

## 信用风险权重调整对债券市场的影响

新资本管理办法提出了两种处理信用风险的办法——标准法和内部评级法。标准法中的信用风险权重调整对债券市场影响较大，主要体现在以下两个方面：

一是上调“央企”风险权重，下调铁道部权重：中央政府投资的公共企业（下简称央企）债权风险权重从50%提高至100%，铁道部债权从50%下降至20%。

二是上调银行同业风险权重：从之前“4个月以内（含）债权的风险权重0%，以上期限20%”调整为“3个月以内（含）债权的风险权重20%，以上期限25%”。

### (一)央企债权风险权重上调的影响

#### 1. 涉及的央企信用债规模测算

据笔者统计,“公共事业”央企共48家,累计信用债存量规模1.86万亿元。截至2012年11月,商业银行持有的信用债占全市场的比重为43.2%。考虑到央企债券信用等级较高,笔者按照50%估算,则商业银行持有央企债券存量规模约在9300亿元。

如果央企债权风险权重从50%提高至100%,则相当于增加商业银行体系风险资产4600亿元,将影响核心资本充足率0.1%。尽管对资本充足率冲击有限,但对高等级信用债的收益率中枢和未来供给量将产生较大影响,预计会带来高等级信用债收益率中枢上升、供给压力加大的新局面。

#### 2. 对高等级信用债收益率中枢的影响

本文使用的测算公式为:

收益率影响=过渡期资本充足率要求×ROE(或资本成本)×风险权重调整

其中,笔者使用ROE和资本成本分别测量收益率中枢影响的上界和下限。

目前,商业银行资本成本在10%~15%,具体取决于外部融资成本与内部考核导向。笔者假设,大型银行、中小型银行、城商(农商)行资本成本分别为10%、13%和15%。由于存在利率市场化影响,假设未来6年每年上升20BP。此外,ROE假设同上。

由此可测算出:大型银行对“央企”信用债定价将提高[48BP,107BP],中小型银行将提高[56BP,96BP],城商(农商)行将提高[65BP,

79BP],至2018年逐步再提高10BP左右(见表2)。

表2　高等级信用债收益率影响测算

| 大型银行 | 2013年 | 2014年 | 2015年 | 2016年 | 2017年 | 2018年 |
|---|---|---|---|---|---|---|
| 资本充足率要求 | 9.5% | 9.9% | 10.3% | 10.7% | 11.1% | 11.5% |
| ROE假设 | 22.5% | 22.0% | 21.5% | 21.0% | 20.5% | 20.0% |
| 资本成本假设 | 10.2% | 10.4% | 10.6% | 10.8% | 11.0% | 11.2% |
| 央企债权权重变化 | 50.0% | 50.0% | 50.0% | 50.0% | 50.0% | 50.0% |
| ROE价格影响 | 1.07% | 1.09% | 1.11% | 1.12% | 1.14% | 1.15% |
| 资本成本价格影响 | 0.48% | 0.51% | 0.55% | 0.58% | 0.61% | 0.64% |
| 中小型银行 | 2013年 | 2014年 | 2015年 | 2016年 | 2017年 | 2018年 |
| 资本充足率要求 | 8.5% | 8.9% | 9.3% | 9.7% | 10.1% | 10.5% |
| ROE假设 | 22.5% | 22.0% | 21.5% | 21.0% | 20.5% | 20.0% |
| 资本成本假设 | 13.2% | 13.4% | 13.6% | 13.8% | 14.0% | 14.2% |
| 央企债权权重变化 | 50.0% | 50.0% | 50.0% | 50.0% | 50.0% | 50.0% |
| ROE价格影响 | 0.96% | 0.98% | 1.00% | 1.02% | 1.04% | 1.05% |
| 资本成本价格影响 | 0.56% | 0.60% | 0.63% | 0.67% | 0.71% | 0.75% |
| 城商行、农商行 | 2013年 | 2014年 | 2015年 | 2016年 | 2017年 | 2018年 |
| 资本充足率要求 | 8.5% | 8.9% | 9.3% | 9.7% | 10.1% | 10.5% |
| ROE假设 | 18.5% | 18.0% | 17.5% | 17.0% | 16.5% | 16.0% |
| 资本成本假设 | 15.2% | 15.4% | 15.6% | 15.8% | 16.0% | 16.2% |
| 央企债权权重变化 | 50.0% | 50.0% | 50.0% | 50.0% | 50.0% | 50.0% |
| ROE价格影响 | 0.79% | 0.80% | 0.81% | 0.82% | 0.83% | 0.84% |
| 资本成本价格影响 | 0.65% | 0.69% | 0.73% | 0.77% | 0.81% | 0.85% |

资料来源:平安证券固定收益事业部

根据笔者的调研,实际冲击并不会如此大。原因有两点:第一,四大行和招行将使用内部评级法而非标准法,即它们对央企风险权重并不会直接提升至100%,但银监会对内评法要求较严格,仅略低于标准法,笔者假设提升至90%,则其对央企信用债定价将提高[40BP,80BP]。

第二,银行通常通过内部转移定价缓冲负面冲击。比如如果提升50BP,银行内部通过设定3~5年过渡期,内部转移定价仅每年提高10~15BP,因此,负面冲击将显著减弱。

3. 高等级信用债供给压力加大

据笔者统计,截至2012年三季度,涉及的公共事业央企贷款余额合计5.64万亿元(包括短期贷款1.59万亿元、1年内到期非流动负债0.41万亿元、长期贷款3.64万亿元)。由于商业银行对央企贷款很难提价,因此,预计贷款到期后部分贷款将被替代为债券,高等级信用债供给量将加大。

假设3.64万亿元的长期贷款按每年20%的比例“均匀”到期,贷款增速从20%逐步回落至10%附近。同时假设转换率分别为10%、15%和20%这三种情景,即贷款到期后,10%、15%或20%的贷款将转为高等级信用债,其余仍以贷款形式存在。

笔者测算出:在10%情景下,每年有2700亿元的新增供给压力;在15%情景下,每年有4000亿元的新增供给压力;在20%情景下,每年有5500亿元的新增供给压力(见表3)。即预计未来5年,每年将额外产生2700亿至5500亿元的高等级信用债供给压力。

表3 高等级信用债供给压力测算(单位:万亿元)

| | 2013年 | 2014年 | 2015年 | 2016年 | 2017年 |
|---|---|---|---|---|---|
| 短期贷款到期 | 2.00 | 2.20 | 2.38 | 2.52 | 2.62 |
| 长期贷款到期 | 0.73 | 0.73 | 0.73 | 0.73 | 0.73 |
| 贷款增速假设 | 20% | 18% | 16% | 14% | 12% |
| 转换率假设 | 10% | 10% | 10% | 10% | 10% |
| 短款→债券 | 0.20 | 0.22 | 0.24 | 0.25 | 0.26 |
| 长款→债券 | 0.07 | 0.07 | 0.07 | 0.07 | 0.07 |
| 贷款→债券 | 0.27 | 0.29 | 0.31 | 0.32 | 0.33 |
| | 2013年 | 2014年 | 2015年 | 2016年 | 2017年 |
| 短期贷款到期 | 2.00 | 2.10 | 2.16 | 2.18 | 2.16 |
| 长期贷款到期 | 0.73 | 0.73 | 0.73 | 0.73 | 0.73 |
| 贷款增速假设 | 20% | 18% | 16% | 14% | 12% |
| 转换率假设 | 15% | 15% | 15% | 15% | 15% |

续表

| | 2013 年 | 2014 年 | 2015 年 | 2016 年 | 2017 年 |
|---|---|---|---|---|---|
| 短款→债券 | 0.30 | 0.32 | 0.32 | 0.33 | 0.32 |
| 长款→债券 | 0.11 | 0.11 | 0.11 | 0.11 | 0.11 |
| 贷款→债券 | 0.41 | 0.42 | 0.43 | 0.44 | 0.43 |
| | 2013 年 | 2014 年 | 2015 年 | 2016 年 | 2017 年 |
| 短期贷款到期 | 2.00 | 2.00 | 1.96 | 1.88 | 1.77 |
| 长期贷款到期 | 0.73 | 0.73 | 0.73 | 0.73 | 0.73 |
| 贷款增速假设 | 20% | 18% | 16% | 14% | 12% |
| 转换率假设 | 20% | 20% | 20% | 20% | 20% |
| 短款→债券 | 0.40 | 0.40 | 0.39 | 0.38 | 0.35 |
| 长款→债券 | 0.15 | 0.15 | 0.15 | 0.15 | 0.15 |
| 贷款→债券 | 0.55 | 0.55 | 0.54 | 0.52 | 0.50 |

资料来源:平安证券固定收益事业部

## (二)银行同业债权风险权重上调的影响

### 1. 对银行同业债权定价的影响

测算公式以及关键假设与前文相同。

笔者测算出:大型银行对银行同业债权定价将提高[19BP,43BP],中小型银行将提高[22BP,38BP],城商(农商)行将提高[26BP,31BP](见表4)。考虑到资金面主要由大型银行决定,预计实际影响可能提高20~40BP,估计这也是Shibor利率上升的幅度。

**表4 银行同业债权收益影响测算**

| 大型银行 | 2013 年 | 2014 年 | 2015 年 | 2016 年 | 2017 年 | 2018 年 |
|---|---|---|---|---|---|---|
| 资本充足率要求 | 9.5% | 9.9% | 10.3% | 10.7% | 11.1% | 11.5% |
| ROE 假设 | 22.5% | 22.0% | 21.5% | 21.0% | 20.5% | 20.0% |
| 资本成本假设 | 10.2% | 10.4% | 10.6% | 10.8% | 11.0% | 11.2% |
| 3 个月以下风险权重 | 20.0% | 20.0% | 20.0% | 20.0% | 20.0% | 20.0% |
| ROE 价格影响 | 0.43% | 0.44% | 0.44% | 0.45% | 0.46% | 0.46% |
| 资本成本价格影响 | 0.19% | 0.21% | 0.22% | 0.23% | 0.24% | 0.26% |
| 中小型银行 | 2013 年 | 2014 年 | 2015 年 | 2016 年 | 2017 年 | 2018 年 |
| 资本充足率要求 | 8.5% | 8.9% | 9.3% | 9.7% | 10.1% | 10.5% |

续表

| 中小型银行 | 2013 年 | 2014 年 | 2015 年 | 2016 年 | 2017 年 | 2018 年 |
|---|---|---|---|---|---|---|
| ROE 假设 | 22.5% | 22.0% | 21.5% | 21.0% | 20.5% | 20.0% |
| 资本成本假设 | 13.2% | 13.4% | 13.6% | 13.8% | 14.0% | 14.2% |
| 3 个月以下风险权重 | 20.0% | 20.0% | 20.0% | 20.0% | 20.0% | 20.0% |
| ROE 价格影响 | 0.38% | 0.39% | 0.40% | 0.41% | 0.41% | 0.42% |
| 资本成本价格影响 | 0.22% | 0.24% | 0.25% | 0.27% | 0.28% | 0.30% |
| 城商行、农商行 | 2013 年 | 2014 年 | 2015 年 | 2016 年 | 2017 年 | 2018 年 |
| 资本充足率要求 | 8.5% | 8.9% | 9.3% | 9.7% | 10.1% | 10.5% |
| ROE 假设 | 18.5% | 18.0% | 17.5% | 17.0% | 16.5% | 16.0% |
| 资本成本假设 | 15.2% | 15.4% | 15.6% | 15.8% | 16.0% | 16.2% |
| 3 个月以下风险权重 | 20.0% | 20.0% | 20.0% | 20.0% | 20.0% | 20.0% |
| ROE 价格影响 | 0.31% | 0.32% | 0.33% | 0.33% | 0.33% | 0.34% |
| 资本成本价格影响 | 0.26% | 0.27% | 0.29% | 0.31% | 0.32% | 0.34% |

资料来源:平安证券固定收益事业部

2. 对信用债回购、杠杆操作的影响

在回购交易中,大行、股份制银行通常要求对方使用利率债进行质押,而证券公司、基金等加杠杆机构通常与城商行、农商行等进行信用债回购交易,而这属于银行对非银行机构同业债权。对此,原资本管理办法没有明确规定。实际操作中,有按 0%计算的,也有按 100%计算的,还有按期限与数额不同而计算不同的,因此,笔者采取折中办法,假设原办法按 50%计算。新资本管理办法中明确要求按 100%计算,因此权重变化设为 50%。

由于证券公司、基金等加杠杆机构回购净额占全市场比重在 20%左右,因此,如果考虑加杠杆机构的边际影响,则信用债回购(杠杆操作)成本可能提高[13BP,16BP](见表 5)。

表 5　信用债回购影响测算

| 城商行、农商行 | 2013 年 | 2014 年 | 2015 年 | 2016 年 | 2017 年 | 2018 年 |
|---|---|---|---|---|---|---|
| 资本充足率要求 | 8.5% | 8.9% | 9.3% | 9.7% | 10.1% | 10.5% |
| ROE 假设 | 18.5% | 18.0% | 17.5% | 17.0% | 16.5% | 16.0% |
| 资本成本假设 | 15.2% | 15.4% | 15.6% | 15.8% | 16.0% | 16.2% |
| 对非银行权重变化 2 | 50.0% | 50.0% | 50.0% | 50.0% | 50.0% | 50.0% |
| ROE 价格影响 | 0.79% | 0.80% | 0.81% | 0.82% | 0.83% | 0.84% |
| 资本成本价格影响 | 0.65% | 0.69% | 0.73% | 0.77% | 0.81% | 0.85% |
| 基金、证券回购净额比重 | 20.00% | 20.00% | 20.00% | 20.00% | 20.00% | 20.00% |
| ROE 价格影响估算 | 0.16% | 0.16% | 0.16% | 0.16% | 0.17% | 0.17% |
| 资本成本价格影响估算 | 0.13% | 0.14% | 0.15% | 0.15% | 0.16% | 0.17 |

资料来源:平安证券固定收益事业部

## 杠杆率监管与低风险业务扩张约束

杠杆率监管是我国审慎监管制度的重要内容,其源于国际社会对金融危机的全面反思。金融机构资产负债表过度扩张和杠杆化程度较高,被认为是危机发生的重要原因之一。但是后来人们发现“出问题”机构资本充足率均满足监管要求,因此,在资本充足率基础上加入杠杆率监管是必要的。我国在 2011 年 6 月颁布了《商业银行杠杆率管理办法》,建立了杠杆率监管要求。

### (一)杠杆率和资本充足率对比

杠杆率和资本充足率具有相似的数学结构。但资本充足率的分母基于“风险加权资产”,即不同资产乘以各自不同的信用风险权重;而杠杆率的分母基于“调整后的表内外资产余额”,不考虑不同资产间的风险差别,即资产“同 100%权重”。其含义是:相较资本充足率,杠杆率将限制低风险资产的扩张速度。比如,前文估算未来商业银行资本增速在 15%附近,由于资本充足率采用 20%的风险权重,因此,可支持 75%以上的同业资产扩张速度;但杠杆率具有100%的同权重要求,因此,15%的资本增速只能支持15%左右的同业资产增速,更高的同业资产增速将受到杠杆率的约束。

(二)杠杆率监管制约低风险资产扩张

低风险资产是指银行同业资产(风险权重为20%~25%)、国债、政金债、央票(风险权重为0)、铁道债(风险权重为20%)等。截至2012年三季度,商业银行整体贷款增速16.7%,而大型银行同业资产增速27.4%,中小型银行同业资产增速60.3%;商业银行国债托管量同比增长13.6%,政策性金融债同比增长21.3%。因此,杠杆率将主要限制的是增速较快的同业资产和政策性金融债投资,尤其是前期较热的信贷转同业(如银行与农信社的票据买断式回购以及同业代付业务等)。笔者的调研结果显示,目前商业银行普遍可以满足4%的杠杆率监管要求。但是,杠杆率监管的实施将在长期内限制低风险资产的过快扩张。

### 铁道债收益率影响测算

目前,铁道债存量为7420亿元。为了加强对铁道债的支持,新资本管理办法将其风险权重从50%下调至20%。笔者对其收益率可能受到的影响进行了测算,测算公式以及关键假设与前文相同。

根据测算,大型银行对铁道债定价将减少[29BP,64BP],中小型银行将减少[34BP,57BP],城商(农商)行将减少[39BP,47BP](见表6)。

表 6　铁道债收益率影响测算

| 大型银行 | 2013 年 | 2014 年 | 2015 年 | 2016 年 | 2017 年 | 2018 年 |
|---|---|---|---|---|---|---|
| 资本充足率要求 | 9.5% | 9.9% | 10.3% | 10.7% | 11.1% | 11.5% |
| ROE 假设 | 22.5% | 22.0% | 21.5% | 21.0% | 20.5% | 20.0% |
| 资本成本假设 | 10.2% | 10.4% | 10.6% | 10.8% | 11.0% | 11.2% |
| 铁道债权重变化 | −30.0% | −30.0% | −30.0% | −30.0% | −30.0% | −30.0% |
| ROE 价格影响 | −0.64% | −0.65% | −0.66% | −0.67% | −0.68% | −0.69% |
| 资本成本价格影响 | −0.29% | −0.31% | −0.33% | −0.35% | −0.37% | −0.39% |
| 中小型银行 | 2013 年 | 2014 年 | 2015 年 | 2016 年 | 2017 年 | 2018 年 |
| 资本充足率要求 | 8.5% | 8.9% | 9.3% | 9.7% | 10.1% | 10.5% |
| ROE 假设 | 22.5% | 22.0% | 21.5% | 21.0% | 20.5% | 20.0% |
| 资本成本假设 | 13.2% | 13.4% | 13.6% | 13.8% | 14.0% | 14.2% |
| 铁道债权重变化 | −30.0% | −30.0% | −30.0% | −30.0% | −30.0% | −30.0% |
| ROE 价格影响 | −0.57% | −0.59% | −0.60% | −0.61% | −0.62% | −0.63% |
| 资本成本价格影响 | −0.34% | −0.36% | −0.38% | −0.40% | −0.42% | −0.45% |
| 城商行、农商行 | 2013 年 | 2014 年 | 2015 年 | 2016 年 | 2017 年 | 2018 年 |
| 资本充足率要求 | 8.5% | 8.9% | 9.3% | 9.7% | 10.1% | 10.5% |
| ROE 假设 | 18.5% | 18.0% | 17.5% | 17.0% | 16.5% | 16.0% |
| 资本成本假设 | 15.2% | 15.4% | 15.6% | 15.8% | 16.0% | 16.2% |
| 铁道债权重变化 | −30.0% | −30.0% | −30.0% | −30.0% | −30.0% | −30.0% |
| ROE 价格影响 | −0.47% | −0.48% | −0.49% | −0.49% | −0.50% | −0.50% |
| 资本成本价格影响 | −0.39% | −0.41% | −0.44% | −0.46% | −0.48% | −0.51% |

资料来源：平安证券固定收益事业部

作者单位：平安证券固定收益事业部

（本文原载于《债券》2013 年 3 月刊）

# 商业银行新型资本工具发行的国际实践及展望

刘全雷　徐惊蛰

**摘　要:**本文首先介绍了国际金融市场新型资本工具的发展概况,结合国内外新型资本工具发行实践,重点分析了在巴塞尔协议Ⅲ框架下,商业银行新型资本工具发行面临的环境及适应性条件,并对新型资本工具的发展进行了展望。最后,分别从政策及发行主体层面提出促进我国新型资本工具发展的相关建议。

**关键词:**巴塞尔协议Ⅲ　新型资本工具　损失吸收机制　系统性风险

巴塞尔协议Ⅲ确立了全球银行业监管的新标准,也对商业银行的资本质量提出了更严格的要求,强调资本工具必须具备吸收损失的能力。近年来,全球银行业积极探索发行满足巴塞尔协议Ⅲ标准及本国资本监管规则的新型资本工具,寻求监管政策与市场环境之间的平衡,实现发行人与投资者之间的良性互动。

自 2014 年四季度起,中国银行、中国工商银行、交通银行、中国建设银行赴境外成功发行新型资本工具,市场反响热烈,为我国银行业开展国际化资本融资争取了良好开局。不过,整体而言,我国商业银行新型资本工具发行处于起步初期,境内市场容量和工具品种相对有限,与国际市场存在一定差距。因此,有必要梳理总结新型资本工具发行的国际实践,以此促进国内商业银行资本工具的创新和发展。

**国际金融市场新型资本工具发展概况**

在巴塞尔协议Ⅲ框架下,商业银行的合格资本工具除普通股以外,还主要包括其他一级资本工具(Alternative Tier1 Capital Instrument)和二级资本工具(Tier2 Capital Instrument),前者主要为永续债、优先股等永续证券,后者主要为次级债券。除受偿次序靠后、期限较长等传统特征外,这两类资本工具都能在一定触发条件下进行减记或转股,以达到吸收银行损失、增加核心一级资本的效果,可统称为“新型资本工具”。

巴塞尔协议Ⅲ规定的“触发条件”有两种,一种是无法生存触发事件(Gone-concern trigger),指当监管当局认定银行无法生存时,其他一级资本工具和二级资本工具均应进行转股或减记;二是持续经营触发事件(Going-concern trigger),指当银行核心一级资本充足率降至5.125%或以下时,其他一级资本工具通常应进行转股或减记,二级资本工具不需在此条件下吸收损失。

自2011年起,新型资本工具在全球主要市场陆续涌现,从最先试水的欧洲逐步向美洲、亚太、非洲等市场普及。截至2014年末,全球新型资本工具发行量累计将近3500亿美元,其中,其他一级资本工具约1100亿美元,二级资本工具近2400亿美元。从纵向来看,2014年累计发行量超过2200亿美元,是2013年发行总量的2.5倍。单笔发行规模从最初的3

亿~5亿美元,发展到近期屡见的数十亿美元,说明市场对于新型资本工具的接纳程度逐步提高。不少欧美大型银行近两年来多次发行不同层次、币种和结构的资本工具,发行逐步常态化。

新型资本工具的投资者主要包括保险公司、资产管理公司、主权基金、养老金等专业机构投资者,以私人银行为代表的高净值客户也对资本工具兴趣浓厚。

## 商业银行新型资本工具发行环境及适应性条件

对商业银行而言,新型资本工具的发行首先要满足监管要求,同时尽可能拓宽市场,节约融资成本,在资本约束下实现银行价值的最大化。通过总结国际市场上新型资本工具的发行实践,笔者发现新型资本工具的发行需重点考虑以下方面:一是适应当地的监管规则和法律环境,确保发行能够计入监管资本;二是适应市场环境和投资者预期,提高市场接受度,降低资本属性所对应的风险溢价。成功的资本工具发行是在监管规则与市场环境之间寻求平衡、相互契合的过程。

### (一)适应监管规则和法律环境

尽管巴塞尔协议Ⅲ为资本工具创新提供了统一蓝本,但各国资本监管规则和法律体系仍存在差异。商业银行发行新型资本工具的具体产品选择、发行规划、条款设计、集团内部交易结构安排等需充分考虑监管当局的要求,并适应当地的法律环境。

#### 1.具体产品选择

在巴塞尔协议Ⅲ实施前,优先股、永续债等工具在一些国家还处于空白状态,甚至存在一定的法律障碍。因此,商业银行补充资本通常会优先选择符合本国法律规定、市场条件已经具备的工具品种。

例如在中国，商业银行选择发行优先股来补充一级资本，这与亚洲其他地区的商业银行普遍发行减记型永续债的做法不同。这其中的一个重要原因，就是根据《公司法》等规定，债券必须有固定到期日，而永续债由于不规定到期日，与现行法律存在一定冲突。而优先股相关法规及配套政策已于2014年相继出台，成为中资银行补充一级资本的重要工具。

在美国，商业银行资本工具品种较为丰富多样，但具体产品形式仍受到法律因素影响。由于当地的监管政策对于上市公司的优先股数量有严格的上限限制，而银行融资需求规模通常较大，优先股发行多采用“存托股”的形式，即商业银行发行数量较少、面额较大的优先股，同时通过信托机构将其切分为低面额的“存托股”，发售给投资者，在满足优先股股数限制的同时，改善了“存托股”的投资者基础和市场流动性。

2. 资本工具发行规划

监管新规的实施，导致商业银行面临一定的资本缺口，也在很大程度上决定了新型资本工具发行的规模及时间规划。特别是在过渡期内，旧式资本工具计入资本的数量逐年摊减，而资本充足率要求逐步提高，加之存量资本工具持续赎回或到期，均构成银行的再融资需求。

以中国银行业为例，2012年末，旧式次级债券存量约2万亿元，按照每年10%的速度摊减，平均每年约有2000亿元次级债不再计入资本，这成为新型二级资本债券集中发行的直接动因。2013年以来，国内商业银行累计发行二级资本债券将近4000亿元，恰与同期旧式次级债券摊减所形成的缺口基本相当。

一些欧美银行针对存量旧式资本工具采取更积极的负债管理措施，

向现有投资者发起交换邀约,赎回存续的旧式资本工具,同时对其发行同币种的新型资本工具予以替换,加速了资本结构的转型优化。不过,提高资本充足率并不是银行发行资本工具的唯一目标。一些资产风险权重较低的欧美银行,可能出现资本充足率较高、而杠杆率低于监管要求的情况,因此会通过发行核心资本工具来提高杠杆率水平。

3. 损失吸收机制设置

损失吸收机制是新型资本工具的核心条款,也是监管当局确认其资本属性的重要内容。因各国金融机构危机处置相关法律环境有所不同,新型资本工具的损失吸收机制可通过法律和合约两种形式来约定。

在2008年国际金融危机之后,美国和欧盟制定了金融机构恢复与处置的相关法律,明确了对本国或地区系统重要性金融机构的危机救助程序。因此,欧美银行发行的新型资本工具主要通过法律的形式来明确损失吸收机制,即当银行濒临破产时,资本工具将交由相关法律所确定的处置当局执行减记或转股,发行文本中不需专门列明相关条款。

其他多数国家目前尚未确立系统性的危机处置立法,新型资本工具主要通过合约的形式约定损失吸收的触发事件、具体方式及操作规则,在发行文本中列明相关条款。

此外,新型资本工具的损失吸收形式和触发条件也因各国资本监管规则体现出地域性特征。例如,加拿大仅允许资本工具以转股形式吸收损失,因此,当地银行发行的优先股和二级资本债券均为转股型,未发行减记型资本工具。瑞士、英国等要求本国系统重要性银行的资本工具尽早参与吸收损失,以避免系统性风险加剧,因此瑞银、瑞信、巴克莱等银行发行的二级资本工具不仅设置了巴塞尔协议Ⅲ所要求的无法生存触发事件,还根据本国监管要求设定更早的资本充足率触发事件(如核心一级资本充足率降至5%或以下)。

4. 集团内部交易结构安排

在其他国家设有分支机构的商业银行,应综合考虑母国和东道国的资本监管要求来确定资本工具的发行交易结构。其中首要问题在于明确补充资本的目标主要是在集团层面还是分支机构层面。前者遵循母国的资本监管规定,而后者主要遵循东道国的资本监管规定。

境外分支机构外部补充资本可通过不同的交易结构来实现,比如可通过三种方式:分支机构单独发行资本工具、集团发行资本工具再向分支机构注资、在分支机构发行资本工具的同时计入集团资本。商业银行通常会从集团层面统筹选择最为经济有效的结构,考虑因素包括母国和东道国的资本监管政策、审批流程、不同市场的发行成本、资本扣减处理等。以中国工商银行近两年在国际市场中发行的4笔资本工具为例(见表1),或以总行名义发行来补充集团资本,或以境外子行单独发行来补充自身资本。其中,工银亚洲2013年10月发行的美元二级资本债券通过设置“双触发机制”(即分别根据中国银监会和香港金管局的资本监管规定,设置工商银行和工银亚洲的无法生存触发事件,达到上述任一触发条件即对债券进行减记),同时计入集团及子行资本,是衔接不同地区资本监管规则的典型案例。

**表1　中国工商银行资本工具发行案例**

| 发行主体 | 发行时间 | 工具品种 | 资本补充目标 | 损失吸收条款 |
|---|---|---|---|---|
| 工银亚洲 | 2011年11月 | 二级资本债券 | 子行二级资本 | 香港金管局认定工银亚洲无法生存时全额减记 |
| 工银亚洲 | 2013年10月 | 二级资本债券 | 子行二级资本;同时计入集团资本 | 香港金管局认定工银亚洲无法生存,或中国银监会亦或有关当局认定工商银行无法生存时全额减记 |
| 工银澳门 | 2014年9月 | 旧式次级债券 | 子行二级资本 | 因澳门未实施巴塞尔协议Ⅲ,不含损失吸收条款 |
| 工商银行总行 | 2014年12月 | 优先股 | 集团及总行法人其他一级资本 | 工商银行核心一级资本充足率降至5.125%或以下时,或中国银监会亦或有关当局认定工商银行无法生存时,按照约定价格转股 |

资料来源:作者根据各发行主体相关债券募集说明书及中行内部资料整理

(二)适应市场环境和投资者预期

如果单从经济角度出发,发行新型资本工具只需达到监管要求的最低标准。而在此前提下,尽可能降低潜在损失、稳定市场预期、适应投资者偏好,将有助于资本工具的发行销售,降低融资成本,实现利润最大化。

1.降低投资者的潜在损失

资本工具的损失吸收能力越强,投资者可能的损失就越大,因而要求更多溢价。降低减记或转股对于投资者的潜在损失,将使资本工具更易被市场接受,能够控制发行成本。一些银行利用监管政策中的弹性空间,对资本工具的损失吸收条款进行灵活设计,以降低减记或转股的概率或损失程度。

在损失吸收触发条件方面，巴塞尔协议Ⅲ仅要求在会计上列为负债的其他一级资本工具设置持续经营触发事件，对权益类其他一级资本工具则未作明确要求。利用这一政策空间，一些银行发行的权益类其他一级资本工具仅设置无法生存触发事件，而不需在持续经营过程中进行减记或转股，大大降低了本金损失的可能性。

在损失吸收程度方面，巴塞尔协议Ⅲ对资本工具减记或转股的具体金额未作明确要求。部分国家或地区要求二级资本工具在无法生存条件下必须全额减记（如中国），而另一些国家或地区则保留了弹性（如欧盟、新加坡、中国香港等）。一些二级资本债券设置“部分减记”条款，减记金额由监管当局根据危机程度和资本缺口来确定，潜在的本金损失与“全额减记”相比有所降低。

在利息支付方面，巴塞尔协议Ⅲ规定其他一级资本工具可随时取消派息而不构成违约事件。为降低利息支付的不确定性，银行通常会设置“股息制动条款”，即其他一级资本工具如果取消派息，那么普通股亦不得分红，以保障其他一级资本工具投资者在利润分配中的优先权。

2. 稳定危机事态下的市场预期

投资者一般对于不确定性有着天然的厌恶。由于新型资本工具在危机事态下减记或转股缺乏先例，在执行层面具有不确定性，因此不利于发行和定价。

近两年来，新型资本工具发行合约逐步严谨完善，条款更趋细化，明确约定资本工具进行减记/转股、取消付息、参与银行破产清算等具体规则。不论危机事态如何严重，发行人、投资者、受托人、发行与支付代理等相关各方都依照合约履行权利和义务，有助于稳定市场预期，降低投资者对于不确定性的疑虑。

以二级资本债券为例,减记条款通常会在巴塞尔协议Ⅲ的基础上进行细化,更具操作性:一是明确触发事件的定义,结合所在国家或地区相关法律及监管规定,尽可能明确触发事件的判定标准及其依据;二是约定减记的具体程序,如减记的具体时点、金额的确定、银行发布公告的时限和内容,以及受托人、发行与支付代理等各方职责等;三是区分损失吸收的先后次序,如澳大利亚、新加坡的部分银行对其他一级、二级资本工具在无法生存触发事件下吸收损失的先后次序进行区分,先对其他一级资本工具进行减记或转股,如果不足以扭转无法生存状态,再对二级资本工具执行减记。

3. 适应目标市场的需求偏好

受市场惯例、持有目的等影响,投资者在产品形式、期限、评级等方面具有相对稳定的偏好。新型资本工具发行通常会根据目标市场的特定需求来进行产品设计。

在期限结构方面,多数亚洲投资者习惯于较短的投资期限,因此亚洲市场上发行的二级资本债券以10年期前5年不可赎回结构为主(也称5+5年期)。投资者大多希望这类资本债券被提前赎回,以缩短实际投资年限,因此银行通常会遵从市场惯例,行使提前赎回权。相对而言,美国投资者偏好结构简明的子弹式结构(bullet structure),票息固定,不设提前赎回条款,投资期限也更长,多为10~15年。

在品种方面,优先股在北美、澳洲等市场有着悠久历史,因而成为银行补充其他一级资本的主要工具;由于权益类投资者基础相对广泛,这些市场中发行的二级资本债券也多为转股形式。而在亚洲市场,债券类产品相对更易接受,一些机构投资者投资股票存在限制,因此二级资本债券多采用减记形式。

在评级方面,标普、穆迪、惠誉等国际评级机构对银行资本工具的评级方法体系存在一定差异,部分银行会选择对自己最有利的一家机构来对资本工具进行评级,这种做法在亚洲市场中尤为普遍。而欧美投资者对于信用评级的准入标准相对较高,多明确要求投资标的必须具备两个以上发行评级,因此面向欧美市场发行的资本工具通常同时采用多个发行评级。

新型资本工具如果面向全球不同区域发行,银行需平衡不同市场中投资者的需求偏好,并结合发行规模、成本约束、配售目标等因素确定产品方案。以中国银行 2014 年 11 月发行的美元二级资本债券为例(见表 2),为丰富投资者结构,实现真正意义上的全球化发行,产品设计兼顾了欧美和亚太市场的需求,与国际市场充分接轨。

**表 2　中国银行二级资本债券发行案例**

| 产品特征 | | 考虑因素 |
|---|---|---|
| 发行币种 | 美元 | 国际市场最重要的投资币种,流动性充裕,定价基准成熟 |
| 期限结构 | 10 年期不可赎回 | 美国市场习惯于子弹式结构,不设提前赎回条款;收益率高于 5+5 年期;也受到台湾寿险等亚洲投资者青睐 |
| 减记/转股 | 减记 | 转股型资本债券在中国存在法律障碍;亚洲投资者习惯于减记型产品 |
| 信用评级 | 穆迪/标普/惠誉(Baa3/BBB+/BBB+) | 欧美投资者多要求 2 个或以上评级,对穆迪、标普评级尤为重视;3 个投资级评级能最大程度拓宽投资者基础 |
| 债券指数 | 纳入新兴市场公司债指数(CEMBI)、摩根大通亚洲信用指数(JACI) | 将投资者范围拓宽至跟踪指数的被动投资者 |

资料来源:作者根据中行内部资料整理

## 新型资本工具未来发展展望

(一)全球新型资本工具市场将日臻成熟

当前,国际金融监管改革深入推进,各国银行业监管规则不断推陈出新,对银行资本的监管力度持续加强,这成为商业银行新型资本工具规模持续增长的重要外因。银行新型资本工具将逐步发展成为一个独特的资产类别,发行人和投资者日臻成熟,供需双方形成良性的均衡互动。

从发行角度看,新型资本工具将从“应急补血”逐步转化为“常态发行”,成为银行资本管理的常规手段。发行工作将在“监管合规”这一基本目标基础上,更为侧重对市场环境和投资者偏好的适应,在条款设置、产品结构、发行策略上将更为丰富灵活、贴近市场。

从投资角度看,新型资本工具正逐渐形成相对完善的评级体系、收益率曲线和风险评估模型,其投资者基础也将进一步拓宽。更多“价值驱动型”专业投资者将进入该市场,促进新型资本工具的合理定价,而私人银行等“收益率驱动型”投资者的相对比重将有所下降。

(二)我国新型资本工具发行将更趋国际化

目前,我国新型资本工具发行主要依靠相对封闭的境内市场,境内发行量累计逾4400亿元人民币,而境外发行量不足180亿美元(约1100亿元人民币),境外发行量在国际市场发行总量中仅占约5%。这与欧美银行以国际化发行为主的状况存在较大差别,相对于全球资产配置需求而言也存在一定空间。我国境内新型资本工具发行处于起步初期,市场容量较小,工具品种较为有限,同时投资者以金融机构为主,不利于分散国内金融系统风险。而国际市场发展相对成熟,永续债、优先股、或有资本债券等工具品种丰富,且主要货币利率处于历史低位,为银行募集资本提供了有利环境。

基于国内几家银行赴境外发行新型资本工具的成功实践,随着我国银行业跨国经营步伐加快,未来银行资本补充渠道将更趋国际化,投资者结构将更趋多元化。统筹利用境内外两个市场、逐步提升全球市场参与度,将成为我国商业银行资本融资的新趋势。

### 促进新型资本工具发展的建议

#### (一)对商业银行境外发行资本工具予以政策支持

1. 借鉴国际监管实践经验,酌情调整资本工具合格标准

我国对于商业银行资本工具损失吸收能力的要求较为严格。例如,我国要求二级资本工具在无法生存触发事件下必须全额减记,而其他一些国家或地区允许部分减记;我国要求其他一级资本工具应在持续经营触发事件下吸收损失,而巴塞尔协议 III 对于权益类其他一级资本工具未做明确要求;我国要求二级资本工具的利息支付应来自"可分配项目",相对于巴塞尔协议 III 及大多数国家或地区的监管标准也更为审慎。建议借鉴国际惯例,适度增加资本监管政策弹性,将有助于降低银行融资成本,促进我国银行业公平参与国际竞争。

2. 适度放宽银行境外发债相关管制

建议进一步简化商业银行境外发债的审批程序,对条件成熟的商业银行,可由逐笔审批向额度管理过渡。完善金融机构赴境外发行人民币债券相关法规,取消发行地域限制,鼓励商业银行顺应人民币国际化进

程,利用全球市场进行人民币融资。从长远来看,有序放开资本项目管制,促进境内外资本市场互联互通,能有效拓宽国内商业银行的资本补充渠道,提高国际化程度,分散境内金融系统风险。

3. 加强我国监管制度的顶层设计

建议借鉴国际金融监管改革成果,加快推进金融机构恢复与处置、破产清算等相关立法建设,逐步明确商业银行资本工具损失吸收的制度安排,稳定市场预期,引导合理定价。此外,由于我国《公司法》等法律在债券方面的相关规定缺乏一定弹性,使永续债、转股型二级资本债券等国际上常见的新型资本工具在国内发展还面临一些法律障碍。建议充分考虑金融市场发展趋势,修订完善相关法律,丰富国内市场的金融工具品种,满足多元化投融资需求。

(二)鼓励商业银行进行资本工具创新

1. 鼓励商业银行探索境外发债

建议商业银行借鉴国际市场经验,在境外探索发行永续债、转股型资本债券等国内暂未推出的资本工具品种,并逐步引入国内市场。

2. 加强全球经济金融形势预判

全球经济金融形势及各国货币政策走向对商业银行发行新型资本工具有着重要影响。建议商业银行加强对全球经济走势及货币政策变化的预判,把握美元等主要货币的低利率窗口,锁定低成本的长期资金。

3. 合理规划发行

建议商业银行逐步提高新型资本工具发行的计划性和前瞻性,尊重市场规律,完善发行档期,有节奏发行,避免涸泽而渔,树立中国银行业良好的融资形象。

4. 注重投资者关系的维护与拓展

建议商业银行注重投资者关系的维护与拓展，建立动态的投资者教育机制，增强信息透明度，促进国际市场对于中国经济基本面与银行业的认识与理解，逐步降低中国商业银行的融资成本。

作者单位：中国银行总行司库

（本文原载于《债券》2015年5月刊）

# 商业银行资本补充债券市场分析及展望

向　尧　濮梦琪

**摘　要：**在监管部门的政策引导和积极推动下，商业银行持续加大外源性资本补充力度，资本补充债券市场呈现新变化，规模明显壮大、创新不断加快、定价更为合理、投资者群体更为丰富。同时，当前资本补充债券也面临市场容量相对有限、估值存在不确定性、市场流动性不足等问题。预计后续资本补充债券市场将进一步发展完善，创新力度将进一步增强。

**关键词：**资本补充债券　永续债　二级资本债券　信用利差

## 资本补充债券市场呈现新变化

2019年，在国际国内资本监管日益趋严的背景下，为提高商业银行资本支持实体经济的能力，国家高度重视商业银行资本补充工作。在监管部门的政策引导和积极推动下，商业银行外源性资本补充渠道进一步拓宽，资本补充进度明显加快。

（一）本轮资本补充浪潮的宏观背景

一方面，商业银行刚性资本消耗不断增加，资本充足率水平持续承压。近年来，受我国经济增速放缓、金融脱媒、利率市场化等因素影响，商业银行内源性资本补充能力有所下降。与此同时，针对全球系统重要性银行（G-SIBs）的总损失吸收能力（TLAC）原则及条款等监管要求陆续发布，国际国内资本监管进一步趋严。在支持实体经济发展、保持信贷投放一定增速的背景下，我国商业银行的资本供需形势逐渐由短期的“紧平衡”转变为长期的“硬缺口”。

另一方面，监管机构推动资本工具创新，为商业银行资本补充提供了便利。财政部、中国人民银行和银保监会等部门出台了一系列政策来支持商业银行进行资本补充，不断释放政策利好。具体来看，在资本工具的发行端，大力支持资本工具创新，清除永续债发行的政策障碍，降低优先股发行门槛，提高发行审批效率；在资本工具的投资端，允许保险资金等长期资金投资资本工具，创设央行票据互换工具（CBS），将永续债纳入合格担保品范围，提高创新型资本工具的市场流动性。

（二）资本补充债券市场的新形势

2019年商业银行积极开展资本补充工作，资本不足问题得到有效缓解。根据Wind的数据，从资本补充规模来看，2019年我国商业银行在境内发行资本工具共15561.0亿元，较上年增长184.9%，相当于前三年的资本补充总额[①]（见图1）。根据银保监会的数据，2019年末商业银行的资本充足率水平为14.64%，较上年末提高了0.44个百分点。外源性资本

① 此处的总额仅包含优先股、可转债、二级资本债、永续债，A股和H股IPO、配股、增发等不包含在内。

补充的提速是商业银行资本充足率改善的重要原因。

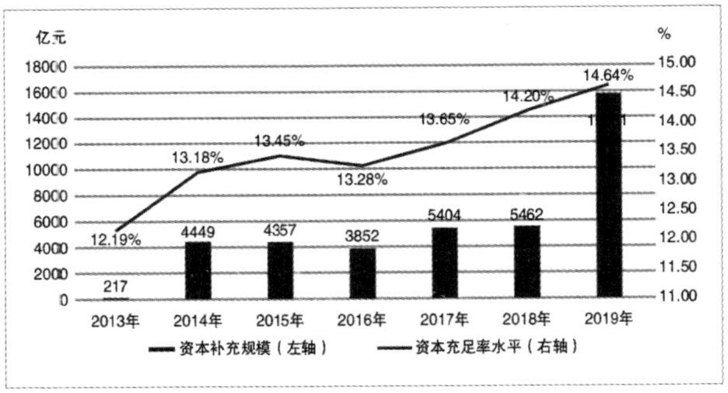


**图1 商业银行资本充足率和境内市场资本补充规模走势图**

数据来源：银保监会、Wind

## 资本补充债券市场特征分析

### (一)资本补充债券发行情况

#### 1. 本轮资本补充债券发行人以国有大行和股份制银行为主

根据银保监会监管要求,商业银行需滚动编制资本规划,结合资本供需情况制订资本补充计划,且需经董事会、股东大会审议通过后实施。因此,准备充分、制度完善、分工明确的国有大型商业银行①(以下简称“国有大行”)和股份制商业银行②(以下简称“股份制银行”)率先抢占资本补充债券市场。从发行份额来看,2019 年国有大行资本补充债券的发行规模为 8300.0 亿元,市场占比为 53.3%;股份制银行的发行规模为 5560.0 亿元,市场占比为 35.7%。

① 国有大型商业银行包括工商银行、农业银行、中国银行、建设银行、交通银行和邮政储蓄银行。

② 股份制商业银行包括招商银行、浦发银行、中信银行、光大银行、华夏银行、民生银行、广发银行、兴业银行、平安银行、浙商银行、恒丰银行、渤海银行。

### 2. 其他一级资本为本轮资本补充重点

根据国际惯例,结合我国商业银行资本结构“一薄二厚”[①]的情况,我国监管机构适时推出无固定期限资本债券(即永续债),进一步丰富其他一级资本的外源性补充工具,引导商业银行持续优化自身资本结构。从资本补充结构(见图2)来看,2019年商业银行通过外源性资本补充渠道,补充其他一级资本9606.0亿元,较上年末增加8151.0亿元,增幅为560.2%;补充二级资本5955.0亿元,较上年末增加1947.8亿元,增幅为48.6%。其中,在其他一级资本工具的选择方面,永续债因其在公开市场发行、投资对象广泛、监管限制少等特点[②],受到商业银行的大力追捧。永续债的发行规模为5696.0亿元,远高于优先股的2550.0亿元和可转债的1360.0亿元。

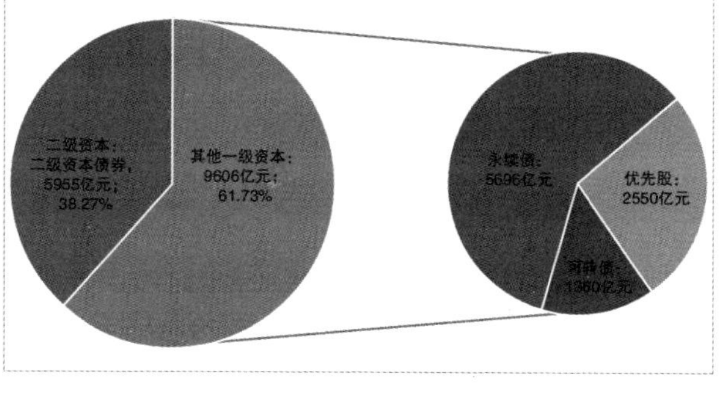


图2 2019年商业银行资本补充结构和债券品种结构图

数据来源:Wind

① “一薄二厚”是指,在永续债推出前,我国商业银行资本补充以发行二级资本工具为主,资本结构呈现二级资本较其他一级资本偏厚的情况。主要原因为:其他一级资本的外源性资本补充仅为优先股,且优先股的审批条件、投资者受众等方面较为严格,商业银行在外源性资本补充方面以发行二级资本工具为主。

② 根据《优先股试点管理办法》,商业银行发行优先股补充其他一级资本只能以非公开方式发行,每次发行对象不得超过二百人,且相同条款优先股的发行对象累计不得超过二百人。

3. 各类资本工具的信用利差相对较高

由于资本工具带有次级属性,设置了转股或减记的损失吸收条款,因此市场上资本工具的信用利差高于其他金融债券。从品种来看,受清偿顺序靠后、风险权重较高、会计处理方式较严格等因素影响,永续债的信用利差略大于二级资本债券。从发行人来看,国有大行资本工具的信用利差大幅低于股份制银行的信用利差。从利率趋势来看,随着监管机构对资本工具损失吸收框架的日益完善,市场对永续债等创新型资本工具的接受度逐渐提高,其信用利差逐渐收窄。

(二)资本补充债券投资情况

1. 资本补充债券的投资者主体更加多元化

随着监管机构逐渐放开其他金融机构投资商业银行资本工具的管制,保险公司、企业年金管理机构等长期投资者积极参与商业银行的资本补充。同时,因放宽境外机构通过债券通、合格境外机构投资者(QFII)等渠道的投资额度限制,资本补充债券市场的深度和广度得以进一步拓展。其中,在2019年末中央结算公司托管的二级资本债券中,保险公司持有的余额为510.0亿元,占比为2.55%,较上年末实现了质的飞跃。

2. 商业银行自营资金积极参与资本补充债券投资

2019年2月召开的国务院常务会议支持商业银行理财子公司投资资本补充债券,商业银行加大了对资本补充债券的配置力度。在2019年末中央结算公司托管的二级资本债券中,银行理财持有的余额占比为28.15%,银行自营持有的余额占比为26.79%,两者合计占比为54.94%,较上年末的52.26%上升了2.68个百分点。

3. 资本补充债券的二级市场交易活跃度有所提高

在我国债券收益率整体下行的背景下，资本补充债券投资收益相对较高的优势逐渐凸显。与此同时，在监管机构提供政策便利的助推下，资本补充债券在二级市场上的流动性得到大幅改善。以二级资本债券为例，在银行间债券二级市场交易中，2019 年商业银行二级资本债券的交易量为 1.37 万亿元，占市场总交易量的 0.65%，与 2019 年末中央结算公司二级资本债券托管量之比为 68.41%。这两个比例分别较上年的 0.40%和 32.15%，提高了 0.25 个百分点和 36.26 个百分点。

（三）值得关注的问题

1. 资本补充债券市场容量有限，商业银行的外源性补充存在瓶颈

一方面，在宏观经济面临下行压力的背景下，为保持实体经济平稳增长，商业银行需要发挥更有力的间接融资作用。预计未来一段时间，商业银行的信贷资产仍将保持较快增速。因此从长期来看，商业银行的资本补充需求将持续旺盛。

另一方面，虽然我国债券市场在不断发展壮大，但债券市场总体容量与实体经济需求仍不相称，产品结构和参与主体还不够多元化。当前，资本工具最主要的投资者仍是银行自营和银行理财，商业银行既是发行人又是投资者，资本供需仍存在较大的不匹配问题。其中，银行自营受制于“双 10%”限额[①]、穿透原则、并表管理等监管要求，投资资本补充债券超过一定限额将造成自身资本快速消耗；银行理财受《商业银行理财业务监督管理办法》实施的影响，其表外资产面临较大的回表处置压力，投资模

① 按照《商业银行资本管理办法（试行）》的要求，商业银行自营资金投资资本工具超过本行核心一级资本的 10%，或被投资机构实收资本 10%的部分，应从对应的各级资本中扣除。

式存在政策不确定性,投资的可持续性较差。

2. 资本补充债券期限普遍较长,持有期不确定性较大

资本补充债券期限相对较长,且其价格对债券市场利率走势较为敏感。若市场利率大幅上行,资本补充债券将形成“浮亏”,投资者卖出债券则使“浮亏”变为“实亏”;若市场利率呈现下行趋势,投资者卖出债券将使“浮盈”变现,但面临再投资风险。从投资者的角度来看,永续债是新型资本工具,推出时间较短;二级资本债券收益率的市场化程度不高,存在估值偏离导致产品“浮亏”的风险,且投资者需评估到期赎回的再投资风险和防止到期时发行人不行权等“黑天鹅”事件。因此整体来看,资本补充债券持有期面临较大不确定性。

3. 做市机制有待完善,二级市场的流动性相对不足

在做市机制方面,与国债和政策性金融债相比,商业银行资本补充债券做市机制尚不完善,缺乏随买随卖等二级市场做市手段。随着政策性金融债做市机制的常态化、长效化,预计其他金融债券的二级市场交易量会受到一定程度挤压。

在流动性方面,中国人民银行提供的资本工具流动性支持规模偏小。2019 年,中国人民银行进行了 7 次 CBS 公开市场操作,累计交易金额 320 亿元,相较于 5696 亿元的永续债发行总量,规模较小。此外,二级资本债券尚未被纳入 CBS、中期借贷便利(MLF)和定向中期借贷便利(TMLF)等品种的合格担保品范围,且永续债和二级资本债券也不属于交易所质押式回购券的范畴。

## 展望

当前,受新冠肺炎疫情影响,全球经济持续低迷,国外央行量化宽松的货币政策陆续落地,我国经济率先开始恢复,因此我国金融市场对境外投资者的吸引力逐渐增强。从大类资产配置角度来看,由于疫情完全平复的周期较为漫长,市场避险情绪累积将利好债券市场。预计国内商业银行资本补充债券市场将继续保持平稳发展态势,具体体现在以下两个方面。

一是预计商业银行资本补充债券供给量仍将维持在较高水平。一方面,考虑到我国监管机构支持商业银行资本补充政策的延续性,中小型商业银行资本补充进程将提速,资本补充债券发行需求将增加。另一方面,境外市场受疫情影响不确定性加大,再叠加中资机构境外发债信用利差走阔和代扣代缴所得税等因素,预计之前计划赴境外发行资本补充债券的中资银行将重新考虑返回境内市场发债。

二是预计商业银行资本工具创新将进一步加快。随着中国 TLAC 监管规则实施日期的临近,当前合格 TLAC 工具欠缺的问题进一步凸显。鉴于控制 TLAC 达标成本的需要,预计我国可能参考欧盟模式,适时推出非优先高级债券[①]。

作者单位:中国工商银行资产负债管理部

(本文原载于《债券》2020 年 5 月刊)

① 非优先高级债券(senior non-preferred bonds)由法国最先创设,其清偿顺序优先于二级资本工具,次于普通高级债券,满足 TLAC 工具要求。

# 初探银行间债券市场波段交易的机会发掘及策略

安进京

**摘　要**:本文以银行间债券市场为研究对象,从一级半市场①和二级市场两个维度,结合不同的市场环境探讨了波段交易的原理以及实际案例操作,发现现阶段一级半市场为投机类交易者提供了较好的做空机制,二级市场更适合日常波段交易。

**关键词**:银行间债券市场　波段交易　做空机制

## 波段操作概述

波段交易(swing trading)一般指日内或数日内的以博取价差收入为目标的短线交易,主要针对价格波动性较为频繁剧烈的市场,如股票市场、期货市场及外汇市场。波段交易实质为投机类交易,是在短时间内利用市场的波动以最小的资金占用获取价差收入的最大化。根据市场运行

① 一级半市场主要是指债券招标当日至上市交易期间的交易市场,由于债券还没进入二级市场流通,债市人形象地将该市场称为一级半市场,以区别于招投标或簿记发行的一级市场和债券上市交易后的二级市场。

特征、投资者资金状况和风险承受能力的不同,波段交易期限可长可短。

传统意义上,债券风险较小、参与机构多、供给量大使得债券市场波动性较小,似乎短时间内的波段交易机会难觅,常见的波段可能持续数周甚至数月之久,更带有趋势交易的性质。发达债券市场如美国,有着良好的流动性,市场波动频繁但幅度较小,为小波段交易提供了温床,“以量补价”的短期波段交易频繁而常见。我国债券市场整体水平与美国还有很大差距,但近几年来随着我国金融市场的快速发展,债券市场建设也突飞猛进,特别是近年来银行间市场的深度[①]、广度、密度[②]不断改善,交易效率迅速提高,市场波动频繁,“单边市”状况有所改善,这都使得短期波段交易成为可能。

波段交易虽然不是最好的盈利模式,但对于提高资金运用效率无疑十分有效。有效的交易方式必然对投资者提出了更高的要求。传统的投资类账户专注于对经济周期的分析来进行投资决策并优化配置力度与节奏,受会计制度等方面的限制,不承担盯市损益的压力,更看重数年内的资产回报率,对短期内的收益率变动不为所动,不适合进行波段交易。交易类账户投资周期短于投资类账户,一般都有资金成本约束、风险指标控制、持有期限制、盯市止损安排等要求,对于交易员的宏观经济分析能力、央行货币政策把握、债券市场趋势与短期波段预测能力以及交易员个人经验提出了更高的要求。因此,交易类账户更适合也更有动力开展波段交易操作。

在交易实践中,波段交易者也应根据所在机构各种约束,个人交易风

① 市场深度指债券市场受到剧烈交易量冲击时债券价格不会大幅偏离市场公允价值的能力。

② 市场密度指在正常交易中债券价格偏离市场中间价格的幅度,市场买卖价差和做市商的双边价差能较好地反映。

格与习惯设定较为严格的交易纪律,以纪律保障策略成功,以结果优化交易纪律。下面笔者列举数条被广泛应用的交易纪律。

第一,准确的分析预测。交易员首先应该是一名研究员,只有具备扎实的研究分析能力才能够较准确地研判市场走势,才能在波段交易中占得先机。

第二,独立决策,果断实施。市场信息纷繁复杂,各种研报各抒己见,机构交易动机千差万别,如果不能根据既定计划果断进行交易,人云亦云地“随大流”,只会成为市场埋单者。

第三,进出场时间。正如巴菲特的投资信条:别人贪婪时我恐惧,别人恐惧时我贪婪。交易之前应该选择好进出场时机,不盲目追涨杀跌,选择合适的离场时机。有经验的交易员都不会期望在收益率最高点买入并在最低点卖出,这种理想的状态可遇不可求,并且较为单边的市场会使得机构行为趋同,破坏既定进出场时间。这就要求波段交易者适当早进场早出场,在市场超卖末期进场,在市场超买时离场。

第四,严格止损。波段交易属于投机类交易,需要严格控制风险暴露,并设置好止盈止损位置,达到止盈位置时卖出,落袋为安;触及止损线时敢于认赔,果断沽出离场。

第五,韬光养晦,一击制胜。OTC市场的特点决定了交易成本较大,交易机会转瞬即逝,及时正确的进出场时机也不一定能够如期获利,特别是在市场波动较小或大幅波动时。因此,波段交易要求交易员:市场不明朗时少交易,“牛皮市”时少交易,发现交易机会及时操作,市场走势与策略相反时果断中止交易。

## 波段交易的机会发掘及策略

按照目前银行间债券市场的运行模式,本文所指的波段交易可细分为二级市场波段交易和一级半市场波段交易两种。此种分类主要依据债券所处的阶段不同,而波段交易基本原理并无差异。

### (一)二级市场波段交易

我国现行银行间市场虽然取得了长足的发展,但做空机制缺位使得收益率曲线变动仍然以单边变动为主,机构需求同质化强,极易形成追涨杀跌行情。

近年来市场出现了几款可用以做空交易的产品,但由于各种原因,发展不甚理想。买断式回购体现为两笔真实的债券买卖交易,逆回购方获得回购期间债券的所有权和使用权,如果判断后期市场会下跌,正回购方可以将上述债券现行卖出待接近回购到期时再买回相应债券返还逆回购方。但是目前银行间市场资金融通交易方式一般采用质押式回购,融出方一般为大型银行,缺乏做空动力。而买断式回购限制较多,且存在到期时无法买回相应债券用于交割或价格较差造成做空交易损失的风险,现实中大多数只作为融资功能,做空操作者甚少。

债券远期交易为投资者提供了未来时点做空机制,但是由于制度设计、会计准则等制度安排以及交割时点市场风险难以控制等原因,远期交易清淡,逐渐演变为代持交易性质,失去其应有的风险管理内涵,做空功能尽失,成交渐少(见图1)。

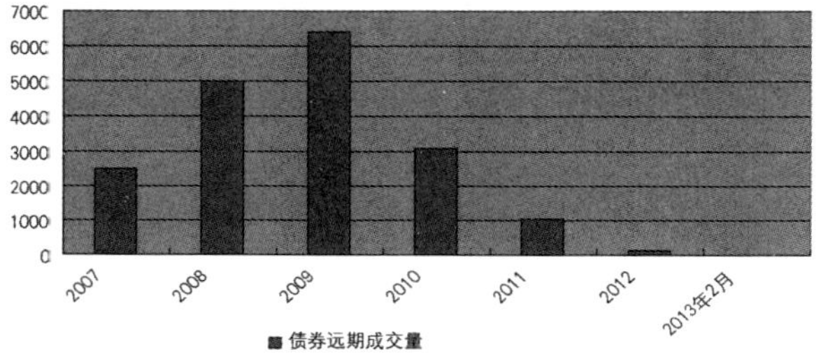


**图1　债券远期交易历年成交量(单位:亿元)**

注:截至2月底,2013年市场还未有成交量。
数据来源:中国债券信息网

债券借贷具有做空功能,但由于商业银行等大机构缺乏做空动力、会计税务处理以及市场风险考虑,该业务交易量小,市场认可度不高,做空交易难以实现,逐步被买断式回购取代。国债期货能够提供良好的国债做空机制,虽然已经过多轮仿真交易,市场预计今年下半年有望推出,但具体时间尚不得而知。

因此,银行间二级市场波段交易便落入了传统意义上的交易范畴,即把握市场趋势,低买高卖并真实交割以赚取持有期间利息和价差收入。本文将重点分析日内到数日内的短期波段交易,较长期限的趋势性交易操作原理与此类似,本文不作过多探讨。

短波段交易的核心是预测市场的短期快速波动之方向与幅度,这就要求交易员深谙引起市场快速波动的扰动因素。笔者认为目前引起债券市场快速波动的扰动因素主要有:国内外经济数据的市场预期及最终数据公布,资金面的冲击,一、二级市场相互影响,突发事件的冲击,股票市场涨跌,止损盘扰动,市场非理性的跟风效应等。这些扰动因素或单独影响市场,或某几个同时作用于市场,使得不同券种、不同期限段券种产生不同的波动方向与波幅,为交易员提供了良好的波段交易试验场。

1. 数据市

随着经济金融全球化的迅猛发展,我国债券市场越来越受到国际国内经济数据的共同影响,如美国 QE 政策、非农就业数据、成屋销售数据等,欧洲各国债务问题,国内 GDP、CPI、PPI、PMI、贷款增速、工业增加值、发电量、进出口数据等。值得一提的是,近年来市场有效性不断提高,各类研究机构的分析预测能力大为进步,对上述数据的预测方法较为成熟。因此,数据的初步预测值对市场的影响力大为提高,而数据终止的公布只要不是大幅超出此前预期,对市场的影响力十分有限,此时亦无太多波段交易机会。

例如,2013 年 1 月 4 日,美国“财政悬崖”达成协议,同时 2012 年 12 月份的中采 PMI 连续 3 个月站在荣枯线之上,而汇丰 PMI 则创出了 19 个月来的高位。这些数据的公布使得市场抛盘增多,流动性较好的国债首当其冲,中长期上行 3~5BP(见表 1)。如果数据公布后马上卖出国债,待市场跟随抛盘将收益推高后买回即可实现盈利。

表 1 中长期国债 2013 年元旦前后市场成交(单位:%)

| 代码 | 简称 | 期限 | 2012 年 12 月最后几个交易日 | 2013 年 1 月 4 日 |
| --- | --- | --- | --- | --- |
| 120014 | 12 国债 14 | 5 年 | 3.19 | 3.23 |
| 120021 | 12 国债 21 | 10 年 | 3.57 | 3.605 |

数据来源:货币经纪公司成交

2. 资金市

资金是金融市场的血液,直接影响着债券的供需和投资者的成本,在国内银行间债券市场表现得尤为突出。近两年来,外汇占款情况发生了根本变化,致使央行停发央票来减少资金回笼。今年央行创新性地化被动为主动,利用回购操作并辅以公开市场短期流动性调节工具(Short-term Liquidity Operation,SLO)来进行公开市场操作,平滑银行间流动性的多寡,取得了预期的效果。如果投资者能够较好地把握外汇占款的变动、每周二和周四的例行回购操作以及其他时间的 SLO 操作,并能研判市场的变动方向,就能够捕捉到较多波段交易的机会。

例如,今年 1 月 5 日为了缓解准备金的补缴,央行破纪录地开展了 5 天逆回购操作 900 亿元,表明央行维持资金利率稳定的决心。市场随即上涨,特别是流动性好的中期国债品种。如果 1 月 4 日先卖出 12 国债 14 后再买回实现获利,次日可以利用逆回购利好市场卖出再次获利(见表 2)。

**表 2 逆回购操作对关键期限国债收益率的影响(单位:%)**

| 代码 | 简称 | 期限 | 2013 年 1 月 4 日 | 2013 年 1 月 5 日 |
|---|---|---|---|---|
| 120014 | 12 国债 14 | 5 年 | 3.23 | 3.19 |
| 120021 | 12 国债 21 | 10 年 | 3.605 | 3.6 |

数据来源:货币经纪公司成交

从日内波段交易来看,如果在逆回购操作公布后随即在 3.1%~3.12%买入 3 年期国债 12 国债 17,则在尾盘可以在 3.07%附近卖出,获利 3~5BP,收益相当可观。

3. 一、二级联动市

一、二级市场既相互连接又相互影响。如果一级市场发行缩量,而新的资金配置需求不断累积,这就造成了供需的阶段性失衡,使得过多的资金追逐有限的债券,必然在拉低一级市场收益率的同时带动二级市场收益率走低。二级市场需求的不断释放使得收益率维持在低位,造成一级市场后续的配置需求被迫拉低投标标位,中标利率随着二级市场继续走抵,最终形成一、二级市场的连锁反应。如果一级市场供给放量,资金短缺造成供需失衡就会有相反的结果。

例如,1月8日国开行招标发行今年首期“福娃债”,由于资金面的宽松与投资盘的配置压力叠加,认购倍数高,使得中标利率大大低于市场预期,带动二级市场收益率下行(见表3至表5)。

表3 2013年首期“福娃债”招标情况

| 债券名称 | 发行日期 | 期限(年) | 发行量(亿元) | 招标方式 | 路透调查预测中标利率均值(%) | 中标利率(%) | 认购倍数 | 边际认购倍数 |
|---|---|---|---|---|---|---|---|---|
| 130201 | 2013-01-08 | 1 | 60 | 荷兰式 | 3.42 | 3.32 | 2.885 | 2.8 |
| 130202 | 2013-01-08 | 3 | 60 | 美国式 | 3.94 | 3.87-3.91 | 4.84 | 17.9 |
| 130203 | 2013-01-08 | 5 | 60 | 美国式 | 4.2 | 4.14-4.18 | 3.285 | 1.23 |
| 130204 | 2013-01-08 | 7 | 60 | 美国式 | 4.36 | 4.3-4.34 | 2.12 | 1.36 |
| 130205 | 2013-01-08 | 10 | 60 | 荷兰式 | 4.46 | 4.43 | 1.91 | 1.03 |

表4 “福娃债”招标前后国开债中债估值收益率变动

| 期限(年) | 国开债中债到期收益率曲线(%) | | 利差变动(BP) |
|---|---|---|---|
| | 2013-01-07 | 2013-01-08 | |
| 1 | 3.4702 | 3.3702 | -10.0 |
| 3 | 3.9428 | 3.9132 | -3.0 |
| 5 | 4.2092 | 4.1974 | -1.2 |
| 7 | 4.3919 | 4.3619 | -3.0 |
| 10 | 4.4624 | 4.4524 | -1.0 |

数据来源:Wind资讯

表5 “福娃债”招标前后非国开债二级市场收益率变动

| 期限(年) | 国开债中债到期收益率曲线(%) | | |
|---|---|---|---|
| | 2013-01-07 | 2013-01-08 | 2013-01-09 |
| 1 | 3.35 | 3.33 | 3.32 |
| 3 | 3.86 | 3.84 | 3.83 |
| 5 | 4.09 | 4.07 | 4.04 |
| 7 | 4.28 | 4.26 | 4.23 |
| 10 | 4.32 | 4.29 | 4.28 |

注:该数据为作者根据二级市场成交情况取各期限收益率的大致均值,各期限不同券种成交收益率略有差异。

招标结果公布后,如果认为市场需求强烈,并且会持续数日,则可以考虑买入流动性好的关键期限品种,国开债或非国开债均可,两日后卖出便可获利颇丰。

4. 突发事件

突发事件一般包括但不限于国际国内政治、军事、经济等方面,其常常直接或间接地影响国内债券市场,令市场出现大幅波动,如果判断准确且行动及时,就会有很好的波段交易机会。

例如,美国推出 QE1,显示美国经济低迷,美元贬值,游资流入利多国内债市,市场预测国内也会推出相应的放松政策,债市因此出现短期的上涨。再如,日本大地震造成了核恐慌,市场担忧影响我国并拖累出口,债券市场出现了小幅上涨。随着我国经济指标与政策发布制度的完善,保密工作不断加强,减少了信息泄露,但也使得政策越来越具有突然性,令市场难以把握。央行基准利率的调整就越来越难以把握,常常令市场产生剧烈波动,出现超买超卖。

在央行公布升降息后,市场会随机大幅跳跃式变动:降息后,收益率会大幅下行然后再缓慢上行(见表 6);而升息后,收益率会迅速提升而后小幅下行(见表 7)。由此我们可以在央行降息后在收益率低点卖出债券,待市场归于平静时买回,或者在升息后迅速卖出持仓,待收益率达到高点市场均衡时买回。

表 6　中国人民银行降息后债券中债估值收益率走势(单位:%)

| 降息宣布日期 | 调整幅度 | 一年定存 | 日期 | 国债 | | | 央票 | | 金债 | | |
|---|---|---|---|---|---|---|---|---|---|---|---|
| | | | | 1 年 | 3 年 | 5 年 | 1 年 | 3 年 | 1 年 | 3 年 | 5 年 |
| 2008-10-08 | 27BP | 3.87 | 2008-10-07 | 3.253 | 3.283 | 3.422 | 3.899 | 3.951 | 3.922 | 3.953 | 3.96 |
| | | | 2008-10-08 | 3.2 | 3.129 | 3.254 | 3.826 | 3.811 | 3.843 | 3.82 | 3.702 |
| | | | 2008-10-09 | 2.909 | 2.879 | 2.953 | 3.621 | 3.42 | 3.63 | 3.426 | 3.452 |
| | | | 2008-10-10 | 2.735 | 2.651 | 2.899 | 3.623 | 3.324 | 3.659 | 3.33 | 3.432 |
| | | | 2008-10-13 | 2.823 | 2.681 | 2.884 | 3.567 | 3.334 | 3.625 | 3.385 | 3.48 |
| | | | 2008-10-14 | 2.8 | 2.905 | 3.029 | 3.55 | 3.459 | 3.65 | 3.46 | 3.467 |
| | | | 2008-10-15 | 2.847 | 2.82 | 2.945 | 3.54 | 3.421 | 3.57 | 3.43 | 3.427 |

数据来源:中国债券信息网,Wind 资讯

表 7　中国人民银行加息后债券中债估值收益率走势(单位:%)

| 加息宣布日期 | 调整幅度 | 一年定存 | 日期 | 国债 | | | 央票 | | 金债 | | |
|---|---|---|---|---|---|---|---|---|---|---|---|
| | | | | 1 年 | 3 年 | 5 年 | 1 年 | 3 年 | 1 年 | 3 年 | 5 年 |
| 2010-12-25 | 25BP | 2.75 | 2010-12-24 | 3.3 | 3.322 | 3.526 | 3.521 | 3.674 | 3.561 | 3.732 | 3.916 |
| | | | 2010-12-27 | 3.38 | 3.404 | 3.58 | 3.55 | 3.745 | 3.65 | 3.817 | 3.962 |
| | | | 2010-12-28 | 3.387 | 3.434 | 3.586 | 3.6 | 3.777 | 3.656 | 3.846 | 3.963 |
| | | | 2010-12-29 | 3.357 | 3.414 | 3.575 | 3.57 | 3.741 | 3.637 | 3.827 | 3.952 |
| | | | 2010-12-30 | 3.328 | 3.42 | 3.546 | 3.52 | 7.711 | 3.608 | 3.797 | 3.922 |
| | | | 2010-12-31 | 3.3 | 3.41 | 3.542 | 3.48 | 3.697 | 3.573 | 3.789 | 3.902 |

数据来源:中国债券信息网,Wind 资讯

5."股债跷跷板"

传统上认为股票市场和债券市场反向而行,犹如跷跷板游戏此消彼长。股票市场是经济增长的"晴雨表",股票指数的上涨预示着企业盈亏好转,经济发展良好,投资者风险偏好上升,资金开始抽离债市进入权益类市场,使得债券市场下跌。反之则债券市场上涨。

全球经济危机以来,我国股市萎靡不振数载,风险偏好一直较低,股债反向运动的情形并不多,反而更多地出现股债同涨同跌的怪异现象(见图 2),令债市人不无感叹。但当股票市场出现大涨大跌时,债券市场如果把握得当也会有波段交易的机会,但从实践看短期波段交易机会并不

容易把握。

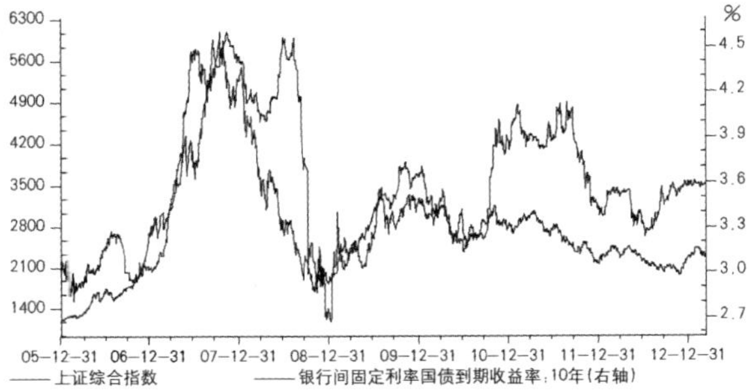

图 2 上证综指与 10 年期国债走势

数据来源:Wind 资讯,中国债券信息网

6. 止损市

交易类账户一般均设有止损限制,当市场出现大幅快速下跌时,风险承受能力比较弱的机构就有可能迫于估值压力而进行清盘处理。此时市场极度脆弱,极有可能出现"杀跌"现象,使得价格更加快速下跌,从而带动估值下移,更加剧了二级市场的恐慌性(见图 3)。

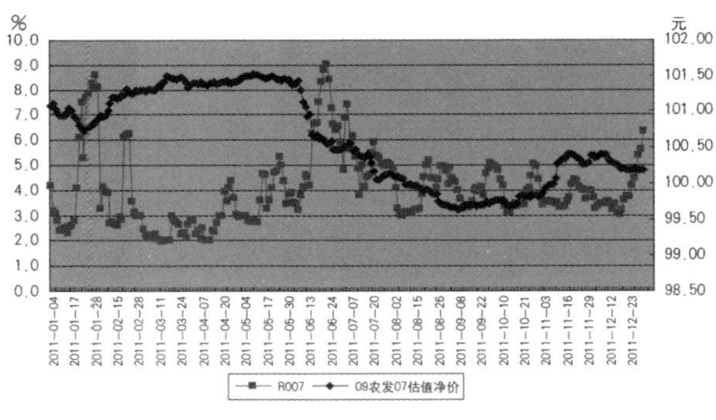

图 3 09 农发 07 估值净价与 R007 走势

注:09 农发 07 的票面利率为 3 个月 Shibor5 日均值+0.2%。
数据来源:中国债券信息网,Wind 资讯

例如,自 2011 年 6 月初开始,银行间市场资金极度紧张,质押式回购利率屡创新高并在较长时间内维持高位,严重影响了市场情绪。二级市

场开始出现疯狂抛售,价格短时间内快速断崖式下行,导致一部分机构出现止损抛盘并使某些流动性较差的品种(如浮息债)之价格在3个月内大幅下跌2~3元。如果对市场止损盘把握较好,可首先卖出持仓后以更低价格买入赚取较大利差,或者在价格快到最低点时果断接盘待价而沽。

7. 跟风市

跟风市的主要触发因素是"羊群效应",一般出现在市场横盘整理多时没有明显突破迹象之时,也就是"牛皮市"末端,或者在市场变动前夕到初期。在此期间,市场没有方向,机构迷茫不知如何操作,如果结合外部利空或利好信息,在市场还没意识到变动即将来临之时买入或卖出,主动引导市场朝着自己的方向运行就能取得先行优势,必定有所斩获。

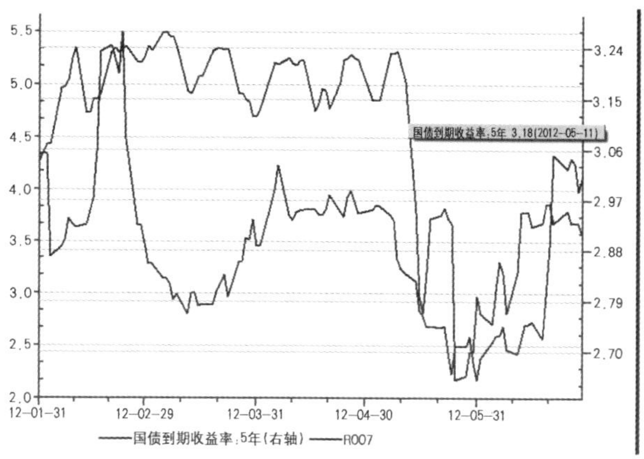


**图4　5年期国债中债估值与R007走势(单位:%)**

数据来源:Wind资讯

例如,2012年5月12日,商业银行存款准备金率下调0.5个百分点,致使市场在横盘整理5个月后终于爆发,随后3个交易日内收益率大幅下行约40BP(见图4)。但是央行在5月3日和5月10日分别进行了650亿元和240亿元逆回购操作,从5月4日起回购利率就开始小幅下行,种种迹象表明央行有意维持较为宽松的资金面,这必将利多债市。诚然,央行降准在意料之外,但是央行维持宽松政策足以使敏锐的交易员为之一搏,做一名“带头大哥”,超前于市场逐步加仓。

(二)一级半市场波段交易

布《关于开展国债预发行试点的通知》,自此我国国债预发行机制正式启动。债券预发行指以即将发行的记账式国债为标的进行的债券买卖行为,具体指国债招标日前 4 个法定工作日至招标日前 1 个法定工作日期间可以进行国债预发行交易(when-issued trading)。从本质上看,国债预发行属于远期交易,是一级半市场的延伸,本文暂将其归为一级半市场交易。但是,相关部门还未出台实施细则,近期内恐难推出,在此不做分析。

一级半市场的债券虽然还未上市流通,但有时交投十分活跃,达成交易时只是口头协议不用进行实际交割,到上市日才能完成交割清算,一般不占用资金,为我们提供了良好的做空交易机会。

该市场的价格波动与二级市场并无区别,因此波段交易原理大致相同,但应该重点控制对手违约风险,特别是在接近上市日市场出现较大波动时。

经验认为,一级半市场当天交投最为活跃,此后数日成交一般,上市交易当天也会有一定市场。下面将以投资者起初是否投标取得新发债券为标准进行一级半市场波段交易分析。

“手里有粮,心里不慌。脚踏实地,喜气洋洋。”投标取得新债的投资者手中有券,可以根据市场情况进行双向波段交易。

投标结果公布后,如果认为后市会上涨,可以择机卖出债券,如果市场继续走强，可以再次买回债券等待时机。例如，1 月 29 日国开行发行今年首期 Shibor 浮息债，宏观面、资金面和配置需求共同利多债市，市场普遍看低标位，中标结果均大幅低于预期（见表 8）。

**表 8　2013 年国开首期“F4”Shibor 浮息债招标情况**

| 债券名称 | 发行日期 | 期限（年） | 发行量（亿元） | 招标方式 | 路透调查预测中标点差均值（BP） | 中标点差（BP） | 全场认购倍数 | 边际认购倍数 |
|---|---|---|---|---|---|---|---|---|
| 130200 | 2013-01-29 | 1 | 40 | 荷兰式 | -35 | -50 | 4.73 | 3.14 |
| 130201 | 2013-01-29 | 3 | 60 | 荷兰式 | 3 | -1 | 3 | 7 |
| 130202 | 2013-01-29 | 5 | 60 | 荷兰式 | 30 | 19 | 4 | 1.06 |
| 130203 | 2013-01-29 | 7 | 40 | 荷兰式 | 44 | 38 | 2.22 | 5.42 |
| 130205 | 2013-01-08 | 10 | 60 | 荷兰式 | 4.46 | 4.43 | 1.91 | 1.03 |

数据来源：市场信息

以 13 国开 11 为例，如果投资者认为跨月后资金会进一步宽松，1 年期收益会下行，投标取得债券后市场表现较好，可以等待几日再出货。在 2 月 1 日以净价 100.03 元卖出可以赚取 0.1 元/百元（含 7 分钱的手续费）。如果当时市场有继续上涨势头，可以继续买入部分仓位，在 2 月 6 日卖出仍然能够获利（见表 9）。

**表 9　2013 年国开首期“F4”Shibor 浮息债一级半市场成交情况**

| 代码 | 手续费 | 1 月 29 日 | 1 月 30 日 | 1 月 31 日 | 2 月 1 日 | 2 月 4 日 | 2 月 6 日 |
|---|---|---|---|---|---|---|---|
| 130211 | 7 分 | 平价返 7~8 分 即 99.92~99.93 元 | 平价返 6~7 分 即 99.93~99.94 元 | 平价返 3 分 即 99.97 元 | 即 100.03 元 |  | 即 100.08 元 |
| 130212 | 0.12 元 | 平价返 0.1~0.17 元 即 99.83~99.9 元 | 平价返 0.1 元~100.05 元 即 99.9~100.05 元 |  |  | 即 100.05~100.1 元 |  |

数据来源：市场信息

投标结果公布后如果认为后市会下跌，可以迅速卖出债券，减少亏损。如果市场继续走弱，可以等待收益率高点买回债券以图后期上涨。

例如,13 国债 01 中标利率为 3.15%,招标当日最初成交在 3.17%返手续费的水平,如果投资者能及早出货止损,那么最多亏损 2BP。由于近期空头渐起,市场最终在 1 月 11 日成交在 3.23%~3.24%返手续费水平上,如果此时果断出手买入,该投资者可以实现 4BP 的盈利(见表 10 和表 11)。

**表 10 13 国债 01 发行情况**

| 债券名称 | 发行日期 | 期限(年) | 发行量(亿元) | 招标方式 | 中标利率(%) | 全场认购倍数 | 边际认购倍数 |
|---|---|---|---|---|---|---|---|
| 130001 | 2013-01-09 | 5 | 260 | 混合式 | 3.15~3.18 | 1.92 | 8.03 |

数据来源:市场信息

**表 11 13 国债 01 一级半市场成交情况**

| | 中标利率 | 手续费 | 1 月 9 日发行 | 1 月 10 日 | 1 月 11 日 | 1 月 16 日上市 |
|---|---|---|---|---|---|---|
| 130001 | 3.15%~3.18% | 0.1 元(约 2BP) | 3.17%~3.175%返 0.1 元即 3.19%~3.195% | 3.18%返 0.1 元即 3.2% | 3.21%~3.22%返 0.1 元即 3.23%~3.24% | 3.25% |

数据来源:市场信息

另一种交易策略为“空手套白狼”。顾名思义,该策略为起初没有中标取得债券的投资者提供了波段交易机会。

投标结果公布后,如果市场上涨并预期会延续一段时间,此时投资者可以积极买入,待收益率下行一定幅度后卖出获利离场。以 13 国开 12 为例,如果起初投资者没有中标并且认为后市需求增多,收益率会持续下行,可以在 1 月 30 日以平价返 0.1 元手续费(净价为 99.9 元)果断买入、待价而沽,待市场进一步上涨后在 2 月 4 日以 100.05 元卖出,可以获利 0.15 元/百元。

投标结果公布后,如果预期市场持续下跌,投资者可以先行卖空该债券,待收益率上行一定幅度后再补进相应卖空债券量,以实现零敞口套利。以 13 国债 01 为例,投标结束后市场抛盘较重买盘稀少,投资者可以果断卖空一定数量债券，在上市前根据市场情况择机买回相应数量债券，以实现完美波段交易。但如果市场在卖空后走势与预期相反运行，则可能发生亏损。该策略较上述波段操作风险更大，因为可能出现无法补进卖空债券的风险，需要投资者格外关注。

## 结语

各个市场的波段交易均可以灵活快速地实现盈利，提高资金运用效率，提高账户收益率，但也对交易员提出了更高的要求，如果对市场走势判断错误或者即使判断正确但交易未能及时实施，也会错过最佳的获利时机，严重时会造成损失。一级半市场不但为投资者提供了双向操作机会，更重要的是其优良的做空机制，而二级市场更适合投资者日常的波段交易操作。

从行为金融学角度分析，市场参与者有路径依赖倾向，并且一般都有“好了伤疤忘了痛”的“良好气质”。经验认为，交易员的逐利心态如果不能有效控制，一般会使其在同一个地方跌倒数次。打铁还需自身硬。因此，波段交易爱好者应该首先从自身理论修养、研判分析、交易心态、交易纪律、风险控制与实践心得方面做起，不断提高波段交易成功率。

作者单位：农业银行金融市场部

（本文原载于《债券》2013 年 4 月刊）

# 银行间债市2015年上半年回顾与下半年展望

郑葵方　胡施聪

▲预计下半年7天回购利率中枢仍将维持在低位，在2.0%与3.0%之间。

▲预计下半年利率债供给总量将达到35000亿元，较上半年增加约5000亿元；1年期国债收益率中枢为1.4%~1.8%，10年期国债收益率中枢为3.3%~3.6%。

▲预计下半乍高等级信用债信用利差有望收窄，中低等级信用债在半年报行情下，随着评级频繁下调，会出现阶段性的利差拓宽，不过短期内并不存在频繁的信用违约风险。

## 2015年上半年回顾

### （一）资金面趋于宽松

今年上半年，资金利率整体呈现下行趋势，仅在春节前和6月末半年考核时有明显上行。由于央行两次普遍降准共计1.5个百分点并搭配3

次定向降准，三次降息共计 75bps，再加上短期流动性调节工具（SLO）投放和中期借贷便利（MLF）续作，市场流动性较为充裕，有效补充了因阶段性外汇占款下降而减少的流动性，满足了新股 IPO 导致的旺盛资金需求，同时也为地方政府万亿存量债券置换提供了充足的流动性，避免了融资成本的快速上升。上半年 7 天回购利率中枢为 3.42%，较去年下半年下行 15bps（见图 1）。

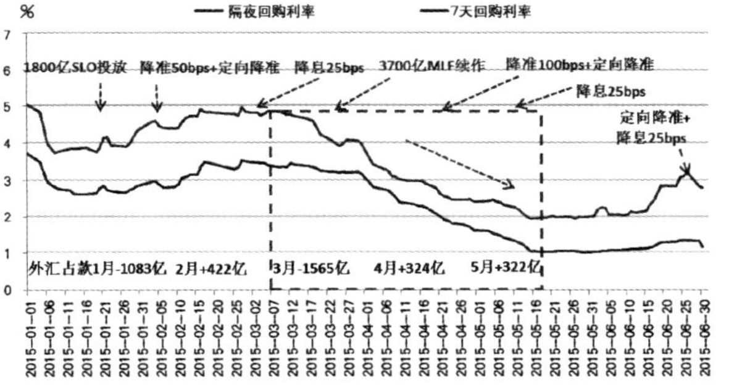


**图 1　银行间市场货币利率与央行货币政策**

数据来源：Wind 资讯、中国建设银行金融市场部

## （二）利率债供给大幅增加，收益率曲线陡峭化下行

### 1. 一级市场：利率债供给大幅增加

上半年，利率债供给大幅增加。利率债（国债+地方政府债+政策性银行债）总发行约 32537 亿元，较去年下半年大幅增加约 10017 亿元；扣除到期量后，净供给 18728 亿元，较去年下半年增加约 7828 亿元。

分券种看，国债供给明显减少，上半年共发行 8574 亿元，净供给为 3185 亿元，较去年下半年分别减少 1519 亿和 3624 亿元；但地方政府债和政策性银行债供给大幅增加。由于推行地方政府万亿存量债务置换，地方政府债券上半年发行量共计 8683 亿元，净供给 8325 亿元，较去年下半年分别大幅增加6051亿和6685亿元。地方政府债券公开招标发行的利率多为二级市场相应期限的国债收益率前5日平均值,定向发行置换银行贷款的利率稍高,较前5日国债收益率均值上浮15%左右,整体上地方政府债务的利息负担明显降低。政策性银行债供给大幅增加,上半年共发行15281亿元,比去年下半年大幅增加5475亿元左右;净供给为7218亿元,比去年下半年增加4169亿元。

2. 二级市场:利率债收益率曲线陡峭化下行

受经济增长乏力、央行货币政策偏松、资金面宽松、配置交易需求旺盛等多因素影响,上半年国债收益率曲线较去年末陡峭化下行。6月30日,国债收益率中短端1年、3年和5年期较去年末分别大幅下行了152bps、47bps和30bps,长端7年和10年期利率也下行了2bps~7bps,下行幅度较短端小得多(见图2)。

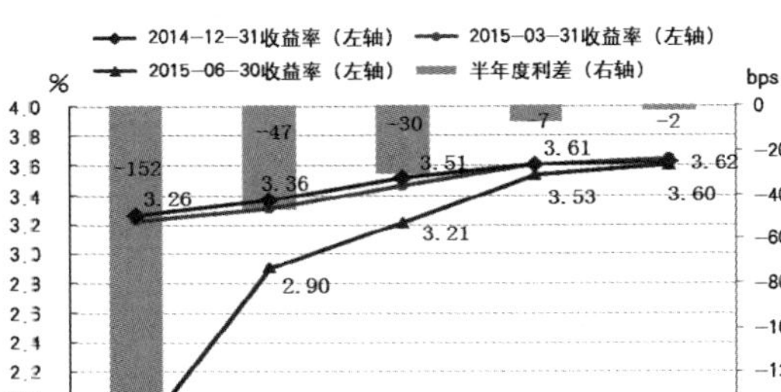


图2 上半年国债收益率曲线陡峭化下行

数据来源:Wind资讯、中国建设银行金融市场部

从走势看,可分为四个阶段:第一阶段为1—2月,国债收益率曲线平坦化下行。在此阶段,资金面偏宽松,利率债净供给减少,央行不断推出宽松措施,包括投放SLO、重启逆回购、续作MLF、降准50bps、降息25bps,强化市

场的宽松预期，再加上配置需求旺盛，推动国债收益率曲线平坦化下行。

第二阶段为 3 月至 4 月上旬，国债收益率曲线平坦化上行。虽然期间资金面趋于宽松、配置需求较强，但由于利率债供给明显增加，且投资者认为短期内降准、降息政策的相继出台使政策将面临较长的空窗期，加上央行公开市场操作持续谨慎，部分机构选择获利了结，推动国债收益率曲线平坦化上行。

第三阶段为 4 月中旬至 5 月中上旬，国债收益率曲线陡峭化下行。因经济增长乏力，央行于 4 月 19 日降准 1 个百分点，大大超出市场预期，并且在 5 月 10 日宣布年内第二次降息，宽松措施频出体现了政府稳增长的决心，资金面因此大幅宽松，令市场宽松预期得到提振，需求端明显改善，再加上到期量较大导致利率债净供给减少，国债收益率曲线快速陡峭化下行。

第四阶段为 5 月中下旬至 6 月，国债收益率曲线短端下行，中长端上行。受益于资金面宽松，国债短端收益率仍震荡下行，6 月 30 日 1 年期国债收益率相对 5 月 18 日下行了 64bps。中长端收益率虽有前面降准降息的护航，但受制于地方政府债券供给迅速增加而震荡上行。5 月 18 日江苏地方政府债公开发行，拉开了首批 1 万亿元地方政府债券置换存量债务的序幕，在 1 个多月的时间里，仅地方政府债券的发行就高达 8683 亿元左右，其中定向发行占比较低，公开发行比重高，造成利率债市场供给压力快速上升。6 月财政部又下达了第二批 1 万亿元地方债置换额度。由于发行的地方政府债券均是 3~10 年期，使得中长端收益率曲线出现了明显上行，越是长端的利率上行幅度越大，即使 6 月 27 日降息和定向降准双管齐下，也未使中长端利率下跌。截至 6 月 30 日，7 年和 10 年期国债收益率相对5月18日分别上行了18bps和19bps,5年期上行13bps,3年期上行8bps(见图3)。

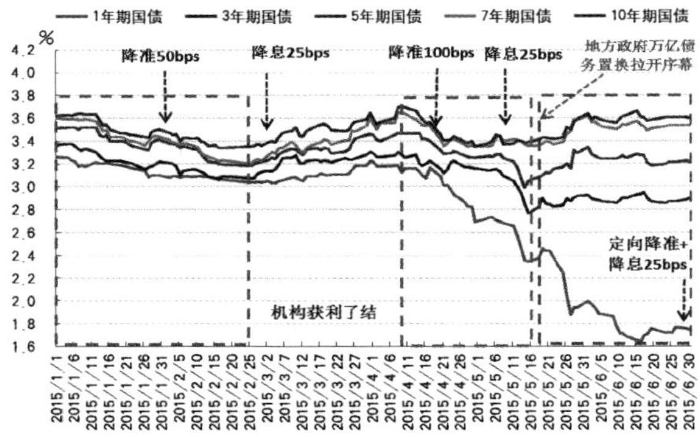


图3 国债各期限品种收益率走势

数据来源:Wind资讯、中国建设银行金融市场部

上半年,政策性银行债收益率曲线也陡峭化下行,下行幅度整体小于国债。截至6月30日,口行债和农行债1年、3年和5年期收益率分别下行120bps、42bps和19bps,长端7年和10年期利率下行幅度相对较小,为5bps~6bps。分季度看,收益率曲线呈现“一季度平坦化上行,二季度陡峭化下行”的特征(见图4)。

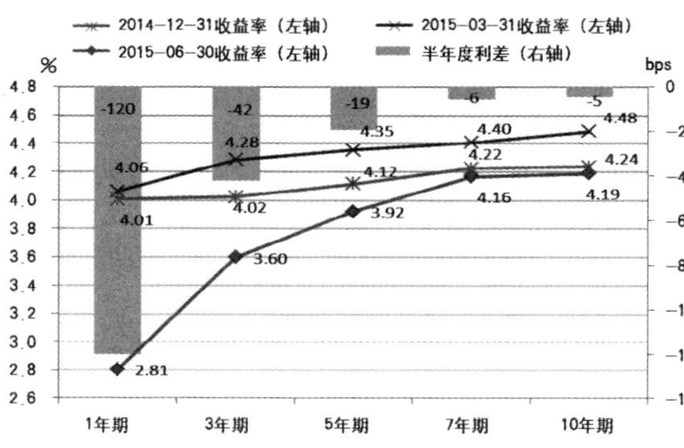


图4 上半年口行债和农发债收益率陡峭化下行

数据来源:Wind资讯、中国建设银行金融市场部

### (三)信用债品种差异大,信用利差整体收窄

#### 1. 债券供需:净发行略增,品种之间差异大

2015 年上半年广义信用债发行量较去年下半年有所增加。广义信用债(包括短融、中票、公司债、企业债、政府支持机构债、定向工具、ABS、一般金融债和同业存单)总发行量为 5.59 万亿元,净融资额为 2.55 万亿元,两者分别较去年下半年增加 1.31 万亿和 2745 亿元。在资金面宽松的前提下,信用债上半年整体供给压力不大。

但从品种上看,受《国务院关于加强地方政府性债务管理的意见》(简称 43 号文)规定城投平台逐步剥离融资功能的影响,以城投为融资主力的企业债和定向工具净发行都大幅减少,狭义信用债(广义信用债中剔除同业存单和一般金融债)净融资额实际上比去年下半年减少 3499 亿元。从信用级别来看,狭义信用债中低等级总供给和净供给比例分别比去年整体下降 2%和 17%,如果再考虑新增的大量金融债和同业存单以高等级为主,高等级债整体供给压力较大。

#### 2. 收益率曲线陡峭化下行,信用利差整体收窄

上半年,高等级信用债收益率曲线陡峭化下行(见图 5)。其下行主要受利率债收益率曲线下行带动影响,其中因为资金面影响短端下行更多,长端因利率债供给过大下行幅度较小。由于利率债供给压力更大,高等级信用债(相对政策性银行债)的信用利差整体收窄,其中中长端收窄幅度更大。受益于城投类债券的短期流动性风险下降和供给减少,AAA 级城投债信用利差收窄更明显。

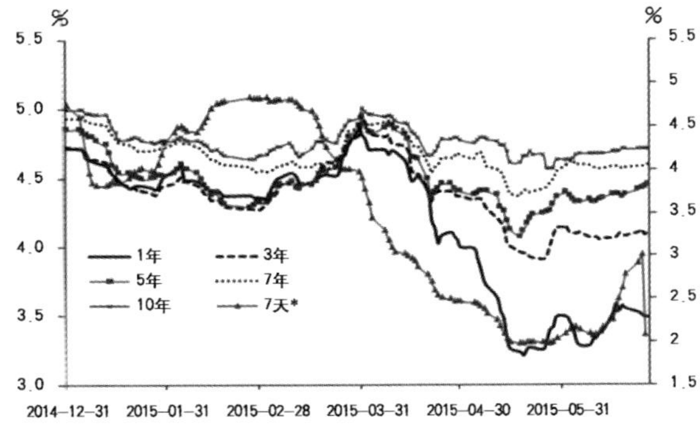


图5　上半年高评级信用债收益率曲线陡峭化下行

数据来源:Wind资讯、建行金融市场部

2015年以来,发生了多起信用事件,整体体现出从民营企业蔓延到国有企业、从私募领域蔓延到公募领域、从直接债务蔓延到或有债务的特点,但信用债市场并未反映出风险溢价。原因在于:第一,牛市时资金成本通常处于相对低位,机构有动力加杠杆以赚取票息,增加对债券尤其高票息率债券的购买。第二,目前经济基本面不好,整体经济处在去杠杆的大背景下,尤其是地方政府债置换政策,使得市场认为政府不会允许大面积的债务违约发生。

## 2015年下半年展望

### (一)资金面仍宽松

#### 1.央行仍将实施宽松的货币政策,降准空间较大,降息次数有限

由于我国经济下行压力仍然长期存在,且前期股市快速下跌需要救市护盘,预计下半年央行仍会维持相对宽松的货币政策,以稳增长和降低实体经济融资利率。预计下半年降准和降息政策仍将出台。对于降准时

机的判断，需更多关注股市维稳情况、外汇占款是否明显减少而导致银行间市场资金面紧张，尤其需要注意美联储是否开启加息周期。由于当前银行存款准备金率高达 18.5%，降准仍有较大空间。受制于下半年 CPI 的趋势上行，年末 CPI 可能升至 2%左右，以及美联储可能加息使得中美利差收窄，降息空间较为有限，次数可能只有 1 次。

2. 地方政府债券置换万亿规模存量债务的顺利进行，有赖于相对宽松的资金面

上半年地方政府已获批两个 1 万亿元地方政府债券置换债务额度，第三批额度可能正在酝酿中。由于地方政府债券收益率水平过低，机构拿债意愿低。因此，要保障如此大规模地方政府债券置换的顺利进行，避免债券市场收益率快速上升导致融资成本升高，以及流动性急剧紧张，客观上需要央行维持银行间市场宽松的货币环境。

3. 银行被允许发行面向企业和个人的大额存单，有助于银行稳定存款

6 月 2 日，人民银行正式出台《大额存单管理暂行办法》，明确推出面向非金融机构投资人发行的记账式大额存款凭证。银行面向个人和企业发行大额存单，利率将低于理财产品、高于存款利率。由于存单可以使部分存款回流银行，因此有利于银行进行主动负债管理，稳定资金来源。

4. 银行取消存贷比，冲存款压力减轻，对资金的季末需求将减少

6 月 24 日，国务院常务会议通过《商业银行法修正案（草案）》，删除存贷比不超过 75%的规定，将存贷比从法定监管指标转为流动性监测指标。取消存贷比，将有利于减轻银行拉存款的压力，改变以往银行为降低存贷比而让信贷资产表外理财化的行为，银行理财产品的收益率将趋势下降。

5. 缴准、缴税、外汇占款变化和IPO等因素将可能引起资金面阶段性紧张

下半年,有些因素可能引起资金面阶段性紧张,具体包括:一是例行的缴准、缴税等因素。二是新增外汇占款变化存在较大不确定性。由于美国经济复苏,美联储可能在下半年开启加息进程,目前较为可能的加息时点是9月和12月。与此同时,中国降息、降准的货币政策以及股市调整,增加了人民币贬值预期,可能将导致资金流出,外汇占款重回负增长,若人民银行没有及时补充流动性,将导致资金利率阶段性上行。三是股市IPO。下半年随着股市的逐步企稳,IPO或将重启,如果有新的大盘股发行,冻结资金仍会使短期资金面趋紧。

总体上,预计下半年资金面仍会保持宽松,降准仍有较大空间,但降息可能只有一次,且由于新增外汇占款等因素的不确定性,资金波动会加大。预计下半年7天回购利率中枢仍将维持在低位,在2.0%至3.0%之间。

(二)债券牛市格局不变

笔者认为,下半年债券牛市格局不会变,逻辑在于:

一是中国经济长期增长前景不佳,仍需维持宽松货币政策。

二是降低社会融资成本,不仅有利于促进创业、降低企业的资金成本,也有利于地方政府通过债券置换和发债,替换融资成本高的债务,降低总体的债务负担,因此央行会采取宽松措施,以避免债市收益率大幅反弹。

三是资金面将长期保持较为宽松状态,从历史经验看,这通常会对债市起到提振作用。

四是股市震荡调整，风险加大，将促使避险资金从股市回流债市，交易型机构对债券的需求将增加。

五是银行间市场引进更多投资者已成趋势，将有利于提高债券需求。例如，5 月 26 日《中国人民银行公告〔2015〕第 9 号》发布，正式取消银行间债券市场债券交易流通审批。投资者可进行以自发债券为标的的债券回购交易；资产管理人的自营账户与其资产管理账户可进行债券交易；投资者可与母公司或同一母公司下的其他子公司进行债券交易，只需事后披露，无须进行事前审批。这有利于提高市场的交易效率和频率，市场交易更加活跃。同时，6 月 15 日，人民银行金融市场司已经发布了《关于私募投资基金进入银行间债券市场有关事项的通知》，允许私募投资基金进入银行间债券市场直接进行交易和结算，参与机构所需条件包括净资产不得低于 1000 万元人民币。

（三）利率债供给压力大、收益率下行空间有限

下半年，利率债供给压力较上半年会明显增加。预计下半年国债发行量在 9000 亿元左右，政策性银行债发行量在 11000 亿元左右，地方政府债按每月 2000 亿～3000 亿元发行量计算，总发行量折中约 15000 亿元，因此利率债供给总量将达到 35000 亿元，较上半年增加约 5000 亿元。

从收益率历史位置看，截至 6 月 30 日，1 年期国债收益率的历史位置最低，在历史 18%分位数附近；3～10 年期收益率的历史位置相对较高，在 50%～62%分位数，还有一定下行空间。资金面保持宽松，将使短端收益率处于较低位置，但由于前期下行速度太快，后续下行空间相对有限，预计下半年 1 年期国债收益率中枢为 1.4%～1.8%。即使下半年央行货币政策操作着力于降低中长端国债收益率，但 CPI 将上行，以及地方政府债

券中长期品种供给增加,将限制长端收益率的跌幅,预计下半年10年期国债收益率中枢为3.3%~3.6%。

(四)信用债供给将小幅增加,信用利差和等级利差震荡收窄

1.信用债供给将小幅增加,中低等级供给增幅更大

考虑到信用债收益率有所下行,加之发行机构放宽企业发债限制,推动和加快企业发债政策出台,预计下半年信用债供给将小幅增加,其中中低等级供给压力更大。从具体品种看:

(1)同业存单供给压力将减小。上半年高等级的供给压力主要源自同业存单。根据银行对外公布的2015年度同业存单发行计划,预计下半年净发行量将较上半年减少2500亿元左右。

(2)产业债将小幅增加。虽然企业投融资需求偏弱,但考虑到目前信用债收益率的下行幅度和相应期限贷款的成本(见表1),替换贷款的发债需求将增加。同时,今年初,证监会通过了《公司债券发行与交易管理办法》,在发行主体、流通场所、限制条件、发行速度方面的改变有利于公司债的扩容,预计产业债供给将小幅增加。

**表1 信用债收益率与贷款利率比较**

| 2015年6月30日 | 6个月 | 1年期 | 3年期 | 5年期 | 10年期 |
|---|---|---|---|---|---|
| 贷款基准利率(%) | 4.85 | 4.85 | 5.25 | 5.25 | 5.40 |
| AAA级信用债收益率(%) | 3.42 | 3.43 | 4.07 | 4.42 | 4.77 |
| AAA级信用债与贷款的基准利差(bps) | -143 | -142 | -118 | -83 | -63 |
| AAA级信用债与贷款利率下浮10%的利差(bps) | -94 | -93 | -65 | -30 | -9 |
| AA级信用债收益率(%) | 4.23 | 4.35 | 5.00 | 5.44 | 6.13 |
| AA级信用债与贷款利率上浮20%的利差(bps) | -159 | -147 | -130 | -86 | -35 |

数据来源:Wind资讯

(3)城投债增幅将更明显。为了对冲 43 号文对城投债的影响,发改委出台了《国家发展改革委办公厅关于充分发挥企业债券融资功能支持重点项目建设促进经济平稳较快发展的通知》及补充说明文件,适当调整了企业债券发行要求,放宽了企业债发行门槛和资金用途等。在不能新增政府债务而在建项目需要大量资金的背景下,城投公司尤其是条件放宽后的平台公司,举债意愿较强,加之目前城投债收益率已明显下行,置换高融资成本负债优势明显,预计城投债、项目债、定向工具会有较为明显的增幅,其中中低等级城投债供给压力会更大。

2. 股市降温,资金回流,信用债整体需求将好于供给

对信用债需求影响比较大的是下半年股市走势,因为信用债主要需求方是理财、保险和基金。从 6 月中旬以来的调整看,这轮股市行情已进入调整期,对于信用债的需求来说是利好。

从投资标的看,债券的避险价值提升。股市的火爆衍生出一些新的类固定收益产品,如打新和分级 A。下半年,IPO 暂停使得打新资金转向,即使未来重启,股市调整也会使投资者对新股涨幅存疑;分级 A 的回报虽然在股市降温时有可能上升,但是股市波幅加大使得分级 A 价格波动大,经过这轮调整,之前将分级 A 理解为债券的机构和投资者会转向更为稳健的品种,同时分级产品将随着股市降温缩量,其可能无法满足保险、理财等机构的大体量需求。

从投资资金来说,股市降温使得资金从股市重新回流理财市场,保证金存款也将由大行回流中小行;股票型基金数量会减少,而混合型、债券型基金会增加;保险资金的配置方向也会从权益类和类固定收益产品转向债券市场。

3. 信用风险:短期内违约仍将是个例,但评级下调会造成估值冲击

短期内违约事件仍将是个例,尤其在公募市场,原因在于:一是今年上半年以来,企业债、公司债[①]都开始扩容,如果债券违约频繁发生,那么债券各子市场的扩容速度将受到影响;二是政府致力于降低全社会融资利率,降低债券市场利率也是人民银行和财政部尤为关注的,频繁发生违约事件会对债券市场造成冲击。预计"大而不倒"的原则在短期内仍能适用,对于债券进行甄选,仍要考量其背景。

尽管违约发生的概率较小,但评级下调的冲击仍在。由于经济不景气,2015 年一季度企业财务指标整体继续恶化,非银行石油石化类上市公司一季度总资产净利率较去年末降低 0.26%,经营活动现金流和公司经营效率仍在变差。产业债发行主体在盈利指标和偿债指标不达标的情况下可能被下调评级,同时城投债受 43 号文的影响,在没有地方政府背书的情况下,自身资质和财务数据将被评级机构更加看重,从而可能引发评级下调。

4. 信用利差和等级利差震荡收窄,利差波动加剧

由于下半年利率债供给压力更大,高等级信用债供给压力还有可能缩小,因此从供需来说有利于信用利差收窄。而中低等级信用债在半年报行情下,随着评级频繁下调,会出现阶段性的利差拓宽,不过短期内并不存在频繁的信用违约风险,当政策利好、资金利率走低时,在杠杆和票息的驱动下,信用利差将重新收窄。

但下半年利差变化波动会加剧。一方面是因为交易性资金增加,另

---

① 2014 年 12 月 5 日,证监会发布《公司债券发行与交易管理办法(征求意见稿)》,2015 年 1 月 15 日审议通过,取代 2007 年 8 月发布的《公司债券发行试点办法》。新办法对公司债发行进行了扩容和提速,如发行主体由上市公司扩展为除融资平台以外的所有公司制法人等。

一方面缘于对政策的预期。中国信用利差的变化与资金利率相关性很强，与收益率的相关性也较强。下半年利率债供给受地方政府债券影响一直承压，货币政策是否如预期放松成为收益率变化的关键，一旦货币政策放松不及预期，资金利率和利率债收益率容易向上抬升，因此下半年利率债牛市的程度和节奏存在较大不确定性，从而利差波动也会加大。

作者单位：中国建设银行金融市场部

（本文原载于《债券》2015 年 7 月刊）

# 银行间市场资金交易业务的法律关系及交易风险

张伟刚　冯俊超

**摘　要**：同业拆借、质押式回购和买断式回购是银行间市场三种主要的资金交易业务。本文基于相关法律法规，分别分析了这三种业务中的法律关系和交易风险，并配以案例进行说明。从横向比较来看，本文认为买断式回购对债权人利益的保障相对充分，但在实务中，买断式回购面临一定的管理难度和风险。

**关键词**：资金交易业务　同业拆借　债券回购　法律关系

同业拆借、质押式回购和买断式回购是银行间市场资金交易业务（下文简称“资金业务”）的三种主要形式，其本质都是在金融机构（也包括部分非法人产品）之间订立借款合同。按照债务人是否出质，可将上述三类业务划分为无担保的借款合同（同业拆借）和有担保的借款合同（质押式回购和买断式回购）。

资金业务的最大风险，是债权人用尽救济手段后仍无法获得债务的全额清偿。与同业拆借不同，回购业务引入了担保品的设计，在正回购方（债务人）违约的情况下，逆回购方（债权人）可以通过法定程序处置担保品,以进行权利救济,其交易安全性较高。学界对债券回购交易的解释有质押式贷款说、让与担保说、债券买卖说等,观点并不统一。本文从实用出发,从《合同法》《担保法》《物权法》等上位法相关规定入手,结合《中国银行间市场债券回购交易主协议(2013年版)》(下文简称《主协议》)和相关部门规章等,对不同类型资金业务中的法律关系和交易风险进行分析。

## 同业拆借中的法律关系和交易风险

### (一)法律关系

全国银行间同业拆借中心(下文简称"交易中心")对同业拆借做出如下定义:与交易中心联网的金融机构之间通过同业中心的交易系统进行的无担保资金融通行为。同业拆借的实质是由资金的拆出方和拆入方订立借款合同。在同业拆借业务的起息日,资金拆入方(债务人)向拆出方(债权人)借款,借款到期后,拆入方不仅需要归还本金,还需要支付双方约定的利息。《合同法》第一百九十七条规定,借款合同采用书面形式。银行间同业拆借业务的借款合同以"交易成交单"形式体现,交易成交单中的币种、金额、利率和期限等要素被视为合同双方的共同约定。

### (二)交易风险

同业拆借和回购业务的最主要区别在于有无担保。同业拆借的定义中清晰表明这是一种无担保的资金融通行为,因此其交易风险完全取决于资金拆入方的还款意愿和能力。假设资金拆入方为金融机构,以下分析其在不同经营状况下发生违约时资金拆出方所面临的风险和可能采取的救济措施。

1. 资金拆入方正常经营

在同业拆借的交易双方均正常经营的情况下,资金拆入方对到期同业拆借业务负有法定的偿还责任,资金拆出方可通过协商、诉讼等手段主张权利。

值得一提的是,如果交易双方互负债务,且均已经到期,资金拆出方可主张债务抵销。根据“标的物种类、品质”是否相同,《合同法》对债务抵销的规定有所区别。标的物种类、品质相同的,资金拆出方可主张法定抵销;反之,只能协商一致后抵销(即约定抵销)。

案例1:甲银行通过交易中心向乙银行拆出资金1亿元,到期日为2019年6月24日;同时,乙银行通过交易中心向甲银行拆出资金1亿元,到期日为2019年6月26日。假设2019年6月24日乙银行未按照合同约定还款付息,则甲银行可以在2019年6月26日暂缓归还其向乙银行拆入的本金及利息,并在双方债务期满时(2019年6月26日以后)主张法定抵销。

2. 资金拆入方被接管

法人类的金融机构(保险公司、银行、证券公司等)被监管部门依法接管后,债权债务关系不会自然消灭,资金拆入方仍有向资金拆出方还本付息的义务。在实践中,由于资金拆入方被接管后仍处于一种近似正常经营的状态,其通常采取延期支付或者部分清偿的方式偿还债务。在资金拆入方部分偿还债务时,如未进行债务减免,资金拆出方对于剩余未偿还部分仍可继续主张权利。

符合法定抵销条件时,资金拆出方可主张法定抵销来减少损失。

案例2:甲银行通过交易中心向乙银行拆出资金1亿元,到期日为2019年6月24日;同时,乙银行通过交易中心向甲银行拆出资金0.6亿元,到期日为2019年6月26日。假设2019年6月20日乙银行被监管机构依法接管且未按照合同约定还款付息,则甲银行可以在2019年6月26日暂缓归还其从乙银行拆入的本金及利息,并在双方债务期满时(2019年6月26日以后)主张法定抵销。对于剩余0.4亿元本金及利息,甲银行仍可继续要求乙银行偿还。

3. 资金拆入方破产

以商业银行破产为例,《商业银行法》第七十一条规定:"商业银行破产清算时,在支付清算费用、所欠职工工资和劳动保险费用后,应当优先支付个人储蓄存款的本金和利息。"同业拆借业务项下产生的债务清偿顺序较为靠后,仅在股权之前。考虑到商业银行破产的实际情况,同业拆借业务项下所产生债务得到清偿的概率较低。

《破产法》第四十条规定:"债权人在破产申请受理前对债务人负有债务的,可以向管理人主张抵销。"因此,资金拆出方可主张债务抵销来减少损失,且抵销不受"标的物种类、品质相同"和债务是否到期的限制。

案例3:甲银行通过交易中心向乙银行拆出资金1亿元,到期日为2019年6月24日;同时,乙银行通过(线下)同业拆借向甲银行拆出资金0.6亿元,到期日为2019年6月26日。假设2019年6月20日乙银行进入破产清算程序并指定了破产管理人,则甲银行可向乙银行破产管理人主张法定抵销(无论债务是否到期)。对于剩余0.4亿元本金及利息,甲银行可作为无担保债权参与破产财产分配。

## 质押式回购中的法律关系和交易风险

（一）法律关系

与同业拆借不同，质押式回购是有担保的借款。在交易的起始日，正回购方(债务人)在融入资金的同时，还应提供一定数量的债券(回购债券)作为质押，并在交易到期后按照约定还本付息，逆回购方(债权人)则解除质权。

《担保法》第七十五条规定可以质押的权利包括债券，第七十六条同时规定出质人应当将权利凭证交付质权人，以进行证券债权质押的设定。但银行间债券均为记账式债券，是一种无纸化、电子化的债券，如何交付才能符合《担保法》的规定？

笔者认为，虽然《担保法》的规定和质押式回购的形式不尽契合，但结合《担保法》和《物权法》的基本原则与规定，质押式回购仍然是较为典型的有担保借款：正回购方作为出质人，由作为质权方的逆回购方通过债券托管机构在正回购方持有的债券上设定质权。

（二）交易风险

与同业拆借不同的是，质押式回购设置了债券作为质押物，因此逆回购方债权的实现，不再仅仅依赖于正回购方的还款意愿和能力。无论正回购方因何而违约(包括被接管和破产等)，逆回购方都可以通过处置回购债券获得债务优先受偿。

银行间市场质押式回购通过托管机构在正回购方债券账户中设置“质押”标签来设定质押，逆回购方并不拥有完整处置的权利，因此并不能在违约情形发生时立刻处置回购债券,必须通过司法途径处置回购债券以弥补损失。为了回应市场关切,2019 年 6 月,交易中心、中央结算公司和上海清算所分别发布了《全国银行间同业拆借中心回购违约处置实施细则(试行)》《中央结算公司担保品违约处置业务指引(试行)》《银行间市场清算所股份有限公司债券回购违约处置业务实施细则(试行)》和《银行间市场清算所股份有限公司回购债券拍卖处置业务实施细则(试行)》等文件,对质押式回购违约债券的处置流程提供具体的指引和规范。

《主协议》通用条款第五条第(一)至(九)款,对违约事件进行了具体约定。在处理违约事件时,《主协议》对单笔违约事件、多笔(潜在)违约事件进行了区分。下文分别讨论单笔违约、多笔(潜在)违约和回购债券违约情况下逆回购方(债权人)所面临的风险和可能采取的救济措施。

1. 单笔违约

单笔违约指《主协议》通用条款第五条第(一)款所约定的违约事件,即仅涉及一笔交易的付款或交付违约事件。在这种情形下,违约事件的出现是孤立的,不涉及其他的质押式回购。假设在到期结算日正回购方为违约方,其未履行相关义务,守约方有权通过拍卖、变卖、与违约方协议折价等方式,处置与该质押式回购有关的回购债券。

案例 4:甲银行(逆回购方)通过质押式回购业务向乙银行(正回购方)融出资金 1 亿元,回购债券为 1 亿元面值人民币国债,回购到期结算日为 2019 年 6 月 24 日。假设 2019 年 6 月 24 日乙银行未按照合同约定还款付息,则甲银行可以选择下列方式处置回购债券:(1)与乙银行协议折价;(2)通过托管机构变价卖出回购债券;(3)通过交易中心或托管机构拍卖回购债券。

2. 多笔违约

多笔(潜在)违约,指《主协议》通用条款第五条第(二)至第(九)款所约定的违约事件,即违约方出现较为严重的信用风险,包括金融机构被接管或破产。假设正回购方为违约方,守约方有权提前终止其与违约方在《主协议》项下届时存续的全部交易(包括质押式回购和买断式回购),在违约方未履行通用条款第八条相关条款下的义务时,守约方有权通过拍卖、变卖、与违约方协议折价等方式,处置与该质押式回购有关的回购债券。

案例5:甲银行(逆回购方)通过质押式回购业务向乙银行(正回购方)融出资金,共10笔,共计10亿元,回购债券为10亿元面值人民币国债,回购到期结算日为2019年6月24日至30日。假设2019年6月20日乙银行被监管机构依法接管且未按照合同约定还款付息,甲银行可以要求提前终止其与乙银行的全部回购交易。若乙银行未履行提前还款义务,则甲银行可以选择下列方式处置回购债券:(1)与乙银行协议折价;(2)通过托管机构变价卖出回购债券;(3)通过交易中心或托管机构拍卖回购债券。

3. 质押券违约

质押券违约,指回购债券发行人违约(或其他信用风险)导致回购债券价格大幅下降的情况。《主协议》并未明确规定此类问题的解决方法,逆回购方或可参考《主协议》中质押式回购特别条款第一条的规定,要求正回购方替换回购债券。

此种情况下,若正回购方违约且不能替换或增加回购债券,逆回购方处置回购债券可能难以获得足额清偿。

## 买断式回购中的法律关系和交易风险

### （一）法律关系

买断式回购同样是有担保的借款。与质押式回购不同的是，在买断式回购中正回购方（债务人）在首期结算日将一定数量的债券“卖给”逆回购方（债权人），交易到期后债务人按照约定还本付息，债权人则将债券“卖还”债务人。因此，在交易过程中，双方在首期结算日和到期结算日有两次买卖行为，并使得回购债券的所有权发生了暂时转移。这种所有权的转移并不是双方真实意思的表示，目的仅仅是保障债权实现，所以买断式回购实际上仍是一种担保融资行为。

值得注意的是，在买断式回购中，逆回购方通过债券买卖暂时取得回购债券所有权，且在正回购方不履行到期还款义务时，可以依法依规处置回购债券（流质），实际上构成了“让与担保”。让与担保是一项非典型担保制度，主要指担保人让与担保物的所有权，以为其债务提供担保。让与担保在金融交易领域优势明显，可提高交易效率、减少交易费用，但也存在触犯物权法定、效力认定不清及违背流质条款禁止等问题。

从另一方面看，物权法定主义并未排除意思自治，即在现实中，合同当事人可以在不违反法律的情况下进行交易制度设计，《主协议》中买断式回购即基于担保人与担保权人的意思自治而设计。

### （二）交易风险

买断式回购交易将融资担保转化为一个回购协议项下的两次债券交易，在交易期间，回购债券的所有权发生了暂时转移。相对于质押式回购,买断式回购的逆回购方暂时获得了回购债券的完整所有权,因此债权的保障程度更高。

虽然流质流抵与让与担保相似程度较高,但在司法实践中,倾向于否定流质流抵而承认让与担保。在到期结算日,若正回购方违约,则逆回购方可依法处置回购债券,且无须托管机构的介入。

与质押式回购类似,下文分别讨论出现《主协议》通用条款第五条中的违约事件和回购债券违约的情况下,逆回购方所面临的风险和可能采取的救济措施。

1. 出现违约事件

假设正回购方为违约方,在违约事件出现时,守约方有权提前终止其与违约方在《主协议》项下存续的全部买断式回购。无论何种情况下,在违约方到期未能还清债务时,守约方均可依法处置回购债券来获得清偿。

《主协议》特别规定,提前终止的买断式回购无须逐笔结算,而可采用"终止净额"方式交收,即"终止交易双方间本协议下届时存续的全部买断式回购",并列明了终止净额的计算方法。

案例6:甲银行(逆回购方)通过买断式回购业务向乙银行(正回购方)融出资金1亿元,回购债券为1亿元面值人民币国债,回购到期结算日为2019年6月24日。假设2019年6月24日乙银行未按照合同约定还款付息,则甲银行可以选择下列方式处置回购债券:(1)与乙银行协议折价;(2)自行变价卖出回购债券;(3)通过交易中心或托管机构拍卖回购债券。

2. 回购债券违约

《主协议》中买断式回购特别条款第一条规定,逆回购方在所有买断式回购下出现净风险敞口时，可以要求正回购方增加（或者替换）额外的回购债券。

同质押式回购类似，若正回购方违约且不能替换或增加回购债券，正回购方处置回购债券可能难以获得足额清偿。

## 小结与思考

资金业务有三种不同形式——同业拆借、质押式回购和买断式回购，三者主要区别在于有无担保和担保形式。买断式回购赋予了逆回购方充足的担保品和最大的担保物处分自由，相对于同业拆借和质押式回购而言，能够最大程度保障逆回购方的利益。

但在实务中，买断式回购的回购债券所有权在转移至逆回购方之后，会同逆回购方自营账户的其他债券相混同，这增加了逆回购方的管理难度，也增加了交易的操作风险和法律风险。对此，在银行间买断式回购交易中，可考虑在逆回购方的托管账户下设“回购债券”二级账户，专门托管买断式回购的回购债券，从而兼顾交易中的信用风险和操作风险。

在实践中，笔者还注意到，监管机构和市场服务机构都力求在现有制度框架下推陈出新。例如推出三方回购业务，在回购违约时由中央托管机构作为第三方处置质押券，以提升债券回购交易的安全性和便利性。

**参考文献：**

[1] 蒋正星，吴向荣. 论我国让与担保制度构建的理论及其现实基础[J]. 吉林工商学院学报，2018，34(4)：98-101.

[2] 李鸣捷. 破产抵销制度中的三个疑难问题探析[J]. 吉林工商学院学报，2018，34

(2):91-95.

[3] 苏振瑜. 约定购回式证券交易中标的证券流转的法律制度研究[D]. 华东政法大学,2012.

[4] 王飞. 债券回购交易中抵押风险的影响因素分析[D]. 东北财经大学,2010.

[5] 张昕. 从法律视角解读《新版回购主协议》[J]. 债券,2013(5):22-27.

作者单位:浙商银行

(本文原载于《债券》2019 年 10 月刊)

# 《国际财务报告准则第 9 号：金融工具》实施对于债券投资业务的影响及对策

潘丽娜　李　理

**摘　要：**国际会计准则于 2014 年发布新的金融工具计量规则，该规则将于 2018 年 1 月 1 日开始实施。本文介绍了新规推出的背景及内容，并着重从实务角度分析了其对机构债券投资资产分类、拨备计提、投资利润、资本补充、系统建设等多方面的影响，对应当如何应对这些变化给出相应对策。

**关键词：**IFRS9　会计准则　金融工具　债券投资　公允价值

国际会计准则（International Accounting Standards，IAS）是由国际会计准则委员会制定并陆续发布的一系列会计规则，其中，IAS39（金融工具：确认和计量）是其在 20 世纪 90 年代末正式发布的针对金融工具确认与计量的规定。IAS39 将金融资产分为四类，分别是以公允价值计量且其变动计入当期损益的金融资产、持有至到期投资、贷款和应收款项及可供出售金融资产。

2008 年金融危机后，由于存在金融工具的分类和计量过于复杂、盈余管理操纵空间较大等诸多问题,IAS39 受到人们的普遍诟病。因此,国际会计准则理事会(IASB)[①]于 2009 年 11 月发布了《国际财务报告准则第 9 号:金融工具》(IFRS9),对金融资产分类和计量进行重新规定,将原有的金融资产四分类改为两分类。2010 年 10 月,新规则加入对于负债的分类与计量描述;2013 年 11 月,IASB 加入了套期保值会计计量内容;2014 年 7 月,IASB 发布 IFRS9 的最终稿,除了在两分类基础上增加"以公允价值计量且其变动计入其他综合收益"形成三分类外,还加入资产减值的内容,将目前"已发生损失模型"改为"预期发生损失模型"。根据国际会计准则理事会终稿的要求,IFRS9 将于 2018 年 1 月 1 日开始生效。

早在 2010 年 4 月 2 日,我国财政部就发布了《中国企业会计准则与国际财务报告准则持续趋同路线图》,提出我国企业会计准则与国际财务报告准则持续趋同的时间安排,并提出与国际会计准则理事会的进度保持同步。因此,IFRS9 的颁布对我国金融机构的经营及财务结果将具有重大意义。

## IFRS9 内容介绍

IFRS9 金融工具准则的变化主要有三个方面:第一,金融资产按照商业模式和合同现金流特征分为三类,不再按照持有目的分为四类;第二,金融资产减值使用预期损失模型,取代现行的已发生损失模型;第三,放宽了套期会计的运用条件、持续运用和终止运用等方面的限制条件。考虑到规则变化对金融资产日常经营的主要影响,以下将就前两方面进行

① 国际会计准则理事会的前身是国际会计准则委员会。国际会计准则委员会于 1973—2000 年间发布国际会计准则。2001 年,国际会计准则理事会取代了国际会计准则委员会,自此,国际会计准则理事会对于部分国际会计准则进行了修订,并逐步以新的国际财务报告准则(IFRS)取代某些原有的国际会计准则。

重点介绍。

(一)金融工具分类和计量

1.金融资产的分类和计量

与现有的四分类相比，IFRS9 将金融资产分类减少为三类：以摊余成本计量；以公允价值计量且其变动计入当期损益（以下简称 FVTPL）；以公允价值计量且其变动计入其他综合收益[①]（以下简称 FVTOCI）。分类标准是企业管理金融资产的方式（商业模式）和金融资产现金流量特征。

(1)商业模式

商业模式可以理解为主体持有金融资产的目的，是为收取合同约定的现金流，还是为在合同到期之前出售以获得公允价值变动的损益，抑或两者兼有。同时，对于金融资产分类的判断并不只针对单一金融资产，而是更高的层次，比如资产组合。所以，一家企业的金融资产分类可以不止一种，可能持有某一组资产组合，目的是收取稳定现金流量，持有另一组合目的是获得买卖价差。值得注意的是，归类为以取得现金流量为目的的资产组合并不要求所有资产都持有到期，在一些特殊情况发生时，投资者可以卖出部分资产，比如资产信用评级大幅下降从而低于投资机构级别要求等，但这样的卖出行为不能过于频繁及常态化，否则管理者应该重新评价资产的分类。

(2)金融资产现金流量特征

金融资产的合同条款导致在特定日期产生的现金流仅为支付的本金

---

① 其他综合收益是未在当期损益中确认的各项利得和损失，同时列报于利润表和资产负债表，在利润表中，位于净利润以下，与净利润一起构成综合收益；在资产负债表中，列于所有者权益中。两表此项的关系为：期初资产负债表的其他综合收益+当期利润表的其他综合收益=期末资产负债表的其他综合收益。

和为未付本金所支付的利息。在这个概念中,有两点值得注意:第一,现金流应具备“本金”和“利息”的特征,对于一些具有杠杆特征的金融工具,比如期权、期货等,现金流的波动性较大,不能归为此类;第二,“未支付”特点,对于一项金融工具产生的利息,仅当其为未支付本金产生的利息时,才符合条件。比如通常的债券产品,因为是到期还本,所以每一期利息均是以“未支付”本金为基准,符合此条件。再比如 ABS 产品,期间会有本金的提前偿付,本金减少,后续的利息支付将根据减少后的本金进行偿付,也符合此条件。如果出现本金变化,但利息支付仍按照原本金偿付的情况,则不能归为此类。

具体进行分类判断时,可首先判断合同现金流是否仅为本金和利息的支付,如果不满足,则归为“FVTPL 类”,如满足,再判断商业模式是否为持有资产并收取合同现金流,如果是,则以摊余成本计量,如果不是但满足商业模式是“收取合同现金流和出售为目的”,则可归为“FVTOCI 类”,如果以上两种均不满足,则归为“FVTPL 类”(见图 1)。

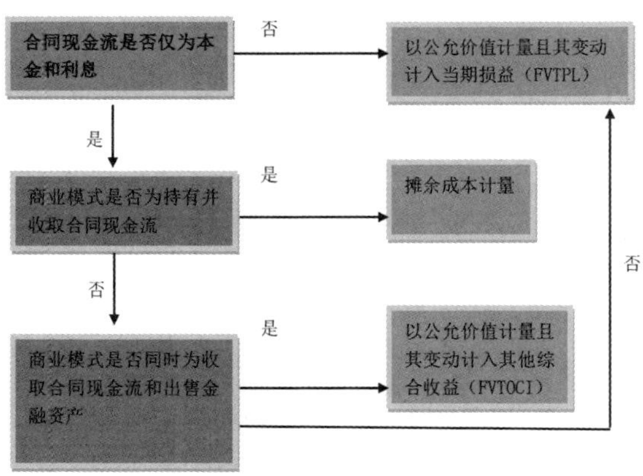


**图 1 金融资产分类判断示意图**

资料来源:《国际财务报告准则第 9 号》(*International Financial Reporting Standard* 9)

总结来看，IFRS9 与 IAS39 对金融资产分类和计量的差异归纳如表 1 所示。

**表 1　IFRS9 和 IAS39 在金融资产分类和计量方面的比较**

| | 分类原则 | 分类结果 | 计量基础 | 重分类 |
|---|---|---|---|---|
| IFRS9 | 对所有金融资产适用同一个分类方法，即根据主体（Entity）管理该项金融资产的商业模式和金融资产的合同现金流特点作为划分资产类别的依据 | 分为三类：以摊余成本计量的金融资产；以公允价值计量且其变动计入当期损益的金融资产、以公允价值计量且其变动计入其他综合收益的金融资产 | 凡是权益工具均以公允价值计量。债务工具分两种情况，对于同时满足商业模式测试 1 和现金流量特征测试 2 的金融资产，以摊余成本计量；不同时满足两条件的以公允价值计量 | 如果主体有关金融资产的商业模式目标发生改变从而使之前的模式不再适用，则应当在以公允价值计量类别与以摊余成本计量类别之间进行重新分类。在以公允价值计量且其变动计入损益与以公允价值计量且其变动计入其他综合收益之间的重新分类是不允许的 |
| IAS39 | 每一类别都有其具体的标准，是为了持有至到期，或者是为了短期持有从交易价差中获利，是衍生品、贷款和应收款项，还是基于某种约束将其作为某种类别进行管理等，这些分类标准集金融工具的性质、使用方式和管理层意图于一体 | 分为四类：以公允价值计量且其变动计入当期损益的金融资产、持有至到期投资、贷款和应收款项及可供出售金融资产 | 持有至到期投资及贷款和应收款项是以摊余成本计量的，其他类别以公允价值计量，但是有一个例外，公允价值不能可靠取得的无标价权益工具以成本计量 | IAS39 中不允许主体在初始分类后将以公允价值计量且变动计入损益的金融资产重分类为其他三类，但未规定贷款和应收款项与可供出售金融资产之间是否可以重新分类，并允许在一定条件下持有至到期投资和可供出售金融资产这两类之间进行重新分类 |

注：1. 所谓商业模式测试是要求主体持有金融资产的目的在于收取合同现金流而非在合同到期前通过出售该金融资产以获得公允价值变动带来的利得。

2. 所谓合同现金流测试是要求按照合同规定,主体持有金融资产所获得的现金流只包含本金偿付和未付本金产生的利息。对于满足这一测试的合同现金流,被称为单纯本金和利息偿付(solely payments of principal and interest, SPPI)。

资料来源:《国际财务报告准则第 9 号》(*International Financial Reporting Standard* 9)

2. 金融负债的分类和计量

IFRS9 对金融负债的计量方式仅进行了微调,会计主体自身信用风险变化所导致的公允价值变动不再计入当期损益,而是计入其他综合收益。此项修订将消除因"自身信用"变动计入损益而引发的利润波动,这一点在金融危机期间表现得尤为明显。

(二)金融资产减值

新准则要求根据资产所处的不同阶段,在金融工具初始计量时即确认预期信用损失,减值的计提不再依赖于信用损失事件的发生。

在实务上,IFRS9 提出了"三阶段法",每个阶段采用不同方法来确认金融资产预期信用损失和利息收入。

第一阶段:对在资产负债表日具有低信用风险或初始确认后信用质量没有显著恶化的金融工具,按照 12 个月的预期信用损失金额确认减值准备,并根据资产的账面总额(即不扣减预期信用损失)来计算利息收入。

第二阶段:对初始确认后信用质量显著恶化但没有客观减值迹象的金融工具,按照生命周期预期信用损失金额确认减值准备,但仍按该资产的账面总额计算利息收入。

第三阶段:对在资产负债表日存在客观减值迹象的金融资产,按照生命周期预期信用损失金额确认减值准备,并按该资产的账面净额(即扣减预期信用损失)计算利息收入。

## IFRS9 实施对于债券投资业务的影响及对策分析

### (一)IFRS9 实施对于债券资产账户分类的影响

#### 1. 增加了金融资产分类的客观性和复杂性

从新旧规则对比来看,IFRS9 消除了以持有意图判定资产分类的原则,改为判定商业模式和现金流特征,对金融资产的分类较之前更加客观。但与此同时,新规则对于各类资产判断均需从两个标准双管齐下,复杂性反而有所增加。

#### 2. 对于现有不同类别资产的影响

(1)以公允价值计量且其变动计入当期损益的债券资产。大部分证券公司和银行交易账户的债券资产均以此类计量。在现行规则下,这部分金融资产是通过公允价值进行计量,在 IFRS9 规则下,由于业务模式不是主要以取得合同现金流为主,故仍将以公允价值方式进行计量。

(2)持有至到期和应收账款债券资产。目前这两类资产均以摊余成本计量,新规则下,大部分资产计量方法不变;考虑到一些持有到期债券可能由于可变利率、提前偿付权、展期选择权等条款的存在,导致合同现金流不满足“仅是本金和利息的支付”要求,部分应收账款商业模式较为模糊,因此部分债券存在分类至以公允价值计量的类别的可能。

(3)可供出售类债券。从商业模式特征来看,可供出售类金融资产与以公允价值计量且其变动计入其他综合收益类最为接近,持有期间,既可以稳定获取现金流,也可以出售以获得公允价值变动的损益。因此,对于 IFRS9 实施后新增的债券投资,分类至 FVTOCI 的可能性较大。根据规定,如按 FVTOCI 类资产处置,原公允价值变动计入在其他综合收益的盈利或损失将计入利润表,这与现有可供出售类资产的处理相同。但是正因为这类债券的灵活性,存量的大量可供出售类债券①可能面临一定的不确定性。目前交易性金融资产与可供出售类资产之间不能重分类,IFRS9的实施是对于存量债券的一次彻底梳理,根据规定,IFRS9 中 FVTPL 和 FVTOCI 之间的重分类(Reclassification,即重新分类)是不允许的。因此应抓住这次重新分类的机会审慎对待存量债券,对于债券的流动性及未来价值进行判断,以审慎判断实施后的分类,平衡机构利润增长与风险把控。

(二)IFRS9 实施可能导致银行拨备计提增加

根据部分欧洲国家开展的准则实施影响评估看,IFRS9 实施后主要大型银行的拨备总额将上升 19%至 49%。与国际同业相比,新准则对国内银行的影响可能相对较小,主要因为中国银行业由于特别的监管规定,一直保有较高的拨备覆盖率,因此 IFRS9 实施带来的压力要弱于西方银行业。但在目前债券发行数额逐年提高、资质良莠不齐、信用违约事件蔓延且国内经济筑底企稳仍不牢固情况下,未来债券违约事件的发生将难以避免,拨备的提取可能进一步增加。机构对于债券的信用风险应做更好的研判,平衡好拨备计提与债券投资收益之间的关系。

(三)IFRS9 实施对于债券投资利润的影响

资产的分类计量将影响到业务的盈利模式,这次债券的重新分类对于投资人的市场走势分析和个券把握能力都提出了更高的要求。此外,根据上文分析,本次分类后,以公允价值计量的债券数目将增多,利润波

① 以四大行的数据为例,截至 2014 年末,可供出售类债券余额超过 3 万亿元,占总债券资产的比重超过 25%。

动的不确定性将较以往增大,投资者需要在传统债券工具的基础上,适当增加配置与交易策略的多元性,同时,可辅助以国债期货等衍生品进行适当套期保值,力争整体投资目标的实现。

(四)IFRS9 实施可能增加资本金的补充压力

从全球范围来看,IFRS9 下的预期信用损失将超过内评法下的预期损失。这意味着预期信用损失模型实施后,若拨备提取大幅增加,税后利润将减少,在分红比例不变的情况下,利润留存补充资本的金额变少,要达到同样的资本充足率监管要求,银行必须补充更多的一级资本,因而会推高银行的资本补充压力。因此,在实施债券投资的过程中,对于新法则实施后资本金消耗带来的投资成本的上升也应考虑。

(五)IFRS9 实施对于机构的债券业务系统提出更高要求

IFRS9 的实施可能涉及以下几个方面的系统改造。第一是对于资产的分类,由于新设立的商业模式和现金流特征标准,新的业务系统需要更加快速、及时、准确地对每一笔债券资产进行分类。第二是会计记账系统,由现行的四分类转变为三分类,需停用原贷款和应收款项类、可供出售类金融资产、持有到期类科目,增设摊余成本类金融资产、以公允价值计量且其变动计入其他综合收益类金融资产科目,并对相应的核算系统进行改造,如考虑因分类改变导致原债券的记账规则变动,系统改造的工作量将更大,需提早准备。第三是拨备系统改造,预期信用损失模型代替已发生损失模型,增加了减值评估的难度和主观性,扩大了判断的范围和复杂度。在实务方法上,国际银行普遍采取在内部评级模型基础上进行技术调整的方法,转换为满足 IFRS9 标准的预期损失模型,我国也需逐步摸索出更好的改造方法。

## 总结

《国际财务报告准则第 9 号:金融工具》(IFRS9)是对现有 IAS39 的替换,其实施将有利于减少资产的盈余操纵空间,并适当增加资产公允价值计量的范围。IFRS9 的主要内容是将原有的四分类变为三分类并建立预期损失模型,其将对机构债券投资的资产分类、拨备计提、投资利润、资本补充、系统建设等多方面造成影响。新规则将于 2018 年 1 月 1 日起实施,对于上市公司而言,因披露上年同期数据,因此 2017 年的债券投资也应适当采用新规则进行分类和计量。

IFRS9 的实施需要对存量债券资产进行彻底梳理,考虑到以公允价值计量的债券可能增多,同时拨备计提和资本金补充的压力可能加大,新规对于机构的市场风险、信用风险研判能力均提出了更高要求,应抓住这次机会,努力提高自身管理水平,与国际最新进展保持同步,把握债券市场发展的新机遇。

作者单位:中国工商银行

(本文原载于《债券》2015 年 10 月刊)

# 发行人视角下的同业存单高溢价之谜

成　婷

**摘　要**:2016 年 11 月下旬,同业存单利率飙升,远超同期限信用债调整幅度,居高不下的存单利率引发各方关注。本文从同业存单的发行人视角,深度剖析同业存单的类同业负债属性对于商业银行的意义,并提出同业存单利率兼具流动性预期及资产收益率波动预期的双重因素。

**关键词**:同业存单　流动性管理　主动负债管理

## 同业存单的优势

2013 年 12 月 9 日,央行颁布《同业存单管理暂行办法》,我国停滞多年的同业存单业务重新开闸。短短三年多,同业存单市场日趋活跃,从 2014 年发行量不足 1 万亿元发展到 2016 年的 13 万亿元,其债券份额比重亦提升至 9.98%,远超其他信用类债券。同业存单的迅猛发展(见图 1),与其类同业负债的属性休戚相关。

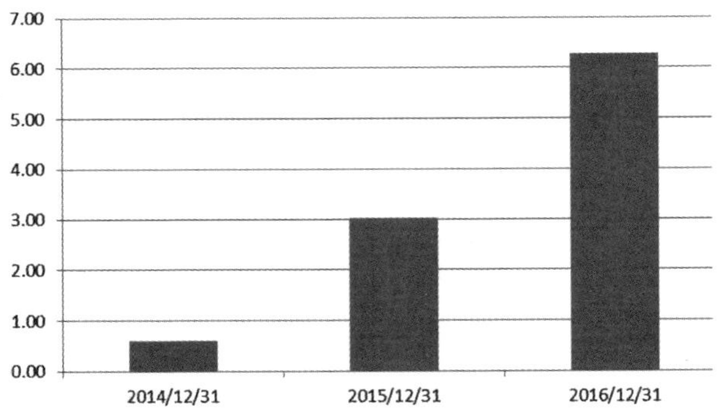


**图1 同业存单余额历年比较(单位:万亿元)**

数据来源:Wind资讯

特征一:银行再添流动性管理工具

同业存单推出前,银行吸纳同业资金依赖于线上同业拆借中心交易系统和线下协议存款。线上同业市场主流拆借和回购期限为隔夜和7天,线下协议存款期限由机构自主设定,两者均不可流通转让。同业存单诞生后,银行可在银行间同业拆借中心发行1个月到3年期不等的同业存单,获得更长期限的稳定负债,满足了银行对线上长期限债务融资工具的需求。

对于股份制银行和城商行等中小型银行而言,受制于网点和成本等因素,揽储能力弱于大型银行,对同业负债的依赖性较强。借道同业存单,中小银行主动负债的能力大为增强,近一年中小银行同业存单发行量已超过11万亿元(见图2)。

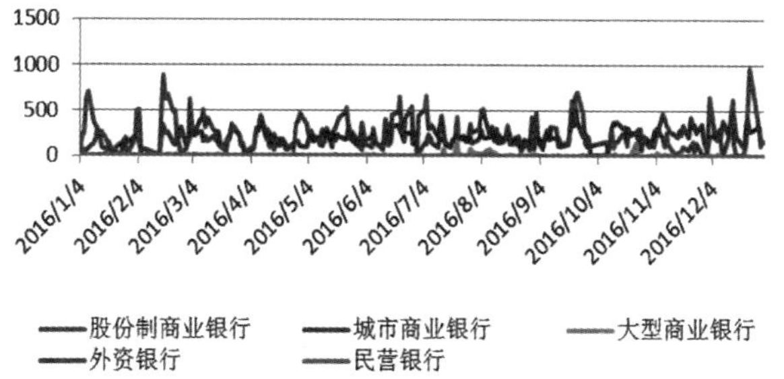


**图 2　2016 年各类机构同业存单发行量(单位:亿元)**

数据来源:Wind 资讯

特征二:迎合了银行天生的套息冲动

20 世纪 50 年代末期,负债管理理论兴起。它的核心思想是银行应当以借入资金的方式来保证流动性,以积极创造负债的方式来调整负债结构,从而增加资产和收益。银行作为资金的掮客,利润主要来源于息差,如传统存贷业务收入来自于存贷款利率的剪刀差。同业存单作为类同业负债品种,无须缴准,套息优势更明显。银行通过发行同业存单,拓展资产负债表,增厚机构利润。

据跟同业机构沟通发现,同业存单的套息空间来自于久期错配叠加信用错配。银行将发行同业存单募集到的资金,主要用于三种用途:第一种是购买低评级机构中短久期债券或非标资产,第二种是购买券商或其他金融同业发行的中短久期理财产品,第三种是用于填补长期流动性缺口。银行负债端的同业存单主要期限为 3 个月,而资金对接的资产期限多为 1 年以上。仅以对接的理财产品为例,其套息空间在 2015 年 5 月曾高达 200bps(见图 3)。

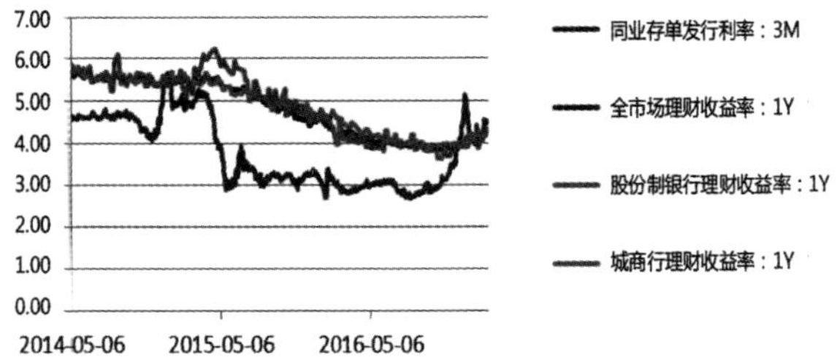


**图 3 3M 同业存单与 1Y 理财产品收益率比较(单位:%)**

数据来源:Wind 资讯

特征三:巧遇监管 127 号文推动

同业存单推出后不足半年,中国人民银行、银监会、证监会、保监会和外汇管理局联合发布《关于规范金融机构同业业务的通知》(简称 127 号文),旨在约束同业负债无序扩张。它对同业负债画了一条生命线,要求其占机构总负债的比重不得超过 33%。尽管同业存单具有类同业负债属性,但当时存量尚不足 5000 亿元,是一个新型债务融资品种,因此,监管机构并未将此品种纳入同业负债的范畴。

自此,银行通过同业存单"曲线救国",发行速度与日俱增。2016 年的发行总量达到 13 万亿元,相较 2014 年增长超 14 倍(见图 4)。

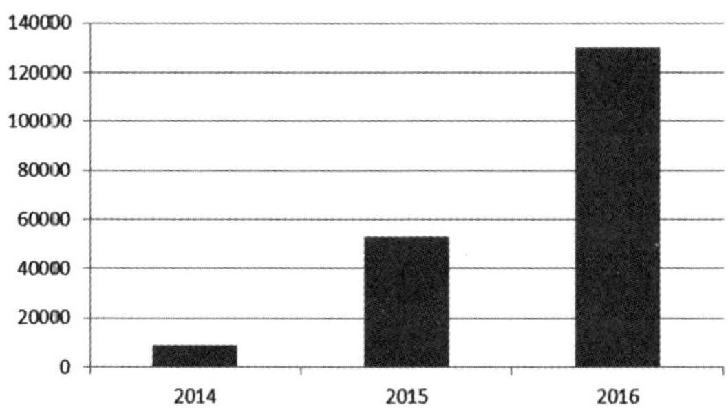


**图 4 同业存单历年发行量(单位:亿元)**

数据来源:Wind 资讯

在多重因素推动下，同业存单市场日益做大。近一年该品种日均成交量超700亿元，已接近国债的成交频率。同业存单作为类同业负债性质的市场化品种，亦为存款利率市场化提供参照，成为机构窥探银行长期融资成本和资金预期的窗口。

## 同业存单的定价基准

同业存单最短发行期限为1个月，可作为银行中长期限稳定资金来源的融资工具，承担银行的流动性管理职能。同时，它作为中小银行拓展负债的主要来源之一，还承担主动负债管理职能。故其定价，更为复杂。

（一）基于未来流动性松紧预期

同业存单具备流动性管理职能，因此商业银行在对其定价时，会结合资金松紧情况、机构资金缺口等因素预判未来市场流动性情况，将其流动性预期溢价反映至资产价格中。

目前，衡量资金松紧的指标主要为银行间7天回购定盘利率（FR007）和Shibor 3个月期利率（Shibor 3M）。FR007是银行间质押式回购的定盘利率，近一年该品种日均成交量达万亿元以上，是反映资金面松紧程度最直观的指标。因此，同业存单利率与FR007走势高度相关（见图5）。

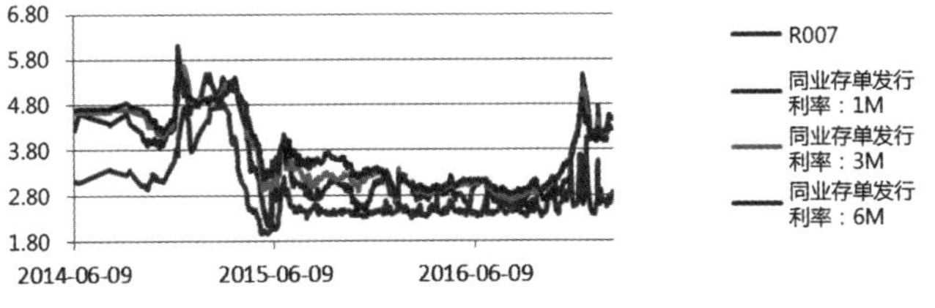


图5　同业存单利率和FR007历年走势（单位：%）

数据来源：Wind资讯

Shibor 3M 是由信用等级较高的银行自主报出的人民币同业拆出利率计算确定的算术平均利率,属于报价利率。由于 1 年期以上同业存单均为以 Shibor 3M 充当基准利率的浮动债券,同业存单各期限利率亦会参考 Shibor 指标。就观测而言,由于 Shibor 3M 是非可成交利率,其调整速度远弱于市场化的同业存单利率(见图 6)。

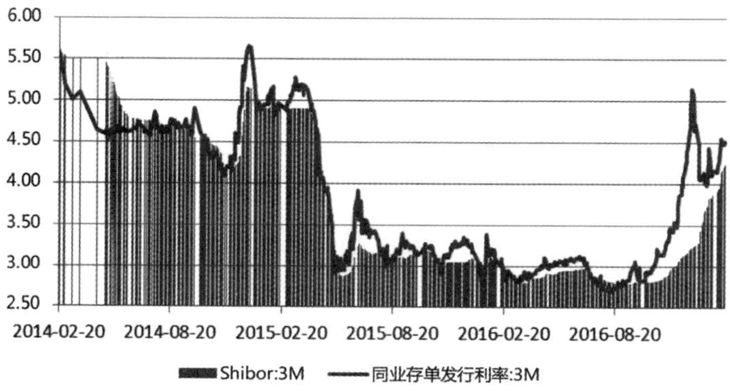


图 6　同业存单利率和 Shibor3M 历年走势(单位:%)

数据来源:Wind 资讯

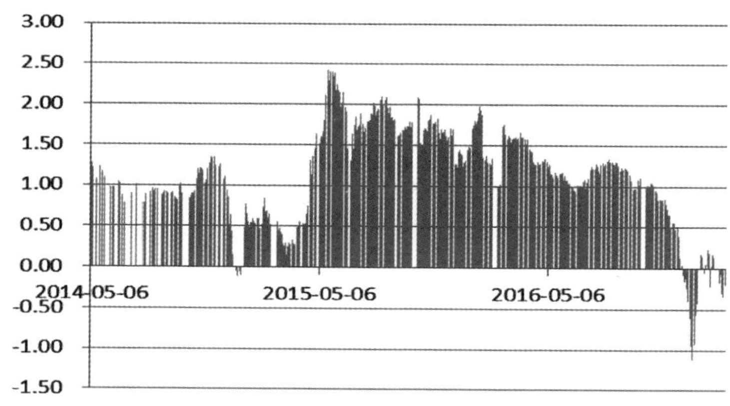


图 7　3M 同业存单和 1 年期理财产品收益率剪刀差(单位:%)

数据来源:Wind 资讯

（二）参考可配资产的收益情况

银行借助同业存单拓展资产负债表，提升负债主动管理能力，增厚机构利润。揽储能力较弱的中小银行将发行同业存单募集到的资金，除小部分用于满足日常流动性缺口外，剩余部分投入中短久期的银行理财或券商委外产品。在风险可控的情况下，进行久期错配和投资品种信用下沉，以取得更高收益。

因此，同业存单发行利率的上限，可取决于市场当时提供的理财产品收益率。综合考虑资产收益率，扣除需支付的通道费用和机构自身留存收益，若结果仍为正数，则金融加杠杆操作空间仍存。

基于存款类金融机构赋予同业存单的两种角色，同业存单利率兼具流动性预期及资产收益率波动预期双重因素。该特征也使得其定价更为复杂，对于利率波动的研究需着眼于这两点进行分析。

## 近期同业存单高溢价之谜

2016年11月，债券市场经历了大幅调整，各期限债券收益率显著上行，收益率曲线呈熊平态势。3M同业存单自最低点上探接近180bps，远超同期限短期融资券调整幅度。截至2017年2月14日，AAA评级3M短融的到期收益率为3.82%，同期限同业存单的发行利率已升至4.44%，两者利差拉宽至62bps（见图8）。作为代表银行长期融资成本的利率锚，居高不下的同业存单发行利率，引发各方关注。对该现象进行分析，仍应着眼于同业存单对于商业银行的双重属性。

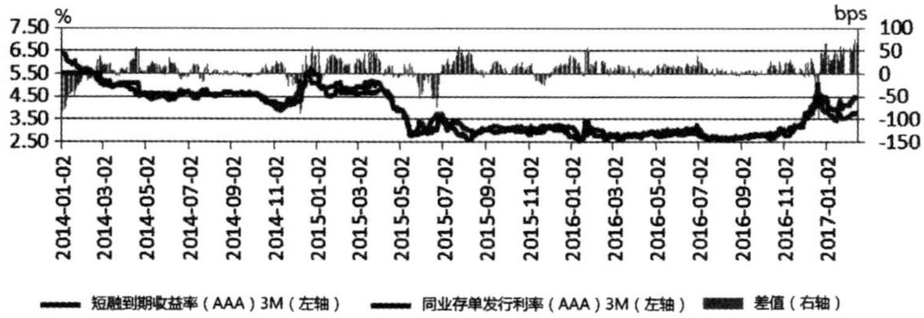


**图 8　3M 同业存单发行利率和 AAA 短融 3M 收益率**

数据来源：Wind 资讯

（一）对未来流动性紧张的担忧

2016 年下半年以来，货币环境发生了较大变化：一是货币政策从稳健转向稳健中性，二是流动性监管指标更趋严格。

货币政策转向，宽松空间受限。《2016 年第四季度中国货币政策执行报告》再提“调节好货币闸门”，预示货币政策或边际收紧。实际操作中，2017 年央行首次调高中期借贷便利（MLF）利率，同时上调公开市场操作利率，言行一致地向市场传递中性偏紧的货币政策信号。

多重流动性监管指标施压，银行如履薄冰。自 2013 年以来，为了更好地管控商业银行的流动性情况，监管机构先后推出了流动性覆盖率（LCR）、宏观审慎评估（MPA）考核。在日常经营管理中，银行除需保证超额准备金指标达标，还需满足以日考核的 LCR 指标和以季考核的 MPA 指标。降准迟迟不至，流动性约束条件却日趋严格，银行可谓带着镣铐跳舞。

考虑到偏紧货币政策预期以及监管指标的趋严，银行对 2017 年一季度甚至整个上半年的资金面情况均持谨慎态度，更偏向于融入更长期限的稳定资金。同业存单发行的最短期限为 1 个月，恰好迎合了银行对略长期限资金的渴望,银行抢占资金的心态使得同业存单利率承载了过多的未来资金面溢价。

(二)未到期资产倒逼银行被动负债管理

部分银行发行同业存单,将吸纳的资金投资债券、非标或同业理财,形成了同业存单—同业理财/债券/非标的金融加杠杆链条。为实现利润最大化,资产负债端必然存在期限错配问题。

此时不再谈银行主动负债管理问题,因为在本轮债券调整中,同业存单的调整幅度最大,接近 180bps。以 10 年期政策性金融债为例,自最低点也仅上探 120bps。再看理财产品,以 2016 年 12 月 7 日为转折点,3M 同业存单与 1 年期理财产品的收益率差已为负值(见图 9)。若纯从息差角度入手,大幅缩水的息差,加之对于未来流动性的担忧,商业银行主动扩展资产负债表的动力不足。

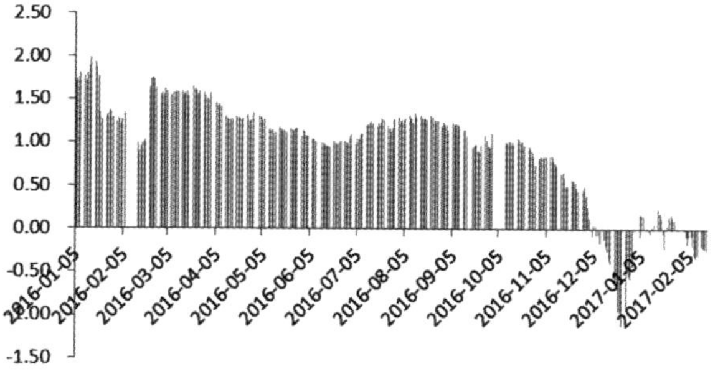

图 9　3M 同业存单和 1 年期理财产品收益率剪刀差走势(单位:%)

数据来源:Wind 资讯

经与同业机构沟通发现,当前同业存单的发行压力,在于前期配置的未到期资产对资金的刚性需求。2016 年下半年债券市场呈疯牛行情,部分冒进的商业银行增大了同业存单的发行力度,并将吸纳的资金购买了 1 年期的券商委外产品。但 2016 年 11 月后债券收益率急促上行,若采取公允价值计量,前期配置的理财产品或已跌破成本线。一旦银行选择将理财产品提前或到期赎回,这些资产不仅无法兑现预期的收益率,反而会损坏本金。基于以上情况,银行只能被动选择续做委外产品,待产品中的投资标的自然到期后,实现本金释放。资产端锁定了长期的资金,倒逼负债端必须保证稳定的资金流入。

2017 年同业存单将遇大量到期潮。在同业存单的发行中,仍以半年以内期限为主,1M、3M、6M 的比重分别为 17%、29%、27%。分析 2017 年 1 月底同业存单余额,也发现 3 月底前到期存单占比超 30%(见图 10)。总同业存单负债久期仍偏短,到期滚动再融资的紧迫性偏强。

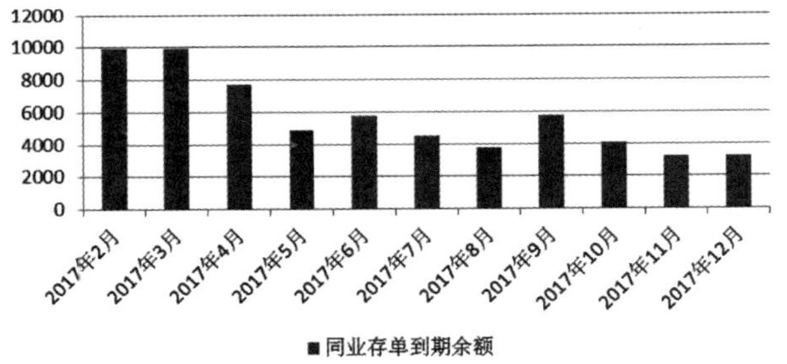


**图 10　截至 2017 年 1 月底同业存单到期分布图(单位:亿元)**

数据来源:Wind 资讯

上述两种力量共同作用,使同业存单发行利率节节升高。从 2017 年年初至 2 月中旬,各期限同业存单利率再度累计上浮 20bps,且暂未看到回落的痕迹。

## 同业存单的后续演变

截至 2016 年底,同业存单余额已达 6.3 万亿元,年均增速超 50%。2017 年 2 月中旬,该品种各期限收益率均破 4%,票息优势显著。今年同业存单有两大待解之谜:第一,同业存单的发行量能否再上一个台阶;第二,同业存单利率是否还有上行空间。

(一)量之惑:存单发行量能否再攀高峰

2014 年实施 127 号文时,监管机构未将初推行的同业存单纳入同业负债范畴。自此,银行深挖同业存单的类同业负债特征,该品种发行节奏和发行量明显加快。从上市商业银行的季报和年报中也可看出,银行正逐步增加同业存单占总负债的份额,降低同业负债比重(见表 1)。

**表 1　上市银行历年同业负债和同业存单占总负债比重**

| 时间 | 浦发银行 | | 兴业银行 | | 北京银行 | | 南京银行 | | 上海银行 | |
|---|---|---|---|---|---|---|---|---|---|---|
| | 同业负债 | 同业存单 | 同业负债 | 同业存单 | 同业负债 | 同业存单 | 同业负债 | 同业存单 | 同业负债 | 同业存单 |
| 2016-09-30 | 22% | 9.7% | 29% | 11.6% | 18% | 7.1% | 8% | 12.7% | 17% | 12.9% |
| 2016-06-30 | 22% | 9.9% | 33% | 9.8% | 19% | 6.7% | 9% | 10.1% | 19% | 11.9% |
| 2016-03-31 | 19% | 9.6% | 34% | 8.3% | 19% | 7.1% | 13% | 10.5% | 24% | 10.6% |
| 2015-12-31 | 22% | 6.2% | 35% | 6.0% | 23% | 5.1% | 13% | 9.3% | 24% | 7.9% |
| 2015-09-30 | 22% | 4.4% | 37% | 5.0% | 24% | 4.4% | 12% | 7.9% | 26% | 7.0% |

注:考虑到同业存放占同业负债比重较大,此处同业负债口径包括同业存放。
数据来源:Wind 资讯

受惠于同业存单的类同业负债属性,历经三年发展,该品种市场深度和广度日益增强。若监管机构将其纳入同业负债口径,银行或不得不缩减存单发行规模,以符合监管要求。从 2016 年三季度季报中亦可发现,若同业负债口径变更,前期资产负债表扩张较快的部分商业银行或将再度面临 33%红线的压力。

对于如今成熟的同业存单市场,监管机构或会以相对温和的方式,将同业存单纳入同业负债范畴,与其他同业负债品种同受 127 号文约束。同业存单爆发式的发行速度,或将戛然而止。

(二)价之谜:同业存单利率的上限在哪

假定同业存单—同业理财/债券/非标的链条不破,资金来源和资产回报稳定,同业存单的利率上限则取决于配置资产的收益率。据了解,同业存款资金对接的理财产品端,配置资产多为1~3年期的低评级债券或非标资产,综合收益率约为5.2%。扣除掉产品管理费用等,银行可承受的最大资金成本不超过4.6%。

假定监管机构将同业存单纳入同业负债范畴,不给市场任何缓冲机会,同业存单发行量或被迫收缩,负债端不稳致使银行赎回对接的理财产品,承接机构抛售资产以换取流动性,市场承压明显,债券价格再度下挫,价格下跌带来螺旋式正反馈,该套利链条破灭。此情况下同业存单的利率上行无顶。

今后仍需关注同业存单利率上涨带来的流动性预期,以及监管机构态度变化对后市的影响。

作者单位:中国建设银行金融市场交易中心

(本文原载于《债券》2017年3月刊)

# 中美 REITs 发展状况及商业银行的角色思考

王庆华　董　琪

**摘　要：**目前中国 REITs 行业发展还处于起步阶段。本文通过中美 REITs 业务发展状况的介绍，分析了中国 REITs 未来发展方向，并对商业银行未来如何参与 REITs 业务进行了展望。

**关键词：**金融创新　REITs　融资渠道　政策引导　风险防范

2015 年 1 月 6 日，《住房城乡建设部关于加快培育和发展住房租赁市场的指导意见》发布，明确提出"用 3 年时间基本形成渠道多元、总量平衡、结构合理、服务规范、制度健全的住房租赁市场""积极推进房地产投资信托基金（REITs）[①]试点。REITs 是一种金融投资产品，推进 REITs 试点，有利于促进住房租赁市场发展，有利于解决企业的融资渠道，有利于增加中小投资者的投资渠道。通过发行 REITs，可充分利用社会资金，进入租赁市场，多渠道增加住房租赁房源供应"。这一文件的发布为 REITs 在中国的发展提供了契机。

对于中国来说，REITs 还属于一种创新型金融投资产品。从美国等

① REITs 即 Real Estate Investment Trusts。

发达国家来看,这些国家已经积累了 REITs 发展的成熟经验。因此有必要研究美国等发达国家的经验,并与中国的发展情况进行对比,从而为中国 REITs 业务的发展提供有益参考。

## 美国 REITs 业务发展状况

1960 年 9 月 14 日,美国政府通过立法创造出一种产生收入的新型房地产投资方式,也是将房地产属性与证券投资属性完美结合的方式,即 REITs。这种产品将商业地产的投资利得扩大至所有投资人,而不仅限于大型金融机构和财富人群。得益于有效的监管政策框架、健全的基础设施配置、丰富的投资者群体等基础要素,以及 REITs 自身的优质投资属性(期限较长、收益稳定、可预期的现金流以及独立的基础资产保护等),REITs 成为美国个人及机构资产管理的重要组成部分。自 REITs 在美国交易所挂牌上市以来,经过 60 多年的发展,REITs 行业的权益资本市场规模已扩充到近 1 万亿美元,覆盖到价值 2 万亿美元左右的房地产,成为美国资本市场中颇具规模的重要投融资工具。在美国及世界各地,REITs 的普及为投资人提供了更多分享收益、实现投资组合分散化、提高资金流动性及投资透明度的机会,也提供了富有竞争力的业绩。

### (一)REITs 的基本类型

按照不同分类依据,REITs 可分为以下几种基本类型(见表 1)。

表 1 REITs 产品类型

| 分类依据 | REITs 类型 |
| --- | --- |
| 房地产行业 | 工业写字楼/住宅、零售、度假酒店、仓储 |
| 收益来源 | 权益型(Equity REITs)①<br>抵押型(Mortgage REITs)②<br>混合型(Hybrid REITs)③ |
| 目的载体法律地位 | 公司型、契约型 |
| 运作方式 | 封闭式、开放式 |
| 募集方式 | 公募型、私募型 |

(二)REITs 的法律地位及税收政策

REITs 是全球公认的优质投资工具及避税工具。根据 1960 年美国《国内税法典》,REITs 必须设立为公司、信托或协会的一种,从而对其主体法律地位进行了明确。在具体产品监管方面,美国对 REITs 产品制定了明确的监管规定,比如在设立规则、标的资产、收入及分配规则方面都有明确规定,其中 REITs 的投资人权益要在 REITs 执照、公司章程或者信托合同中体现,股东数量及大股东持股比例必须满足一定条件,标的资产中至少 75%为房地产资产或者由房地产抵押,每年 90%以上的收入要来源于不动产租金,且每年应税收入的 90%应分给股东。最重要的是,为了规范投资活动、防止投机行为,法规还规定不满四年的房地产出让所得或者不满一年的证券交易所得不得超过总收益的 30%。

在税收政策方面,按照税收目的分类,美国 REITs 的应税收入(即分红)可以分为一般性收入、资本回报(也称资本利得)和长期资本回报,需按

① 权益型 REITs 是指通过持有房地产的股权,以租金和资产升值作为主要收入来源,此类型占 REITs 市场规模的绝大部分。

② 抵押型 REITs 是指投资资金用于持有房地产的债权,可以直接向房地产商提供信用贷款或通过投资抵押支持证券来间接获取贷款利息或收入。

③ 混合型 REITs 为上述两种类型的混合,即可以通过租金和买卖收入获取利润,又可以通过贷款方式赚取收益。

照不同税率征税。同时,对于投资 REITs 的上市公司需要告知股东分红的税务分类。截至 2015 年 4 月底,在美国所发行的 REITs 中,约有 68%的分红为普通应税收入,13%的分红为资本利得,另外 19%为长期资本回报。

大多数 REITs 的分红是作为一般性收入,需要按照最高税率 39. 6%进行征收;而对于资本利得,需按 3. 8%的税率征收附加税。总体来讲,一般性收入是主要的应税收入来源,对于发行主体和投资主体的影响最大,而资本回报和长期资本回报因为可以适用更低税率,所以能够为交易主体节约相当一部分交易成本(三类收入的征税情况见图 1、图 2)。

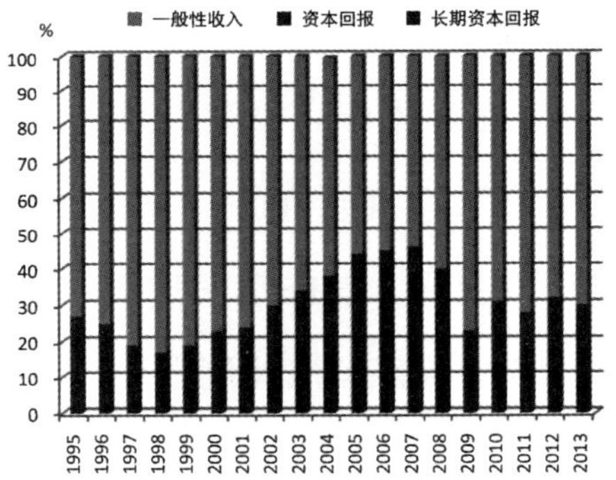


**图 1　1995—2013 年美国 REITs 分红的税收占比**

数据来源:WWW. SNL. COM

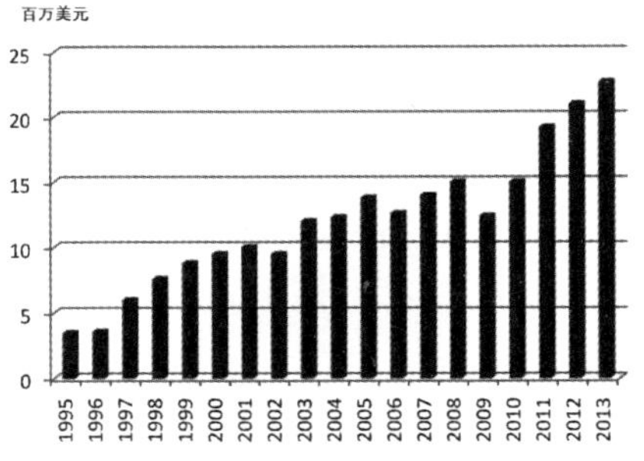


**图 2　1995—2013 年美国 REITs 分红总体税收增长情况**

数据来源:WWW. SNL. COM

美国对于 REITs 制定了税收优惠政策。根据规定,在以下情况的交易中,REITs 可以适用更低的税率:一是当个人缴税者适用于更低的收入所得税率时;二是当一只 REIT 产生资本利得收入或者资本回报时,可最高按 20%的税率以及 3.8%的附加税税率缴纳;三是当一只 REIT 的分红来自应税 REITs 子公司或者其他公司时,可最高按 20%的税率以及 3.8%的附加税税率缴纳;四是其他法律法规适用的情况。此外,当 REITs 产品出售转让时,也适用于最高按 20%的税率以及 3.8%的附加税税率缴纳。

由此可见,美国对 REITs 交易的不同方面制定了相应的税收规定,结构清晰,税率明确。其税收安排将应税收入分为三个等级,根据具体情况适用不同税率,区分了项目收入税率和股东收入税率;而对于个人和应税 REITs 子公司,规定并非全部适用最高税率,并明确了不同适用条件下的税收规定,在合理规划纳税的前提下,节约了 REITs 股东或债权人的投资成本,提高了 REITs 的交易效率。

(三)REITs 的主要投资机构

个人投资者可以从证券经纪人那里购买份额从而对在股票交易所公开交易的 REITs 进行投资。与其他公开可交易的证券一样,REITs 的投资人可以聘请经纪人提供有关 REITs 的投资建议。

美国投资于 REITs 的主要基金包括共同基金(Mutual Funds)、证券交易基金(Exchange Traded Fund)、封闭式基金(Closed-End Funds)以及其他全球性基金等。

(四)REITs 市场发展现状

基于较为明确的政策引导和税收规定,1991 年 10 月至 2015 年 1 月,美国 REITs 市场共计发行 277 只产品。截至 2015 年 4 月底,美国 REITs

市场规模为9260亿美元,REITs产品覆盖了1.7万亿美元的商业地产,纽约证券交易所上市的产品规模达到8720万美元,日均交易量达62亿美元。2014年全年,股票交易所挂牌的REITs支付了约420亿美元的分红,非公开上市产品支付了40亿美元的分红。

(五)REITs有竞争力的收益贡献

公开交易的REITs为更多投资人提供了以证券形式分享商业地产投资收益的途径。与投资于股票或者债券相比,这种投资于有收入房地产的特性使投资人能够分享有竞争力的长期收益。其中,1年期REITs的交易收入贡献占比最高,2014年收入贡献逾2700万美元;3年期和5年期交易量相差不多,都在1500万美元以上。

(六)房地产资产期限丰富

根据SNL提供的REITs原始发行、二级市场股权或债权转让数据,美国市场房地产资产期限较为丰富,短期限资产较少,以5~10年期为主,10年期以上的占比也较少。

**中国REITs发展现状**

2008年12月3日,国务院首次提出将REITs作为拓宽企业融资渠道的创新融资方式,鼓励开展相关试点工作。2009年以来,监管部门出台了相应的业务规则并征求意见,尚未推出正式的业务管理办法。2014年,证监会发布《关于进一步推进证券经营机构创新发展的意见》,鼓励研究建立REITs的制度体系及相应的产品运作模式和方案,REITs迎来新的发展契机。

与海外市场相比,中国 REITs 行业发展还处于起步阶段,业务规模较小,尚未形成成熟的发展环境。首单交易所挂牌的“中信启航”REITs 发行规模为 52.1 亿元,询价区间为 7%~9%,优先劣后分层比例为 7∶3,优先级和次级均在深交所上市交易。因此,从中国的情况来看,发展 REITs 需要从法律制度、机构参与、投资者培育等各方面进行努力。

### (一)监管情况

目前资本市场中对于 REITs 产品有两种监管方案:债权类监管方案和权益类监管方案。前者指在银行间市场交易发行收益凭证,地产公司继续持有物业的所有权,主要参与者是机构投资者;后者是以股权类产品的方式组建 REITs,在交易所公开交易,将物业所有权转移到 REITs 名下并分割出让,地产公司与公众投资者通过持有 REITs 股份间接拥有物业所有权,未来的发展方向是机构投资者和个人投资者均可参加。

### (二)税收政策及机制

目前,我国在有关 REITs 的税收引导制度建设方面尚处于空白期。现在 REITs 业务依据的税收政策仍为所得税、营业税等一般性通用税收政策。即设立 REITs 首先需要在信托环节征收营业税、所得税,而后在 REITs 投资人的投资收入中征收所得税,这样会形成双重税收负担。在此情况下,REITs 原始房地产资产持有机构以及投资机构的设立及投资成本都会受到重要影响,税收中性原则的基本要义难以发挥。

### (三)参与机构及投资机构情况

从已发行的“中信启航”REITs 产品来看,其优先级和次级证券在深圳交易所挂牌交易,凡是具备深交所投资资质的合格机构投资者均可认购,优先级起点为500万元,劣后级起点为3000万元,分别适合低风险偏好的投资机构和中高风险偏好的投资机构。

(四)REITs期限及收益表现

从已发行的AAA级REITs"中信启航"的优先级"启航优先"为例,其固定收益率为7%。截至2015年5月25日,剩余期限为3.92年。

(五)房地产资产期限及类型

目前,我国房地产市场资产期限较为丰富,商业地产主要以10~30年为主,可以通过不同的产品结构设计将其切分为短期、中期、长期的组合产品。我国的REITs主要为私募型、封闭式、契约型、权益型、以写字楼为主的产品。

## REITs发展展望及商业银行的角色思考

目前我国经济已经进入新常态。REITs作为资本市场重要的标准化投资工具,可以为机构及个人投资者提供长期、稳健、可预期的固定收益。在未来经济增速放缓、中枢下行以及利率市场化的背景下,REITs将成为机构及个人财富管理的重要增长点。此外,REITs也将在解决企业融资渠道等方面发挥更大作用。笔者认为,随着我国REITs发展环境的逐渐成熟,相应机制的健全、完善,REITs发展前景广阔,这也将为商业银行提供发展机遇。

(一)商业银行在REITs交易结构中的角色构想

1.投资机构

商业银行可以作为投资机构,根据自身需求在公开市场(全国银行间市场或深交所综合协议交易平台)直接购买 REITs。

2. 贷款机构

为了提升投资资产组合的多元化,降低倚重“单一资产、单一城市”的风险,部分 REITs 会收购一些优质资产。而银行贷款可以为 REITs 收购优质资产提供部分融资。由于融资所需资金一般较大,需多家金融机构提供贷款,商业银行可参与开展银团贷款,作为牵头行或者其中的成员银行。

3. 担保机构

REITs 的内生现金流难以支撑整个房产信托基金发行,需要有外部现金流的支持。但是外部现金流一般要通过信用担保、资产抵押等方式获得,这就为银行在 REITs 业务中作为担保人提供了契机,通过开立保函等形式可增加银行中间业务收入。商业银行也可根据客户实际情况,在风险可控的情况下,为授信客户的 REITs 出具担保。

4. REITs 资金托管人

商业银行可作为 REITs 的托管银行,开立专用托管账户,在 REITs 款项募集完毕之后进行封闭运作。

5. REITs 收益的监管者

商业银行可作为 REITs 收益的监管者,监管地产物业的相关收益,将租金收益按照投资者的认购比例及指令分配给投资者。

(二)商业银行投资 REITs 可能面临的风险及应对措施

一般来说,当商业银行在 REITs 业务中作为托管人与监管机构角色时,承担的风险较小;当商业银行作为投资人或担保人时,风险较大,主要面临的风险有市场风险、政策风险以及经营风险。

1. 市场风险

市场风险是指因 REITs 投资标的价格及市场利率、汇率等变动而发生潜在损失的风险。通常包括影响所有公司或者市场的因素,这些因素与特定公司和行业相关。由于房地产开发投资规模大、周期长,因此房地产市场的景气状况及自身特点等诸多因素决定着房地产的变现及获利能力。随着经济运行的周期性变化,公众对于城市建设、房地产物业形态等需求也会发生相应变化,可能影响土地、房产价格,而这些因素变化可能会使 REITs 的收益降低甚至出现亏损。这就要求经办人员或决策人员提高市场敏锐度,把握市场行情,在经济下行周期谨慎介入 REITs 项目或者退出 REITs 项目,防范市场风险对 REITs 收益造成的不利影响。

2. 政策风险

政策风险是指由于政府政策变化对于 REITs 发展带来的不利影响。我国目前尚未针对 REITs 的明确立法,建议商业银行密切关注政策导向,持续跟踪监管动态,制订相应的 REITs 投资策略,规避政策风险。在当前阶段,我国 REITs 业务处于起步阶段,仅在部分城市地区试点推广,因此商业银行开展 REITs 业务的政策风险很小。

3. 经营风险

经营风险是指在 REITs 运作过程中,在规范运作的前提下,由于不可预知因素所造成的收益下降。在 REITs 业务发展过程中,项目选择至关重要。规模较小的 REITs,经营风险的分散度低,会给组合投资带来较大难度;规模大的 REITs,其可供支配的资金量大,投资的回旋余地相对较大,比较有利于进行组合投资、分散风险。但规模较大的 REITs 也有弊端,因为资金量过大将会增大经营管理的难度,存在基金经营的潜在风险。

综上所述，当商业银行通过自营或理财资金管理投资 REITs 时，应认真履行尽职调查职责，对基础资产风险、基金管理人、专项计划管理人进行全面识别、评估，同时制订商业银行自身的投资策略，从而避免投资存在风险的 REITs 项目，保障资金安全。

**参考文献：**

[1]张保国. 房地产 REITs 创新是必然[J]. 中国房地产业,2015(Z1).

[2]王丽霞. 基于 REITs 的公共租赁住房融资模式研究[J]. 现代商贸工业,2015(07).

[3]杨坤. 美国权益型房地产投资信托对商业物业价格的影响[J]. 中国物价,2015(02).

[4]唐时达. REITs 的国际比较及启示[J]. 中国金融,2014(14).

[5]潘甜. 房地产投资信托法律研究——以中信启航为考察对象[J]. 中国不动产法研究,2015(02).

[6]顾缵琪. 我国房地产信托投资基金发展的税收瓶颈突破[J]. 财会月刊,2014(20).

[7]杨坤,陈德棉. 美国 REITs 税收待遇对中国的启示[J]. 现代管理科学,2007(9).

[8]王嘉亮. 中国 REITs 发展的法律障碍与建议[J]. 中国市场,2013(25).

[9]于凡. 房地产投资信托国际税收法律规制[D]. 华东政法大学,2013

[10]黄荣鑫. 我国房地产投资信托基金(REITs)制度构建缺失[J]. 广西政法干部学院学报,2015(24).

[11]葛丰. REITs 能否适应中国土壤？[J]. 中国经济周刊,2015(18).

作者单位：中国邮政储蓄银行资产管理部

（本文原载于《债券》2016 年 1 月刊）

# IFRS9 实施后新旧准则转换方法及其对债券投资的影响

叶镜清

**摘　要:**国际会计准则委员会于 2014 年 7 月发布《国际财务报告准则第 9 号:金融工具》(IFRS9)最终稿,明确于 2018 年 1 月 1 日起开始实施,并鼓励有条件的国家提前实施。本文首先总结了新准则实施经验及新旧准则并行实施难点,提出转换建议遵循的技术原则,然后介绍了新旧准则重分类及重新计量核算指引、预期信用损失模型整体思路及准则转换日信息披露要求,最后就新准则实施对债券投资的影响进行了分析,并提出目前尚待明确的问题。

**关键词:**IFRS9　会计准则　新旧准则转换　信息披露

国际会计准则委员会于 2014 年 7 月发布《国际财务报告准则第 9 号——金融工具》(IFRS9,以下简称“新准则”)最终稿,明确于 2018 年 1 月 1 日起开始实施,并鼓励有条件的国家提前实施。目前全球金融机构均开展了诸多准备工作,部分国家已经鼓励、支持本地机构成功实施新准则。根据 2017 年 3 月 31 日财政部《关于印发修订〈企业会计准则第 22 号——金融工具确认和计量〉的通知》(财会〔2017〕7 号)要求,国内不同类型的企业将自2018年1月1日起按照规定时间表陆续实施,同时鼓励企业提前执行。

## 新准则实施经验及新旧准则并行难点分析

### (一)国际上部分机构已提前实施

澳大利亚国民银行于2014年10月1日实施AASB9(IFRS9在当地的监管实施标准),这么快就响应的主要原因是:过去有迫切愿望,技术实力强。

其实施的好处在于:一是提前实施可以增加信誉,有利于降低融资成本;二是将50%的持有至到期类资产(HTM)重分类为其他以公允价值计量且其变动计入当期损益的资产(OTHER_FVTPL),公允价值波动收益可体现在当期损益;将50%的HTM重分类为以摊余成本计量资产(AMOR_COST)或以公允价值计量且其变动计入其他综合收益资产(FVOCI),不会触发感染条款[①];三是新准则允许部分指定类以公允价值计量且其变动计入当期损益的资产重分类为AMOR_COST,那么前期估亏的投资将从损益表中的亏损一次性转为权益表中的期初留存收益,后续不会在损益表中出现,从而利好企业经营报表。

### (二)并行实施难点

#### 1. 完全并行实施难度大

2016年,国际会计师事务所进行了IFRS9全球减值项目调查,有36

① 感染条款是指企业将持有至到期投资在到期前处置或重分类,通常表明其违背了将投资持有至到期的最初意图,如果处置或重分类为其他类金融资产的金额相对于该类投资(即企业全部持有至到期投资)在出售或重分类前的总额较大,则企业在处置或重分类后应立即将其剩余的持有至到期投资(即全部持有至到期投资扣除已处置或重分类的部分)重分类为可供出售金融资产。

家欧洲金融机构参与了本次调查,其中包括14家全球系统重要性银行(G-SIBs)。结果表明:仅有1/3的参与者计划完成至少9个月的IAS39(《国际会计准则第39号——金融工具:确认和计量》,以下简称"旧准则")和IFRS9数据并行,多数参与者只能实现3个月的并行。即便是上述澳大利亚国民银行也只是提前实施新准则,而并未开展新旧准则并行。

如果企业能够完整地并行生成365份数据,则可以有力保障债券投资业务重分类方案的制定、及时修正新准则核算差异、确保转换日各项工作的平稳实施。但实际上完全并行的难度很大,这是因为:

(1)短期内难以完成完整并行的准备工作。理想的并行期应该是一个完整的会计年度,即从2017年1月1日开始(假设正式实施日期为2018年1月1日)。需要强调的是,并行不代表采用追溯重述法①,准则转换时允许企业选择重述或不重述,这主要取决于企业自身能否达到重述的技术要求,并行期限的长短更多是出于对准则影响分析及内部经营管理的需要。

(2)如果并行出账,那么一笔交易需同时找到两个账套,按照两种核算规则出账。对于同一对象来说,如何做到不相互影响是项目的难点。这样的工作难度可以说是成倍增加,而不止是两倍。

(3)并行期业务范围包括自营债券投资、融资业务(包括拆出及逆回购,逆回购业务会影响自营债券卖空头寸的判断)。

(4)并行期核算参数维护。上述并行业务均需维护新旧准则两个账

---

① 《企业会计准则第28号——会计政策、会计估计变更和差错更正》第十二条规定:企业应当采用追溯重述法更正重要的前期差错,但确定前期差错累积影响数不切实可行的除外。追溯重述法,是指在发现前期差错时,视同该项前期差错未发生过,从而对财务报表相关项目进行更正的方法。此外,该准则第十三条规定:确定前期差错影响数不切实可行的,可以从可追溯重述的最早期间开始调整留存收益的期初余额,财务报表其他相关项目的期初余额也应当一并调整,也可以采用未来适用法。

套参数；上述并行业务现金账号仅需在旧准则中维护，新准则不需维护，因为不用再次清算。

（5）合同现金流量特征测试（Solely Payments of Principal and Interest on the Principal Amount Outstanding，以下简称“SPPI”）[①]通过标准（即多大范围内的波动可认定为测试通过）尚未理清，这可能导致核算结果反复调整。

2. 并行实施要求重分类及重新计量工作提前进行

如果新准则在 2018 年 1 月 1 日正式实施，那么 2016 年末须完成对存量债券条款的梳理；对于 2017 年新达成的所有债券卖出、回购等交易，须同时确定新旧准则资产分类。新准则增加了金融资产分类判断的复杂性，贷款和债券计量属性的不确定性加大。根据笔者的调查，目前工商银行以摊余成本计量的贷款和债券绝大部分能够通过新准则规定的分类标准测试，金融资产分类将不会发生重大变化，对财务状况的影响总体可控。但也发现部分贷款的业务模式以及债券类投资由于存在特殊条款，导致无法满足新准则的分类要求，需要由摊余成本计量改为按公允价值计量，由此对其他综合收益和当期损益都会有影响。

因此，在新准则实施前期对存量贷款和债券资产进行梳理和分析必不可少，以确认是否满足新准则下按照摊余成本计量的各项条件，进而对可能的财务影响进行估算。

（三）债券资产重分类核算体系制定策略

考虑到银行各层级机构均可持有应收款项类债券，若将应收款项类

① SPPI 是指金融资产合同条款规定，主体持有的金融资产在特定日期产生的现金流量是否仅为本金及未偿付本金的利息。

债券与持有至到期类债券计量属性或核算科目进行合并,将会增大影响范围并带来现有核算科目体系较大的调整。实务中可以采用计量属性平移的方案,在披露层面合并两个摊余成本计量子项来完成报表披露。

可供出售类债券计量属性与以公允价值计量且其变动计入其他综合收益的债券相近,只需计量属性平移后,停用价值调整—减值部分科目即可,该科目核算内容调整至价值变动储备—减值部分。

新准则提出其他 FVTPL(即无法通过 SPPI)的概念(见表 1),因此银行核算科目会相应增加。但是,其他 FVTPL 全生命周期核算过程与交易类 FVTPL 或指定类 FVTPL 相似,对现有核算科目体系的影响有限。

**表 1 新旧准则金融资产分类对应关系表**

| IAS39 下持有目的(英文简称) | IAS39 下持有目的(中文简称) | IFRS9 下金融资产分类(英文简称) | IFRS9 下金融资产分类(中文简称) | IFRS9 下金融资产分类(英文全称) | IFRS9 下金融资产分类(中文全称) |
|---|---|---|---|---|---|
| L&R | 应收账款类 | AMOR_COST_PPN | 摊余成本-定向 | Amortized cost private publication notes | 以摊余成本计量-定向发行 |
| HTM | 持有到期类 | AMOR_COST_UNPPN | 摊余成本-非定向 | Amortized cost unprivate publication notes | 以摊余成本计量-非定向发行 |
| AFS | 可供出售类 | FVOCI | — | Fair value through other comprehensive income | 以公允价值计量且其变动计入其他综合收益 |
| TRADING | 交易类 | TRADING_FVTPL | 交易类 FVTPL | Trading as fair value through profit or loss | 交易类以公允价值计量且其变动计入损益 |
| DESIGNATE_TRADING | 指定交易类 | DESIGNATE_FVTPL | 指定类 FVTPL | Designate as fair value through profit or loss | 指定为以公允价值计且其变动计入损益 |
|  |  | OTHER_FVTPL | 其他 FVTPL | Other as fair value through profit or loss (include fail to SPPI) | 其他以公允价值计量且其变动计入损益 |

注:AMOR_COST_PPN、AMOR_COST_UNPPN 的核算较为相似,本文统称为 AMOR_COST。

**新旧准则转换建议遵循的技术原则**

(一)立足业务场景,会计分录基于业务

笔者认为,转换分录的设计,需要基于基础业务场景去考虑,以确保每一笔分录均能体现其业务含义。例如先面值、应计利息、折溢价对转;再估值、减值对转;发生资产与权益分录调整时,要将期初留存收益作为过渡科目,以便后续披露时拆分为子表一和子表二(分别为金融资产和金融权益报表);最后增加预期信用损失。

(二)披露表全面展现核算调整过程,重点突出

一是严格区分资产或权益,当一对会计分录既有资产又有权益时,要将期初留存收益作为过渡科目。

二是从 IAS39 资产出发,逐笔债券转换为 IFRS9 资产。转换时,子表一(金融资产报表)重新计量发生额与期初留存收益发生额,金额相等、方向相同;子表二(金融权益报表)重新计量发生额与期初留存收益发生额,金额相等、方向相反。

(三)设计基本会计恒等式,校验每个转换场景

转换日的报表校验逻辑如下(以含减值 AFS 转为 FVOCI 为例)。若并行实施,还要增加新旧准则期间表进行校验。

AFS 资产项-AFS 权益项=FVOCI 资产项-FVOCI 权益项

AFS 资产项-FVOCI 资产项=AFS 权益项-FVOCI 权益项

AFS 面值=FVOCI 面值

AFS 折溢价=FVOCI 折溢价

AFS 应收利息＝FVOCI 应收利息

FVOCI 价值变动储备—减值部分的补提发生额＝预期信用损失发生额－IAS39 已计提的减值准备＝补提预期信用损失

期初留存收益＝(－AFS 价值调整—减值部分－FVOCI 价值变动储备—减值部分)－补提预期信用损失

FVOCI 价值变动储备—估值部分+FVOCI 价值变动储备—减值部分＝(AFS 价值变动储备—估值部分＋AFS 价值变动储备—减值部分)－(AFS 价值调整—减值部分+补提预期信用损失)

(四)评估系统解决方案,建立全程可追述机制

债券投资业务系统转换过程中,首先要进行逐笔债券转换,然后再采取这两种主要模式:一种是基于账簿头寸余额的转换,账簿头寸中含有面值、应计利息、折溢价、价值调整、价值变动储备、减值准备余额,按照头寸上的新旧持有目的进行映射对转,并在头寸上增加"期初留存收益"字段;另一种是基于账簿逐笔交易发生额的转换,把未到期债券历史交易明细逐笔对转,按照投资组合数(folder)对照关系进行映射对转。

在转换过程中,需要建立全程可追溯机制,以便及时、快速、准确地发现和定位问题。另外,转换过程要注意已交割报文不要重新发送,否则可能会造成重新清算,导致外部资金风险。

## 新旧准则重分类及重新计量核算方法

(一)新旧准则转换核算计量的相同点

1. 重分类步骤

第一步,对应收款项类债券、持有到期类债券、可供出售类债券条款

逐一梳理,确定 SPPI 是否通过。交易类债券头寸不受 SPPI 结果的影响,主要是计量属性的平移。

第二步,将已识别债券的 SPPI 结果,标记在债券基本信息中。

第三步,新增银行账户交易节点,用于簿记原计划放入 AMOR_COST 或 FVOCI 但因 SPPI 不通过而被迫放入 OTHER_FVTPL 的交易;在测试通过后,绝大部分债券的计量属性不变。

第四步,调整个别资产的重分类。

2. 常见重分类场景设计

常见场景设计需要充分考虑各种业务场景,包括 SPPI 不通过、IAS39 下已减值或未减值等重要核算差别,目前已识别出如下 12 种:

(1)持有至到期投资(IAS39 未减值)转换为 AMOR_COST;

(2)持有至到期投资(IAS39 未减值)转换为 FVOCI;

(3)持有至到期投资(IAS39 未减值)转换为 OTHER_FVTPL;

(4)持有至到期投资(IAS39 已减值)转换为 AMOR_COST;

(5)持有至到期投资(IAS39 已减值)转换为 FVOCI;

(6)持有至到期投资(IAS39 已减值)转换为 OTHER_FVTPL;

(7)可供出售金融资产(IAS39 未减值)转换为 AMOR_COST;

(8)可供出售金融资产(IAS39 未减值)转换为 FVOCI;

(9)可供出售金融资产(IAS39 未减值)转换为 OTHER_FVTPL;

(10)可供出售金融资产(IAS39 已减值)转换为 FVOCI;

(11)可供出售金融资产(IAS39 已减值)转换为 OTHER_FVTPL;

(12)交易性金融资产转换为交易类 FVTPL。

其中,应收款项类投资向 IFRS9 转换的核算指引与持有至到期投资的各业务情景相似;OTHER_FVTPL 的核算与 IAS39 下交易类或指定类的核算相似,首次转换仅做科目余额互转。

3. 转换过程核算分录

转换过程核算分录设计需考虑上述场景的通用性及后续信息披露要求。一般可分为:账面价值转换(含减值准备)、应计利息转换、估值与减值核算分类调整、计提预期信用损失四个环节。前两项称为“账面价值重分类”、后两项称为“重新计量”,重新计量差异需采用期初留存收益科目核算。

(1)HTM(IAS39 已减值)转换为 FVOCI:账面价值要对应修改会计科目名称,HTM 减值准备通过期初留存收益结转至 FVOCI 价值变动储备—减值部分。

(2)AFS(IAS39 已减值)转换为 FVOCI:账面价值要对应修改会计科目名称,AFS 价值调整—减值部分通过期初留存收益结转至 FVOCI 价值变动储备—减值部分。

(二)新旧准则转换核算计量差异点

1. AFS&FVOCI 减值核算

(1)AFS&FVOCI 减值核算期间的核算

IAS39 中的 AFS,当减值损益超过原直接计入所有者权益中的公允价值下降形成的累计损失时,超过部分计入 AFS 价值调整—减值部分。例如:

借:减值损失 5

贷:AFS 价值变动储备—减值部分 3

AFS 价值调整—减值部分 2

IFRS9 中的 FVOCI,当减值损益超过原直接计入所有者权益中的公允价值下降形成的累计损失时,超过部分仍计入其他综合收益。因为新准则规定:“主体应当将减值要求应用于以公允价值计量且其变动计入其他综合收益的金融资产损失准备的确认和计量。但是,损失准备应当计入其他综合收益,且不应减少财务状况表中金融资产的账面金额”。例如:

借:减值损失 5

贷:FVOCI 价值变动储备—减值部分 5

(2)AFS&FVOCI 减值核算期初的重分类核算

与上述原因相同,IAS39 已减值 AFS 重分类为 FVOCI 减值核算处理,通过期初留存收益将核算分录区分为金融资产或金融权益。IAS39 已减值 HTM 重分类与 FVOCI 类似,只是 AFS 价值调整—减值部分调整为 HTM 减值准备。例如:

借:AFS 价值调整—减值部分 2

贷:期初留存收益 2

借:期初留存收益 2

贷:FVOCI 价值变动储备—减值部分 2

2. IFRS9 债券减值阶段卖出核算

新准则中预期信用损失模型的预期损失,在债券出售时,可按比例结转减值损失、减值准备,处理结果视同估值。但是第三阶段已实现减值损失的处理与现有 IAS39 相同,需要借记减值准备,贷记价差,卖出行为并不代表信用回升,不可转回减值损失。对于 IAS39 下已实现的减值卖出,准则并未明确该时刻的处理要求,不同银行对此处理可能存在一定差异,处理结果需与监管部门、外部审计机构进行沟通确认。

3. 可能影响 SPPI 的债券特殊条款

(1)可调换债券

在 A 债券存续期内的约定日期调换 B 债券,对本金进行 1∶1 调换,利率调换类型有固定换浮动、浮动换固定和浮动换浮动。

(2)非标准利率重设

债券基准利率每 N 月重设,挂钩 M 月期限(tenor)利率,N 不等于 M。利率是 shibor、存款基准利率等。

(3)资产支持证券的次级档

企业应确定分级中的信用风险敞口与标的金融工具组合的“信用风险敞口”的关系。

(4)发行人赎回/投资人回售选择权+累进利率/修正利率

①发行人赎回+累进利率

条款:在 M 期限到期后发行人有权以票面价值(par value)赎回;若发行人不赎回,则在原 M 期限的利率基础上增加期初约定的利率基点或利率区间的某利率基点。市场参与者认为调增的票面利率是对应的期限变长的信用风险溢价和流动性风险溢价部分。

②投资人回售+修正利率

条款:同上,M 期限到期后投资人有权以票面价值回售,否则在 M 期限到期后调整约定利率基点或区间。市场参与者认为调增的票面利率是对应的期限变长的信用风险溢价和流动性风险溢价部分。

长短期限是指:对于 M+N 债券,M 年末存在提前赎回/回售选择权,长期是指 M+N 年,短期是指 M 年。

（5）减记债

因减记债在《商业银行资本管理办法（试行）》规定的触发事件发生时能立即减记，投资者相应承担本金及利息损失的风险，所以国内发行（包括保险公司发行）的减记债基本上都不能通过 SPPI，需要分类为 OTHER_FVTPL。

（三）新旧准则实际利息收入对比

1. 准则要求

IAS39：实际利息收入计量时，当未实际发生减值损失时，采用净价；当发生实际减值损失时，采用净价扣除减值损失后的金额。

IFRS9：实际利息收入计量时采用账面总额，且账面总额不考虑第一、二阶段的预期信用损失，仅考虑第三阶段已实际发生的减值损失。

通过对比分析发现，新旧准则对此要求一致。

2. 实务特殊处理

IAS39：旧准则未详细介绍扣除减值损失后的摊销后续计量如何处理，例如到期未摊销完毕，摊销与减值计提的先后顺序等问题，并且已实际发生在国内的概率很小。建议目前系统在计算实际利息收入时暂不考虑已实际发生减值损失。若实际发生时再由外部审计机构进行评估调整。

IFRS9：新准则对此并无调整，建议延续旧准则处理。

3. 银行计算公式

IAS39：实际利息收入 = 净价 × 到期收益率 Y，到期收益率 Y 又称为“实际利率”。

IFRS9：同旧准则。

## 预期信用损失模型整体思路

(一)整体思路

IFRS9 下的预期信用损失模型将运用巴塞尔(Basel)模型的产出结果,但需在此基础上对参数做出调整,以适合准则的要求,模型计算的基本思路为:

12 个月预期信用损失:

$ECL_{12m} = PD_{12m} \times LGD_{12m} \times EAD_{12m}$

整个存续期的信用损失:

$ECL_{LT} = \Sigma_{t=1}^{LT}(PD_1 \times LGD_1 \times EAD_1)$

其中,

$ECL_{12m}/ECL_{LT}$ 代表 12 个月或整个存续期的预期信用损失,*ECL* 英文全称是 Expected Credit Loss ;

$PD_{12m}/PD_t$ 代表 12 个月或某个时点的违约概率,*PD* 英文全称是 Probability of Default ;

$LGD_{12m}/LGD_t$ 代表 12 个月或某个时点违约后的违约损失率,*LGD* 英文全称是 Lose Given Default ;

$EAD_{12m}/EAD_t$ 代表 12 个月或某个时点的违约风险暴露,*EAD* 英文全称是 Exposure At Default。

(二)违约概率 *PD*

内评法下巴塞尔 *PD* 经前瞻性考量及宏观经济走势调整为 IFRS9Pit (Point in time) *PD* ;IFRS9 Pit *PD* 结合存续期、减值所处阶段(第一阶段或第二阶段)转换为 IFRS9 *PD* 。存续期内每期使用的 Pit *PD* 目前有两种选择,即简易法和全生命周期法。简易法下采用存续期每年违约概率相等的方式,全生命周期法下采用存续期每年违约概率与企业存续年限相结合的复杂模型来确定。部分国家(地区)实施了全生命周期法,但效果并不理想。

(三)违约损失率及违约风险暴露

违约损失率主要采用市场上统计本外币主权债、次级债、有担保债券等维度的历史发生违约损失率。违约风险暴露是指风险敞口规模。

## 新旧准则转换日有关信息披露的要求

1. 国际准则委员会并未给出披露表示例,只是提出部分要求,如指定类 FVTPL 需要单独列示。各国监管机构可根据自身需要再作明确要求。

2. 我国监管层面暂未明确转换日披露表表样,可根据 IFRS9 原文要求以及国际上提前实施的部分金融机构模板,并结合银行内部实务来设计,以满足国际国内监管要求。

3. 在披露表中,重分类是指金融资产由于 SPPI 或者业务模式变化导致核算分类的变化,仅为账面价值的调整。重新计量包括金融资产补提预期信用损失和由于资产计量属性变动导致的重新估值、减值等。

4. 以含减值 AFS 转 FVOCI 为例,展示披露表如下(见表 2)。

**表 2 准则转换信息披露表示例**

| 子表一:金融资产 | | | (i) | | (ii)=(i) |
|---|---|---|---|---|---|
| | IAS39 账面价值 | 重分类 | 重新计量 | IFRS9 账面价值 | 留存收益影响 |
| 调整前余额 AFS | 1158.61 | | | | |
| To FVOCI | | -1158.61 | | | |
| 调整后余额 AFS | 1158.61 | -1158.61 | | 0 | |
| 调整前余额 FVOCI | 0 | | | | |
| 来自可供出售 AFS | | 1158.61 | 0.11 | 1158.72 | 0.11 |
| 调整后余额 FVOCI | | 1158.61 | 0.11 | 1158.72 | 0.11 |
| 子表二:金融权益 | | | (i) | | (ii)=-(i) |
| | IAS39 账面价值 | 重分类 | 重新计量 | IFRS9 账面价值 | 留存收益影响 |
| 调整前余额 AFS | -0.67 | | | | |
| 调整至 IFRS9 科目冲销 | | 0.67 | | | |
| FVOCI 权益 | | | | | |
| 来自可供出售—债务工具变成 FVOCI,原计入其他综合收益部分进行重分类 | | -0.67 | 0 | -0.67 | 0 |
| 来自可供出售—债务工具变成 FVOCI,原计提可供出售—减值超过可供出售—估值亏损大的部分通过期初留存收益结转至其他综合收益 | | | 0.11 | 0.11 | -0.11 |
| 补提预期信用损失(FVOCI 资产) | | | 2.56 | 2.56 | -2.56 |
| 调整后金额 | — | -0.67 | 2.67 | 2 | -2.67 |

数据来源:1. 子表一中,正数表示借方,负数表示贷方;

2. 0. 11 为原计提的可供出售—减值超过可供出售—估值亏损大的部分；
3. 子表二中，正数表示贷方，负数表示借方；
4. AFS 估值亏损 0. 67。

## IFRS9 实施对债券投资的影响

### (一)新增科目及核算

本文在此探讨新增的因银行账户摊余成本计量 SPPI 不通过而被动分类为 OTHER_FVTPL 的科目及其核算方法。此类债券头寸纳入银行账户管理。

### (二)新准则下资产重分类更难

与旧准则下允许持有至到期资产与可供出售资产在一定条件下可以互相重分类不同，新准则下的重分类极不常见，建议系统建设中暂不考虑该场景。

根据新准则关于金融资产重分类的规定，如果主体变更其管理金融资产的业务模式，主体应当对相关的金融资产做出重分类。预计此类变更极不常见。此类变更必须由主体的高层管理人员基于外部或内部变化而决定，且此类变更必须对主体的经营非常重要及能够向外部各方证实。据此，仅当主体开始或停止开展某项对其经营而言相对重要的活动时(如当主体收购、处置或终止某一业务线时)，主体的业务模式才会发生变更。

新准则对于“不频繁、非常小”的 AMOR_COST 金融资产头寸卖出，允许直接出售。但是，若卖出交易超过了“不频繁、非常小”的限制，需要重新评估剩余资产，但新准则对于后续如何处理未予明确。

### (三)交易环节、存续期管理等更为复杂

根据新准则，交易时除了业务模式外，需增加 SPPI。至少每季度末，

业务部门需要对持有头寸的债券进行损失阶段划分(见表3)。

**表3　新准则下相关文档修改建议**

| 业务/管理部门 | 业务领域 | 建议的修改文档 | 修改建议 |
|---|---|---|---|
| 金融市场部 | 债券(包括同业存单) | 业务操作规程 | 增加SPPI测试和业务模式选择 |
| | | 资产减值准备管理要求 | 新准则下减值计量的管理要求(损失阶段划分标准) |
| | | 核算要求 | 1. IAS39项下AFS、HTM、L&R→IFRS9项下以摊余成本计量、FVOCI、FVPL<br>2. 新增因SPPI不通过被动分类为FVPL的科目及核算<br>3. 新增定期计提债券减值 |
| 金融市场部 | 融资 | 业务管理办法 | 对于系统中无SPPI测试和业务模式选择记录的情况,在业务管理办法中记录SPPI测试和业务模式选择的结果 |
| | | 资产减值准备管理要求 | 新准则下减值计量的管理要求(损失阶段划分标准) |
| | | 新产品开发 | 新产品开发对SPPI测试和业务模式选择的影响 |
| | | 核算要求 | 对同业融资、同业透支和债券质押拆出新增定期计提准备 |

### 待监管部门或行业标准进一步明确的问题及建议

目前,在新准则下,有如下问题有待监管部门或行业标准进一步明确:

一是SPPI通过标准有待理清。比如含权债(短期摊销、长期摊销、短期估值价格、长期估值价格因素的判断)、现金流量差异标准、SDR债券等。

二是对于“信用风险至初始确认后是否显著增加”“较低信用标准”等内容有待明确。建议监管机构逐步明确可供同业实施操作的判定指标或指引，以便各家机构遵循统一的标准，明确落实要求，进一步增加减值准备计量结果的同业可比性。

三是虽然理论上存在第二次买入时点 SPPI 结果与第一次存在差异的可能[①]，建议对首次测试结果不进行修改，否则需要同步明确历史账务如何处理，这种处理将较为复杂。

四是建议明确新准则下若卖出交易超出“不频繁、非常小”的限制后的相关处理要求。

作者单位：中国工商银行

（本文原载于《债券》2017 年 11 月刊）

① 例如，非标准利率重设。债券基准利率每 N 月重设，挂钩 M 月期限（tenor）利率，N 不等于 M。利率是 shibor。首次买入时点的 shibor 值支持 SPPI 通过，而第二次买入时点的 shibor 值支持 SPPI 不通过。

# “营改增”新政对资管行业生态影响几何?

中金公司固定收益研究组

**摘　要:**本文对财税〔2016〕36号、财税〔2016〕140号及其政策解读文件和其补充通知等文件中涉及资管行业营业税改增值税的政策进行了较为细致的解读,对相关政策可能对金融市场、金融机构等产生的影响进行了分析,并对政策的进一步完善提出了建议。

**关键词:**“营改增”　资管行业　税收政策　利差

继2016年3月23日经国务院批准发布的《关于全面推开营业税改征增值税试点的通知》(财税〔2016〕36号,以下简称“36号文”),确立金融业“营改增”基本方案并自2016年5月1日起执行之后,2016年12月21日及30日,财政部、国税总局发布了《关于明确金融房地产开发教育辅助服务等增值税政策的通知》(财税〔2016〕140号,以下简称“140号文”)及其政策解读文件。140号文对36号文相关规定进行了细化,明确资管产品运营过程中发生的增值税应税行为以管理人为增值税纳税人,并明确指出应税行为不仅包括管理人管理费,还包括资管产品投资过程中产生的应税行为,从2016年5月1日执行。而后,2017年1月11日,财政部就140号文再出“补丁”，就其中第四条规定进行补充通知，规定取消补缴，并将政策改为自2017年7月1日起正式执行。

## 对相关“营改增”政策的解析

### （一）补充明确“保本收益”的范畴，明确投资保本型产品取得的收益需缴纳增值税，投资非保本型产品取得的收益不缴纳增值税

36号文规定，各种占用、拆借资金取得的收入，包括金融商品持有期间（含到期）利息（保本收益、报酬、资金占用费、补偿金等）收入等多种占用、拆借资金取得的收入，按照贷款服务缴纳增值税。140号文补充，《销售服务、无形资产、不动产注释》（财税〔2016〕36号）第一条第（五）项第1点所称“保本收益、报酬、资金占用费、补偿金”，是指合同中明确承诺到期本金可全部收回的投资收益。金融商品持有期间（含到期）取得的非保本型产品的上述收益，不属于利息或利息性质的收入，不征收增值税。

140号文对36号文中所称的“保本收益”进行了定义，同时明确了投资保本产品取得的收益须缴税、投资非保本产品取得的收益不缴税的原则，完善了36号文关于征收范围的表述。结合36号文及140号文，对于底层投资品及资管产品的增值税征收可以总结如下：

1. 从底层投资品的角度来说，36号文所称的“贷款服务”均须缴纳增值税，包括贷款及其他占用拆借资金取得的收入，例如债券、股票质押式回购等具有明确到期本金及利息回报的产品；而股票股息等非保本收益则不缴纳增值税。在债券产品中，债券利息收入方面，国债、地方政府债、政策性金融债、央票、商业银行债券等利息收入免收增值税；转让收入方面，所有债券产品均需缴纳增值税；但基于36号文的规定，证券投资基金管理人运用基

金买卖股票、债券的转让收入免收增值税等,公募基金及境外机构买卖价差不缴纳增值税(债券产品增值税缴纳总结详见表1、表2)。

**表1　公募基金底层资产增值税与所得税缴纳规定**

| | 增值税 | | 所得税 | |
|---|---|---|---|---|
| | 持有期利息收入 | 资本利得 | 持有期利息收入 | 资本利得 |
| 国债 | 免 | 免 | 免 | 免 |
| 地方政府债 | 免 | 免 | 免 | 免 |
| 政策性金融债 | 免 | 免 | 免 | 免 |
| 铁道债 | 6% | 免 | 免 | 免 |
| 商业银行债券 | 免 | 免 | 免 | 免 |
| 信用债等 | 6% | 免 | 免 | 免 |

注:利息收入的所得税,由融资方(上市公司、发行企业和银行等)在向基金支付相关收入时代扣代缴20%的个人所得税。

资料来源:国家税务总局、中金公司研究

**表2　机构自营资金、保本理财等业务底层资产增值税与所得税缴纳规定**

| | 增值税 | | 所得税 | |
|---|---|---|---|---|
| | 持有期利息收入 | 资本利得 | 持有期利息收入 | 资本利得 |
| 国债 | 免 | 6% | 免 | 25% |
| 地方政府债 | 免 | 6% | 免 | 25% |
| 政策性金融债 | 免 | 6% | 25% | 25% |
| 铁道债 | 6% | 6% | 减半 | 25% |
| 商业银行债券 | 免 | 6% | 25% | 25% |
| 信用债等 | 6% | 6% | 25% | 25% |

注:非保本资管产品需按照规定由管理人缴纳增值税,穿透后根据具体的投资品种来缴纳;所得税因目前尚未提及可免;企业持有中国铁路建设等企业债券取得的利息收入,减半征收企业所得税。

资料来源:国家税务总局、中金公司研究

2. 从委托人/投资人的角度来说,投资明确具有保本承诺的产品,须按贷款服务等缴纳增值税;如合同中未明确承诺到期本金可全部收回,金融商品持有期间取得的收益属于非保本,不缴纳增值税。我国保本产品主要为银行保本理财和保本型基金,券商、信托等的资管产品及基金专户中基本不存在具有上述保本表述的产品,即大部分金融产品因属于非保本产品，其持有期间收益不征收增值税。根据银行业理财登记托管中心、Wind资讯数据统计，2016年半年末，我国银行保本理财产品规模6.1万亿元左右，保本型基金规模3500亿元左右（保本浮动收益类产品的余额约3.86万亿元，保证收益类产品的余额约2.24万亿元，较年初略有下降）。

140号文第一条规定，保本收益须缴税增值税而非保本收益无须缴税；第四条规定，资管产品运营过程中发生的增值税应税行为，以资管产品管理人为增值税纳税人。这样的征税条款配合，避免了在非保本资管产品多层嵌套背景下对最终投资人的重复征税，即最终投资人购买非保本资管产品免税，但非保本资管产品的管理人作为纳税主体，承担资管产品在运营过程中缴纳税费的责任。

（二）资管产品持有至到期不属于金融商品转让，不缴纳增值税

36号文规定，投资者将持有的金融商品进行转让，其差价应当缴纳增值税；140号文明确了产品持有至到期不属于金融商品转让，不缴纳增值税。由此，机构持有非保本类金融产品到期，基本不涉及增值税问题，避免了重复缴纳。

但如何定义“持有至到期”，此处存在一定的争议，仍等待后续进一步的政策解释。例如，部分产品没有明确的到期期限或到期期限很长，比如开放型公募基金；此外，赎回而非向第三方转让是否属于持有至到期的情况也不明确。

（三）享受增值税逾期利息收入政策的纳税人范围扩大

140号文及其政策补充通知指出，证券公司、保险公司、金融租赁公司、证券基金管理公司、证券投资基金以及其他经人民银行、银监会、证监

会、保监会批准成立且经营金融保险业务的机构发放贷款(此处的发放贷款按36号文对应“贷款服务”的定义)后,自结息日起90天内发生的应收未收利息按现行规定缴纳增值税,自结息日起90天后发生的应收未收利息暂不缴纳增值税,待实际收到利息时按规定缴纳增值税。

140号文及其政策解读补充了36号文关于“结息日起90天内应收未收利息缴纳增值税,90天后应收未收利息暂不缴纳增值税”的规定,将这一规定从银行、信用社、信托、财务公司等扩大到券商、保险、基金等其他“一行三会”批准成立的且经营相关业务的金融机构,保证了不同类型金融机构在同类业务行为上增值税征收的统一性。

## 对相关政策影响的分析

140号文及其政策解读文件指出,资管产品运营过程中发生的增值税应税行为,以资管产品管理人为增值税纳税人。资管产品管理人在以自己名义运营资管产品资产的过程中,可能发生多种增值税应税行为。例如,因管理资管产品而固定收取的管理费(服务费),应按照“直接收费金融服务”缴纳增值税;运用资管产品资产发放贷款取得利息收入,应按照“贷款服务”缴纳增值税;运用资管产品资产进行投资等,则应根据取得收益的性质,判断其是否发生增值税应税行为,并应按现行规定缴纳增值税(见图1)。

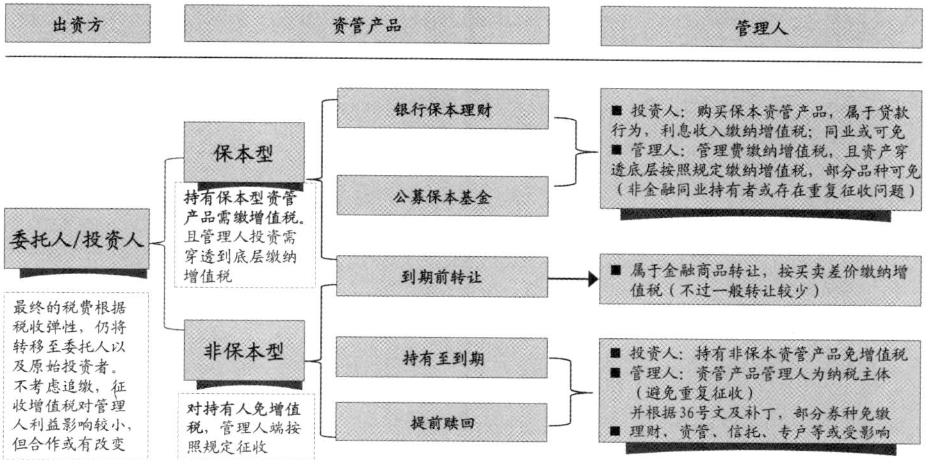


**图 1　140 号文对资管产品缴纳增值税的规定**

资料来源：国家税务总局、中金公司研究

过去资管行业增值税纳税相关规定不明确，实际操作中资管产品交税不多。140 号文明确了管理人作为增值税纳税人，为资管产品运营过程中发生的增值税应税行为进行增值税缴费，使得税收征收工作更为便利。140 号文政策解读文件则明确了运营资管产品过程中应税行为的内涵，明确规定管理人收取的管理费、运用资管产品资金进行投资时所产生的增值税均由管理人缴纳。这一规定结合上文对于征税范围的完善，将对资管行业造成重大影响。

（一）弥补了资管行业增值税税负漏洞，指出应根据底层资产的不同类型缴纳相应的增值税

根据《基金法》第八条：基金财产投资的相关税收，由基金份额人承担，基金管理人或者其他扣缴义务人按照国家有关税收征收的规定代扣代缴。对于资管产品，将由过去较少缴税（增值税）转变到未来以管理人为核心的规范化缴税（注意是纳税主体而非代扣代缴义务人）。即，资管

产品管理人作为纳税主体,应根据底层资产不同的投资性质,如贷款服务、金融商品转让等,将所获取收益按规定缴纳增值税。而最终税收由出资方(如购买理财产品的个体)承担还是管理人承担,取决于双方的弹性。实际操作中,预计管理人会将税赋绝大部分转嫁给投资人。当然,具体也要看产品设计、合同以及投资人与管理人的约定。

正如前文所言,对于非保本型资管产品,这样的设计避免了重复征税,而投资人投资资管产品和投资人自己投资债券、放贷等一样,均需穿透到底层,按照底层资产缴纳增值税的规定缴纳增值税(国债、央票、地方债、政金债、同业存单、同业存款等的持有利息收入,股票分红等,免缴增值税)。由于信用债等风险较高的产品持有利息需缴纳增值税,这在边际上会小幅增加股票等其他风险产品的吸引力。不过,由于所得税并没有相关规定,因此,目前资管产品仍免缴所得税。

(二)增值税从不缴到缴纳,将导致主动管理型产品综合收益下降,理财收益率或被动下行10bp左右

对于主动管理型产品而言,其所持信用债、非标等产品按照规定需要缴纳增值税的比例不低,假设其持仓中大约70%为信用债、非标等需要缴纳增值税的品种,平均利率为5%,则导致管理人须缴纳20~22bp的增值税。实际操作中,该部分增值税大部分可能会转嫁到委托人身上,导致委托人投资资管产品的综合收益下降;也会小幅传导到部分管理人的管理费用/中间利差上。从长远来看,由于成本加大,将倒逼负债端收益率小幅下行。

（三）相关规定对不同管理人影响不一：资管产品需缴纳增值税，公募基金避税优势进一步凸显

目前来看，公募基金税收优势最明显，根据相关规定：一方面，《关于企业所得税若干优惠政策的通知》对证券投资基金从证券市场中取得的收入，包括买卖股票、债券的差价收入，股权的股息、红利收入，债券的利息收入及其他收入，暂不征收企业所得税；另一方面，证券投资基金（封闭式证券投资基金、开放式证券投资基金）管理人运用基金买卖股票、债券的转让收入免缴增值税。由于公募基金在所得税方面的优势，过去银行常通过公募基金来间接投资各类债券，以享受免税优惠。"营改增"实行后，随着资管产品均需按规定缴纳增值税，则公募基金买卖价差不收取增值税的优势进一步凸显。

总的来说，从各类型投资主体来看（见表1、表2），公募基金税收优势最明显，免所得税，也免资本利得的增值税；资管产品免所得税，但增值税和银行自营、券商自营一样，需要根据底层资产进行缴纳。银行自营（含保本理财产品）、保险自营、券商自营等机构自营业务既需要缴纳所得税，也需要按照规定缴纳增值税。当然，其中国债、央票、地方债、政策性金融债等券种，以及同业存单、同业存款、买断式买入返售金融商品等金融同业往来的持有利息收入、股票分红等，均免缴增值税。

（四）通道类业务或需重新签订合同

根据现行规定，对于在资管产品中占比不低的通道类产品而言，通道业务的名义管理人成为增值税缴纳主体，原本可以避增值税的优势（如自营通过通道投资非标等产品，原本或可以减免增值税）消失了，新通道成本应包含实际通道费用加上需代为缴纳的税费，名义上看起来会有所增

加,相应的合同也需要重新修改。

基金专户等资管类机构(管理人)也类似。由于这类管理人大部分需要将税收成本传导给上游的委托人并最终传导给最终投资人(出资方),导致其与上游/委托人的合同需要相应修改。

(五)信用债与免增值税券种间的信用利差将扩大

包含各类资管、公募基金、理财在内的广义基金持有信用债比例占一半以上,过去较少缴纳增值税。自140号文后,广义基金投资信用债均需按票面利率缴纳增值税,票面利率越高的信用债缴纳越多。因此,信用债特别是低等级信用债对于广义基金的吸引力或略有下降,同时,这将造成信用债与国债、金融债、同业存单等免缴增值税品种的利差有所拉大。

假如底层资产为股票投资,所获股息等收益不在增值税征收范围内,则不受影响。

## 展望及建议

(一)资管产品协议修改时间充足

140号文第四条规定的补充通知指出,2017年7月1日(含)以后资管产品运营过程中发生的增值税应税行为,以资管产品管理人为增值税纳税人,按照现行规定缴纳增值税。2017年7月1日前的增值税应税行为,未缴纳增值税的不再缴纳;已缴纳增值税的已纳税额可日后抵扣。

上述通知的出台,将资管产品增值税计税起始时点推迟至2017年7月,使得管理人具有较为充足的时间就合同、费率等方面与委托人进行协商修改,也免除了管理人关于补缴过多严重影响当期利润的担忧。据笔者测算,2016 年 5 月至年末资管产品涉及的增值税或近 1000 亿元,现无须补缴。

(二)保本资管产品或存在双重征税问题

根据 140 号文第四条的规定,无论是保本还是非保本资管产品,其管理人都应就运营过程中发生的增值税应税行为,以增值税纳税人身份缴纳增值税。对于多层嵌套的资管产品而言,由于中间嵌套的产品均为非保本产品,其投资人取得的收益无须缴纳增值税,因此不存在重复征税的问题。但对于保本类资管产品,投资人取得的收益需按照"贷款服务"缴纳增值税,或存在重复征收增值税的可能。

根据银监会《关于 2014 年银行理财业务监管工作的指导意见》(银监办发〔2016〕39 号)的要求,所有保本理财归属于银行表内业务,其持有的资产应按照增值税缴纳的规定缴纳增值税。但如果投资人投资保本的收益还需按照"贷款服务"缴纳增值税,则存在重复征收的问题。不过,根据《关于金融机构同业往来等增值税政策的补充通知》(财税〔2016〕70 号)的补充,将同业存款、同业借款、同业代付、买断式买入返售金融商品、持有金融债券和同业存单所取得的利息收入,纳入金融机构"营改增"试点中"金融同业往来"免税的适用范围,笔者认为,金融同业买保本资管产品也应属于适用上述范围,这个环节理应免征。

如果执行重复征收,相当于不鼓励投资者投资保本类资管产品,这与情理及监管意图似乎不符。

(三)一些细节问题如何处理有待明确

140 号文意在弥补资管行业增值税税负的漏洞,但由于首次执行,在一些细则上仍有待进一步明确,具体如:优先股在缴纳增值税上属于股票还是债券,股票质押的产品提前到期属于交易还是持有,具体如何申报、申报时应分别申报还是汇总申报,缴税如何开票,等等。此外,如资管产品的定义等可进一步明确,且其中对于开放型产品的买卖价差具体如何对待也有待明确。

相关资产管理类机构在具体执行初期,仍需跟有关部门多进行沟通。

研究组成员:张继强　陈健恒　姬江帆　唐　薇　程　昱

(本文原载于《债券》2017年2月刊)

# 我国金融支持住房租赁市场现状及国际经验

石海峰　郭　雁

**摘　要**:近年来,在国家政策推动下,我国金融支持住房租赁市场的力度不断加大。本文系统梳理了金融支持住房租赁市场的几种模式,提出了当前尚存在的不足,并在分析和借鉴美、德、日等国金融支持住房租赁市场模式的基础上,对进一步促进我国金融支持住房租赁市场提出了建议。

**关键词**:住房金融　住房租赁贷款　住房租赁债券　REITs

大力发展住房租赁市场既有利于抑制房地产市场泡沫,同时也有助于解决我国居民住房供需矛盾,促进社会和谐稳定。发展住房租赁市场离不开金融的支持。近年来,在国家政策的引导下,我国金融部门不断加大创新力度,住房租赁市场的融资模式不断丰富,促进了住房租赁市场的发展。但与发达国家相比,我国住房租赁市场的规模较小,融资渠道不足,金融支持住房租赁市场发展仍存在较大的提升空间。

## 我国住房租赁市场概况

### (一)推动住房租赁市场发展的相关政策

2014年3月,国家发展改革委发布的《国家新型城镇化规划(2014—2020年)》中首次将“租售并举”纳入我国住房供应体系,提出要大力发展住房租赁市场。2015年1月,住房和城乡建设部发布《关于加快培育和发展住房租赁市场的指导意见》,进一步明确提出“积极推进租赁服务平台建设,大力发展住房租赁经营机构,完善公共租赁住房制度,拓宽融资渠道,推动房地产开发企业转型升级,用3年时间,基本形成渠道多元、总量平衡、结构合理、服务规范、制度健全的住房租赁市场”,发展住房租赁市场开始被纳入我国住房制度改革的重要内容。此后三年内,国务院、各部委多次专门发文提出推进住房租赁市场发展的政策,2015—2017年的中央经济工作会议均将促进住房租赁市场发展写入会议报告,特别是2017年党的十九大报告中强调了我国要建立多主体供给、多渠道保障、租购并举的住房制度,让全体人民住有所居(见表1)。

**表1 2015年以来我国促进住房租赁市场发展的相关政策**

| 发布时间 | 文件名称 | 发布单位 | 相关重要内容 |
|---|---|---|---|
| 2014年3月16日 | 《国家新型城镇化规划(2014—2020年)》 | 国务院 | 租售并举,大力发展住房租赁市场 |
| 2015年1月6日 | 《住房城乡建设部关于加快培育和发展住房租赁市场的指导意见》(建房〔2015〕4号) | 住建部 | 建立住房租赁信息政府服务平台、培育经营住房租赁机构、支持房地产开发企业将其持有房源向社会出租、积极推进房地产投资信托基金(REITs)试点、按规定提供货币化租赁补贴,加强政策支持 |

续表

| 发布时间 | 文件名称 | 发布单位 | 相关重要内容 |
| --- | --- | --- | --- |
| 2015 年 12 月 21 日 | 中央经济工作会议 | | 以建立购租并举的住房制度为主要方向,鼓励发展以住房租赁为主营业务的专业化企业 |
| 2016 年 3 月 5 日 | 2016 年政府工作报告 | 国务院 | 建立租购并举的住房制度 |
| 2016 年 6 月 3 日 | 《国务院办公厅关于加快培育和发展住房租赁市场的若干意见》(国办发〔2016〕39 号) | 国务院办公厅 | 大、中、小住房租赁企业协同发展,规范住房租赁中介机构,明确各方权利义务,推进公租房货币化,鼓励新建租赁住房,允许改建房屋用于租赁,给予税收优惠,推进 REITs 试点,健全法律制度,规范市场行为 |
| 2016 年 12 月 19 日 | 中央经济工作会议 | | 要加快住房租赁市场立法,加快机构化、规模化租赁企业发展 |
| 2017 年 5 月 19 日 | 《住房租赁和销售管理条例》(征求意见稿) | 住建部 | 鼓励专业化住房租赁企业长期经营 |
| 2017 年 7 月 20 日 | 《关于在人口净流入的大中城市加快发展住房租赁市场的通知》(建房〔2017〕153 号) | 住建部联合八部委 | 培育机构化、规模化住房租赁企业,建设政府住房租赁交易服务平台,增加租赁住房有效供应,创新住房租赁管理和服务体制 |
| 2017 年 8 月 21 日 | 《利用集体建设用地建设住房租赁试点方案》(国土资发〔2017〕100 号) | 国土资源部联合住建部 | 在超大、特大城市和国务院有关部委批准的试点城市,开展利用集体建设用地建设租赁住房,建立快速审批通道;可自行开发运营、联营或入股运营集体租赁住房 |
| 2017 年 10 月 18 日 | 党的十九大报告 | | 加快建立多主体供给、多渠道保障、租购并举的住房制度,让全体人民住有所居 |
| 2017 年 12 月 20 日 | 中央经济工作会议 | | 加快建立多主体供应、多渠道保障、租购并举的住房制度 |

从全国各地的租赁住房支持政策情况看:2017 年 7 月,住建部联合八

部委发布《关于在人口净流入的大中城市加快发展住房租赁市场的通知》,提出在12个城市开展首批试点[①];2017年8月,国土资源部联合住建部在13个城市(不包括12个城市中的深圳,另加入北京和上海)开展利用集体建设用地建设住房租赁试点,试点城市基本覆盖了首批人口净流入城市。除这些试点城市外,目前国内除西藏外的其余省级行政区域也都陆续发布了培育和发展租赁住房的政策措施。

综合来看,从中央到地方,支持发展住房租赁试点的政策举措主要包括以下几个方面。

一是鼓励增加市场供应。包括将新建租赁住房纳入全年住房供应计划、集体建设用地试点入市、允许改建商业用房用于租赁、对提供租赁住房的企业或个人实行税收减免政策等。

二是鼓励租房消费。包括租售同权,保障承租人享受医疗、义务教育等公共服务的权利、支持住房公积金支付房租等。

三是搭建住房租赁服务监管平台以及健全法律法规制度。多部门共享住房租赁备案信息,健全住房租赁管理制度。

四是为住房租赁市场提供金融支持。包括为住房租赁企业、房地产开发企业提供优惠贷款利率,拓宽企业直接融资工具,推进房地产投资信托投资基金试点等。

### (二)我国住房租赁市场发展基本情况

#### 1.供需不平衡问题突出

我国流动人口规模较大,2017年末,我国流动人口数量为2.44亿人,

---

① 试点城市包括广州、深圳、南京、杭州、厦门、武汉、成都、沈阳、合肥、郑州、佛山、肇庆。

占总人口数的 17.6%。据《国家新型城镇化规划(2014—2020 年)》预测,到 2020 年末,我国流动人口数量会超过 2 亿人,且继续向沿海、沿江主要交通线地区聚集。持续大规模的流动人口必然会带来巨大的租赁住房需求。此外,近年来我国房价持续上涨,城市居民购房压力增大,部分购房需求也会转向租房需求。与市场需求相比,我国住房租赁供给明显不足。据链家研究院发布的《租赁市场系列研究报告》估算,目前我国租赁房屋约 4600 万套(按目前的流动人口,即便是三人一套房,租赁住房需求也在 8000 万套左右),供需缺口较大。而在一线城市,持续高涨的房价、不断流入的外来人口更是加剧了供需不平衡问题。

2. 住房租赁市场供给层次较低

目前在我国住房租赁供应中,以个人房源为主,租住私房的人口占 67.3%,且从整个市场的租赁住房房源质量来看,普遍存在基础配套不足、房屋设计不符合居住要求、房源品质较低等问题。虽然近年来我国发展长租公寓在一定程度上改善了租赁住房供给状况,但整体来看,我国住房租赁市场供应仍处于较低层次。

3. 市场发展潜力巨大

我国房地产市场“重售轻租”现象较为突出。从 2015 年国家统计局对全国城镇家庭户中住房来源占比的测算数据来看,租赁住房占比仅为 16%,远低于发达国家。

## 金融支持我国住房租赁市场的模式及存在问题

### (一)金融支持模式

#### 1.银行贷款

面对租赁住房市场巨大的资金需求,近年来,国内商业银行加大了对租赁住房市场的信贷支持力度,主要包括两个方面。

一是加大向租赁住房项目的信贷支持力度。比如,建行提出,可以提供期限最长达25年的公司租赁住房贷款。工行提出,租赁住房开发贷款融资额可达项目总投资的80%,期限最长可达25年。综合来看,目前国内工、农、中、建、交五大国有商业银行通过银政合作或银企合作,已明确提出将提供3.22万亿元的授信规模用于支持住房租赁市场。

二是向个人租户提供个人住房租赁贷款。比如,建行推出的个人住房租赁贷款产品“按居贷”,符合建行优质客户条件后(比如客户综合贡献度AUM值5万元以上、在建行正常还款一年以上的房贷、由建行代发工资月平均5000元以上等)可提出申请,贷款期限最长可达10年,额度最高100万元,贷款按一年期贷款基准利率执行,低于同期的购房按揭贷款利率。

#### 2.公司信用类债券

2016年6月,《国务院办公厅关于加快培育和发展住房租赁市场的若干意见》提出支持符合条件的住房租赁企业发行债券产品。2017年以来,我国房地产企业住房租赁专项债券融资的审批享有绿色通道,取得较快进展。2018年3月21日,重庆龙湖企业拓展有限公司在上交所发行了第一期30亿元的5年期住房租赁专项公募债券,这是我国首单住房租赁专项公司债券。该债券票面利率5.6%,募集资金主要用于集团在上海、成都等城市的长租公寓项目建设。此后,国内陆续有 13 家房企申请发行住房租赁债券。截至 2018 年 6 月末,已有海伦堡(5.5 亿元)、绿地(40 亿元)、万科(80 亿元)三家申请的住房租赁债券项目获批。

3. 资产证券化

通过住房租赁资产证券化,将与租赁住房相关的资产进行结构性重组,转换成可以在金融市场上出售和流通的证券,可以有效解决住房租赁企业的现金流问题,降低财务风险,改善住房租赁服务。2017 年以来,住房租赁市场的资产证券化业务发展加快,已成为租赁住房融资的重要渠道。目前国内资产证券化产品主要分为两大类:一类是以资产抵押债券(ABS)、商业房地产抵押贷款支持债券(CMBS)、资产支持票据(ABN)为代表的债券型产品,比如 2017 年 1 月魔方公寓发行的 3.5 亿元(优先级)信托收益权资产专项计划,优先级共设 3 档,规模分别为 1.1 亿元、1.1 亿元和 1.3 亿元,对应利率分别为 4.8%、5% 和 5.4%;另一类是类房地产信托投资基金(REITs)模式的权益型产品,比如新派公寓 2017 年 11 月发行了 2.7 亿元的首单权益型公寓类 REITs,产品期限 5 年,利率 5.3%。2017 年至 2018 年 6 月末,国内共有 5 家企业的 6 只租赁住房资产证券化产品获批发行,总拟发行规模 321.2 亿元,累计已发行规模 88.37 亿元。在标的资产上,包括物业所有权、租金收益权、消费贷款债权等多种资产权益类型(见表 2)。

表 2 2017 年至 2018 年 6 月国内租赁住房证券化产品发行情况

| 企业 | 时间 | 总拟发行规模(亿元) | 已发行规模(亿元) | 产品期限(年) | 优先级预期收益率(%) | 类型 |
|---|---|---|---|---|---|---|
| 魔方公寓 | 2017 年 1 月 10 日 | 3.5 | 3.5(1.1、1.1、1.3) | 1/2/3 | 4.8/5/5.4 | 信托收益权 ABS |
| 链家自如 | 2017 年 8 月 5 日 | 5 | 5 | 1.93 | 5.39 | 信托收益权 ABS |
| 新派公寓 | 2017 年 11 月 3 日 | 2.7 | 2.7 | 5 | 5.30 | 类 REITs |
| 招商蛇口 | 2017 年 12 月 25 日发行首期 | 200 | 40 | 14.96 | 5 | ABN |
| 招商蛇口 | 2018 年 2 月 14 日发行首期 | 60 | 20 | 18 | 5.70 | CMBS |
| 保利地产 | 2018 年 3 月 13 日 | 50 | 17.17 | 19 | 5.50 | 类 REITs |

4. 风险资本投资

因缺乏可抵押资产且盈利周期较长,住房租赁市场上长租公寓的运营方初期在外部融资上更多依赖于私募股权(PE)/风险投资(VC)等融资方式。2015 年以来,在“互联网+”的推动下,我国品牌长租公寓通过风险投资进行融资的频次和规模提升较快,2015—2017 年的融资次数分别为 20 次、6 次和 13 次,融资额分别为 18.3 亿元、26.4 亿元和 22 亿元。一些优质的品牌公寓获得了 B 轮、C 轮融资。比如,2013—2016 年魔方公寓分别完成 B 轮融资 2 亿美元、C 轮融资 3 亿美元。与此同时,风险资本投资的单轮融资额也在不断创出新高,2018 年链家自如通过 A 轮融资获取融资额达到 40 亿元。

除以上四种融资模式外,2018 年 6 月,中国银保监会发布《关于保险资金参与长租市场有关事项的通知》,提出将利用保险资金长期、稳定的优势来支持住房租赁市场。

### （二）当前金融支持模式存在的问题

受国家鼓励发展住房租赁市场政策的影响，近年来我国金融支持住房租赁市场的融资模式不断丰富，在促进住房租赁市场发展上提供了有效的资金支持。但总体来看，住房租赁市场的融资仍存在不足，主要体现为如下方面。

#### 1. 融资规模相对较小

尽管在间接融资方面，银行业的授信规模高达数万亿元，但实际放款额并不大。据恒大研究院估算，目前已流入住房租赁市场的银行信贷资金估计不超过 500 亿元，各类直接融资规模合计也不过数百亿元。相比房屋租赁市场 1.1 万亿元的规模而言，资金缺口依然较大。

#### 2. 融资模式相对单一

尽管有少数银行创新了住房租赁市场的信贷产品，但大多银行仍未介入，不能提供相应的金融产品和服务。在资本市场方面，美、日等一些租赁市场较为发达的国家，均已通过 REITs 模式吸引社会资本参与，而国内的 REITs 仍处于摸索阶段，仅向限定投资者发行，且是私募交易性质的类 REITs 产品，配套的税收优惠政策尚未建立，与真正的 REITs 存在较大差距。

#### 3. 目前国内住房租赁市场融资的成本依然较高

从已发行的资产证券化产品看，住房租赁机构资信水平总体较低，发行时需要增信，综合融资成本接近 10%，而国内的风险投资资金成本在 12%~18%。

## 国外住房租赁金融经验研究及其借鉴

### （一）美国住房租赁市场丰富的融资模式

一是 REITs。REITs 起源于美国 20 世纪 60 年代，是美国住房租赁市场发展的重要金融支持工具。近年来,借助 REITs 等金融工具的支持,美国最大的两家长租公寓管理公司 AVB( AvalonBay Communities)和 EQR(Equity Residential)的市值已发展到 300 亿美元。美国的 REITs 制度对机构组织形式、资产、收入来源和分配方式及应遵守的法律等都做出了明确要求。除此之外,穿透性税收优惠(Pass-through Tax Treatment)是美国 REITs 发展的重要驱动力,其核心在于企业的收益和损失可以冲抵企业持有人的个人所得税应税收入,避免了双重征税,以此鼓励所有美国投资者投资大型综合房地产项目。

二是政府提供贷款优惠政策。美国住房和城市发展部(HUD)以家庭基金的形式,向以各种形式兴建可支付住宅的私人开发商或社会非盈利群体提供直接贷款、贷款担保,或直接向低收入群体提供租金补贴。

三是租赁住房抵押贷款证券化。美国政策性住宅金融机构(如房利美、房地美)购买住宅抵押贷款,发行 CMBS 筹措资金,向商业银行、房地产抵押贷款公司等一级市场的金融机构购买房地产抵押贷款,为一级市场的金融机构提供流动性,一级市场的金融机构再向由联邦住宅管理局(FHA)担保的开发商发放低息的租赁住房建设贷款。

(二)德国的低息住房租赁贷款

德国的租赁住房市场占住房市场的比重居欧盟之首,住房租赁体系在整个住房市场扮演着极为重要的角色。德国住房租赁市场融资渠道多元化,但相较于 IPO、企业债、REITs 等融资方式,银行信贷融资的作用表现得更为突出,可以为不同收入和信用等级的居民提供多样化且独具特色的金融服务。

一是德国政府参与或直接投资设立促进住房建设的政策性金融机

构，为私人投资建造低租金住房提供优惠利率贷款；通过设立住房建设基金，支持银行给予开发商无息或低息贷款。以德国第五大住房租赁企业Buwog集团为例，在其贷款结构中，24%来自政府补贴的贷款，76%来自银行，平均贷款期限为15.9年，平均融资成本仅为2%。

二是德国住房金融体系实行契约式住房合同储蓄制度（Contract Saving Housing，CSH）与债券信贷配给制，要求居民存款额达到40%~50%时才可获得贷款，首付比例相对较高。而德国租赁保障比较完善，实现了租购同权，相对来说，德国人在需要背负较大贷款压力才能买房的情况下，更愿意租房。

三是德国发达的全担保债券市场有效降低了银行的融资成本。德国的抵押银行通过发行中长期全担保债券募集低成本的资金，再发放以土地、房屋及其他不动产为抵押的中长期贷款，有效降低了住房租赁机构长期贷款的利率。比如，潘德布雷夫（Pfandbrief）全担保债券目前已成为德国和欧洲其他国家进行住房建设和公共事业建设融资的重要手段。

（三）日本住房租赁市场多元化的融资

一是为租赁市场主体提供低息贷款。日本国土交通省联合金融住宅支援机构，针对租赁住宅提供政策性贷款，利率较同期商业银行贷款低1~3个百分点，且采用固定利率法。

二是为租赁市场提供丰富的信贷支持产品。比如日本瑞穗实业银行为满足条件的个人和企业取得、购建、修缮出租住宅所需资金提供各类信贷支持。

三是发展住房租赁投资信托基金。日本是亚洲REITs的先行者。2001年9月，日本首个房地产信托投资基金（J-REIT）上市。目前日本上市的 J-REIT 已达 58 家,是全球仅次于美国的 REITs 市场,日本还是全世界唯一一个由央行购买 REITs 的国家。J-REIT 成功发展的关键在于相关法律的完善和信息的绝对透明化。按照日本相关法律,若 J-REIT 每一年利润的 90%以上分配给投资者,则 J-REIT 的法人税可以豁免;对于同样的租金收入,J-REIT 的分红高于房地产公司。J-REIT 还要求定期公布持有物的购买价格、收益率、空房率等。

(四)国外住房租赁金融经验的借鉴意义

从美、德、日三国的住房租赁金融发展经验可以看出,三国住房租赁市场的发展与其完善的政策性住房金融体系有很大关系,虽然这些国家都注重市场调节,但政府在其中均采取了适当的干预措施。此外,市场化的金融创新同样必不可少,并在很大程度上推动了住房租赁金融市场的发展。

因此,借鉴三国经验,我国既要充分发挥政府在政策性住房金融体系中的主导地位,又要保证市场化机制的参与,推进以 MBS 及 REITs 为代表的证券化金融创新,建立完备的市场体系和可选择的多元化金融工具,积极引导社会资金参与解决住房租赁融资问题。

## 政策建议

(一)发挥政府在住房金融体系中的主导作用

政府的积极支持与深度参与是政策性住房金融发展的前提。完善我国的租赁住房金融体系,需要在政府的主导下,建设住房租赁金融综合服务平台。这样既可以推介租赁住房的房源,又可以推介各类公司、个人住房租赁贷款等融资产品，为住房租赁市场供需主体提供便捷的住房租赁金融服务。比如，武汉打造的“互联网+租赁+金融”服务平台，不仅推出了租赁住房的房源、各种类型的住房租赁金融产品，还可以让租户在线上实现租房、贷款、租金支付等。此外，政府部门可以尝试通过建立地方租赁住房发展风险补偿基金，以及财政贴息和税收减免等方式，降低住房租赁融资风险，引导金融机构的资金介入住房租赁市场。

（二）鼓励银行机构开发住房租赁信贷品种

从国际经验来看，商业银行对租赁住房的信贷支持品种多样化，且贷款方式较为灵活。因此应鼓励商业银行针对个人客户、法人客户，开发个人租赁贷款及法人住房租赁贷款，科学设计贷款对象、期限、金额、利率、担保方式等要素，实施优惠贷款利率。针对租赁运营经验丰富、拥有低成本优质房源的房地产中介、独立房地产租赁企业、长租公寓等轻资产模式的住房租赁企业，可探索提供房屋租金收益权质押贷款、流动资金贷款、债券投资等金融支持。对资质良好、住房租赁经验丰富、诚信经营的房地产开发企业或地方国有企业，可在符合监管要求的前提下，研发提供住房租赁开发贷款，支持政府重点扶持、租金回报稳定、现金流全覆盖的住房租赁开发项目，适度延长贷款期限，合理设置贷款金额。

（三）加强金融创新，做好住房租赁信托基金的试点与推广

从国际经验来看，提升社会资本投入占比，以市场化供应为主体的模式是未来住房租赁市场发展的必然方向。相较于住房买卖市场，住房租赁市场存在服务链条长、周期长的特点，因此应鼓励发展 MBS、REITs 等金融创新，满足住房金融业务对长期资金的需求，推动我国住房租赁金融的发展。在 REITs 方面，2017 年 7 月，证监会、住建部等九部委再次提出

要推进我国 REITs 试点。鉴于我国目前尚无真正意义上的 REITs。下一步应重点从完善税收优惠、完善信息披露机制、探索 REITs 公募机制等方面加强制度设计和建设,推动我国 REITs 发展,缓解投资租赁住房资金回笼缓慢问题,提升企业增加租赁住房供给的意愿。

(本文仅代表作者个人观点,与所在机构无关)

**参考文献:**

[1]习近平在中国共产党第十九次全国代表大会上的报告[R]. 2017.

[2]夏磊. 租赁市场融资存在哪些风险?[EB/OL]. 新浪财经意见领先专栏,http://www.finance. sina. com. cn.

[3]链家研究院. 租赁市场系列研究报告[EB/OL]. http://www. research. ke. com/analysis.

[4]邵林. 我国住房租赁市场金融支持问题解决及国际借鉴[J]. 理论探讨,2018(3):115-119.

[5]孙杰等. 美国、德国住房租赁市场研究及对中国的启示[J]. 开发性金融研究,2017(2):35-40.

[6]杨芮. 商业银行应差异化发展住房租赁业务[J]. 银行家,2018(4):79-81.

[7]罗忆宁,赖芳芳. 德国住房租赁企业发展的制度环境和发展经验[J]. 城乡建设,2017(10):72-74.

作者单位:中国人民银行海口中心支行

(本文原载于《债券》2018 年 8 月刊)

# 中国债券市场对外担保风险分析及化解建议

杜立辉

**摘　要**：伴随着中国经济步入新常态，我国债券市场的发债企业中，因被担保企业引发自身信用状况下滑的事件逐渐增加。本文分析了我国债券市场中企业对外担保的风险，提出了完善企业融资体系、加强信息披露、完善相关法律法规等化解和预防企业对外担保风险的措施。

**关键词**：债券市场　信用风险　对外担保　信息披露

对外担保是指担保企业以其财产或者信用为被担保企业对第三方所负债务进行承诺，当被担保企业到期不能偿还债务时，由担保企业承担不可撤销的连带偿还责任。对外担保具有债务隐蔽性、责任连带性、风险伴生性和信息表达间接性等特征。

在市场经济条件下，对外担保是企业扩大融资规模、结成战略同盟的重要手段。一般情况下，担保与被担保双方是经济伙伴关系，它们相互提供担保等各种资源，为对方融资和发展提供方便。因此，一方面，担保有利于债权人降低贷款风险，使不同债权人与债务人之间在信贷市场中形成相对稳定、可靠的资金供需关系，在一定程度上可提高整个社会资源的配置效率。但另一方面,如果被担保企业不能偿还到期债务,担保企业则必须承担连带责任,“或有负债”就转为“刚性负债”,从而直接影响甚至威胁自身的生存与发展。这种两面性构成了对外担保的基本社会现实特征,在此基础上的利益衡量和价值判断成为不同企业进行相关决策的依据。近年来,伴随着我国经济步入新常态,发债企业因被担保企业引发自身信用状况下滑的事件逐渐增加。因此,如何未雨绸缪,从不同视角分析相关事件的成因,提出针对性的预防措施,对整个债券市场健康发展有着重要意义。

## 被担保企业风险对担保企业信用状况的影响

### (一)影响持续经营及融资能力

在被担保企业不能及时清偿债务时,担保企业一般会采取两种措施。第一,按照相关法规要求及时进行代偿。及时代偿是相关企业积极履行商务合同,践行商业信用的基本形式之一。如果此举在较大程度上影响自身的财务状况和持续经营,造成自身的偿债能力下降,将会引起级别或展望的下调,如山东清源和鄂绒集团等。但如果对外担保代偿不会引发自身偿债能力的明显下降,评级机构也不会下调其级别和展望,比如五洋集团等。第二,如无视相关法律法规及被担保企业债权人的合理诉求,不积极进行代偿,将导致被担保企业债权人采取法律措施进行诉讼,如东胜城投和鄂尔多斯城投等。从某种意义上说,担保企业资产属于股东和债权人共同所有,但在破产时担保债权人优先于债权人分配公司财产,因此对外担保引发的风险会连带影响债权人对担保企业的信心,使后者无论是在直接融资市场还是在间接融资市场的融资能力都会降低,甚至影响其正常的业务经营和资金周转。以融资性担保公司中海信达担保有限公司为例,因其未能为担保的12致富债等履行代偿责任,2015年3月20日被北京市金融工作局撤销融资性担保公司经营许可证。

(二)连环担保导致区域性或行业性金融风险

以浙江昆仑为例,即使直接担保企业经营正常,但在处于连环担保链条上的企业出现危机的情况下,也会间接加大自身的代偿风险。因此,存在连环担保的企业一旦链条中的某一家企业陷入财务危机,就可能会影响一批企业的正常运行,一损俱损,进而形成区域性或行业性的金融风险。

(三)增加债务纠纷和诉讼成本,影响商业信誉和信用等级

在担保风险发生后,对于一些担保企业而言,代偿的数额可能并不大,但很大一部分损失将来自诉讼成本和坏账损失。这主要是由于担保事项的风险较难评估,尤其是在担保企业作为连带责任人被债权人诉诸法律的情况下。同时,担保诉讼在给企业造成短期偿债压力,增加财务风险,给少数股东、债权人带来利益受损等潜在威胁的同时,也会影响其在银行、客户中的商业信誉,导致评级展望甚至信用等级出现不同程度的下调。在这种情况下,担保企业后续的筹资难度加大,融资成本上升,甚至丧失债券市场或股票市场融资渠道,财务运作的压力将随之增加。此外,对担保企业内部来讲,也会由于担保风险的出现而进行内部追责甚至发生摩擦,这将会在很大程度上造成自身信用资产数量减少、结构恶化,导致对外代偿能力的下降,进而加剧已经客观存在的对外担保风险,最终形成恶性循环。

综上分析,对外担保风险对企业自身的不良影响循环如图1所示。

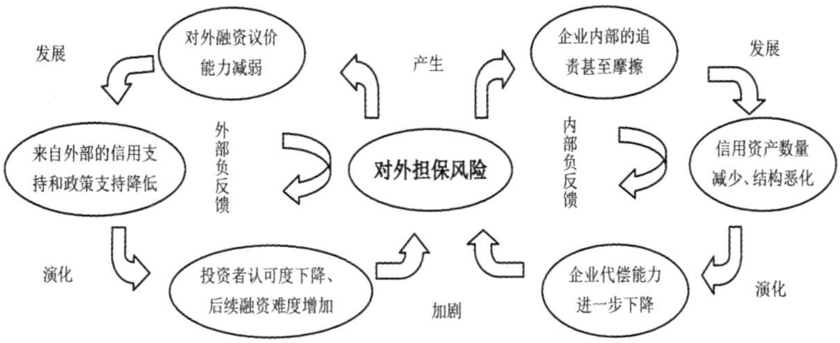


**图1　对外担保风险对企业自身的不良影响循环**

## 减少和化解对外担保风险的建议

在市场经济条件下,企业的经营风险容易引起重视,而对外担保行为所带来的风险则不易被关注,从而难以得到有效的控制,在风险事件发生后却追悔莫及,其中的教训是十分深刻的。因此,企业经营者和各相关利益方必须清醒认识对外担保的特征及其风险的隐蔽性,全方位着手做好风险防范工作。

### (一)进一步完善融资体系,在发展中解决问题

随着市场经济的发展,企业之间在生产经营过程中进行融资担保始终是客观需要,包括在债券市场也将继续存在互相担保的形式。针对对外担保出现的风险事件,不能因噎废食,应充分认识到问题不在于应不应该对外提供担保,而在于作出的担保是否合理、合法、公开、公平。在商务合作中,应充分平衡和调整各主体间的权利义务关系即利益关系,不可偏废,避免出现以牺牲其他利益主体为代价而实现不正当利益的行为,确保商务活动的健康发展,充分发挥市场在资源配置中的决定性作用。中国债券市场出现的一系列担保风险也在很大程度上表明,目前我国的融资

体系尚待完善，融资渠道较为有限。因此，未来应加快融资体系建设，拓宽融资渠道，提高融资效率。应进一步疏通股权融资渠道、公司债券融资渠道，并大力发展其他融资渠道，包括增加商业性担保渠道，扩大融资方式的选择范围，尤其是拓宽中小企业直接融资方式，最终在发展中解决问题。

（二）担保企业加强内部治理，审慎担保，积极履责

首先，经营决策者应牢固树立“对外担保具有较大的风险性且往往比内部的风险更加难以把握”的观念。为其他企业融资提供担保呈现在经营决策者面前的表象是既不直接涉及本企业的现金流出，又不会马上动用或减少自身资产，因而往往相对容易做出决策。对这种错误的观念和现象，应坚决摒弃。相反，应充分认清出现风险的各种可能性以及有关征兆，事先要有防范风险预案，化解“担保盖章总是简单、出钱代偿太难”的心理悖论与事实瓶颈，要做好一旦出现风险就必须代偿的准备。其次，健全对外担保机制。企业应按法人治理结构明确股东会、董事会和经理层关于对外担保的决策权限，谨慎授权、集体决策，认真审查担保相关合同的内容，落实对外担保风险防范尤其是反担保措施，对防范不到位、措施不完善的坚决不予担保，尤其避免行政指令性和人情关系性担保。再次，控制担保额度，包括总量控制和单笔控制，具体可根据自身经营规模和业务特点而确定，量力而行。最后，加强与被担保企业的沟通交流，发现风险就要果断积极地采取有效防范措施。而一旦在被担保企业出现偿债危机后，应恪守相关法律法规，不逃避、不拖延，无论是否出现商业纠纷和法律诉讼，都要以及时履行代偿责任作为第一要务。之后再采取相关的善后措施，寻找解决问题的合适途径，以使各方将风险以及由此造成的损失

控制在最低限度内。

对城投公司来讲,虽然与所有企业一样具备独立企业法人基本特征,但当前阶段其本身更多仍旧体现的是为地方政府基础设施建设提供投融资服务的功能,因而无论从其业务性质还是从债券市场发展的实践检验看,都要求其对担保事项的决策更加审慎,尤其是对其他企业发行债券的担保。而外部机构尤其是评级机构今后应在此方面更加严格要求,彻底把好债券市场的风控关。

(三)担保企业和被担保企业完善担保信息披露制度

从目前债券市场所暴露出的重大对外保担保风险来看,最大的风险源于信息不对称,从而致使投资者和监管部门难以及时、全面地了解相关企业的真实担保情况。因此,担保企业和被担保企业均应严格担保信息披露制度,遵循实质重于形式的原则,将各种连带责任和关联关系以及担保带来的风险和收益进行充分描述,并进行定量披露。而在出现逾期担保的情况时,更应及时充分披露。同时,有关监管部门自律机构应对担保事项具体的信息披露负责人、信息披露的时效性要求、信息披露审核部门负责人、各相关人员违反信息披露规定的责任做出具体明确的规定。

(四)提高中介机构执业质量,强化对担保事件的社会监督

在对外担保合同签署过程中,一般都有相关中介机构的参与,律师事务所、资产评估机构和会计师事务所也有责任审查相关企业的贷款证及担保合同等,因此均应当切实履行各自的职责,提高服务水平,及时提示风险,对广大投资者特别是中小投资者负责。同时,评级机构也应充分考虑对外担保可能引发的客观风险,对发债企业的对外担保纳入或有负债加强测算,以逐笔罗列然后汇总的方式依次披露被担保方情况、担保金额

及其占净资产的比例、担保方式、担保期限、是否互保、是否有反担保、是否涉诉、损失计提情况、被担保人主要财务及经营指标等其他所有相关情况。其中,对于连环担保情况应单独重点加强披露,给投资者充分了解和判断系统性风险的机会,切实为投资人及资本市场负起应有的责任。

(五)在尊重市场规律的前提下,政府部门积极促成化解

在中国当前经济新常态的大背景下,面对企业出现的风险尤其是担保引发的风险,相关政府部门应在充分尊重市场规律的前提下,积极引导,最终有效协助以利于化解。如在日月首饰出现对外担保风险后,经其与被担保企业协商,并报各级相关政府部门审批后,以被担保企业进行土地出让后获得的资金进行债务偿还,最终有效化解了风险。

(六)法律及经济手段并用,严厉惩处违规担保

在未来中国债券市场乃至整个金融市场,即使采取多种措施,担保风险仍将存在,甚至在特定的经济形势下,某些区域或行业的担保风险还将扩大。此外,债券市场包括资本市场已经出现一些企业为了能更好地实现“包装”,刻意隐瞒对外担保风险的情况。这与相关法规对违规行为的惩处缺乏力度、违规者的收益远大于违规成本等原因直接相关。实践证明,仅依靠经济手段,很难遏制担保风险及违规担保触发的风险,必须同时运用法律手段,做到两手都要抓,两手都要硬。

## 结论

综合分析,在市场经济环境中,优胜劣汰是必然规律,若想有效控制和规避对外担保风险,必须采取系统性治理措施。企业只有以史为鉴,充

分吸取相关的经验教训,树立正确全面的风险意识,建立健全严格的对外担保内控制度,采取科学的风险防范措施,才能既保证生产经营正常进行,又能有效地防范和控制担保风险,形成健康、稳定、和谐的企业运营生态圈。

作者单位:大公国际资信评估有限公司

(本文原载于《债券》2016 年 6 月刊)

# 金融机构同业业务发展的新特点及存在的问题

## ——基于辽宁省的调研

赵 越 孙永君 李媛媛

**摘 要:**2012 年以来,快速发展的金融机构同业业务呈现出新的特点,如不稳定性增强、业务衍生形式多元化、功能发生本质性改变、机构主体分层化明显等。这些新特点带来了新的问题,包括放大了市场波动,同业业务游离于市场监管、规避了信贷调控、降低了市场透明度。对此,应通过修订相关法规、改革银行考核机制等措施,来加强同业业务管理。

**关键词:**同业业务 同业拆借 市场监管

2013 年 12 月 7 日,人民银行发布了《同业存单管理暂行办法》,同业存单正式推出。同业存单的推出增加了金融机构同业负债的管理工具,也有利于规范近年来迅猛发展的金融机构同业业务。2012 年以来,金融机构同业业务发展呈现出一些新的特点,也存在一些亟待解决的新问题,其带来的市场剧烈波动引起了广泛关注。本文以辽宁省为例,对此进行详细分析并提出了相关的政策建议。

## 金融机构同业业务发展的新特点

同业业务是商业银行之间及其与其他金融机构之间的资金往来行为,主要包括同业拆借、同业存放、买入返售(卖出回购)、同业借款等①。新形势下,金融机构同业业务发展呈现以下新特点。

(一)不稳定性增强

近年来,同业业务由于资金使用效率高、盈利空间大、资本消耗低、无拨备要求等优势,受到银行机构的普遍青睐而得以迅猛发展。以辽宁省为例,2012 年末,金融机构同业业务负债方余额较 2010 年末增长了 92%,高于同期各项存款增速 63 个百分点;同业业务资产方余额较 2010 年末增长了 67.9%,高于同期各项贷款增速近 30 个百分点。

但由于同业业务有别于一般存款业务,其游离于实体经济,流转于金融市场,乘数效应显著,具有一定的虚拟特性,极易受市场事件、预期因素及政策环境影响而骤升骤降。2013 年以来,金融机构去杠杆,同业业务萎缩。2013 年 9 月末,辽宁省金融机构同业业务负债方余额较 2012 年末缩减了 7.3%;同业业务资产方余额较 2012 年末萎缩了 11.8%。特别是,同业负债期限主要以 3 个月以内的短期为主,不稳定性较强,使得同业负债占比较高的金融机构较易在同业负债批量到期而市场整体资金紧张时出现困难,如 2013 年 6 月债市风暴中某股份制商业银行首先出现违约。

(二)业务衍生形式多元化

从一般意义上来说,商业银行之间及其与其他金融机构之间的资金

① 《2013 年第三季度中国货币政策执行报告》。

往来行为都可以称为同业业务,既包括无担保的同业拆借、同业存放、同业借款,也包括票据的买入返售、卖出回购等。从辽宁省的情况来看,同业往来(包括同业存放和同业拆借,下同)和买入返售分别是同业业务负债方和资产方的主要形式。在负债方,2012 年末,同业往来占金融机构全部资金来源的 7.15%,卖出回购占 2.92%。在资产方,2012 年末,同业往来占全部资金运用的 5.35%,买入返售占 7.79%。同业往来中同业存放占绝大部分。从负债方看,2012 年末,辽宁省金融机构同业存放占同业往来的 93.8%,同业拆借占 5.84%。从资产方看,2012 年末,存放同业余额占同业往来的 85.39%,拆放同业余额占比为 9.27%。这主要是由于同业拆借有明确严格的监管规定,为规避监管,金融机构不断创新拆借之外的同业业务形式。

笔者发现,在实际工作中,农村合作金融机构系统内以"协议存款"的方式通过"存放同业"科目将闲置资金上存,之后通过"调出调剂"来运用资金。另外,金融机构通过同业拆借进行的同业业务也不全是监管范畴内的同业拆借,比如,辽宁辖内某城商行同业拆借项下开展的业务实际上是同业代付[①]。根据《中国银监会办公厅关于规范同业代付业务管理的通知》(银监办发〔2012〕237 号)规定,同业代付记录在同业拆借项下,但实际监管上并不适用《同业拆借管理办法》。

(三)功能发生本质性改变

同业业务逐渐由清算工具演变为金融机构资产负债管理工具。在同业存款利率放开之前,同业存款主要期限为活期,用途是清算,同业存款

① 同业代付是指受托代付行根据代付申请行的委托,在规定的代付起息日,向代付申请行指定的企业支付相关款项,代付申请行在约定的代付到期日归还代付行有关款项的业务。

利率放开以后,特别是近几年,非清算性质的同业存款大幅增加,其清算功能逐渐弱化,资产负债管理功能进一步突出。

以辽宁省为例,2012 年末,满足清算需要的活期同业存款余额较 2011 年末下降 2.4%,2013 年 9 月末较 2012 年末又进一步下降 70.9%。同时,作为商业银行资产负债管理工具的定期同业存款急剧增长。2012 年全年定期同业存款累计发生额较 2010 年增长了 270.4%。同业业务中的资金来源与运用成为商业银行资产负债管理的重要渠道,与公司业务、零售业务并列成为许多银行的三大主营业务。2012 年,辽宁省金融机构资金来源增量中同业业务占比为 15.64%,较 2010 年提高了 24 个百分点;资金运用增量中同业业务达到 22.90%,较 2010 年提高了 22 个百分点。

(四)机构主体分层化明显

以股份制商业银行和部分跨区域经营的城商行为主的全国性中小型银行经营较为活跃,创新性强,属于相对风险偏好型,其主要通过在同业市场吸收资金进行高盈利性运作,同业业务以负债方吸收资金为主。全国性大型银行资金相对充裕,区域性中小型银行资金运用渠道相对单一,这两类机构是同业市场资金的主要供给方,同业业务以资产方运用为主。

以辽宁省为例,2012 年,中资全国性大型银行[①]同业往来负债方增加额为 99.13 亿元,同业往来资产方增加额为 206.54 亿元;中资区域性中小型银行[②]同业往来负债方增加额为 16.33 亿元,同业往来资产方增加额

---

① 包括工商银行、农业银行、中国银行、建设银行、国家开发银行、交通银行、邮政储蓄银行在辽宁辖内的分支机构。

② 包括鞍山、抚顺、丹东、营口、阜新、辽阳、盘锦、葫芦岛、铁岭、朝阳的城市商业银行、农村商业银行、农村合作银行、村镇银行(营口银行除外)。

为149.12亿元。两类金融机构合计资产方增加额是负债方的3.1倍。中资全国代付等性质相同但形式不同的业务方式来取代同业性中小型银行①同业往来负债方增加额为768.61亿元,同业往来资产方增加额为249.29亿元,负债方增加额是资产方的3.1倍。2013年前9个月,辽宁省中资全国性大型银行同业往来负债方增加额为-119.22亿元,同业往来资产方增加额为215.21亿元;中资区域性中小型银行同业往来负债方增加额为79.99亿元,同业往来资产方增加额为111.22亿元。辽宁省中资全国性中小型银行同业往来负债方增加额为252.72亿元,同业往来资产方增加额为-422.05亿元。

## 金融机构同业业务存在的问题

### (一)放大了市场波动

目前,金融机构同业业务利润主要来源:一是借短放长的利差,二是巨大的同业业务发生额和较高的流动频率。前者势必形成资产负债的大量期限错配,后者在金融机构相同的考核周期下,同质化的资金需求和不稳定的资金供给极易引发市场共同的乐观和紧张气氛,特别是在大量关键期限同业资产到期的资金紧张时期,如果发生违约事件就会迅速在同业中引发恐慌情绪,并蔓延传导,放大市场资金波动和价格波动,增加系统的不稳定性。

① 包括招商银行、农业发展银行、上海浦东发展银行、中信银行、兴业银行、民生银行、光大银行、华夏银行、进出口银行、广东发展银行、平安银行、渤海银行、浙商银行、盛京银行、大连银行、锦州银行、营口银行、哈尔滨商业银行、吉林银行。

（二）游离于市场监管

现有法规对同业拆借制定了较为详尽的监管办法及实施细则，但对同业借款、同业存放、调入调出调剂等资金往来的规定较为简单，甚至模糊。金融机构为规避监管，基本上采取同业存放、同业代付等性质相同但形式不同的业务方式来取代同业拆解，规避监管。近些年，辽宁省金融机构同业拆借占同业业务量不到10%，没有同业借款发生，目的就是规避人民银行的监管。

（三）规避了信贷调控

目前，同业业务不仅是金融机构资产负债管理的重要工具，也成为银行将表内信贷资产转移出表外，规避信贷调控的重要手段。据对辽宁省城商行的检查，途径有以下几类：

1. 票据买入返售

部分城商行通过票据买断转贴现，与贷存比较低的农信社和农商行合作，将应归于贷款项的票据资产计入资产负债表的“买入返售金融资产”项下。

2. 信托计划

个别城商行通过自营资金对接银信合作的信托受益权转让，将信贷资产转移至资产负债表的“可供出售的金融资产”项下。通过上述腾挪，银行和企业之间的融资行为被掩盖为银行与金融同业之间的金融资产投资关系，不占用信贷规模，降低了风险资产规模，又能够绕开存贷比监管和信贷政策导向的约束。

3. 资管计划

个别城商行通过同业存放资金对接银证合作的资管计划，将融出资金转移至资产负债表的“应收款项类投资”项下。

（四）降低了市场透明度

《同业拆借管理办法》规定，同业拆解通过全国统一的同业拆借网络进行。对同业存放等同业业务没有相关规定，目前金融机构间同业存放普遍采取网下交易。从辽宁省的情况看，九成以上同业往来采取网下交易。大量的网下交易容易产生期限不透明、信用不透明、机构不透明，给银行运作、市场监管和金融系统稳定都带来隐患。

## 政策建议

（一）修订《同业拆借管理办法》

将金融机构间同业存放、同业代付、同业借款等无担保的资金融通业务全部纳入同业拆借监管范围，完善监管制度，杜绝变相拆借行为的发生。同时，纳入同业拆解监管领域后，通过全国统一的同业拆借网络进行交易，有利于同业市场的透明、监管及交易主体之间市场行为的发现。

（二）完善对同业资产负债业务的监管

按照现行的监管规定，同业资产的风险权重为20%～25%，同业往来资产无拨备要求，同业存款大部分无准备金要求，这些监管规定无法全面衡量同业资产负债业务风险，刺激了同业业务冲动发展。建议修改监管标准，促使金融机构在平衡风险和收益的基础上发展同业业务。

（三）改革商业银行考核机制

目前，利益驱动下的商业银行考核模式既包括时点考核，也包括规模考核。时点考核人为设置了易引发市场波动的关键时点，规模考核加剧了同业业务规模过度虚拟性的特征。建议改时点考核为日均考核,规模考核为单位指标的盈利水平考核。

(四)丰富金融机构资产负债管理工具

近年来,商业银行同业业务的发展模式主要是资产带动负债下的发展,这种同业资产发展的模式使得市场资金紧张成为常态。在利率市场化不断推进的背景下,主动负债管理应该成为商业银行日益重视的资产负债管理内容。同业存单的推出,为拓展银行业存款类金融机构的融资渠道、促进货币市场发展提供了标准化的主动负债工具。建议加强对标准化买入返售金融资产的监管,进一步丰富金融机构资产负债管理工具。

作者单位:赵　越　中国人民银行沈阳分行货币信贷处
孙永君　东北财经大学财政税务学院
李媛媛　南京审计学院

(本文原载于《债券》2014 年 1 月刊)

# 外汇占款变动趋势及对债市流动性的影响

谢亚轩

▲从 3 月开始,不同经济主体的持汇和购汇意愿及行为已经开始发生变化,其对外汇占款及央行货币政策的影响也已开始显现。

▲预计二季度新增外汇占款月平均值约 1000 亿元,与一季度 2515 亿元的月均增量相比,将明显回落。

▲货币政策进一步放宽松的可能性不大,但货币政策将继续维持稳定,出现流动性极度匮乏的可能性不大。

2014 年 3 月 15 日,人民银行宣布进一步扩大人民币汇率浮动幅度,银行间即期外汇市场人民币兑美元交易价由此前围绕中间价上下浮动 1%,扩大到浮动 2%。本次汇改后,人民币汇率在市场中的浮动幅度加大,经济主体对未来人民币汇率的走势开始产生不同预期。从 3 月开始,不同经济主体的持汇和购汇意愿及行为已经在慢慢发生变化,其对外汇占款及央行货币政策的影响也已开始显现。

**汇改后经济主体的结售汇意愿已出现显著变化**

本轮汇改后，由于人民币兑美元汇率持续疲弱，企业和个人的结汇意愿开始下降，持汇和购汇意愿开始上升，突出表现在以下三个方面：

(一)3 月结售汇顺差总量和(工作)日均增量已较前两个月下降

根据人民银行和外汇局最新公布的数据，3 月结售汇顺差规模为 2465 亿元，环比较 2 月下降 11.8%。此外，3 月(工作)日均结售汇顺差 117.4 亿元，环比下降 28.6%，低于 2 月 164.5 亿元和 1 月 203.5 亿元的水平。

(二)外币存款在本外币存款中的占比继续攀升

外币存款在本外币存款总额中的占比相当于衡量国内经济主体存款资产的币种选择偏好，可视为持汇意愿。3 月该比例为 2.81%，也就是说，国内企业和个人每 100 元的存款资产中，有 2.81 元选择以外币形式持有(见图 1)。该比例在 2014 年 1 月和 2 月分别为 2.75%和 2.79%，而 2013 年 12 月更是低至 2.48%。据此可见，国内经济主体在人民币汇率波动加大和人民币走弱的情况下，边际上更多选择以外币形式持有存款资产，持汇意愿逐步上升。

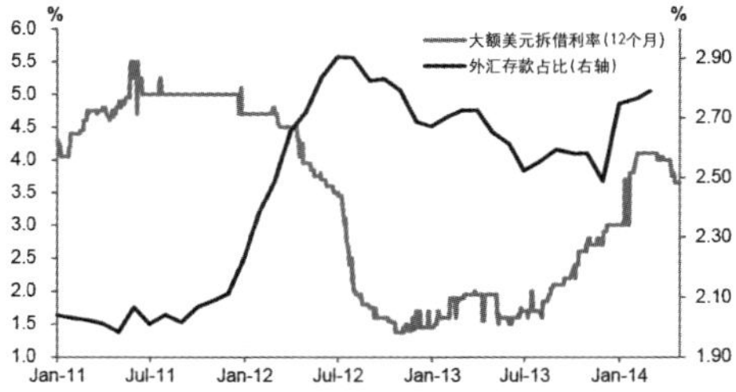


**图 1　3 月外币存款在本外币存款总额中的占比继续上升**

资料来源：彭博、Wind 资讯、招商证券

（三）远期结售汇顺差规模明显下降

2014 年 1 至 2 月，受人民币升值预期的影响，企业远期净结汇签约规模较大。2014 年 1 月远期结售汇顺差 1547 亿元，2 月远期结售汇顺差 1390 亿元，均远高于 2013 年 679.8 亿元的月均顺差规模。但在汇改和人民币汇率走弱的影响下，3 月企业远期净结汇的积极性明显下降，当月远期结售汇顺差规模迅速下降至 165 亿元的规模，环比下降 88.1%，同比下降 83.9%。

**3 月新增外汇占款环比保持增长的四个原因**

既然本轮汇改后，经济主体的持汇意愿已经上升，结汇意愿已经下降，为何 3 月新增外汇占款为 1892 亿元，高于 2 月的 1282 亿元呢？笔者认为原因主要有以下四个。

（一）3 月海关统计贸易差额由逆差回升为 77 亿美元的顺差

受春节等季节因素的影响，2 月份贸易顺差较低甚至出现逆差，而通常 3 月份将出现回升。从 2000 年至 2003 年月度贸易顺差占全年顺差比例的均值来看，2 月的顺差规模在全年中的占比最低（1.2%），3 月小幅回升到 2.8%（见图 2）。2014 年也符合这一规律，2014 年 3 月海关统计贸易差额由逆差回升至顺差 77 亿美元，减弱了市场对贸易持续逆差的担忧，对外汇供求的改变和外汇占款回升有影响。

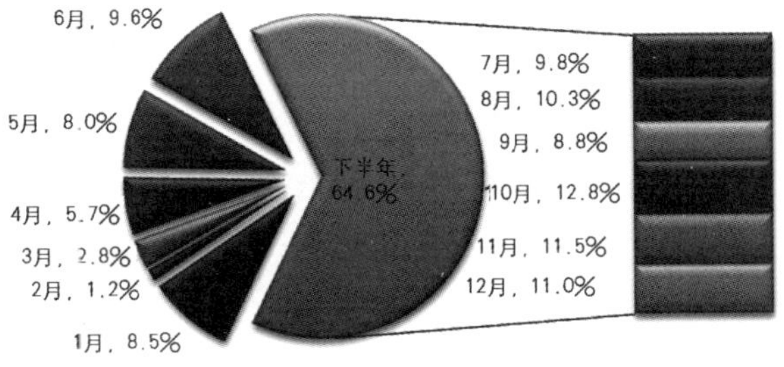


**图 2　2000—2003 年月度贸易顺差占全年顺差比例的均值**

资料来源：Wind 资讯、招商证券

## （二）美联储 QE 退出的负面影响出现阶段性缓解

从国际因素看，美联储 2014 年 1 月中旬继续减少购债规模的决定，对包括中国在内新兴经济体的资本流向影响显著，这是 2 月新增外汇占款较 1 月大幅回落的重要原因。但从笔者观察的高频指标看，进入 2 月中下旬，韩国、中国台湾地区和印度等新兴经济体的资本外流情况已明显缓解（见图 3），这预示中国的国际资本流动环境在 3 月较 2 月将有所改善。

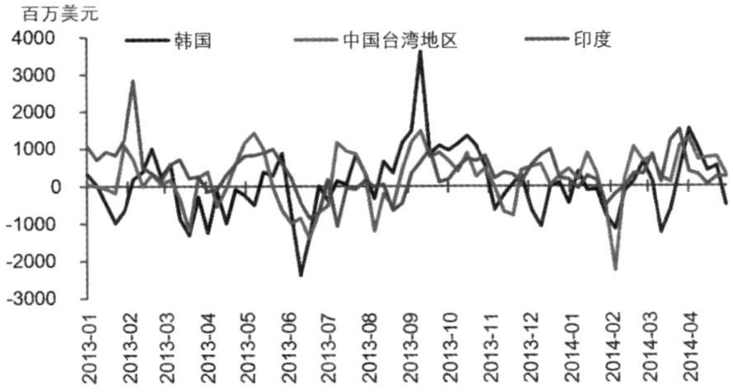


**图 3　韩国等经济体股票市场的国外投资者投资净额变化**

资料来源：彭博、Wind 资讯、招商证券

### (三)2月外汇占款与结售汇数据之间的差可能转移到3月

根据外汇局公布的数据,2月结售汇顺差规模达2796亿元人民币,远高于当期1282亿元的新增外汇占款。整体看,结售汇和外汇占款数据应该是同一笔兑换业务的不同统计,两个数据应该基本一致(见图4)。过去在个别月份,也出现过结售汇与外汇占款不一致的情况,比如2012年11月、12月。不过,到2013年1月,两个数据差的方向逆转,整体差距收窄。据此推测,2月外汇占款与结售汇之间的数据差也会在此后的数月逐步弥补回来。

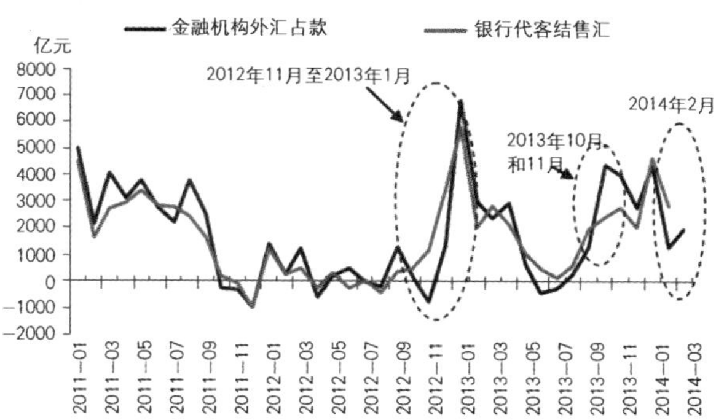


**图4　多数时候新增外汇占款与结售汇差额的规模和方向比较接近**

资料来源:Wind资讯、招商证券

### (四)3月跨境人民币对外净支付放大外汇占款增量超过1000亿元

回顾过去半年的外汇占款数据预测,笔者整体感觉实际的外汇占款增量要高于招商外汇供求强弱指标的预测值。这背后的原因,应该主要和人民币的跨境对外净支付规模快速攀升有关(见图5)。例如,在以美元结算的情况下,出口100和进口30带来的是70的新增外汇占款;如果出口仍以美元结算和结汇,外汇占款增加100,但进口30以人民币结算,因未发生购汇则外汇占款增量是100。根据人民银行发布的数据,2013

年上半年人民币对外净支付月均225亿元,第三季度上升到462亿元,第四季度上升到779亿元,增速惊人。根据外汇局公布的数据,2014年1月和2月,人民币跨境对外净支付分别为1008亿元和1064亿元,2014年3月人民币跨境对外净支付额更是高达1446亿元,贡献了当期新增外汇占款中的绝大部分。

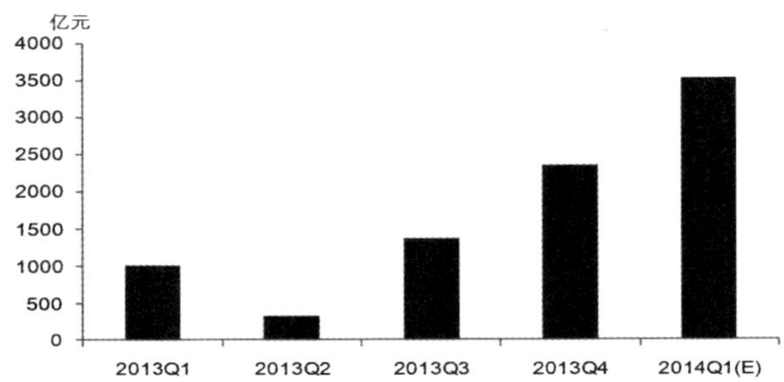


**图5　人民币跨境净对外支付额增长迅速**

资料来源:Wind资讯、招商证券

**对二季度新增外汇占款规模的预测**

2014年第二季度新增外汇占款走势如何?目前笔者主要考虑几个变数,多与政策有密切关系:第一,人民银行扩大人民币汇率波幅后是不是"基本退出"日常干预?这一点对外汇占款预测影响巨大。如果人民银行基本不干预外汇市场,外汇供求的变化主要体现在汇率波动上,则外汇占款的增量会在目前的基础上有所回落。第二,人民银行对跨境人民币业务及其背后的套利问题采取怎样的态度?如果坐视不管,则人民币对外净支付仍可能推高外汇占款增量。第三,人民银行和外汇局2014年在人民币资本项目可兑换改革进程的推进速度及其影响如何,例如"沪港通"对结售汇的影响,再如《国家外汇管理局关于进一步改进和调整资本项目外汇管理政策的通知》逐步执行对结售汇和外汇占款的影响。

鉴于人民银行对人民币区域化和国际化持积极态度，笔者估计其很快对人民币跨境交易进行严格管束的可能性并不大。因此，尽管二季度企业和个人的持汇意愿上升导致其结汇增速相对较慢，但考虑到人民币跨境对外支付的放大作用，预计二季度新增外汇占款月平均值在 1000 亿元左右。

### 新增外汇占款回落对债券市场流动性的影响

如果二季度新增外汇占款月均增量果如笔者预测仅为 1000 亿元左右，与一季度 2515 亿元的月均增量相比就是明显回落了。外汇占款在二季度的显著回落会导致国内流动性紧张，并促使 2013 年 6 月的“钱荒”重现吗？

笔者认为这种情形出现的可能性不大，主要是因为：一方面，债券市场对二季度新增外汇占款的回落已有预期，这一点与 2013 年 5 月初预期不同，当时市场普遍认为外管局的汇发〔2013〕20 号文不可能有效管住虚假贸易，外汇占款不会显著下降。另一方面，央行的货币政策态度似乎有所“微调”，下调县域农村商业银行和农村合作银行法定存款准备金率的举措被市场视为货币政策“微调”的信号。尽管二季度央行的货币政策进一步放宽松的可能性不大，但货币政策维稳的态度与 2013 年 5 月至 6 月强硬的态度相比，还是要温和很多。

作者单位：招商证券研究发展中心

（本文原载于《债券》2014 年 5 月刊）

# 债券市场供需角度的流动性影响因素分析

蒋书彬　陈洪斌　魏菲菲

▲近几年债券市场实际有效供给量相对稳定,需求端的增长较快,主要表现在银行理财资金和表内债券投资的大幅增加,供给与需求的不一致变动是导致债券市场波动的重要因素。

▲如果债券市场供给减少,则债券市场需求下降的不利影响将会在一定程度上得到对冲,其影响程度也将有所减弱。

## 债券市场供给端分析

### (一)发行量角度

从发行量来看(见图1),2011—2016年债券市场总发行量年均增速60%,其中2011—2014年总体平稳,2015—2016年大幅提高,拉动6年发行量年均增速整体提升。

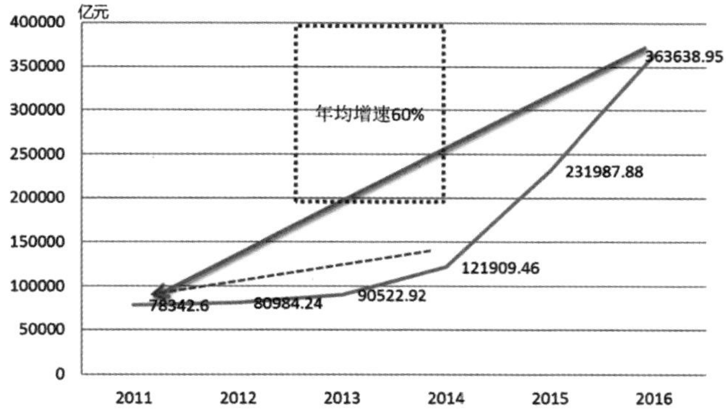


图 1　2011—2016 年债券市场发行量

资料来源:Wind 资讯

从债券类型看,2011—2016 年国债发行量从 15397 亿元提高到 30665 亿元,年均增速 16. 53%,低于债市总体发行量增速。地方政府债增幅较大,占比从 2011 年的 2. 55%提高到 2016 年的 16. 63%,发行额也从 2011 年的 2000 亿元提高到 2016 年的 60458 亿元,年均增速近 5 倍。地方政府债对债券市场发行总量的影响较大。央行票据作为货币政策工具,其发行随着货币政策的需要而调整。从近几年来看,央行票据在 2011 年和 2013 年大量发行,其中 2011 年的发行量占比达到 18. 05%。同业存单发行情况与央行票据形成鲜明对比,自 2013 年同业存单发行启动以来,其占比大幅增长,2016 年已占债券市场发行量的 35. 81%。金融债发行量与国债类似,整体发行较为稳定。信用债发行量占比有下降趋势,但发行规模增幅要高于国债和金融债,这得益于近两年政府鼓励企业直接融资的相关政策。2011 年信用债发行规模 21234 亿元,2016 年达到 78845 亿元,年均增幅达到 45. 22%。

表 1　2011—2016 年各类债券发行量占比(单位:%)

| 债券类型 | 2016 年 | 2015 年 | 2014 年 | 2013 年 | 2012 年 | 2011 年 |
|---|---|---|---|---|---|---|
| 国债 | 8.43 | 9.15 | 14.56 | 18.72 | 17.73 | 19.65 |
| 地方政府债 | 16.63 | 16.53 | 3.28 | 3.87 | 3.09 | 2.55 |
| 央行票据 | 0.00 | 0.00 | 0.00 | 5.92 | 0.00 | 18.05 |
| 同业存单 | 35.81 | 22.87 | 7.37 | 0.38 | 0.00 | 0 |
| 金融债 | 12.73 | 18.47 | 29.29 | 29.62 | 32.74 | 29.65 |
| 信用债 | 21.68 | 25.58 | 32.85 | 32.69 | 39.4 | 27 |
| 其他 | 4.72 | 7.40 | 12.65 | 8.81 | 7.04 | 2.99 |

数据来源:Wind 资讯。

尽管债券市场发行规模不断提高,但由于地方政府债在二级市场流动性不够高,而央行票据近两年和未来可预见期限内发行额度有限,同业存单实质是银行间同业拆借的票据化,因此真正具有债券特征且二级市场流动性较好的债券主要包括国债、金融债和信用债等。自 2011 年以来,上述这些债券的发行量从 60776 亿元增加到 155788 亿元,年均增幅为 26.06%,低于债券市场总体发行量年均增幅 34 个百分点,2016 年这些债券的供给量占全年发行量的 42.84%。从债券市场新增债券角度看,债券供给规模中仅有不足一半的新增债券对二级市场债券收益率具有明显影响。

债券市场发行量与债券供给量的对比反映了债券市场供给端的变动情况。为了进一步说明,笔者对债券市场实际存量余额的变动情况进行分析。由于不同债券期限不同,如果期限较短的债券发行量较大,则其对债券市场长期存量供给的影响有限,则意味着长周期下的债券市场供给量相对有限。由表 2 可知,2011—2016 年,债券市场存量余额年均增幅 28.03%,存量债券增幅远远小于发行增幅,债券发行期限以短期为主,债券市场供给相对稳定。

表 2　2011—2016 年债券市场存量余额(单位:亿元)

| 债券类型 | 2016 年 | 2015 年 | 2014 年 | 2013 年 | 2012 年 | 2011 年 |
|---|---|---|---|---|---|---|
| 国债 | 119845.36 | 106749.47 | 95908.93 | 87043.36 | 77877.86 | 72728.57 |
| 地方政府债 | 106281.80 | 48260.12 | 11623.50 | 8616.00 | 6500.00 | 6000.00 |
| 央行票据 | | 4222.00 | 4222.00 | 5462.00 | 11580.00 | 19420.00 |
| 同业存单 | 62695.70 | 30205.40 | 5995.30 | 340.00 | 0 | 0 |
| 金融债 | 163453.12 | 142324.32 | 121333.41 | 104163.25 | 91002.76 | 73236.04 |
| 信用债 | 143472.37 | 113510.00 | 88512 | 73,550 | 61721.00 | 44098.00 |
| 其他 | 5806.00 | 38125.44 | 30446.49 | 18967.10 | 12201.45 | 6825.16 |
| 合计 | 601554.35 | 485411.75 | 360055.63 | 300154.71 | 262895.07 | 224318.77 |

数据来源:Wind 资讯

### (二)债券存量余额与 M2

为了更清晰地理解债券市场供给量的相对变化,笔者进一步考察债券市场存量与货币供应量(M2)的比值变动情况。从全部债券市场存量余额与货币供应量的比值可知,2011 年以来该比值逐渐增加,说明相对于货币供应量增加量而言,债券余额增幅更大,仅从比值变动可以说明债券市场供应量明显增加。如果从有效债券存量余额与货币供应量的比值分析,情况略有不同。更有效的债券存量是指包括国债、金融债、信用债在内的,流动性较好且对债券二级市场有明显影响的债券。由图 2 可知,更有效的债券存量与货币供应量的比值变动较小,2011—2016 年仅提高 5 个百分点,这说明近 5 年债券市场有效供给量没有明显增加,可交易债券余额一直处于稳定的状态,在这种情况下如果需求增加,则债券收益率必然会下行,债券价格将上涨。

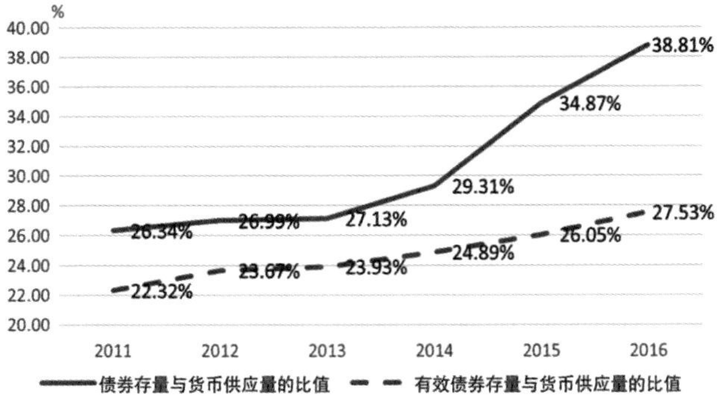


**图 2　债券存量余额与货币供应量的比值情况**

资料来源:Wind 资讯

## 债券市场需求端分析

从需求端来看,债券市场的投资者主要包括银行、保险、基金公司和券商,受宏观经济低迷和股市波动影响,各类机构投资者纷纷进入债券市场,增持债券投资。加之近几年理财资金大量配置债券资产,各类需求汇聚债券市场,导致债券市场需求大增。在供给相对稳定的前提下,债券市场价格受需求影响波动明显,2014 年以后,债券市场受需求推动长期走牛,收益率趋势性下行。下面从总量到结构做进一步分析。

(一)银行类机构

从债券需求总量上看,自 2011 年以来,包括商业银行在内的各类机构债券持有量均明显提升,其中基金公司债券持有量增加最为明显,从 2011 年的 15505 亿元增加到 2016 年的 65478 亿元,增幅达到 322%。商业银行债券持有量也从 116604 亿元增加到 170504 亿元,增长 46%。信用社增幅最小,但近五年增幅也达到 35%(见图 3)。

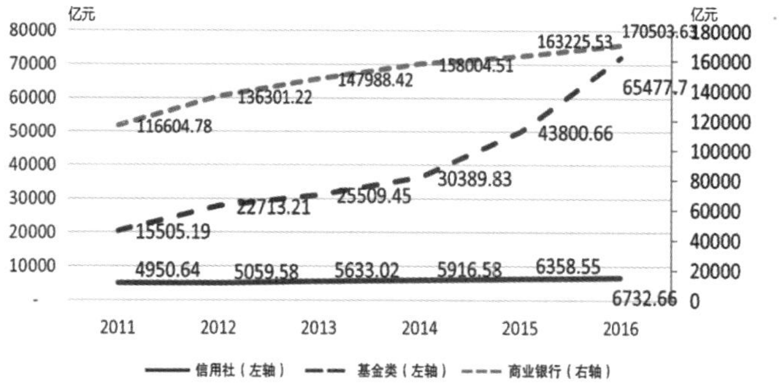


**图 3　信用社、基金类、商业银行主要券种债券持有量**

注：主要券种包括国债、金融债、企业债、中期票据、商业银行债。
资料来源：中国债券信息网

商业银行是债券市场投资交易主体，各类商业银行债券持有情况略有不同。由图 4 可见，近年来各类商业银行债券持有量均有不同程度提高，其中外资银行持有量较低，可以忽略。全国性商业银行债券持有量增幅较小，2011—2016 年增幅为 24%，其中 2015、2016 年持有量相比上年度略有下降。农商行债券持有量增幅最大，近六年增幅达到 318%，其次是城商行，增幅为 121%。

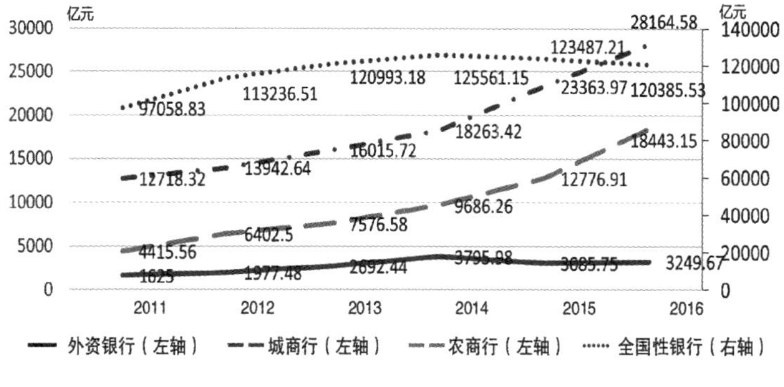


**图 4　各类商业银行主要券种债券持有量**

注：主要券种包括国债、金融债、企业债、中期票据、商业银行债。
资料来源：中国债券信息网

从图 5 来看,金融机构债券投资余额及贷款总额逐年递增,其中 2011 年 1 月债券投资额为 84257 亿元,2016 年 12 月债券投资额为 247604 亿元,增幅为 193.8%。而同期贷款余额从 483493 亿元增加到 1066040 亿元,增幅为 120.4%,债券投资增幅要大于贷款增幅。尤其 2014 年下半年以后,金融机构投资债券市场力度明显增强,而刚刚过去的债市牛市也正是从那时开始的。这说明,抛开经济基本面、货币政策等因素外,在债券市场供给相对稳定的前提下,债券市场波动与债券需求量增加有直接关系。

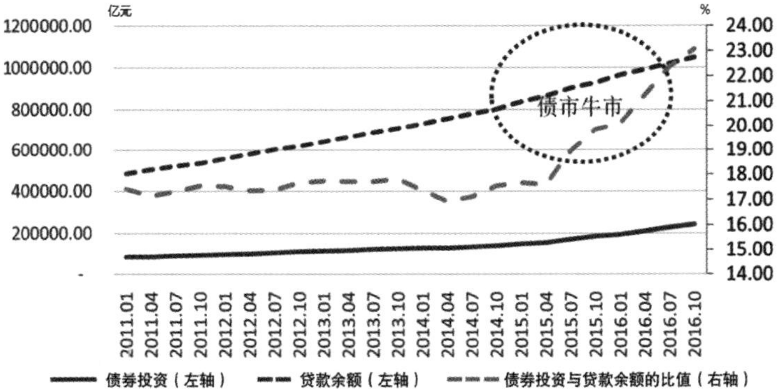


**图 5 金融机构债券投资、贷款余额及债券投资与贷款余额的比值**

注:金融机构包括人民银行、银行业存款类金融机构、银行业非存款类金融机构

资料来源:中国人民银行网站

为进一步了解商业银行债券投资的实际情况,更直观地观察 2011 年以来商业银行债券余额变动,笔者选取了 5 家商业银行作为观察对象,包括国有大行、股份制银行、城商行、农商行。从债券投资额度看,2011—2015 年这 5 家商业银行债券投资额度增幅明显(见表 3),其中兴业银行增长 900.73%,中国银行增长 92.93%,北京银行增长 119.39%,广东农商行增长 277.14%,青岛银行增长 285.42%。从增幅上看,兴业银行债券投资增幅最大,增幅最小的是中国银行,也接近 1 倍。从年度看,增幅最大

的是2014—2015年,这也是债券市场最为活跃的一年,可以看出商业银行在"资产荒"的背景下纷纷增加债券投资,以弥补信贷收益的逐步减少。为了更加客观地考察商业银行债券投资的实际比值,笔者以债券投资与贷款余额的比重为考察指标,反映债券投资在商业银行的战略定位。

**表3 部分商业银行债券投资余额(单位:亿元)**

| 机构 | 2011年 | 2012年 | 2013年 | 2014年 | 2015年 |
| --- | --- | --- | --- | --- | --- |
| 兴业银行 | 2597 | 3956 | 7539 | 13604 | 25989 |
| 中国银行 | 14684 | 15903 | 16844 | 21290 | 28330 |
| 北京银行 | 1888 | 2803 | 3284 | 3629 | 4142 |
| 广东农商行 | 503 | 702 | 1007 | 964 | 1897 |
| 青岛银行 | 192 | 232 | 453 | 519 | 740 |

资料来源:各家商业银行年报

由图6可以发现,上述5家商业银行债券投资额度与贷款余额的比值逐年提高,显示商业银行逐年提高债券投资在资产投资中的比重,其中兴业银行增幅最大,说明无论是绝对量还是相对量,兴业银行债券投资量在同业中都比较领先。其次是青岛银行,尽管青岛银行债券投资绝对量较小,但是债券投资在该行的发展策略上具有重要地位。

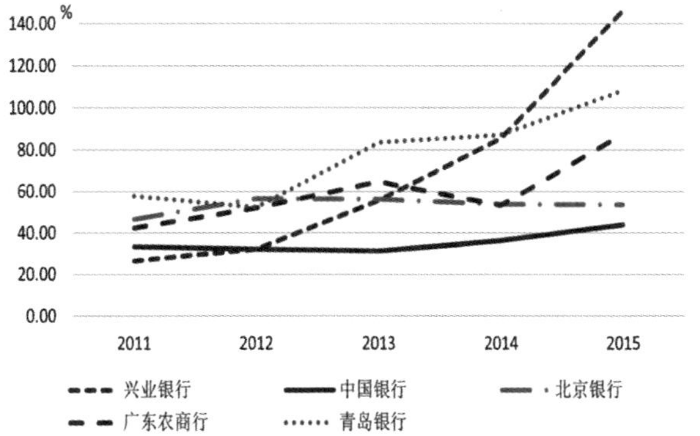


**图6 五家商业银行债券投资与贷款余额的比值**

资料来源:各家商业银行年报

(二)理财资金

自2004年光大银行发行第一只理财资金以来,我国银行业理财迅猛发展。截至2016年6月,我国共有454家银行业金融机构存续的理财产品共计68961只,理财产品余额由2007年的0.53万亿元增长至2016年6月的26.28万亿元,累计增幅达到4431%,同期理财产品余额占总资产的比重也由1.01%增加到12.06%。由于理财资金一直以表外运行为特征,因此其与表内债券投资形成债券市场的两股需求力量。监管部门对理财资金一直高度关注,包括发布《关于规范金融机构同业业务的通知》(银发〔2014〕127号)在内的若干文件一直在规范理财资金运用与管理。理财资金也处于高速增长态势,其中间业务收入逐渐成为银行利润的重要来源,而理财资金的配置多以债券投资为主,所以对理财资金增量的关注尤为重要。

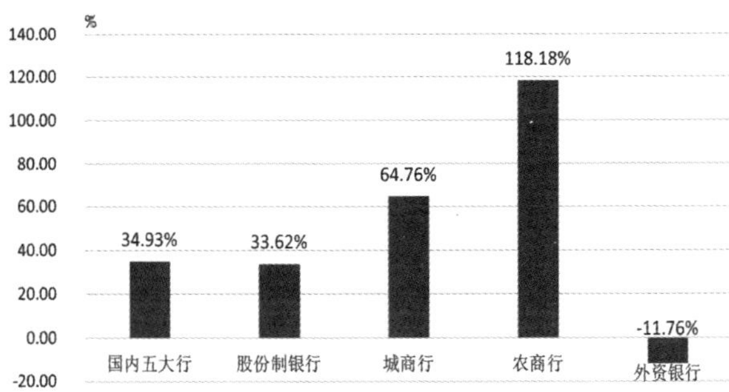


**图7 2015年银行理财余额同比增幅**

资料来源:Wind资讯、中国理财网

银行理财起源于股份制银行,经过十几年的发展,股份制银行已经成为国内银行理财最大的发行主体。从发行量来看,截至2016年6月,全国性股份制银行占比41.46%,国内五大行占比34.25%,城商行占比

14.23%,外资银行占比1.14%。值得关注的是,自2015年3月份开始,全国性股份制银行理财资金余额已超过国有大型银行,并一直处于领先地位。从增速上看,城商行、农商行增幅较大,其理财余额同比分别增长67.76%和118.18%,国有五大行理财余额同比增长34.93%,股份制银行同比增长33.62%,外资银行同比下降11.76%(见图7)。

2013—2015年,银行理财资金投向以债券及货币市场工具为主,并且占比逐年提高,由2013年的38.6%提高至2015年的51%,超过理财资金总额的一半以上。这与非标投资监管趋严以及非标产品收益下行有关。随着2014年以后债市走牛,理财资金与各路资金一道皆直接或间接投向债券市场(见图8)。

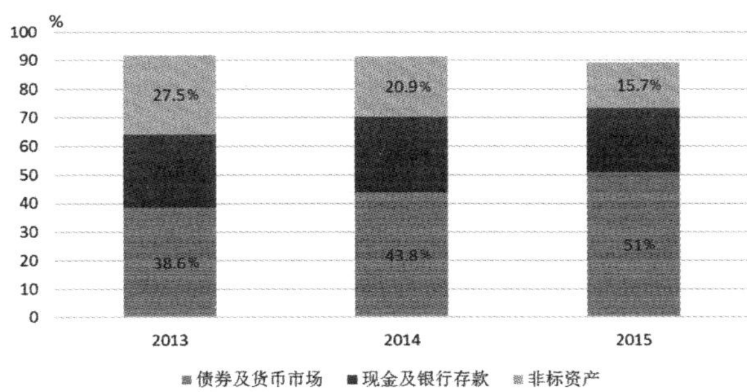


**图8　2013—2015年理财资金投向占比**

资料来源:中国理财网

## 债券市场供求形势分析及预测

近年来,随着国内经济进入新常态,银行不良贷款率有所增大,为获取收益,商业银行逐步提高债券市场投资力度。城商行、农商行等中小银行,由于其资金成本相对较高,对投资收益的追逐动力要强于大型商业银行,其在债券投资的策略上也更为激进。债券投资策略的差异也导致各类型商业银行资产规模增幅各有不同。截至2016年末,大型商业银行资产规模接近81.4万亿元,股份制银行为42.9万亿元,而城商行和农商行达到58.1万亿元。相比其2015年47万亿元的资产规模增幅明显。与商业银行增加债券投资相对应的是,各类券商、资管、保险等机构,通过信托、委外等形式进入债券市场,不过这些机构的资金大多来自银行机构,且相当一部分来自银行理财资金。因此,关注理财资金变化同样能够了解债券市场需求端变动情况。通过上述数据分析可知,相比于2010年之前的银行以信贷利差为主要收入来源,商业银行正逐渐通过表内、表外资金进入债券市场,并成为债券市场主要的需求端,这是在流动性以外重要的债券市场推动力量。在2011—2016年债券市场供给相对平稳的前提下,较高的需求量导致债券市场经历了有史以来最长的牛市,而2016年4月以后,金融机构债券投资与贷款余额的比值环比逐步下降,银行理财发行规模环比增速也呈下降趋势,两大债券市场需求主体的同步下降是导致2016年12月份债券市场调整的一个重要因素。

展望2017年,受MPA考核因素的影响,银行理财规模增速将进一步下降,叠加债券市场进入调整阶段,金融机构债券投资将更加趋于谨慎,在债券市场供给不变的情况下,需求减弱将进一步影响债券市场走势。如果债券市场供给减少,则债券市场需求下降的不利影响将会在一定程度上得到对冲,其影响程度也将有所减弱。

作者单位:龙江银行金融市场部

(本文原载于《债券》2017年3月刊)

# 债券市场还要调整多久？

## ——对历次债券市场调整的对比与分析

孙　涛　王强松

▲通过对比近三次债市调整不难发现，本轮债市调整时间跨度尚短于前两次，且调整幅度也小于前两次。

▲预计央行将维持流动性紧张，以抑制城商行、农商行等机构资产端的快速扩张。

▲考虑到去杠杆将是未来政策的主旋律，且当前仍存在较多杠杆交易，未来债市可能更多会出现急跌慢涨的态势。

在经历了史无前例的两年多债券牛市后，以监管层将理财纳入 MPA 考核为开端，在某券商"萝卜章"事件、美联储加息预期升温等多重利空因素下，债券市场出现快速调整，调整速度和幅度远超市场预期。

本文试图通过对 2010 年以来数次债券熊市进行回顾与总结，通过分析每次调整的主要驱动因素，来思考央行货币政策转变的深层次原因，以此预测 2016 年 10 月以来本轮熊市调整的幅度和持续时间，以更好地进行债券投资。

## 本轮债市调整幅度尚弱于前两次

在本轮债券市场调整前,银行间市场近年主要经历了两轮调整(见图1)。

**图1　2010年以来债市经历的三次调整**

数据来源:Wind资讯,南京银行资管部

第一轮是2010年7月至2011年2月。10年期国债收益率自2010年7月14日到2011年2月10日,从3.17%的低位上升至阶段性高点4.12%,持续时间7个月,调整幅度达94BP。

第二轮是2013年5月至2013年11月。从2013年5月23日开始,10年期国债收益率从3.41%的位置开始调整走高,到11月20日达到阶段性高点4.72%,调整时间为6个月,调整幅度达131BP。

本轮债市调整自2016年10月开启,10年期国债收益率逼近历史低位,最低下探至2.67%;之后在2017年2月6日创下阶段性新高3.49%。截至3月中旬,本轮调整持续了5个月,区间最大调整幅度为82BP。

通过对比近三次债市调整不难发现,本轮债市调整时间跨度尚短于前两次,且调整幅度也小于前两次。从债市调整后所达到的绝对值来看,本次调整中10年期国债收益率高点为3.49%,比2011年2月的高点低63BP,比2013年11月的高点低123BP。

## 三次债市调整的主要历程及驱动因素

### (一)加息与第一次调整

1. 背景及原因

在遭遇金融危机背景下,我国政府推出了“四万亿”经济刺激计划,社融数据同比增速在2009年和2010年快速攀升,CPI从2009年7月的-1.8%逐渐走高,由负转正,并在2010年7月突破3%的关口。随着经济增长的走稳,央行提出要保持合理的社会融资规模,管理通货膨胀预期的重要性提升。

2. 债市调整与货币政策转向

2010年7月至2011年2月,债市调整可细分为三个波段:第一波为2010年7月至9月,第二波为2010年10月至12月,第三波为2011年1月至2月。

2010年7月至9月,经济下行的压力有所缓解并有企稳迹象,工业增加值增速下滑的趋势在三季度发生改变,转为走平走稳(见图2)。通胀压力显现,8月CPI已上升至3.5%,市场预期央行可能通过加息来抑制通胀。期间10年期国债收益率略有上升,缓慢抬升至3.33%左右。

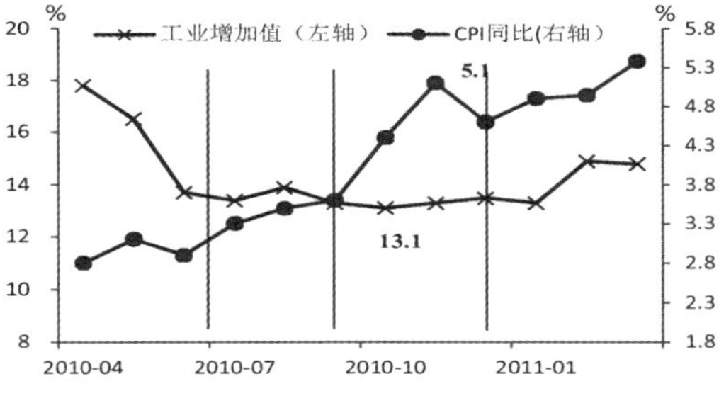


**图2　2010年下半年经济基本面的情况**

数据来源:Wind资讯,南京银行资管部

2010年10月至12月,经济增长基本平稳,但通胀上涨幅度明显,10

月 CPI 攀升至 4.4%,且有继续上行的压力。央行采用了紧缩货币政策,通过加息等手段抑制通胀,成为债市调整的主因。2010 年 10 月 19 日,央行上调存款和贷款利率,存贷款利率均加息 20 个基点,为 2008 年降息周期以来的首次加息。此外,央行在 2010 年 11 月、12 月共三次上调存款准备金率,累计上调幅度达 150 个基点。准备金率上调也引发了市场流动性收紧的情况,货币市场利率中枢明显抬升,10 年期国债收益率从 3.33%的位置最高上升至 4.0%。

2011 年 1 月至 2 月,经济延续 2010 年四季度以来的平稳走势;通胀在 2010 年 12 月短暂回落,但是随着 2011 年春节的来临,通胀压力继续笼罩市场。央行在 2011 年 1 月上调准备金率 50 个基点,并在 2 月 9 日再次加息;债市调整到达本轮高点 4.12%。

在本轮债市调整中,经济基本处于平稳运行状态,央行为管理通货膨胀而收紧货币政策,期间加息三次,四次上调存款准备金率,也多次上调公开市场操作正回购利率,引发了本轮债市调整。

(二)整治"非标"与第二次调整

1. 背景及原因

2012 年四季度和 2013 年一季度,国内 M2 增速上升至 16%左右的高位,M2 增速接近 GDP 增速的两倍,其中以非标融资为代表的债务快速上升引发监管层的担忧。

银监会在 2013 年 3 月发布《关于规范商业银行理财业务投资运作有关问题的通知》,规定理财资金投资非标准化债权资产的余额在任何时点均以理财产品余额的 35%与商业银行上一年度审计报告披露总资产的 4%之间孰低者为上限。当时,银行同业负债和同业资产久期之间存在明显的期限错配,流动性收紧和同业负债成本上升是迫使银行机构主动减少非标配置的有效途径。从制度上对非标进行约束一直持续到2014年5月,人民银行和银监会等五部委联合发布《关于规范金融机构同业业务的通知》,要求穿透后按照基础资产性质计提风险权重,从根本上对非标进行了治理。

2. 债市调整与货币政策转向

2013年5月至2013年11月的债市调整,按照基本面变化可以划分为两个阶段:2013年5月至7月的第一波调整,和2013年8月至11月的第二波调整。

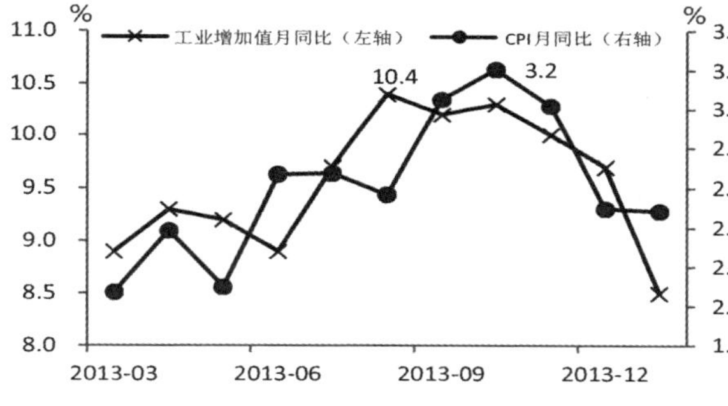


**图3　2013年工业增速和通胀情况**

数据来源:Wind资讯,南京银行资管部

2013年5月至7月,经济基本面因素仍利多债市,工业增加值在5月、6月份不断走低,通胀水平也比较温和(见图3)。但此时央行的货币政策已开始边际收紧。5月份,央行重启3个月期央票回收流动性,即使在资金面紧张的状态下也没有停止流动性回笼,并在7月启用3年期央票冻结到期流动性。市场流动性一直处在紧张的状态,6月20日当天,银行间资金面出现大幅飙升,DR007回购利率盘中最高上升至28%。在流动性极度紧张的冲击下,10年期国债收益率从3.48%跳升至3.70%。从

2013年5月下旬至6月底,国债期限利差从55BP左右压至0后,一度出现利率曲线倒挂。流动性超市场预期的紧张引发债市脉冲式调整。

2013年8月至11月,国内经济基本面出现了明显改善,市场之前担忧货币市场利率大幅调整可能推高实体融资成本,从而冲击实体经济;但是7月和8月的工业增加值连续走高,经济基本面的改善打破了前期支撑多头内心的最后一道防线。通胀数据也在9月明显回升至3.1%,通胀压力开始浮现。与此同时,央行继续维持偏紧的货币政策态度,9月央行在公开市场压缩流动性投放量,10月和11月开始从公开市场净回笼流动性,逆回购投放流动性的操作也时有间断。市场资金面利率起伏波动,流动性一直维持偏紧的状态,10年期国债收益率在11月上升至4.72%的高位。8月至11月,10年期国债收益率上升了100BP,为2013年债券熊市中最惨烈的时期。

### (三)“去杠杆、防风险”与第三次调整

#### 1. 背景及原因

2016年三季度,国内经济下行压力短期内得到缓解,货币政策边际开始收紧。货币政策边际收紧的深层次原因主要有两点:一是楼市资产泡沫,二是金融机构加杠杆问题。

2016年7月中央政治局会议首次提出“抑制资产泡沫”。此前经济下行压力较大时,国内地产政策通常比较宽松。从2015年下半年开始,居民加杠杆买房行为增加,一方面表现为居民中长期贷款开始攀升,另一方面表现为居民中长期贷款占新增人民币贷款比重节节攀升,在2016年上半年,该比重上升至50%的水平。由此,部分城市资产泡沫问题凸显,一线城市新建住宅价格2016年上半年同比增速超过30%,二线城市增速

接近20%。涨价带来的“财富效应”引导生产要素聚集地产相关行业,投机住宅之风导致资金脱实向虚。2016年10月,超20个城市“限购限贷”政策密集出台,信贷政策和货币政策收紧跟进响应,“防风险、去杠杆”成为政策主旋律。

金融加杠杆的问题主要表现为两方面。一是大量机构通过“短借长投”投资债市,再通过债券质押融资加杠杆投资债市,高杠杆运作现象普遍,2014年和2015年回购市场成交量连续攀升。二是以“同业存单—同业理财—债券投资”为特征的金融体系快速扩张,同业存单发行从2015年下半年开始放量,2016年末托管总量达到6.28万亿元;2016年上半年银行同业理财净增1.02万亿元。由于银监体系和证监体系下对投资杠杆要求不同,委外可以实现监管套利,银行委外规模迅速增加。

2. 债市调整与货币政策转向

随着房地产市场暴涨和金融加杠杆严重,监管越来越强调防止价格泡沫,并开始温和收紧货币政策。2016年8月,央行在公开市场陆续重启14天和28天逆回购、停止3个月期MLF操作、收紧流动性。货币市场利率中枢不断抬升,市场对后市资金面收紧的预期比较一致。2016年12月,在基本面出现改善,美国加息和某券商代持事件等多重因素影响下,市场又出现了以流动性极度紧张为特征的调整,10年期国债收益率在两周时间上升约40BP,高杠杆投资机构投资损失严重。债市杠杆整体得到控制,银行间质押式回落成交规模有所回落。2016年12月,央行正式宣布将表外理财纳入广义信贷范围,从2017年一季度开始考核。央行采用宏观审慎评估框架来对表外理财的规模和增速进行约束。在2017年春节前后,央行先后上调逆回购、MLF和SLF的利率,市场进一步确认货币政策回归中性,债市调整达到阶段性高点3.49%。

(四)对三次债市调整的简要总结

通过比对三次债市调整影响因素,可以发现以下特点:一是货币政策收紧需要以经济增速企稳或者改善为基础。二是货币政策转向是债市调整的直接原因,2010年货币政策采用了加息这种典型的紧缩政策;而在2013年和2016年,货币政策采用了边际收紧方式,公开市场成为观察央行政策变化的窗口,量上有流动性总量控制,价上有货币政策利率调整。

**表1 2010年以来的三次债市调整要素统计**

| | 第一次调整 | 第二次调整 | 第三次调整 |
|---|---|---|---|
| 时间 | 2010.07—2011.02 | 2013.05—2013.11 | 2016.10—2017.02 |
| 经济增长(工业增加值) | 经济下行压力缓解(先走平,后走高) | 经济短期复苏(震荡上行) | 经济企稳(走平走稳) |
| 通货膨胀 | 通胀压力明显(CPI均值为4.3%) | 通胀有上行压力(CPI均值为2.8%) | 通胀温和(CPI均值为2.25%) |
| 货币政策 | 1.加息3次,累计150BP<br>2.升准4次,累计200个基点 | 1.重启央行票据,固定到期流动性<br>2.回笼流动性 | 1.重启14天、28天逆回购<br>2.收紧流动性<br>3.上调政策利率 |
| 流动性 | 利率中枢随着加息、升准而上升 | 资金面长期维持紧张,期限利差收窄 | 波动加剧,月末季末利率中枢周期性上升 |

## 本轮债市调整何时结束

基于上述分析,以下从2016年货币政策收紧的目的出发,来思考政策收紧的目标是否达到,以判断债市调整是否结束。同时,从贷款和债券的替代效应来看,可通过分析国债与一般贷款的可比较收益率,探寻债市调整顶部的可能位置。

(一)金融去杠杆仍未结束

对于债券投资加杠杆的问题,央行周期性地收紧流动性,控制货币市场与利率债的利差水平。在 2016 年四季度,央行逐渐收紧流动性,R007 的 10 日移动平均值呈现趋势性上升,10 年期国债收益率与货币市场资金成本的利差并未明显走阔。但是,由于 2016 年 12 月末的财政存款投放以及央行为春节而投放的流动性,货币市场资金成本大幅回落,利差重新走阔,从 2016 年 11 月、12 月的只有 10BP 左右,上升到 2017 年 1 月、2 月的 40BP 左右,使得"短借长投"套利策略又开始有效(见图 4)。由于债市投资去杠杆过程存在反复,央行未来有必要维持市场资金面的紧平衡,维护流动性收紧的预期,进一步推动市场去杠杆。

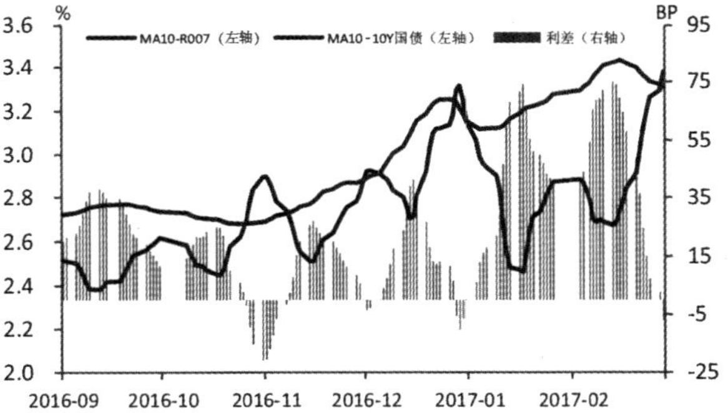


**图 4　银行间质押式回购成交量变化**

数据来源:Wind 资讯,南京银行资管部

同时,当前同业存单规模的快速扩张并未得到完全约束。从同业存单发行量来看,2016 年 12 月、2017 年 1 月和 2 月,同业存单的净融资量均维持在正增长,且总发行量有持续上升趋势。不过,流动性紧张和货币市场资金成本推高了同业存单发行成本,"同业理财—同业存单"的套利模式在 2016 年四季度后基本消失(见图 5),有利于中小银行机构主动控制同业存单发行。此外,未来 3 个月同业存单的到期规模达到 3.6 万亿元,同业负债成本居高难下;预计央行将维持流动性紧张,以抑制城商行、农

商行等机构资产端的快速扩张。

**图5 同业存单和理财收益率走势变化**

数据来源:Wind资讯,南京银行资管部

(二)经济基本面保持平稳

从经济基本面来看,过去几年都呈现出一季度增长、二季度回落的态势。由于2016年PPI由负转正,带来工业企业利润的改善和经营状况的好转,工业企业去库存取得一定效果;PMI连续6个月维持51%以上。2017年初,各省基建项目投资计划公布,预计投资规模比较乐观;PPP项目入库和落地率均有提高,微观数据中挖掘机销售超预期即为佐证。相对而言,地产投资增速的回落幅度成为影响投资的最大变数。2016年地产销售额增速大幅高于销售面积增速带来的盈利结余,延迟了地产投资增速的回落。2015年四季度和2016年前两月地产投资增速的低基数效应明显。2017地产投资增速在二季度高基数下是否回落需要重点关注。

通胀水平在2017年2月、3月因翘尾因素将会回落,在可预见的未来3个月时间内,通胀压力整体温和。近期汇率贬值压力较去年12月有所好转,美国、英国经济基本面改善也利好出口贸易。外部环境对国内货币政策的约束有所减弱。

《2016年第四季度中国货币政策执行报告》对于国内经济形势的表述为“经济下行压力减轻,运行总体平稳”。央行副行长易纲表示货币政策要保持稳健中性,中性的内涵就是不紧不松。加息这种偏紧的货币政策态度与基本面平稳、通胀水平温和的基本面有所不符,且有可能打击刚刚企稳的经济基本面。偏松的货币政策又与抑制资产泡沫、防范金融风险有所矛盾,可能加剧国内经济结构性矛盾。让经济在“不紧不松”的状态下运行,并不表示监管层不作为;在经济基本面平稳的“窗口期”,预计监管层将抓住时机,着力解决金融与实体经济失衡的问题,进一步推进金融去杠杆,处理一些风险点,强化监管制度,作为“稳中求进”的“进”。

整体来说,基本面和政策面对债市的影响偏空。

(三)10年期国债收益率顶部位置或在3.7%

企业是债券和信贷的主要需求方,信用资质高的企业对利率变化敏感,在债券和信贷这两个融资渠道中会选择较低成本的融资方式,所以债券和信贷两者之间存在一定的替代关系。从银行资产配置角度出发,债券与信贷均是可配置的资产,理论上银行在债券和信贷资产上会优先配置两者中高收益率的资产。基于以上两点分析,下文尝试从贷款利率角度探索债券收益率的顶部位置。

先用单一时点的数据来举例分析。以2017年2月28日的利率债收益率为例,贷款利率选择《2016年第四季度中国货币政策执行报告》中的最新一般贷款利率来进行对比。因为债券、贷款涉及税收和资本金占用问题,所以本文用剔除税收成本、资本占用成本后的可比较收益来进行分析。计算结果如表2所示。国债、国开债的可比较收益率比一般贷款分别高61BP、37BP。

表 2　利率债与贷款的可比较收益率

| | 10 年期国债 | 10 年期国开债 | 一般贷款 |
|---|---|---|---|
| 收益率 | 3.29% | 4.07% | 5.44% |
| 扣税后收益 | 3.29% | 3.05% | 3.75% |
| 扣除资本占用后收益（可比较收益率） | 3.29% | 3.05% | 2.68% |

接下来本文选择 2010 年 1 月至 2017 年 2 月这个时间区间，分别计算 10 年期国债、国开债及一般贷款利率的可比较收益率，再计算 10 年期国债与一般贷款可比较收益率的利差水平，得到图 6；最后计算 10 年期国开债与一般贷款可比较收益率的利差水平，得到图 7。

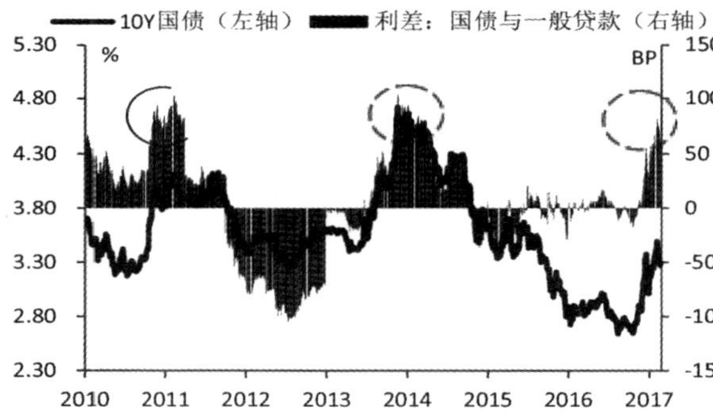


图 6　国债可比较收益率及与一般贷款利差

数据来源：Wind 资讯，南京银行资管部

从图 6 可以获得两点有参考价值的经验：一是国债调整的顶部位置与“10 年期国债——一般贷款”利差的峰值保持高度一致；二是利差的第一个峰值位置位于 2011 年 2 月 10 日，时间与 2010 年第一次债市大调整的高点时间重合，利差峰值为 103BP；利差的第二个峰值位于 2013 年 11 月 20 日，时间与 2013 年第二次债市大调整的高点时间重合，利差峰值为 104BP；利差的第三个峰值位于 2017 年 2 月 6 日，时间与第三次债市大调整的高点时间重合，利差的峰值为 81BP。

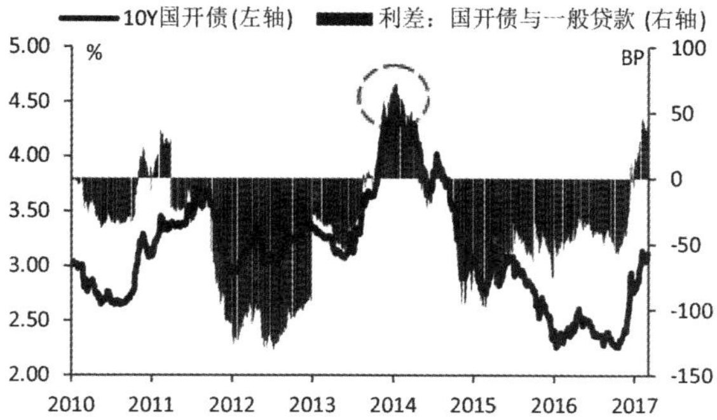


**图 7　国开债可比较收益率及与一般贷款利差**

数据来源:Wind 资讯,南京银行资管部

不过,从图 7 来看,10 年期国开债并没有类似现象,其与一般贷款可比较收益率的利差峰值仅与 2013 年第二次债市调整的高点时间重合。

基于对国债与一般贷款可比较收益率的利差分析,可以用利差峰值来判断债市调整幅度:当利差出现峰值的时候一般处于债市的调整期,前两次债市调整到达顶点时 10 年期国债与一般贷款的可比较收益率利差峰值位于 103~104BP。目前第三次债市调整中,利差峰值为 81BP,仍低于前两次 25BP 左右,所以笔者认为短期内 10 年期国债收益率的调整顶点为 3.80%附近。考虑到各种监管政策特别是关于资产管理业务相关政策可能随时出台,由此会带来的短期流动性冲击,峰值也可能会高于 3.8%。

考虑到去杠杆将是未来政策的主旋律,且当前仍存在较多杠杆交易,未来债市可能更多会出现急跌慢涨的态势,债市交易依然需要保持谨慎。

作者单位:南京银行资产管理部

(本文原载于《债券》2017 年 4 月刊)

# 银行间市场与交易所市场债券受托管理人制度差异及原因分析

北京市金融服务法学研究会债券市场法治专业委员会

**摘　要**：新证券法首次明确了以持有人会议及受托管理人为核心的债券治理机制，完善了投资者保护的制度基础。为有效开展债券违约及风险处置工作，银行间市场出台相应规则，填补了受托管理人制度的空白。通过与交易所市场相关规则进行对比，可发现两市场的规定在受托管理人职责、权利等方面存在一定差异，这缘于制度设计之初对相关因素的权衡与考量。未来制度施行的效果还有待进一步观察。

**关键词**：受托管理人　职责　权利　制度设计　考量因素

今年3月1日，新修订的《中华人民共和国证券法》（以下简称"新证券法"）正式实施，公司债券公开发行条件放宽，以信息披露为核心的注册制启动。至此，债券市场准入方面的制度改革取得重大进展。未来，公司债券市场的法治重心将转至对投资者合法权益的保障方面，特别是平衡好债券违约及风险处置中的公平与效率，为债券发行注册制夯实基础和提供保障。

对此，新证券法增加了投资者保护专章，首次明确了债券持有人会议制度和受托管理人制度，强化了债券治理的有效性。同时，中国人民银行、国家发展改革委、证监会联合发布了《关于公司信用类债券违约处置有关事宜的通知（征求意见稿）》（以下简称《通知》），最高人民法院起草了《关于审理债券纠纷相关案件的座谈会纪要（征求意见稿）》（以下简称《纠纷纪要》）等，确定了各市场公司信用类债券适用相同的法律标准，统一了违约处置的相关原则和措施，并提出要充分发挥受托管理人在处置中的核心作用。

在此基础上，银行间市场交易商协会发布了《银行间债券市场非金融企业债务融资工具受托管理人业务指引（试行）》（以下简称《业务指引》）等配套细则，对银行间债券市场受托管理人或履行同等职责机构（以下统称"受托管理人"）的相关职责、权利等事项进行了具体规定，填补了银行间市场受托管理人制度的空白。由于交易所市场的受托管理人机制实施较早，通过对比可以发现，两大市场公开发行债券的受托管理人制度存在差异。这些制度差异是如何形成的，以及能否有效地达成保护投资者的根本目的，值得关注与思考。

## 受托管理人职责的差异及问题

### （一）职责起点不同

在交易所市场，原则上主承销商的职责仅限于上市和发行，后续管理主要由受托管理人负责。因此，受托管理人从发行完成后，即开始代表投资者利益履行后续管理职责。而银行间市场的受托管理人不同，其职责更聚焦于违约及风险处置阶段的相关工作，基本不涉及存续期的常规监测和督导(见表1)。

表1 两市场受托管理人职责的比较(按债券违约时间顺序)

| | 职责列表 | 职责比较 | |
|---|---|---|---|
| | | 银行间市场 | 交易所市场 |
| 常规管理阶段 | 关注资信状况 | | √ |
| | 召集债券持有人会议 | | √ |
| | 监督募集资金使用情况 | | √ |
| | 关注增信措施有效性 | √ | √ |
| | 监督发行人对约定义务的执行情况 | √ | √ |
| | 公布受托管理事务报告 | (仅限信用增进安排) | √ |
| | 督导发行人信息披露 | | √ |
| | 督导履约资金安排 | | √ |
| 预计违约处置阶段 | 制订应急处置预案 | √ | √ |
| | 掌握风险状况,督促信息披露 | | √ |
| | 召开持有人会议并提请授权 | | √ |
| | 要求发行人追加担保/履行约定偿债保障措施 | | √ |
| | 取得并管理担保物 | √ | √ |
| | 申请财产保全措施 | √ | √ |
| | 代表债券持有人参与庭外债务重组 | √ | √ |
| | 信息披露 | √ | √ |
| 实质违约处置阶段 | 制订应急处置预案 | √ | √ |
| | 信息披露 | √ | √ |
| | 根据授权处置担保物 | √ | √ |
| | 落实偿债措施 | √ | √ |
| | 召开持有人会议并提请授权 | | √ |
| | 代表债券持有人参与庭外债务重组 | √ | √ |
| | 要求追加担保 | | √ |
| | 代表持有人申请财产保全 | √ | √ |
| | 代表持有人提起诉讼或仲裁 | √ | √ |
| | 代表持有人参与破产程序 | √ | √ |

(二)职责授权方式不同

虽然两个市场对受托管理人的授权方式,原则上均为发行文件授权、持有人会议授权、受托协议授权等三种模式,但在具体规则及实施方面有一定的不同。

由于交易所市场受托管理人肩负着召集持有人会议的职责,《公司债券受托管理人处置公司债券违约风险指引》(以下简称《风险指引》)明确规定,受托管理人可在持有人会议上,提请会议向其做出相应职责的授权,如要求担保人代偿或处置担保物,提起民事诉讼或仲裁、申请财产保全,参与重整或者破产清算程序等职责。此外,持有人会议还可以授权受托管理人履行其他职责。因此,按照相关规则,交易所市场受托管理人在实际履行职责前,通常应根据具体情形召集持有人会议,并提出相关议案以获得具体授权。这在一定程度上也是受托管理人的法定义务。

而《业务指引》第十五条规定:"受托协议中应当明确约定持有人对受托管理人管理及处置担保物、参与债务重组、参与司法程序的授权方式,包括但不限于发行文件授权、持有人会议授权、协议授权等。"因此相比之下,银行间市场对受托协议的要求更为严格,即受托协议中应当明确约定持有人进行授权的方式、程序及标准,受托管理人据此获得履行相应职责的授权。

(三)银行间市场受托管理人职责规定可能面临的问题

综合来看,交易所市场受托管理人职责较为全面。在银行间市场受托管理人制度下,后续管理工作由主承销商及受托管理人两个角色分担。其中主承销商的后续管理义务在《银行间债券市场非金融企业债务融资工具主承销商后续管理工作指引》和《银行间债券市场非金融企业债务融资工具违约及风险处置指南》等文件中做了规定,包括对发行人和提供信用增进服务的机构进行动态监测,督导发行人合规使用募集资金、披露信息等。由两个角色分担后续管理工作的安排可能面临如下问题。

首先,受托管理人是否有足够的能力监督信用增进安排的实施情况。根据《业务指引》第十二条、第十六条,在存续期管理中,受托管理人应持续关注、核查信用增进安排的实施情况,并披露信用增进安排发生重大变化的情况;第十二条同时还规定,当发生法定或约定条件时,受托管理人应处置担保物或要求保证人承担保证责任。但此处“信用增进安排”的定义和范围并不明确,在适用性方面存在一定的问题。在实践中,除物上担保及保证担保外,还存在资产池承诺、流动性支持承诺、政府承诺函、第三方回购承诺等多种形式;在学理上,信用增进安排还包括内部增信机制,如交易商协会《投资人保护条款示范文本》(2019 年版)中的交叉保护、事先约束、控制权变更等条款,旨在通过遏制发行人过度冒险行为,维持公司还本付息的能力。上述信用增进安排很多都是由发行人提供的,与其自身的资信状况密切相关。由于并不负有监测和督导发行人的职责,受托管理人是否有能力对与发行人有关的信用增进措施进行持续监督,维护好投资者的切身利益,有待进一步观察。

其次,对受托管理人职责授权方式的规定较为笼统,若受托协议未事先约定或约定不明,受托管理人履职程序将较为烦琐。具体来看,当受托协议未事先约定受托管理人相关职责的授权方式,或者受托协议的约定与其他发行文件存在冲突时,根据现有规则,持有人通常只能分为两步走:先召集持有人会议,变更受托协议条款;再根据变更后条款的授权方式进行相应职责授权。根据《银行间债券市场非金融企业债务融资工具持有人会议规程》(修订稿)相关规则,除受托管理人依据《纠纷纪要》代表持有人参与诉讼程序外,其他受托协议条款变更均为特别议案,应由超过本期债务融资工具总表决权 90% 的持有人同意后方可生效,授权程序变得异常烦琐。

最后,受托管理人履职的有效性,在一定程度上取决于能否获得主承销商的支持与配合。主承销商和受托管理人两方代表的利益有根本的区别:主承销商是为发行人融资便利服务的;受托管理人代表的是债券持有人的利益。虽然在实践中主承销商和受托管理人通常是同一主体,但相关规定要求主承销商和受托管理人必须是两个独立的团队,中间有严格的"防火墙"措施,因此常规监督与违约处置两项职责仍是分离的。这可能对受托管理人的履职造成较大挑战。

一是在信息获取方面,长期以来,投资者在债券违约后一般处于相对弱势的地位,主要根源在于信息不对称。受托管理人作为投资者利益的代表,日常的监测、督导是其了解发行人真实状况的重要手段之一,也是其参与债务重组及相关司法程序的基础。在域外立法中,受托管理人经法院许可,还拥有对发行人业务及财务状况的调查权,这有效保障了违约处置方案的公平性与可执行性。然而,由于银行间市场受托管理人未被赋予前期常规监督的职责,其履职在一定程度上有赖于主承销商的信息供给。遗憾的是,主承销商对此并没有信息披露的法定义务和责任。

二是在履职程序方面,在债券出现风险或发生违约后,受托管理人应积极与持有人沟通,征询、收集相关诉求,除非发行文件、受托协议明确约定可直接采取措施,否则通常情况下须通过持有人会议获得有效的履职授权。但是在银行间市场,主承销商原则上为会议召集人,在拟订议案时并无义务与受托管理人沟通,且受托管理人也没有补充议案权。若当期债券的受托管理人并非是主承销商,则其对受托管理事项时间节点的把控有赖于与主承销商的具体沟通和协调。特别是当受托管理人提起的诉讼可能对相关中介机构产生不利影响时,恐怕难以得到主承销商在程序上的支持与配合。

**受托管理人权利的差异及问题**

由于两个市场受托管理人的职责起点不同,相应权利也有所差异,交易所市场多了“募集资金监管权”和“要求发行人配合权”两项权利。值得注意的是,虽然两个市场均将收费权划分为管理报酬收取权和履职费用收取权两部分,但在履职费用收取权的行使方式上存在较大差异。

对于交易所市场受托管理人的履职费用收取,《风险指引》第十四条、第二十条和第二十三条规定,在预计违约或实质违约阶段,受托管理人履行申请财产保全、要求追加担保、实现担保物权、参加破产程序等职责时,应督促相关主体按照受托协议的约定承担相应费用。可以看出,受托协议应对履职费用的承担主体及承担方式进行事前约定。而且,受托管理人督促相关主体进行费用承担,并非是职责履行的先决条件。结合上文的授权方式,持有人会议决议授权受托管理人履行具体职责时,受托管理人应督促约定的主体进行费用承担,但无论费用是否实际承担,受托管理人均应忠实勤勉地履行职责。在实践中,部分作为受托管理人的证券公司基于一些特殊因素考虑,往往不得不自行垫付相关费用。《风险指引》这样规定的目的,是为了保障在个别义务人怠于支付费用的情况下,风险及违约处置工作得以顺利开展,避免债券持有人的整体利益受损。为了保障受托管理人的收费权,《纠纷纪要》第二十条规定了“共益费用的分担”,受托管理人履职所垫付的合理费用,可从在执行程序、破产程序中受领的款项中直接扣除,其余款项支付给债券持有人。

而银行间市场则不同,《业务指引》第十五条规定,受托管理人在履行持有人授权的职责之前,应与持有人就相关费用和法律责任等进行协商,并在与持有人达成一致意见后积极履行相关职责。从字面意思来看,此处的“协商”是一种临时的合意行为,且为受托管理人履行职责的前提要件。结合前述内容,可以理解为,受托协议应约定持有人通过何种方式授权受托管理人履行职责,履职所涉及的费用承担,可以在授权时进行临时协商。如果受托管理人与持有人就相关费用不能达成一致协议,则受托管理人可以拒绝履行相关职责。

通过对比可以发现,银行间市场将受托管理人置于一个相对有利的位置,允许其以未协商一致为由进行免责抗辩。但这种临时协商的做法是否会导致处置工作的启动时间过长,受托管理人在协商一致后才开始履职,从而延误了持有人宝贵的维权时机?特别是根据《纠纷纪要》,当涉及受托管理人提起诉讼、申请发行人重整或破产清算的职责时,债券持有人只能通过召开持有人会议,以受托管理人怠于行使职责为由作出自行主张权利的有效决议后,才能单独在诉讼程序中行使权利。这是否会大幅增加持有人自行维权的成本?况且,“就相关费用未达成一致意见”是否必然构成“怠于行使职责”?这些问题均有待在实践中进一步观察。

## 银行间市场受托管理人制度设计的考量因素

综合上述比较,相对于交易所市场及域外规则而言,银行间市场受托管理人制度独具特色。为何会形成如此独特的权责关系,有必要对制度设计之初的相关影响因素进行探究,以期帮助市场人士更好地理解相关规则,并为我国债券市场受托管理人制度不断完善提供一定的镜鉴。

首先,银行间市场自身的特点是重要的考量因素,即长期以来对主承销商负责制的路径依赖。银行间市场的主承销商主要是商业银行,其优势在于,与发行人之间维持着长期的业务合作关系,更了解企业的实际状况。相比证券公司,银行分支机构众多,有专门的客户经理进行长期跟踪,把债券存续管理和贷后管理结合起来,能更好地掌握企业的生产经营状况,更早地发现风险苗头;而且,银行在发行人所在地往往有着良好的社会和政府关系,更便于协调当地资源,采取多元化的风险化解措施。此外,银行也不愿意过早地将客户资源让与他人。但其劣势在于,商业银行很可能既是发行人最大的贷款银行,又是主承销商和受托管理人,还是银行业金融机构债权人委员会主席,拥有多重身份。当债券发生违约时,商业银行将面临究竟是维护自身利益还是维护债券持有人利益的困难选择,面临的利益冲突可能比证券公司更大。值得肯定的是,银行间市场提高了受托管理人的任职资格要求,并在利益冲突管理方面设置了更为严格的规定。

其次,对交易所市场实践经验的吸收与借鉴。市场普遍认为,公司债受托管理人工作量较大、收费较少、责任过重。如前所述,受托管理人有时会被要求无条件进行起诉、追偿和谈判,有时还需要垫付高额的诉讼费、律师费、保全费等,但实际违约处置的清偿率普遍较低,收效甚微。而且,“勤勉尽责”的标准不清晰,受托管理人履职时常会有承担无限连带责任的风险,往往导致其被动行事,不利于违约处置效率的提高。银行间市场在设计相关制度时应该考虑了现实情况,即大部分受托管理人仍将由承销银行担任,但与证券公司相比,债券业务在商业银行整体收入中占比较小,过重的责任和负担可能导致该项业务萎缩。为了既提高违约债券的处置效率,又吸引承销银行积极参与,银行间市场将受托管理人责任限制在相对较小的范围内,并在收费权上赋予其有利地位,在一定程度上减轻了受托管理人的压力。

最后,近年来违约规模不断扩大,在违约处置中急需一个特定的协调和代表机制。随着债券市场违约步入常态化,有效处置风险成为金融监管工作的重点之一。《通知》及《纠纷纪要》明确提出,受托管理人应当及时采取有效应对措施,切实保障债券持有人合法权益。根据两份文件的相关精神,银行间市场设置受托管理人的目的,在于有效解决当前违约处置中的集体行动困难,在庭外债务重组等多元化处置方式中发挥关键性作用,以及进一步保障债券违约司法救济渠道的衔接与畅通。鉴于承销银行在此方面的经验较为缺乏,制度鼓励具备良好风险处置经验或法律专业能力的机构担任受托管理人,并设置了上述权利和义务。

总体来看,银行间市场相关规则对受托管理人较为友好,且前面提到的一些问题也可通过受托协议加以修正和完善。但由于《业务指引》等相关规则还未开始施行,因此目前还难以对其所能产生的市场效益及影响进行评述。对于“市场需要一个什么样的受托管理人”这一问题,可能需要在长期的辩证与博弈中,才能得到较为满意的答案。但可以肯定的是,严格的利益冲突防范机制、畅通透明的信息沟通渠道、清晰科学的职责履行范围、公平合理的责任认定标准、完善的履职保障措施都是不可或缺的。最为重要的是,受托管理人必须以投资者利益保障为宗旨,而投资者是“欣然付费”还是“用脚投票”,则是最好的评判标准。

(本文原载于《债券》2020 年 4 月刊)

# 浅析资产管理新规对债市的影响

中金公司固定收益研究组[①]

**摘　要**：今年4月，资产管理新规正式发布。本文首先梳理了资产管理新规相比征求意见稿的主要变化，探讨了资产管理新规对于资产管理行业重塑的方式，最后分析了其对债券市场的影响。

**关键词**：金融监管　防风险　资产管理新规　债市收益率

目前，我国从事资产管理行业的机构众多，行业发展迅速，资产管理业务总规模已远超百万亿元。在资产管理业务快速发展的过程中，也产生了监管套利、多层嵌套、不公平竞争等问题，有悖于资产管理业务"受人之托、代客理财"的初衷。正是在这种背景下，2017年11月，人民银行、银监会等部门起草了《关于规范金融机构资产管理业务的指导意见(征求意见稿)》(以下简称"征求意见稿")，并向社会征求意见。今年4月27日，经国务院同意，市场期待已久的《关于规范金融机构资产管理业务的指导意见》(以下简称"资产管理新规")正式发布，引起市场热议。资产管理新规的发布将对债券市场产生哪些影响？本文将对此进行探讨。

---

① 研究组成员：张继强、陈健恒、姬江帆、唐薇、王海波、仇文竹

## 相比征求意见稿的主要变化

资产管理新规坚持了产品净值化、打破刚兑、非标严控、规范资金池与资产标准化等核心精神。但在过渡期、老产品续发行等方面相对宽松，补充了净值化要求，为解决问题留出更充分的空间和时间，有助于在内外部环境不确定性较大的背景下，降低短期内对市场的冲击，推动资产管理业务转型及非标等问题的妥善化解（见图1）。

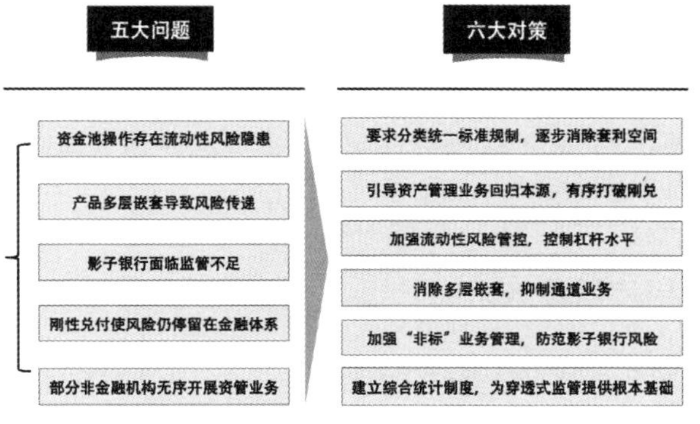


**图1　资产管理新规着重解决五大问题**

资料来源：Wind资讯、中金公司研究

### （一）哪些方面有所放宽

#### 1. 过渡期安排有所放宽

在过渡期安排上，资产管理新规较征求意见稿延长一年半至2020年底。与征求意见稿一致的是按照“新老划断”原则设置过渡期，确保平稳过渡。过渡期延长的主要考虑在于，目前实际操作中多数非标的期限都在2~3年，并在内外部环境复杂多变的情况下，给予资产管理机构充足的时间进行整改和转型，避免导致意外的市场冲击。

2. 在过渡期内可以发行老产品对接

为防止资产管理新规带来的流动性冲击,资产管理新规规定金融机构在过渡期内可以发行老产品对接,但是产品存续规模不得新增。对于提前完成整改的机构,会给予适当监管激励,这有助于保持过渡期的平稳,避免出现被动减持和资金链断裂风险。

3. 明确净值化的会计核算方式,允许对符合一定条件的金融资产采取摊余成本计量

资产管理新规中并未对资产管理产品所投资产的估值方式统一采取市值法,而是明确了可以采用摊余成本法核算的条件。但是这些条件较为严格,其中"资产管理产品为封闭式产品",即产品期限要在 90 天以上,同时满足"所投金融资产暂不具备活跃交易市场,或者在活跃市场中没有报价、也不能采用估值技术可靠计量公允价值"。此项规定虽然好于市场预期(对存续非标有利),但实际受益范围可能相对有限,尤其是对短期理财产品可能会有所冲击。此外,对"封闭式产品"的定义等规定仍需要通过细则加以确认。

4. 对银行类资产管理机构的业务范围整体有所放宽

资产管理新规中删除了对银行的公募产品以固定收益类产品为主,发行权益类产品需经银行监管部门批准的表述,并且在第二十一条中除征求意见稿中"金融监督管理部门和国家有关部门应当对各类金融机构开展资产管理业务实行平等准入、给予公平待遇"之外,增加了"资产管理产品应当在账户开立、产权登记、法律诉讼等方面享有平等的地位"。此举放开了银行类资产管理机构所受到的限制,赋予了银行类资产管理机构与其他非银类资产管理机构相同的投资权限。

5. 对刚性兑付机构的惩处表述有所微调

资产管理新规中第十九条将征求意见稿的“加强惩处”改为“进行惩处”。同时对非存款类持牌金融机构发生刚性兑付的惩处规定为“由金融监督管理部门和中国人民银行依法纠正并予以处罚”。同时将征求意见稿中的“非金融机构违法违规开展资产管理业务并承诺或进行刚性兑付的,加重处罚”改为“依法从重处罚”。此次资产管理新规中对刚性兑付惩罚的表述有所微调,但是打破刚兑仍是此次新规的重中之重。

6. 对私募投资基金的限制减少

对私募投资资金的调整主要体现在以下两点:一是资产管理新规中整体对私募投资基金部分进行剔除,在第二条增加了“私募投资基金适用私募投资资金专门法律、行政法规,私募投资基金专门法律、行政法规中没有明确规定的适用本意见”。同时,创业投资基金、政府出资产业投资基金的相关规定另行制定。二是第二十一条将征求意见稿中不得进行份额分级的范围有所缩小。删除了其中“投资于单一投资标的私募产品,投资比例超过50%即视为单一”和“投资债券、股票等标准化资产比例超过50%的私募产品”。通过私募产品的形式为标准化债权类资产和股权投资、资本运用留有余地。但由于合格投资者门槛整体提高,预计私募产品的发行难度可能将增大。

7. 资产管理产品质押融资禁令缩小为金融机构,为银行理财质押融资业务留出空间,有助于提升长期限理财产品的流动性和客户接受度

相比征求意见稿中“资产管理产品的持有人不得以所持有的资产管理产品份额进行质押融资”的规定,资产管理新规中将“资产管理产品的持有人”改为“金融机构”,放开对个人、企业投资者用持有资产管理产品

份额质押融资的规定。目前,银行理财为满足非标投资期限错配、净值化(封闭期超过 90 天)等要求,需要被动拉长理财产品期限。但为了解决投资者面临的流动性和接受度的问题,不少银行提供了理财产品质押业务,以此降低流动性风险,提升长期限理财的吸引力。此规定有助于提高长期限理财产品对个人和企业投资者的吸引力,为未来银行发行长期限理财产品提供便利。

(二)哪些方面有所收紧

1.“非非标”灰色地带大幅收窄

资产管理新规中第十一条明确规定标准化债权类资产应当符合在银行间市场、证券交易所市场等“经国务院同意设立的交易市场交易”。第十条规定公募产品“主要投资标准化债权类资产”。笔者认为,如果“非非标”被认定为“非标”,那么银行可能将面临“非标”超比率问题,因而面临较大的非标回表或转标压力。

2. 合格投资者门槛有所提高

在资产管理新规中,将“其他组织”增加至“合格投资者”的范围内,同时不仅对家庭金融总资产做出规定,还规定家庭金融净资产不低于 300 万元。此外,增加了“投资者不得使用贷款、发行债券等筹集的非自有资金投资资产管理产品”的相关规定。整体来说,合格投资者的门槛大幅提升,可能对于一些私募等产品会相对不利。

3. 信息披露要求更加严格

资产管理新规中第十二条新增了对于公募产品“披露产品净值或者投资收益情况”的规定,以及开放式产品“按照开放频率披露,封闭式产品至少每周披露一次”的规定,并且要求通过“醒目方式”向投资者充分披露产品信息。

（三）哪些方面得到进一步明确

1. 将“净值生成应当符合公允价值原则”改为“符合企业会计准则规定”，且需要由外部审计机构进行审计确认，同时设置了偏离度的限制，确保净值化的贯彻执行

根据资产管理新规，当以摊余成本计量已不能真实公允反映金融资产净值时，托管机构应当督促金融机构调整会计核算和估值方法。金融机构前期以摊余成本计量的金融资产的加权平均价格与资产管理产品实际兑付时金融资产价值的偏离度不得达到5%或以上，如果偏离5%或以上的产品数超过所发行产品总数的5%，金融机构不得再发行以摊余成本计量金融资产的资产管理产品。

2. 明确了标准化债权类资产的条件，但具体认定规则有待进一步明确

资产管理新规第十一条明确规定标准化债权类资产应当同时符合以下条件：(1)等分化，可交易；(2)信息披露充分；(3)集中登记，独立托管；(4)公允定价，流动性机制完善；(5)在银行间市场、证券交易所市场等经国务院同意设立的交易市场交易。但资产管理新规中也提及标准化债权类资产的具体认定规则由中国人民银行会同金融监督管理部门另行制定。需要指出的是，笔者通过对资产管理新规的理解认为，存款是与债权类资产并列的资产，因此不受本条规定的制约。

此外，资产管理新规中还有一些疑问，有待银保监会的细则给予明确。

## 资产管理新规将对行业形成重塑

### (一)银行理财在实践中可能面临的难题

笔者注意到非银行类机构与银行类机构对资产管理新规的理解存在很大的不同。乐观的投资者看到了资产管理新规过渡期得以延长的利好,而身处其中的资产管理机构,尤其是一些银行类机构却认为资产管理新规对行业的冲击甚至才刚刚开始。

理财不同于股票。股票作为流动性资产,所有信息会快速充分地在价格中被反映。虽然市场对资产管理新规的影响有了较为充分的讨论,但资产管理新规对银行理财、投资者群体及其行为的冲击仍需要在实际操作中加以探索。

1. 银行理财的盈利模式正在被改写

虽然银行理财在名义上是资产管理机构,但其实际盈利模式与表内并无二致,在本质上仍是资产池下的利差模式,只要整个资产池整体收益超过负债成本,银行理财就可以赚取其间的利差。而在资产管理新规下,银行理财将在很大程度上转为赚取管理费的模式。当然,与公募基金的纯管理费模式相比,银行理财等通过净值方案的合理设计,仍然可以实现超额利益共享机制。

2. 诸多问题可能仍然面临"无解"

银行理财的诞生在很大程度上就是为了解决表内的一些问题。非标本身就是类信贷业务,但表内存在资本充足率、MPA 考核、行业等更多限制,大部分将难以回表。而非标转标的途径只有标准化债权类资产和 ABS 等途径,标准化债权类资产门槛高,ABS 体量有限、操作难度大。从资产管理新规来看，标准化债权类资产的定义更为严格，比如需要符合“在银行间市场、证券交易所市场等经国务院同意设立的交易市场交易”等，而目前的“非非标”很可能同样不合规。尽管过渡期安排预留了时间，但非标融资主体造血能力较差，债务滚存压力很难通过过渡期进行化解。再如银行理财在资金池规范和净值化之后的非交易过户问题，问题资产放在任何账户都会存在争议。

3. 资管业态和投研体系、客户习惯需要重建

银行理财在渠道、非标、资金池、流动性管理等方面存在优势，劣势主要是投研能力、系统建设、市场化操作模式等。未来非标受控、资金池规范、打破刚兑、向净值型转型均可能在一定程度上降低银行理财收益率的确定性，弱化其对投资者的相对性价比和吸引力。以往资金池模式下粗放的投研方式需要重建，客户习惯均需要重新培养。

4. 管理难度和操作成本大幅提升，系统要求提升

第三方托管、净值化管理、持券比率和杠杆限制、计提准备金、净值审计等都将加大银行理财管理难度和操作成本，对IT等系统的要求也将大为提升。在净值化的背景下，没有强大的系统支撑，就几乎难以发行新产品。

5. 净值化导致的银行理财投资行为调整

净值化本质上是一个牛市机制，在普遍的短借长投的情况下，如果遭遇债券熊市，理财投资者将遭遇明显的净值浮亏，如果银行理财要补齐损失，就可能涉嫌刚兑风险；如果不补齐损失，又面临客户流失和赎回压力。由此不难看出，这对于银行资产端的冲击更大，在长期限理财发行困难、成本较高的背景下，将倒逼银行尽量通过投资短债缩小期限错配风险。

同时,大力发展创新型的封闭式产品可能也是一个出路。

（二）资产管理新规对银行理财的冲击将波及表内

1. 非标规模巨大,未来融资需求入表压力仍在

根据资金来源进行粗略估算,非标的总规模应该不低于23万亿~27万亿元。从政策基调来看,目的是引导商业银行有序压缩非标存量规模。资产管理新规中明确了标准化债权类资产的核心要素,对非标提出期限匹配、限额管理、信息披露等监管措施,并引导商业银行有序压缩非标存量规模,融资需求的部分回表或非标转标仍是大势所趋。尤其是考虑到非标的类信贷本质,虽然存在诸多障碍,但非标部分回表是应有之义。

2. 保本理财行将告别历史舞台,结构性存款无法完全替代

资产管理新规中提出金融机构不得在表内开展资产管理业务,银行表内保本理财将成为历史。结构性存款实际上已经成为保本理财的替代品,但是无法做到完全替代。首先,从银行的角度看,开展结构性存款业务需要有金融衍生品的经验和相应资格。相对于保本理财,结构性存款的成本稍高,需要在全行进行资金调配,资金运用的灵活度弱化,限制更多。结构性存款如果镶嵌的是"假结构",从中长期看,还面临较大的监管风险。其次,对于储户来说,毕竟结构性存款的回报有波动风险,接受度要弱于保本理财。而且对于不少企业来说,结构性存款算作衍生品业务,参与门槛更高。因此,结构性存款对于保本理财具有一定的替代性,但无法做到完全替代。

3. 表内负债端压力长期会有好转,中短期仍有隐忧

资产管理产品风险回报分层,无风险的存款性价比会相对提升。从长期看,表内负债端压力会有望缓解,但中短期仍有隐忧。虽然银行理财

和货币基金等快速膨胀只是表象,但直接导致银行负债端压力大幅提升、一般存款争夺激烈。尤其是 2017 年以来,同业理财压缩,但理财规模却不能降,只能转为发力个人金融业务,对表内一般存款的争夺白热化。资产管理新规推出,加上未来货币基金也可能受到越来越多的约束,货币基金收益率开始进入“3.0%”时代,理财利率下行且不再刚兑,市场利率与存款利率之间的利差缩小,各类资产管理产品风险、收益重定价,存款“搬家”的压力有望逐步得以缓解。

如果保本理财逐步萎缩,但很多对应资产仍在表外理财账上,并且结构性存款实行全行统一调配,那么银行理财短期内反而可能增大对一般存款的争夺,以免在规模上出现被动收缩。同时,如果“非非标”被认定为非标,将导致部分银行非标超标,如果不能顺利实现非标转标或入表,而银行理财要满足占比要求,仍有很强动力保持规模,对一般存款的争夺还不会立即减弱。银行理财为避免期限错配、为非标腾挪空间都需要拉长期限,无疑也会抬升理财的预期收益水平。

综上所述,虽然非标大部分难以重新入表,但新增融资需求和部分非标入表压力仍将现实存在,这对于银行表内资本充足率和超储的消耗显然将更大,需要货币政策等予以配合、对冲。此外,如果银行理财不能化解一些问题资产,表内是否会承担相应的承接责任存在可探讨的空间。

(三)银行理财的应对之策

资产管理新规落地显然会加速金融生态,尤其是资产管理生态链的重塑,那么银行理财首先会受到影响。因此,笔者将探讨银行理财的应对思路,核心是老产品如何化解、新产品如何发行。

老产品的化解方面还存在诸多疑问有待细则确认。比如在过渡期,老产品究竟能不能用续接资金购买标准化债权类资产？如果不能，由于新产品无法顺利对接，对债市的冲击将非常大。而老产品化解的核心在于短期内仍是留住客户，长期是如何解决非标。

笔者注意到，部分大行和股份制银行已走在了行业变革的前面，在新产品应对上主要采取以下方式：一是在产品端向两端发力。例如凭借渠道和流动性管理能力大力发展类货币基金产品。与公募货币基金相比，银行理财的类货币基金产品存在诸多优势，例如在期限上没有严格限制、投向上甚至可以加入非标、没有持有集中度考核等。当然，其劣势是不能进行成本估值、门槛一般为 5 万元。二是非标仍为银行理财的核心竞争力之一，不会轻易放弃。但非标投资未来会受到更多限制，尤其是期限匹配等约束。因此，银行尝试拉长理财产品期限从而为投资非标赢得更多额度和空间。同时，通过理财质押和转让等业务为长期限理财提供临时流动性，以降低流动性风险。资产管理新规将资产管理产品质押的限制缩小到金融机构，有利于理财质押业务的开展。

此外，银行在资产端积极化解非标风险，非标入表难度大，非标转标仍在尝试中。ABS 不受资产管理新规中杠杆和嵌套相关规定的约束，可以保持原有交易结构。ABS 显然是非标转标的重要途径，也将是非标投资的较好替代品，从而在供给与需求两方面都赢得更大发展空间。但 ABS 操作的难度大，额度受控制，很难完全解决非标转标的问题。一些股份制银行已经在成立资产管理子公司等方面先行一步。众多银行开始尝试净值化产品，以应对资产管理新规的冲击。例如有的银行在理财净值化产品中设计了向下不收管理费、向上收益分层的机制，这一机制未来可能展现出超越传统公募基金的灵活性，值得关注。

但是一些中小银行理财应对起来较为困难。未来,在非标受控、产品净值化之后,银行理财资产端的腾挪空间将大幅降低,银行理财之间的竞争将向负债端回归,大行明显更具优势,行业集中度提升大势难挡,而中小银行理财又往往面临规模、中期收入等业绩考核压力,进退两难。

## 资产管理新规对债市的影响

### (一)中长期影响

从中长期来看,银行理财及泛资管快速扩张时代已经结束,市场走向更加取决于基本面状况和货币政策取向。

#### 1. 规模效应:偏负面

在理财净值化、打破刚兑等背景下,银行理财的性价比与客户接受度将遭遇巨大考验。为接续存量产品、维持必要的流动性和市场稳定,金融机构可以发行老产品对接,但应当严格控制在存量产品整体规模内,并有序压缩递减,规模扩张的难度大增。而一旦客户接受度不佳,那么对于中小银行来说,可能将导致其抛售资产,并对信用债等债市品种带来明显冲击。当然,对于银行理财而言,由于资产流动性不佳,规模收缩对其冲击很大,因此宁可承担负债成本压力也不愿意降低规模。从短期来看,各家银行理财均忙于整改方案并留足流动性,都会降低短期债券配置需求。

#### 2. 替代效应:中期偏正面

非标受限,如果要保持银行理财规模基本稳定,需要逐步调整配置方向,标准化债权类资产相对受益。但需要注意的是,这是在假设理财规模不变的情况下。此外,非标如果转成标准化债权类资产,也会演变为债市的供给压力。

3. 基本面效应:中期正面

需要关注非标等融资渠道收窄对经济的反作用力,从中长期看,有可能从基本面的角度利好债市。监管政策越严格,货币政策传导越顺畅,央行调整货币政策的制约就会越少。

4. 表内冲击效应:不确定

表内冲击的影响路径较为复杂,主要是融资需求回表和表内外存款的争夺。由此会导致银行资本充足率和超储的更快消耗,需要央行货币政策等加以对冲。

5. 委外链条效应:偏负面,但短期压力不大

在理财规模增长乏力、资产管理行业集中度提升的过程中,委外赎回压力可能有所增大,委外模式也可能会发生新的变化。

6. 银行理财与债市的互动关系将发生本质性变化

多年来,银行理财在解决表内问题、做大中期收入等诸多诉求下不断扩张规模。而资金池运作(赚价差)+非标模式导致不断做大规模是最理性选择,并成为债市“买买买”的力量。即使债市收益率阶段性低于负债端成本,也可以通过高收益的非标加以补齐(其他投资者这时已经无法承受,导致理财成为债市的边际力量)。但在未来非标受控、净值化的过程中,资产端收益率越来越取决于债市收益率水平。因此,一旦债市收益率下行较快,而负债端成本下行受制于存款争夺等因素,那么将对银行理财扩张规模产生非常大的制约,并反作用于资产端和债券收益率,从而形成新的平衡。由于理财规模扩张遇阻,杠杆能力等有限,银行理财很可能将不再是债市的边际力量。

笔者也注意到,由于债市收益率在2017年底和今年初高企,激励个

别负债成本较低的银行理财主动扩张规模,并增持债券。目前银行理财利率上行空间已经很小,毕竟债市收益率等已经出现明显下降,资产端利率下行封杀理财收益率上行空间。但是储户仍存在其他替代性选择,尤其是保本的结构性存款利率仍可在4.0%~4.7%的区间,理财利率下行难度仍大。而且在未来净值化的过程中,如果债券收益率下行,而理财利率居高难下,没有了高收益非标的支撑,资产、负债利差压缩到一定程度后,银行主动扩张规模的意愿就将大减,这会对债市尤其是信用债利率产生天然的牵制作用。

(二)短期影响

1. 预期层面:局部放松,担忧缓解

市场对资产管理新规已经有了一定的预期,并在近期做出了一定的负面反应。新规终于落地,由于过渡期再次拉长1.5年,老产品可以续发,甚至略好于市场之前的预期,整体冲击和潜在尾部风险大为减缓。

2. 政策协调层面:货币政策有助于对冲潜在波动

预计"严监管、稳货币"的组合仍将保持。在降低融资成本的整体要求下,如果出现意外冲击,货币政策等可能将给予一定对冲,有助于降低短期冲击,加上4月份缴税期等已过,有利于资金面稳定性的略微好转。

3. 投资行为方面:需要结合其他政策一起观察,存在结构性冲击

前期债市出现反弹,除了市场对经济增速放缓担忧、融资渠道萎缩、货币政策为中性甚至偏松、监管叠加风险降低这几个因素影响之外,直接的影响因素就是需求力量不减反增,尤其是货币基金等继续膨胀。资产管理新规出台后,预计银行理财等都将忙于业务整改,配债需求将在短期内下降。而在供给旺季到来之际,理财及货币基金等新规容易导致需求

端的剧烈扰动,对于非标的限制其实不如预期严格,而非标转标的迫切性反而增强,从而给市场带来整体及结构性冲击,尤其是低等级、民营主体信用债的压力较大。当然,由于过渡期延长,加上老品种仍可以在不增加规模的情况下滚存,整体上还是降低了短期资金面断裂和被动抛售的尾部风险(见图2)。

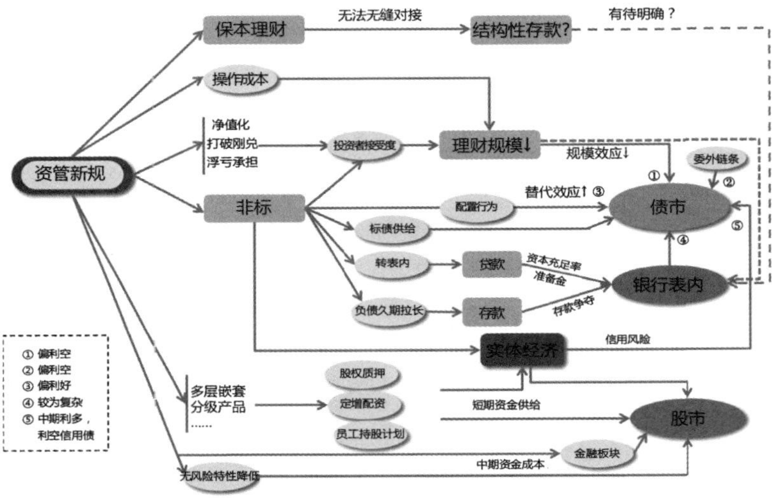


**图2 资产管理新规影响债市的几个途径**

资料来源:Wind资讯、中金公司研究

作者单位:中国国际金融股份有限公司

(本文原载于《债券》2018年5月刊)

# 日本债券市场开放：历程、特点与启示

李松梁　侍　荻

**摘　要**：债券市场开放是我国金融开放的重要组成部分，也是推动形成全面开放新格局的重要环节。本文系统梳理了自20世纪70年代以来日本债市开放的历程，总结了其开放的影响因素及特点，分析了其经验教训，并提出对中国债市开放的启示。

**关键词**：债券市场　开放　武士债　境外投资者

2015年以来，中国债券市场开放提速。截至2018年8月末，境外机构持有银行间市场债券规模达到1.68万亿元，中国国债的境外机构持有占比达到8%；各类境外机构在银行间市场发行债券超过1800亿元。特别自2018年8月以来，一系列债市开放"建章立制"工作加快落地，包括正式发布《全国银行间债券市场境外机构债券发行管理暂行办法》、明确境外机构投资中国债券税收优惠、新增"债券通"10家报价机构、"债券通"引入分仓交易功能（blocktrade）及全面实施券款对付（DVP）等。在当前我国扩大金融开放背景下，日本债券市场作为全球第二大市场，其开放经验具有重要借鉴意义。

## 日本债券市场开放对我国具有借鉴意义

### (一)中、日两国金融体系具有相似性

中、日两国金融体系在发展初期,总体情况较为相似。

一是融资方式均以银行为主导。在日本资本市场开放初期,银行贷款占企业总融资规模的比例为50%~70%,与我国目前的情况较为一致[①]。

二是资本市场均从封闭市场起步,在发展过程中逐步开放。与欧美市场"与生俱来"的开放特征不同,日本在20世纪60年代之前对跨境融资实行严格管控,此后采取逐步开放的方式,这与我国对金融市场的开放方式类似。

### (二)日本债券市场开放程度相对较高

自20世纪60年代起,日本逐步开放金融市场,债券市场从最初的封闭状态,发展成为开放水平较高的市场。从发行端来看,日本武士债[②]和欧洲日元债[③]市场已发展成规模稳定、规则清晰的成熟市场。从投资端来看,日本政府对日本机构赴海外进行证券投资和境外投资者参与日本债券市场已不设任何管制。

### (三)日本债市开放取得良好效果

一是促进本国债券市场发展和制度完善。在日本债券市场对外开放初期,其国内债券市场尚未发展成熟,欧洲日元债券市场的建立,吸引了

---

① 2018年8月最新统计数据显示,当前我国银行贷款约占社会融资总规模的70%。

② 日本境外发行人在日本发行以日元计价的债券。

③ 全球发行人在欧洲离岸市场发行以日元计价的债券。

大量发行人,对在岸市场业务产生挤出效应。在此情况下,日本政府逐步改革国内债券市场,推动了国内市场效率的提升。

二是推动日元国际化。日本债券市场开放和日元国际化相互推动、相互促进。债券市场开放扩大了日元计价资产的使用,推动了本国货币输出及日元的跨境使用,进而推动日元国际化。

三是助力东京成为国际金融中心。债券市场是一国金融体系的重要组成部分。日本的资本市场在不断自由化的过程中逐渐变得透明、自由和全球化,助力东京成为国际金融中心。

## 日本债券市场对外开放路径

### (一)开放起步阶段(1970—1983年)

第二次世界大战后,在布雷顿森林体系下全球主要经济体跨境投融资活动非常有限。自20世纪60年代开始,日本正式启动国债发行,并推动经常项目、直接投资项目的开放。这一阶段的日本债券市场发展及经常项目开放,为债券市场开放奠定了基础。进入70年代,日本债券市场有了实质性开放进展。

一是引入境外发行人。二战后日本经常账户顺差不断扩大,日元面临较大的升值压力。由于日本是亚洲开发银行(简称"亚开行")的主要出资国,日本有意借助亚开行在日本发行债券并将发债资金用于境外,以缓解日元升值压力,因此于1970年批准亚开行发行首笔武士债。但此后十年仅有很少的国际开发机构、主权政府、企业发行武士债。

二是推动本国机构赴海外进行证券投资。1970年,在日元升值压力下,日本开始放松对海外证券投资的管制,允许证券机构投资海外证券。

此后受第一次石油危机影响,日本出现经常项目逆差、经济负增长,在此形势下日本加强资本项目管制,武士债市场和对外证券投资渠道被短暂关闭。1975年,待日本经济逐渐从危机中走出后,恢复了武士债和对外证券投资。20世纪80年代初期,在美国"里根新政"影响下,美元较为强势,日本再度面临资金流出压力,但这次冲击相对较小,日本并未收紧对海外证券投资的限制,反而在政策上有所放松。

三是允许日本企业在离岸债券市场进行跨境融资。石油危机发生后,为刺激经济,日本实施了扩张性财政政策。政府大规模发行国债,对企业融资产生了挤出效应,导致日本企业融资能力受限。在此宏观环境下,日本政府于1974年开始逐渐允许日本企业在离岸债券市场进行外币融资(如发行瑞士法郎债、美元债)。

四是引入境外投资者。在1972年之前,日本的《证券交易法》不允许外国证券公司在日本设立分公司,境外机构必须通过日本的证券公司来投资日本债券产品,但境外机构要委托一家没有业务往来的日本证券公司较为困难,所以日本债券市场中境外机构投资规模处于低位。1972年,日本制定《外国证券公司法》,允许外国证券公司在日本开设分公司,境外投资者才开始更多参与日本债券市场。

(二)快速开放阶段(1984—1999年)

自20世纪70年代以来,日本和美国的贸易摩擦不断升级。美国认为日本政府通过资本项目管制来压低日元。另外,西方国家放松管制和金融自由化浪潮为日本开放本国金融市场带来示范效应[①]。在此背景下,

① 20世纪70年代末80年代初,英、德、美、法等国先后采取了旨在放松管制和推动金融自由化的一系列措施,这种变革激发了本国金融市场的活力,推动了本国金融业的迅猛发展。

日本政府出台了一系列政策,促进了债券市场对外开放进程。

一是放松对欧洲离岸债券市场的管制。日本逐渐放松对欧洲日元债市场的管制,一系列规则的修改为日本和国外企业在离岸市场发行欧洲日元债券提供了便利。例如,鼓励境外机构和日本机构在离岸市场发行欧洲日元债券、允许国外证券公司作为欧洲日元债券发行的主承销商、离岸存款不必参加存款保险和缴纳存款保证金、免除利息税等。欧洲日元债市场发行规模逐渐上升(见图1)。

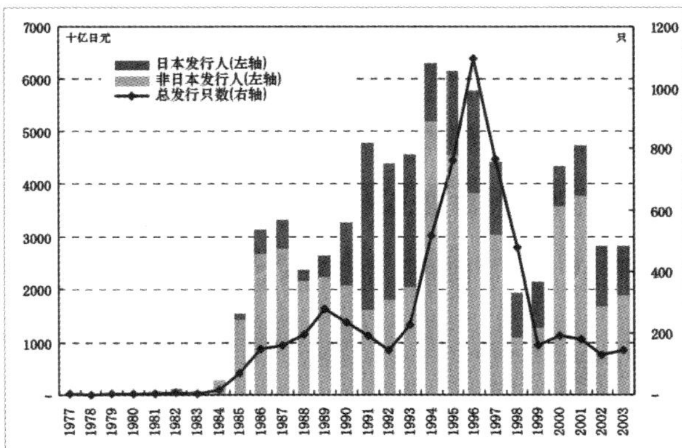


**图1　欧洲日元债发行规模**

数据来源:BIS. Asian Bond Issues in Tokyo: History, Structure and Prospects[R],2015.

二是放松本国债券市场(包括武士债)的监管措施。欧洲日元债券市场于1984年放开后,大批国内外发行人选择在欧洲离岸市场发行债券。为防止国内债券市场空心化,日本对本国债券市场采取了一系列监管放松措施,如逐渐引入评级标准、允许评级机构开展业务、逐渐废除发债标准等。1997年亚洲金融危机的爆发也给武士债市场发展带来了一定负面影响,特别是1998年武士债市场发生2起违约事件,给市场造成短期冲击。但与第一次石油危机不同,此次金融危机对日本冲击相对较小,加之武士债市场发展已经常态化,日本并未对债券市场开放采取限制性措施。从 2000 年开始,武士债市场发行规模逐步恢复(见图 2)。

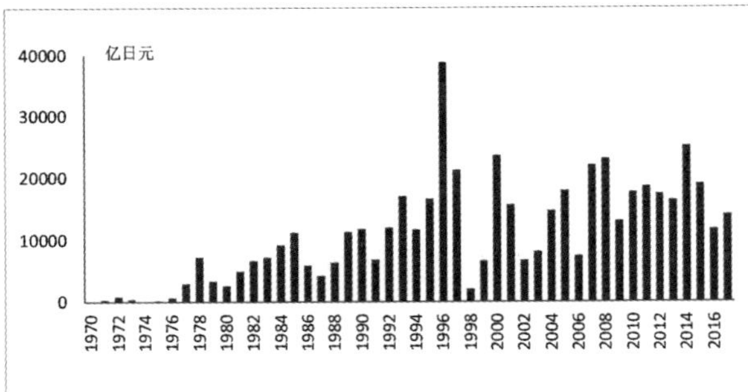


**图 2　武士债发行规模**

数据来源:Fumiaki Nishi and Alexander Vergus. Asian Bond Issues in Tokyo:History,Structureand Prospects[R]. BIS Papers,No. 30,2007

三是继续推进海外证券投资。20 世纪 80 年代是日本对外证券投资发展最快的一段时间,这主要源于三个原因:(1)经济高速发展推升了日本资本寻求海外证券投资机会的动力;(2)80 年代中期以后,日本国内资产价格泡沫严重;(3)1980 年日本《外汇法》修订为日本机构赴海外开展证券投资提供了便利。

四是引入境外投资者。从已有数据看,整个 20 世纪 80 年代,日本债券市场引入境外投资者的规模一直比较稳定,基本维持在 4%~7%。90 年代日本经济泡沫破灭,随着资本回报率的下降,本国债券市场对境外机构的吸引力有所下降,境外机构持有本国国债的比例也趋于下降。在此形势下,日本通过改革,不断降低境外机构参与成本,例如对非居民进行短期贴现国债和短期政府债券交易实施免税,实行政府短期发行公开招标制度,等等。虽然这些改革措施在 90 年代并没有显著提升境外机构持有日本国债的比例,但为以后引入境外投资者夯实了政策基础。

(三)稳步开放阶段(2000 年至今)

自金融大爆炸后,日本金融市场已经发展为一个自由、成熟的市场,在市场规则方面并未出现太大修改,各子市场发展趋于平稳。欧洲日元债市场平均每年的发行量为 6 万亿~7 万亿日元,相当于武士债市场的 3 倍左右。武士债市场自 2000 年至今进入平稳发展时期,年均发行规模维持在 2 万亿日元左右。在吸引境外投资者方面,日本政府于 1999—2004 年提出多项针对境外投资者的税收优惠举措。截至 2018 年 3 月,非居民持有日本国债比例为 10.9%(见图 3)。

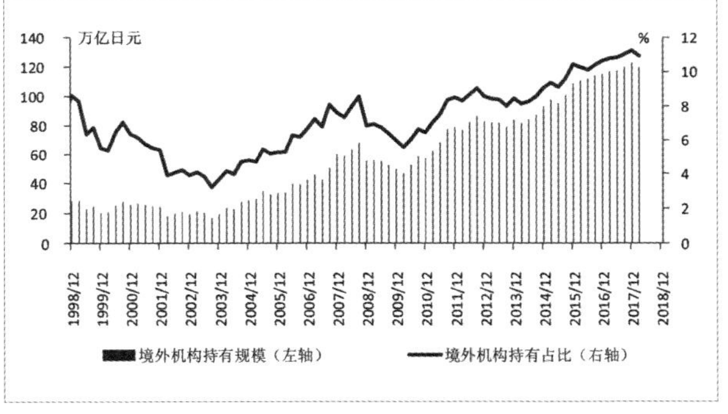


**图 3　日本国债的境外机构持有情况**

数据来源:ADB

为进一步扩大日本债券市场的全球吸引力,提升日本债市规模,2011 年 5 月,东京证券交易所建立了 Pro-bond 专业市场。Pro-bond 市场的披露语言要求、格式和会计准则更加灵活,披露次数减少为一年一次,为日本境内外发行人和投资者参与市场带来了一定便利,很快就吸引了来自全世界的各类发行人和更多元化的投资者。

## 日本债券市场开放的特点

### (一)循序渐进推动债券市场开放

日本债券市场开放历时30年,整个开放进程是一个循序渐进的过程,开放过程中没有产生较大风险。

这具体表现为:一是有序推进债市开放,尽管开放速度时有变化,但并未出现长时间停滞的情况。二是日本债市开放较为平衡,既有对境外机构的“引进来”,也有本国机构“走出去”。不过,在特殊阶段也有一定导向性,如在日元升值压力较大的情况下,日本更倾向于鼓励资本流出的开放方式。三是在市场开放达到一定水平后,会进入一个相对平稳期,内、外部环境的变化只会短期影响开放进程,而难以从根本上影响开放水平。

### (二)债市开放的影响因素错综复杂

市场开放受到多重因素的影响。

首先是本国宏观经济与政策因素,包括经济增长、财政政策、货币及外汇政策、经常项目、资产价格等。例如,在开放条件下,本国市场资产价格泡沫的形成和破灭,会对本国债券市场的吸引力产生较大的冲击。

其次是国际环境因素,如自由化浪潮、外国施加压力等。这些因素相互影响,最终共同作用于债券市场开放。

再次是外部冲击。从日本经验看,外部冲击对债券市场开放的影响分为两个层次:当受到较为严重的负面冲击时,日本非对称性开放更加明显;当受到的外部负面冲击影响较小时,日本并未出台限制债券市场开放的政策。

(三)债券市场开放和货币国际化相互促进

日元国际化既影响了日本债券市场对外开放的动力,也影响了开放的进程和效果。从开放动力看,直到1984年日本开始积极推动日元国际化[①],日本债券市场国际化的动力才得以提升。从开放进程看,日本债券市场的开放进程与日元国际化相互影响。20世纪80年代中期至90年代末是日本加快推动日元国际化的阶段,也是日本债券市场开放最快的时期。从开放效果看,日元目前已经发展成为一种国际化程度较高的货币,日元国际化的推进增强了日元计价债券的吸引力,因而也有效地提升了日本债券市场的国际化水平。

(四)以开放促改革是日本债市开放的典型特征

尽管日本公司债发展起步早于国债,但在20世纪80年代中期以前,日本公司债市场发展极其缓慢。80年代中期,欧洲日元债券市场快速发展,为在岸债券市场的改革带来了良好的示范效应,也提升了在岸债券市场改革的紧迫性。日本政府为提升日本在岸债券市场吸引力,进行了一揽子的改革措施。随着改革的深化,日本在岸债券市场逐渐发展成为一个成熟的市场。

(五)在把握债市开放的节奏和方向上存在不足

从20世纪80年代开始,日本通过修改《外汇法》、提高对外证券投资比例,不断放松对资本流出的开放。在此期间,日本的海外证券投资规模

① 日元国际化的推动因素包括:日本成为全球第二大经济体,经济实力和贸易盈余显著上升,日元国际化基础不断夯实;来自美国的压力;欧洲国家金融自由化浪潮;竹下内阁上台后的政治需要。

大幅上涨、资本大量外流。在此背景下,日本没有对资本外流采取限制性措施,而是通过实施宽松的货币政策应对经济下行的压力,最终导致 90 年代初出现了严重的资产价格泡沫以及日本经济“失去的二十年”。

此外,神奈川大学教授吉川元忠(2000)认为:“如果武士债市场从 70 年代起就大胆地放宽限制,并完善基础设施条件,从而实现迅速发展的话,就不难将丰富的日元债券放到日本投资者的面前。因而在 80 年代的对美投资大潮中,就会分散其投资从而发挥制动作用。至少那些已经转向日元资产的资金可以逃脱汇率的损失。”

## 日本债券市场开放经验对我国的启示

### (一)债券市场对外开放具有重要意义

首先,是实现国家开放性政策的重要抓手。纵观日本债券市场开放过程,可以看出债券市场开放具有与本国货币国际化相伴相生的关系,债券市场开放是开放性政策的重要落脚点。

其次,有利于实现本国债券市场自身的深化改革。日本债券市场提供了一个以开放促改革的正面案例。目前,我国债券市场在风险定价、投资者保护、信用评级、投资者多元化等方面仍面临问题。我国需要通过债券市场开放,引入国际先进的制度和理念,提升金融中介服务水平,提高金融资源配置效率。

再次,可以更高效地利用国内、国际两个市场的资源,更好地支持实体经济发展。

最后,可以将跨国企业投融资活动吸引到本国市场,实现金融发展、金融开放和经济发展的互动,促进国际金融中心的形成和金融话语权的提升。

（二）坚持循序渐进、服务实体的高质量开放原则

日本在开放初期，积极对优质境外主体开放，随着市场走向成熟，引入更加多元化主体，同时在开放过程中，灵活应对国内外的负面冲击。

我国当前仍处于开放初期，面临的内外宏观环境与日本20世纪七八十年代具有相似性。因此，可借鉴日本在市场开放初期引入国际开发机构、主权政府、优质企业的经验，初期优先引入市场声誉较高、影响力较大、信用资质较好的境外机构参与国内债券市场，做好市场培育，形成对外开放的示范效应。当前，国内外的金融联系不断增强，国内市场对外部冲击的脆弱性上升。日本经验表明，债券市场开放不能忽视外部风险而急于冒进，也不可因小的风险和危机而错失良机。在市场开放初期，市场管理部门应建立政策工具箱，根据负面冲击情况灵活采取措施。

（三）在综合平衡开放的基础上加强对债市开放的引导

债券市场开放内涵丰富，可以包含“在岸”和“离岸”两个市场，包含“请进来”和“走出去”两个方向，包含“投资端”和“融资端”两个维度。从日本经验看，债券市场开放凝结了上述内涵，具有综合、平衡的特征。综合、平衡的开放有助于发挥开放的协同作用，吸引多元化、异质性参与主体，进一步完善债券市场的定价功能。

此外，在综合、平衡开放基础上，还需要对债券市场开放的方向进行一定引导。例如，当面临资产价格泡沫问题和汇率波动等问题时，可吸取日本教训，用宏观审慎政策工具对资本外流的开放加强管理。

（四）充分监测、把握国内外宏观市场环境，切实防范风险

从日本实践经验看，债券市场开放既面临有利因素，也有不利因素。

这些因素包括了宏观和微观、国内和国外各个方面。开放过程中总是会遇到各种挑战，如金融危机、汇率波动、美国施压、经济泡沫、信用风险等，所以风险防范也成为开放过程中不可回避的问题。

当前，国内外金融联系较以往更紧密。一方面，我国尤其应当对海外市场予以关注，加强监测，防范债市开放中金融风险通过利率、汇率渠道跨境传导。另一方面，从日本经验看，境外发行人的信用违约会在短期内对市场造成显著波动。近年来全球信用风险呈上升态势，我国在债券市场开放中对信用风险也应高度关注。

(五)探索解决债券市场开放中与国际规则接轨的问题

为推动债券市场高水平开放，应让本国的规则和操作惯例更加适应开放环境。例如，进一步完善对于信息披露内容、频率、语言的要求，加强会计和审计准则与国际趋同，更大程度地发挥外资中介机构的作用等。在日本等发达市场，债券市场开放具有“分层分类”特征，如在传统债券市场之外设立 Pro-bond 市场有效降低了市场对外开放的运行成本，便利了制度突破，同时又将开放中的风险控制在一定范围内。

我国可以借鉴国际经验，在债券市场开放积累一定经验后，探索以“分层分类”的模式，在风险可控的前提下推动试点案例，创新性地探索积累可复制、可推广的经验。(本文为作者个人观点，不代表供职单位意见)

作者单位：中国银行间市场交易商协会

(本文原载于《债券》2018 年 10 月刊)

# 固定收益投资领域的科技应用

张浩　张骅　邢雯　喻泉

**摘　要：**科技在固定收益投资领域的应用推动了资管行业的科技转型。本文从市场分析、信用管理、组合管理等角度，总结了科技在资管机构固定收益投资领域应用的理论研究成果和实践经验，并就未来科技在该领域深化应用的方向进行了展望。

**关键词：**固定收益投资　金融科技　信用管理　组合管理

以计算机算法、大数据分析等为代表的前沿技术迅速渗透到金融行业的各个领域。在固定收益投资领域，科技的应用虽然起步较晚，但是已经对投资研究、组合管理、交易执行、风险管理等环节产生了深刻影响。各类金融机构积极探索数字化转型，纷纷推出金融科技应用成果，以打造在固定收益投资领域的核心竞争力。

本研究将从市场分析、信用管理、组合管理等几个角度，分析科技在资管机构固定收益投资领域的应用情况，尝试提炼和总结其中的理论研究成果和实践经验，旨在为同业利用科技赋能固定收益投资实务提供参考。

**市场分析:量化市场情绪**

当经济基本面没有发生明显变化时,市场情绪会阶段性地主导行情走势,此时对市场情绪的准确判断显得尤为关键。为帮助投资经理更好地判断市场短期行情,本研究探索如何建立客观评价市场情绪的指标,利用基金公司及产品的相关数据综合编制债市情绪指数。与传统的交易员口头传递债券市场交易情绪相比,该指数在切入角度、输入数据以及处理方法上均进行了一定创新,试图通过观察和分析债券市场的交易数据,提供一个更加全面、直观和科学的市场情绪指数。

在切入角度上,债市情绪指数基于基金公司及其产品的交易数据进行编制。这是考虑到基金公司及其产品是债券交易的主要活跃参与方,其交易行为能够比较客观、准确地反映债券市场的交易情绪,对投资交易有实际借鉴意义。

在输入数据上,借助计算机的大数据处理能力,对市场每天成交的债券数据进行分析,并基于对市场有效性的回测,最终选定基金杠杆率、交易久期、买方直接接受卖方价格(taken)的成交占比等指标用于合成债市情绪指数。

在处理方法上,债市情绪指数的合成方法主要采用机器学习中的主成分分析(PCA)等方法:在对输入数据进行相应平滑处理时,通过主成分分析量化方法进行整合编制。该方法的优势在于可以用单一的合成指标科学地描述其成分指标的综合趋势,也能对各成分的影响和贡献进行量化和分解。与市场上较为常见的基于单维数据的研究方法相比,债市情绪指数从投资交易的视角出发,选取了投资经理和交易员关注的多维度数据进行合成。在计算频率上,债市情绪指数可进行日频计算,反映市场每日的情绪变化。

图 1 展示了该指数的应用效果。其中,绿色折线代表债市情绪指数自 2020 年 10 月以来的走势;柱状图则将单日的指数值分解为 5 个主成分指标的贡献;当主成分指标的变化反映积极的市场情绪时,其贡献为正值,反之为负值。2020 年 11 月,受某大型煤炭企业违约事件影响,债市情绪一度非常悲观,在 11 月 19 日触底后逐渐恢复。

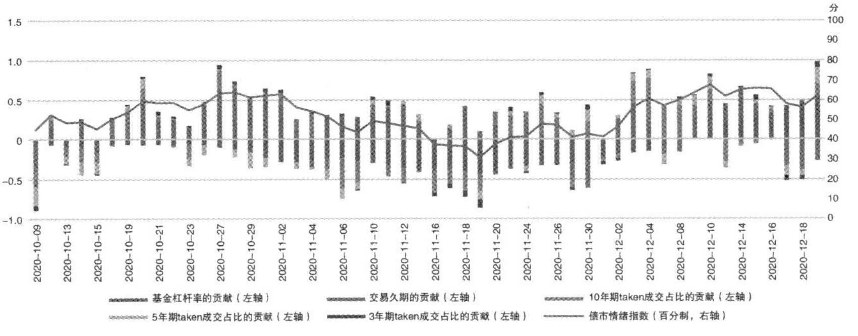


**图 1 债市情绪指数**

数据来源:平安资管 KYZ 平台

## 信用管理:构建自动信用评级模型和 AI 风险预警模型

在固定收益信用研究体系中,信用评级是指以企业基本面研究为主的信用水平判断。而舆情、价格等影响因素会在短期内造成企业信用水平的波动,当积累到一定程度时,会导致企业基本面的变化,进而影响企业的信用资质。但随着信息数据呈指数级增长、发债企业数量不断增加、违约情况逐渐复杂化,传统的人工分析难以覆盖每天全市场 5000 余家发债主体的信用情况,因此亟须借助大数据运用、量化分析和人工智能(AI)

等手段,提升信用评级效率和效果,形成主动风险监控及预警能力。

(一)量化信用评级

量化信用评级是指采用自动化模型并基于大数据技术量化入模因子,及时生成信用评级结果的现代评级方式。结合业务经验,本研究充分挖掘数据与模型的效用,构建了量化信评模型。

企业数据作为模型分析的基础,其广度、深度和精度均会影响模型效果。除市场公开数据、行业特色数据外,本研究还通过非结构化数据解析、自然语言处理(NLP)解析及特征提取等技术手段,将传统意义上难以入模的非定量指标转换成标准化指标,可持续获取非常规数据。本研究所获取的数据涵盖20万余条市场债券信息,并对所有数据进行统一标签化管理。

在构建量化模型时,本研究经综合考量,选取评级区分度较高、准确度经过投资实战检验的平安资管内部评级作为模型学习目标,并辅以国际三大评级机构的全球评级结果进行校准。在模型方法选择上,通过对比多种建模方法,同时选择多元逻辑回归模型和XGBoost非线性模型①,以达到优势互补的目的,在提高准确度的同时,确保解释性。经过分析师对模型因子的业务含义检查,模型结果与人工结果的交叉校验,不断的模型训练、参数调节,最终形成量化信用评级模型。

从模型运用效果来看,业务部门评价其智能程度大体上可以与市场上一个中等水平分析师的能力相当。具体以2014—2019年所有发债主体的模型评级结果为样本池进行检验,总体呈现以下特点:

---

① 多元逻辑回归模型的解释性好,更接近人的思维,但准确度不足;XGBoost非线性模型的准确度高,能处理更高维的数据,但解释性较差。

第一，模型评级的区分度较高。以 2019 年数据为例，评级结果呈现如图 2 所示的正态分布。

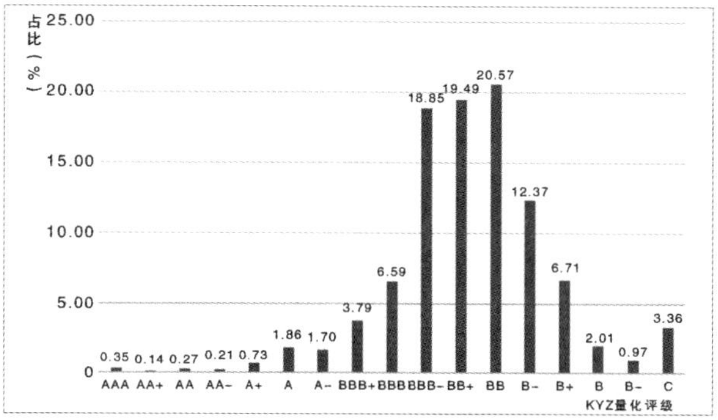


**图 2　2019 年所有发债主体的模型评级结果分布**

数据来源：平安资管 KYZ 平台

第二，模型评级的准确度较高。从 2019 年年报数据来看，90% 以上的发债主体评级与内部评级差异保持在 1 级以内，二者差异在 2 级以内的主体占比达 97.6%，高于行业通常水平。

第三，模型所评级别越高，对应发债主体的级别稳定性越好。AA 级及以上发债主体的评级结果总体上变动较小，而中低评级发债主体的评级结果调整较为频繁。

（二）AI 风险预警

为实现对企业信用风险的主动管理，本研究从财务粉饰、经营风险、舆情风险、市场异动、关联风险等多个方面构建 AI 模型以捕捉风险因素，从而及时监控信用风险波动情况。运用 AI 模型进行风险预警的最大挑战之一是样本稀疏。以财务粉饰识别为例，一般常被用来作为研究样本的曾受过监管部门处罚的企业只有百余家。因此，本研究采用两层因子设计来解决样本稀疏的问题。第一层为业务规则沉淀，基于专家经验和规则判断,获取精度较高但覆盖率较低的造假样本,同时引入风险评估领域中常用的极值分布理论对尾部风险进行广义帕累托分布的拟合,用以捕捉疑似财务造假样本。第二层为深度学习泛化,通过机器学习模型对上一步所得可靠性较高的财务造假可疑样本进行泛化学习,找到与之类似但无法通过简单业务规则直接抓取的疑似造假样本,再通过非结构化的辅助指标,拼出完整的造假证据链,对财务造假情形实现精准预警。

另外,为了让模型能识别"重大信用风险的征兆"而非仅识别"近在眼前的违约",在AI风险预警模型的主模型层面,借鉴迁移学习的方法,将外部评级下调、列入评级观察名单、内部评级下调、异常成交等多种信用风险事件共同纳入模型的学习目标,使模型不仅能够识别违约事件,也能尽早提前识别企业信用风险暴露的征兆。与传统的评级模型相比,预警更强调捕捉信用风险的动态变化,因此在平安资管"风险预警等级"五级分类[①]这一输出形式的基础上,引入了"风险趋势"的概念,用以描述预警模型领先于市场普遍认知(来自外部评级、公允估值等信息源)的风险变动预判。简单地说,本研究希望通过风险预警模型助力投资者在瞬息万变的资本市场中能最具前瞻性。

**组合管理:构建固定收益多因子体系**

现代证券投资组合理论是美国经济学教授哈里·马科维茨最早提出的,通过将概率论和线性代数的方法应用于证券投资组合研究,探讨了不同类别、运动方向各异的证券间的内在相关性。威廉·夏普在其理论基

① 平安资管"风险预警等级"五级分类是指根据信用风险程度将企业划分为高风险、中高风险、中风险、中低风险、低风险五个等级。

础上进一步提出了资本资产定价模型(CAPM),这是因子投资模型的雏形。随后众多的学术和市场人士加入对因子投资的研究。在固定收益投资领域,由于底层资产更为复杂,其中的因子模型开发较权益投资领域更为困难,强大计算能力的要求更是令人望而却步。借助金融科技力量进行个债的因子拆解处理,组合的优化管理才有办法得以实施。

(一)因子构建

结合投资实践需要,本研究着手对各类资产进行因子拆解,建立了多因子体系。其中,对个债因子的拆解采用以利率久期(细化到短端、中端及长端)收益因子、利差调整久期收益因子、套息收益因子为主要部分的固定收益多因子模型,以此辅助投资经理管理固定收益投资组合。在针对中国市场的回测研究中,这套因子对过去一段时间组合投资收益的解释性非常好,在不同的市场状态下均能表现稳定。

对于利率久期收益因子,选取整条国债收益率曲线上的几个关键期限点,通过关键期限点收益率的变化即可解释绝大多数国债价格的变化。

对于利差调整久期收益因子,将信用债与同期限国债的信用利差变化①进一步拆解为信用主体所在领域(可以按行业、信用等级等划分)的总体变化及其个体变化。

对于套息收益因子,将持有债券的静态利息收益进一步细分为对应回购融资成本的套息(base rate carry)、相同久期国债收益率的套息(duration equivalent carry)以及期权调整后相对国债利差的套息(OAS carry)。债券的剩余期限在持有期会越来越短,在收益率曲线上将逐渐向左移动,

① 信用债价格除受无风险收益率的影响外,还受预期违约率的影响,体现在与同期限国债的信用利差变化上。

而正常的收益率曲线一般向右上方倾斜,还会存在相应的骑乘(rolldown)收益。

(二)组合管理及优化

基于以上覆盖固定收益类资产的底层因子框架,投资经理在构建一个组合和后续的调仓优化过程中,可以使用组合管理中的优化算法,更科学地选择资产和配置投资权重。

本研究开发了一套借鉴AI算法的创新型多目标优化算法,可以在给定多个投资目标和受到多个投资限制时,基于多因子体系给出多个帕累托最优前沿上可投资产权重配置的结果,实现在因子层面的最优化。这套算法充分考虑了中国债券市场的交易规则惯例,如银行间市场债券的最小交易面值为1000万元、新老券的流动性差异等,使得优化的结果具备相当高的实操性。在此基础上,本研究进一步推出了组合管理平台。该平台能够根据投资目标的变化,为投资经理在管理被动组合、主动组合、货币产品等固定收益产品时提供投资建议。

当管理被动组合时,投资目标往往是使组合的投资收益尽量与作为业绩基准的指数收益保持一致。组合管理平台计算出指数在各因子上的风险暴露权重后,通过算法优选出一些跟踪误差最小的投资组合,从而使得投资经理构建组合的过程变得更客观和轻松。

当管理主动组合时,投资目标就有多种可能,如达到一个绝对收益水平、超越指数基准等。组合管理平台在将投资经理对市场的预期观点(如对无风险收益率、信用利差走势的判断)反映到资产配置的过程中,借助多目标优化为投资经理提供风险收益曲线上的有效前沿选择,从而构建风险收益更均衡的投资组合。

对于一个货币产品，投资经理必须在收益与流动性之间进行权衡。通过对个债流动性成本的计算，组合管理平台可以帮助投资经理在满足组合流动性目标的同时，优化得到收益更高的资产配置方案。

市场每天都在变化，投资是一个动态的过程，组合管理平台也提供了客观准确的回溯归因，直观展示组合收益在各因子上的分解情况，方便投资经理持续了解自己的预期观点为组合带来的收益情况。当投资经理更新预期观点后，通过多因子模型重新进行多目标优化，即可为投资经理提供优化组合的建议，以便作出调仓决策。

（三）组合风险管理

资管新规实施以来，各类固定收益产品均在进行净值化转型，如何降低组合波动率、控制收益的最大回撤率成为整个资管行业的痛点。

由于债券资产间的历史协方差矩阵无法捕捉波动性趋势的变化，固定收益多因子模型引入历史波动率（Historical Vol）、随机波动率（Stochastic Vol）、波动率的波动率（Vol of Vol）等统计指标，通过计算各因子间的前瞻性方差协方差矩阵和投资组合在各因子上的风险暴露权重，及时反映市场波动性的趋势性变化。而且当计算好各因子间方差的协方差后，可以将模型系统地应用到各种投资组合中，以更准确地预估组合的波动率，帮助投资经理更好地控制组合收益的回撤率。这些对于投资决策及风险管理均具有指导意义。

固定收益多因子模型同样也能更好地刻画压力测试场景下的组合收益率变化，是对波动率及 VaR 等风险度量的补充，主要防范回报分布的“肥尾效应”。在多因子传导的压力测试中，通过对关键因子施压并纳入因子的相关关系进行风险传导，计算其他因子被动变化后的收益，从而得到对投资组合整体的冲击,模型结果更贴近现实且具有前瞻性。

## 未来展望

从长远角度看,大数据、计算机算法和 AI 等技术在固定收益投资领域所能提供的价值远非上述所列几项,其在债券流动性成本及溢价预估、市场精准化定价、多资产组合精细化分析支持等方面仍有很大的应用空间。

随着金融科技的蓬勃发展,如何使其与固定收益投资实务有效融合,将是金融机构打造固定收益投资领域核心竞争力的关键所在,同时也是解决我国固定收益市场流动性问题以及提升市场有效性的重要抓手。

**参考文献:**

[1]陈秀梅. 我国债券市场信用风险管理的现状及对策建议[J]. 宏观经济研究,2012(2).

[2]温彬,张友先,汪川. 国际债券市场的发展经验及对我国的启示[J]. 上海金融,2010(9).

作者单位:平安资产管理金融工程团队

平安资产管理创新规划团队

(本文原载于《债券》2021 年 1 月刊)

# 债券异常交易与非市场化发行初探

李　田

**摘　要**:本文试图通过债券异常交易来识别债券的非市场化发行。通过构建债券异常交易占比指标,并检验其与债券一、二级市场价差,票面利率"整容",私募债交易以及结构化发行的关系发现,债券异常交易占比对发行人非市场化行为具有良好的识别效力。基于债券异常交易占比阈值,本文测算了债券非市场化发行的规模。近年来,债券市场在服务实体经济、优化资源配置、支持宏观调控等方面发挥了重要作用,为更好地发挥价格信号对债券市场资源的优化引导作用,本文针对债券非市场化发行提出了相关政策建议。

**关键词**:债券异常交易　非市场化发行　信用评级

当前债券市场存在非市场化发行现象,债券发行人通过结构化发行或违规返费以压低票面利率的现象时有发生(孙天琦,2021)。在此背景下,识别债券非市场化发行并测算其规模将有助于监管部门维护债券市场稳健运行,进而维护金融稳定。本文拟从金融行为研究的角度出发,尝试解决上述问题。

### 债券非市场化发行与债券异常交易存在一定的关联

债券非市场化发行是指发行人通过非市场化方式干预债券发行定价,进而扭曲债券市场价格的行为。根据现有研究(李田,2021),当前债券非市场化发行主要分为四种类型:结构化发行、私募代持发行、外部综收发行和价格歧视发行。结构化发行是指债券发行人通过关联交易、资管产品等方式间接认购自己发行的债券;私募代持发行是指私募基金和资管产品以低利率包销代持债券,变相拉长期限,并通过其他方式获取补偿;外部综收发行是指商业银行及其关联方以低利率投标债券,并通过存贷款业务等获取补偿;价格歧视发行是指私募基金和资管产品在二级市场通过对倒交易扭曲价格信息,进而压低发行利率,并通过其他方式获取补偿。债券非市场化发行扭曲了价格信号,不利于投资者进行风险定价,给债券市场带来潜在风险。

债券非市场化发行与债券异常交易存在一定的关联,通常债券非市场化发行是为了降低融资成本,然而当债券进入二级市场,债券估值机构会力求还原其真实成本。为应对估值机构识别债券非市场化发行,部分机构会在二级市场频繁进行代持互持、对倒等操作,意图通过关联交易影响二级市场债券收益率,进而为债券非市场化发行提供支撑。在假定"部分债券发行人与投资者间存在隐秘的关联关系,相关异常交易行为能够体现出发行人的特殊意志"的前提下,通过识别二级市场的债券异常交易占比了解一级市场的发行情况,是判断债券非市场化发行的一种可行路径。

本文试图识别债券异常交易,验证其与债券非市场化发行的关系,并进一步分析目前债券非市场化发行的总体情况。

## 债券异常交易的识别

本文把以下四种情况视为异常交易(如表 1 所示)[①]。

表 1　债券异常交易分类

| 异常分类 | 现象 | 统计方法 | 认定场所 | 异常入选理由 |
| --- | --- | --- | --- | --- |
| 异常 1 | 非传统投资者 | 提取非货币中介撮合交易、交易金额存在异常的交易 | 交易所、银行间 | 传统投资者少,私募基金、秃鹫基金等投资者多的债券可疑 |
| 异常 2 | 价格异常稳定 | 提取存续期内同一价格反复出现的交易 | 交易所、银行间 | 债券价格理应随行就市,发行成功一段时间后依然频繁出现同一价格交易,属于不正常现象 |
| 异常 3 | 三方关联交易 | 提取可疑的三方对倒交易 | 交易所 | 存在甲出售给乙、乙出售给丙、丙再出售给甲的三方对倒交易可能 |
| 异常 4 | 明显偏离估值 | 提取偏离中债估值净价较大的交易 | 交易所、银行间 | 存在潜在的利益输送问题 |

一是二级市场投资者主要是非传统投资者。如私募基金、秃鹫基金等在交易中占据主导地位,这些交易通常未通过货币中介公司撮合,多为私下询价达成,且交易金额存在异常状况,交易价格在其他投资者处往往无法复制成交,可判断为异常交易。

二是二级市场反复出现相同价格的交易。如在不同交易日反复出现 99 元净价的交易,说明债券价格未跟随二级市场一起波动,价格异常稳定,可判断为异常交易。

三是二级市场出现三方关联交易。如出现三方闭合对倒性质的关联交易,可判断为异常交易。

四是二级市场价格明显偏离中债估值。中债估值为市场中较公认的二级

① 这四种异常交易基于市场经验总结,仅代表个人观点。

市场公允价值,如债券交易价格偏离中债估值较大,可判断为异常交易。

在万得(Wind)历史数据库中,银行间市场仅披露单只债券当天的平均价格信息,交易所则披露逐笔价格信息。在此基础上,本文选取2018年1月1日至2021年8月3日债券二级市场成交数据作为样本(包括交易所竞价、询价交易和银行间询价交易,其中上海证券交易所私募债选取日期为数据首次发布日2020年12月28日至2021年8月3日),样本数量共计1939289条。根据表1所述四类异常交易,共提取异常交易样本358855条,占比约为18.5%。

进一步分析债券异常交易次数与信用评级之间的关系,可发现信用等级越低,债券异常交易占比越高(见图1)。本文采用中债隐含评级作为信用指标,等级从AAA+到AA-,债券异常交易次数随信用等级降低而逐步增加①。其中A+与其他等级的样本数量大幅降低,这会导致债券异常交易次数有所降低。进一步观察各等级债券的异常交易占比可发现,信用等级越低,债券异常交易占比越高。

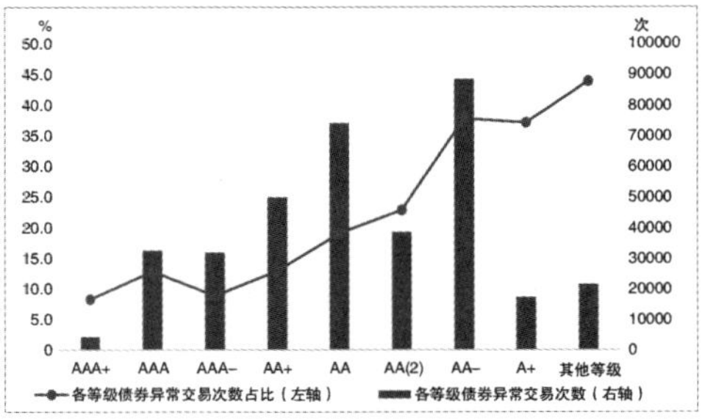


**图1　不同中债隐含评级债券异常交易次数及异常交易占比走势**

注:统计区间为2018年1月1日至2021年8月3日
数据来源:Wind

① AA(2)仅存在于城投公司和平台公司中,导致次数较低。

## 债券异常交易占比分析

2018 年以来，包括交易所和银行间市场在内的全部信用债券（不含资产证券化产品，以下简称“全量债券”）异常交易占比稳定在 15%左右，低等级债券异常交易占比稳定在 30%左右（见图 2），且 2021 年以来两类数据占比均有所提升。进一步提取交易所市场债券进行分析，其走势同全量债券走势一样，近一年来增长较快，且其绝对值水平更高，在 20%以上（见图 3）。这主要源于银行间市场仅披露单只债券当天的平均价格信息，交易所则披露逐笔价格信息，交易所数据更为完整。进一步剔除上交所固收平台私募债数据（私募债异常交易占比较高），本文发现债券异常交易占比走势未变。

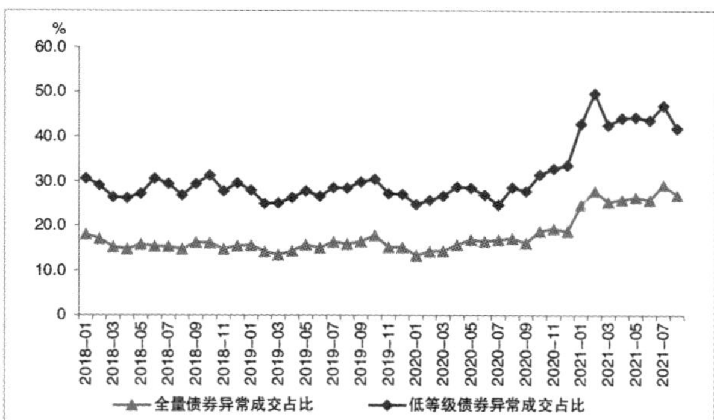


**图 2　全量债券与低等级债券异常交易占比走势**

注：统计区间为 2018 年 1 月 1 日至 2021 年 8 月 3 日

数据来源：Wind

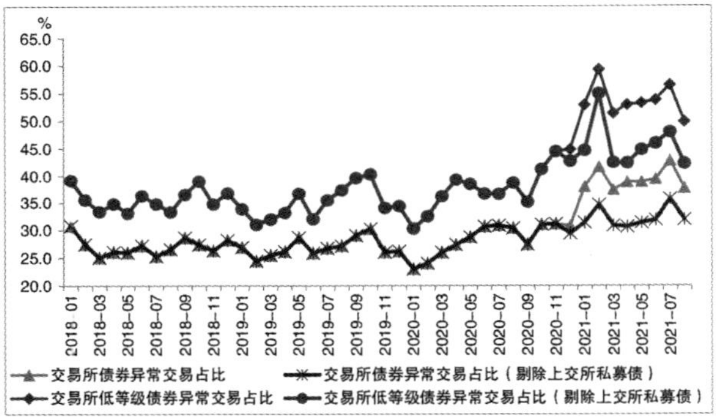


**图3　交易所债券与低等级债券异常交易占比走势**

注:1.统计区间为2018年1月1日至2021年8月3日

2.2021年2月,受华夏幸福事件影响,数据出现阶段性峰值。2021年8月债券异常交易占比下降是由统计天数只有3天所致

数据来源:Wind

由于交易所成交数据源较为精细,对交易所债券各信用等级全量债券和低等级债券的异常交易组成部分进行拆解,笔者发现两者组成部分的比例分布存在一定的共性和差异(见图4)。

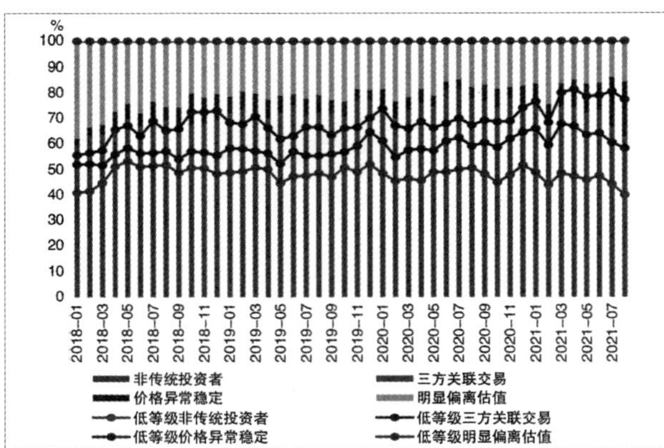


**图4　交易所债券异常交易组成部分拆解**

注:统计区间为2018年1月1日至2021年8月3日

数据来源:Wind

共性包括以下两点。

一是“非传统投资者”占比均开始降低。上海证券交易所、深圳证券交易所(以下简称“沪深交易所”)和中国银行间市场交易商协会接连发布了《关于规范公司债券发行有关事项的通知》《关于进一步加强债务融资工具发行业务规范有关事项的通知》等文件,严禁发行人“自融”行为,使得债券结构化发行现象有所缓解。

二是“价格异常稳定”占比均稳步扩大。《关于规范金融机构资产管理业务的指导意见》(以下简称“资管新规”)发布后,部分银行理财偏爱采用成本法进行估值,当新老产品交替时,已投资债券需要进行过户交易,而面值则是对于银行在一级市场买入的债券采用成本法估值后较为常见的交易价格。此外,债券的代持发行和自持交易也可能出现上述情况。

差异性包括以下两点:

一是低等级债券口径的“三方关联交易”占比明显偏少。高等级信用债交易较多,情况较为复杂;低等级信用债交易相对较少,情况相对单纯,使得低等级信用债的“三方关联交易”也相对较少。

二是全量债券口径“明显偏离估值”占比明显偏少。由于低等级债券定价难度较大,其“明显偏离估值”交易数量多于高等级债券。

从各类统计数据可总结得出:当前债券市场异常交易的占比依然在抬升,显示非市场化发行情况可能在继续恶化。虽然结构化发行规模有所收缩,但银行体系在债券市场的影响力在扩大,笔者推测银行体系通过综收压低票面利率投标的规模也在不断扩大。此外,债券的私募代持发行和自持交易情况可能也有所恶化,同样也造成了债券市场价格一定程度的失序。

## 债券异常交易占比对非市场化发行的识别效力分析

本文拟通过债券异常交易占比分别与债券一、二级市场价差和票面利率“整容”的关系对其识别效力进行间接验证;通过私募债和城投债的异常交易占比分析对其识别效力进行间接验证;通过信用事件冲击、抽屉协议与违约债券视角提取结构化发行债券样本,对债券异常交易的识别效力进行直接验证。

(一)债券异常交易占比与债券一、二级市场价差

近年来,债券一、二级市场价差引起市场广泛关注。债券一、二级市场价差较大可作为债券非市场化发行的直接证据,所以观察债券异常交易占比与一、二级市场价差的关系可在一定程度上验证债券异常交易占比的识别效力。本文剔除异常交易次数低于10次的发行人样本,将债券异常交易占比分为[0,0.3)、[0.3,0.4)、[0.4,0.5)、[0.5,0.6)、[0.6,1]五档,验证“档位越高,债券异常交易占比越大”的情况是否存在。图5显示的是每一档位的一、二级市场价差平均值在时间序列上的走势,在图5基础上统计每一档位在价差层面的排名情况,结果如表2所示。

**表2 各债券异常交易占比区间折线高低顺序统计**

| 折线高低顺序统计 | [0,0.3) | [0.3,0.4) | [0.4,0.5) | [0.5,0.6) | [0.6,1] |
|---|---|---|---|---|---|
| 1 | 22 | 6 | 19 | 18 | 3 |
| 2 | 14 | 17 | 17 | 6 | 14 |
| 3 | 16 | 17 | 15 | 7 | 13 |
| 4 | 11 | 13 | 13 | 17 | 14 |
| 5 | 5 | 15 | 4 | 20 | 24 |

注:1. 统计区间为2016年1月1日至2021年8月3日

2. 1~5为图2折线在各时间序列的高低顺序,1为最低,5为最高

当债券异常交易占比低于 0.3 时,图 5 折线在各时间序列的高低顺序更多地归类于 1 与 2,即[0,0.3)的价差多排在倒数第一、二位;当债券异常交易占比高于 0.5 时,图 5 折线在各时间序列的方位顺序更多地归类于 4 与 5,即 0.5 以上档位的价差排在顺序第一、二位,这说明随着区间档次不断提升,债券一、二级市场价差有变大的倾向,即异常交易占比较高的债券大概率存在更严重的非市场化发行行为。

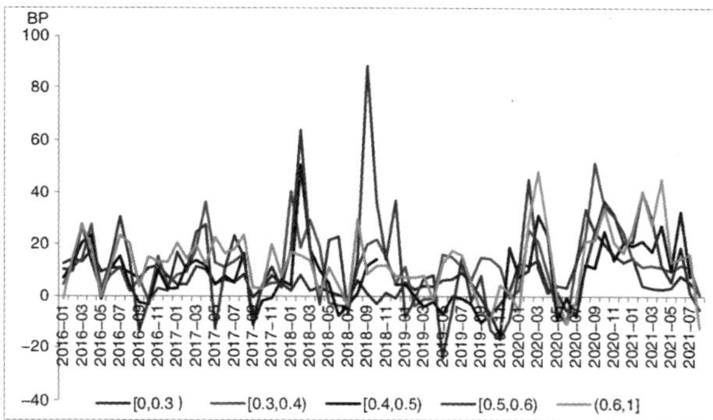


**图 5　债券异常交易占比对应的债券一、二级市场价差**

注:1. 统计区间为 2016 年 1 月 1 日至 2021 年 8 月 3 日
2. 图例为债券异常交易的占比区间
数据来源:Wind

(二)债券异常交易占比与票面利率“整容”

票面利率“整容”是指发行人所属不同债券存在多次相同票面利率的现象(通常重复次数大于等于 3 次)。通常,债券的市场化定价会使同一发行人所属债券的票面利率呈现出不同数值,票面利率完全相同的概率较小。如果债券存在非市场化发行,则发行人会联合承销商多次将票面利率定为某一固定值,同一票面利率出现次数越多,则债券定价被操纵的可能性也就越大。笔者认为,当一个发行人存在大量票面利率“整容”现象时,其存在明显的非市场化发行行为。

图6统计的是不同债券异常交易占比对应的票面利率“整容”次数。同样将债券异常交易占比分为五档，统计样本为2016年以来非金融企业债券。从图中可知，单个发行人债券异常交易占比越大，则其票面利率“整容”次数越多。由于当前债券市场上部分最优信用资质的发行人普遍具有较强话语权，可能影响统计效果，笔者对其样本进行了剔除，发现统计结果依然稳健，这说明债券异常交易占比与票面利率“整容”存在一定的关联，可通过债券异常交易占比识别债券的非市场化发行。

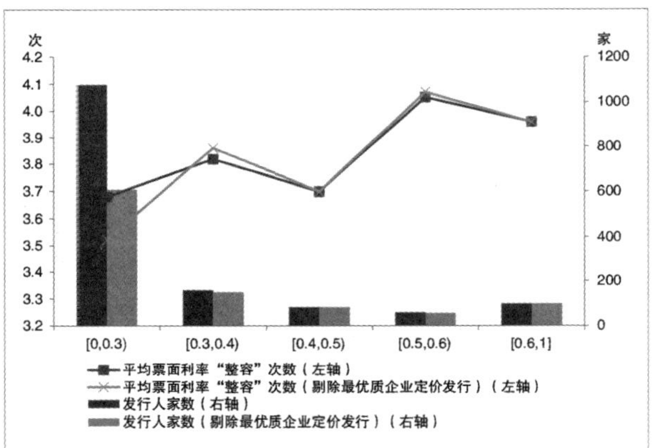


**图6　不同债券异常交易占比对应的票面利率“整容”次数**

注：统计区间为2016年1月1日至2021年8月3日

数据来源：Wind

（三）私募债的异常交易占比

已有研究表明私募债出现一、二级价差的次数在众多债券品种中排名靠前（李田，2021），即私募债出现非市场化发行的概率较高。本文选取交易所私募债作为样本，观察私募债的异常交易占比情况。

在本文样本中，上交所私募债统计的时间段仅为7个月，其他债券品种则为43个月，深交所私募债的规模较小。在以上前提下，交易所私募债异常交易出现的次数仅次于一般公司债,整体较高(见图 7)。在样本中,私募债的统计时长不到一般公司债和一般企业债统计时长的 1/6,可见其异常交易次数是被低估的,需进行调整。理论上,需将私募债的异常交易次数乘以 6 倍(按时长计算),为谨慎起见,此处将私募债的异常交易次数乘以 3,调整后私募债的平均异常交易次数遥遥领先(见图 8),这在低等级债券中更加明显,由此可知,私募债更容易出现异常交易。

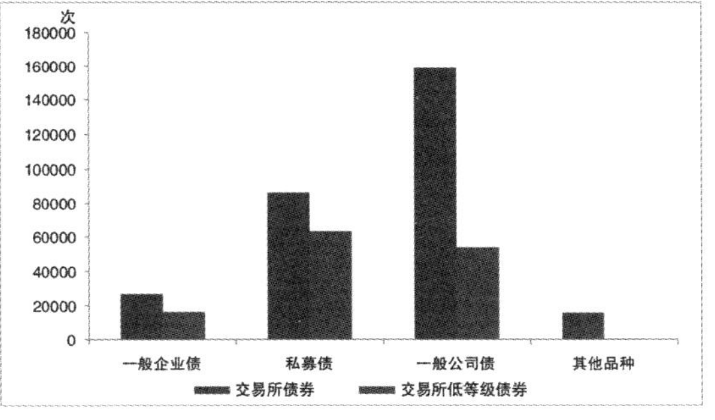


**图 7　交易所不同类型债券出现异常交易次数统计**

注:统计区间为 2018 年 1 月 1 日至 2021 年 8 月 3 日
数据来源:Wind

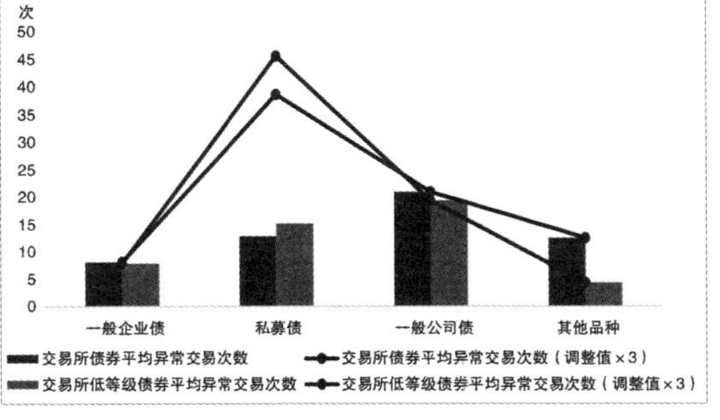


**图 8　交易所不同类型债券平均异常交易次数统计**

注:统计区间为 2018 年 1 月 1 日至 2021 年 8 月 3 日
数据来源:Wind

### (四)结构化发行债券的异常交易占比

首先,从区域维度进行观察。已有研究(杨晟胜,李田,任莹,2019)表明,有些地区的信用债在受信用风险冲击后,大幅折价成交次数较多,这主要是其结构化发行债券回购杠杆爆仓所致。本文对这些地区的债券进行统计,可发现异常交易占比较高,且在低等级债券方面表现得更为明显。

其次,从信用事件维度进行观察。结构化发行债券多用于杠杆回购,其受到信用事件冲击时折价幅度较大,本文将折价幅度超过15%的债券作为观察样本。由此统计,得到2017年以来被认定为结构化发行的交易所债券样本153个、银行间债券样本165个。此类样本债券异常交易占比比全量债券异常交易占比统计值明显偏高①(见图9),进一步对情况最严重的65个交易所城投债样本进行分析可以发现,超过80%的债券样本异常交易占比超过50%。

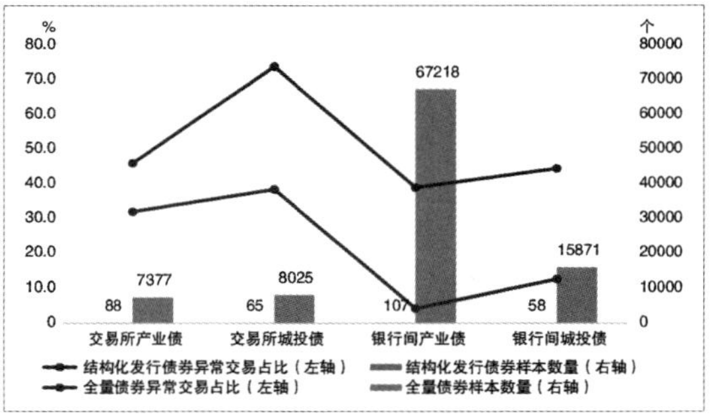


**图9 结构化发行债券的异常交易占比明显偏高**

注:统计区间为2018年1月1日至2021年8月3日
数据来源:Wind

再次,从抽屉协议的视角进行分析。2019年新闻公告称华东地区某

① 交易所与银行间市场不一致的主要原因,是上文已提及交易所和银行间市场成交信息披露结构不一样。

县平台“债券被折价抛售后报警国有资产流失”，该平台债券后经证实为结构化发行。本文对其进行债券异常交易占比分析，发现该发行人债券异常交易占比高达71.1%，而其发行的多只债券异常交易占比高达100%（见表3）。

**表3　华东地区某县平台公司发行人与个券债券异常交易占比分析**

| 债券简称 | 发行人 | 属性 | 个券异常交易占比 | 发行人债券异常交易占比（加权平均值） |
|---|---|---|---|---|
| 21**07 | *****投资有限公司 | 地方国有企业 | 100.0% | 71.1% |
| 21**03 | | | 100.0% | |
| 21**01 | | | 100.0% | |
| 18**01 | | | 100.0% | |
| 18**02 | | | 63.9% | |

注：统计区间为2018-01-01至2021-08-03

数据来源：Wind

最后，从违约案例视角进行分析。违约企业里因寻求结构化发债而被公开行政处罚的数量有不少。通过分析这些企业债券异常交易占比情况得知，从违约前12个月开始，大多数企业的发行人债券异常交易占比就超过20%，部分甚至超过40%。在违约当月，样本的发行人异常交易占比均值达到50%，即部分企业甚至超过50%。

综上，债券异常交易占比对债券非市场化发行具有一定的识别效力，可利用债券异常交易占比分析债券的非市场化发行行为。

## 通过异常交易占比测算债券非市场化发行的规模

对统计期内的发行人和相关债券进行分析，经统计纳入计算的发行人数量为6281个，纳入计算的债券数量为98491只（含已到期债券65332只）。

图10从发行人角度展示债券异常交易情况。在图10中，横轴坐标

展示发行人的债券异常交易占比,纵轴左轴展示异常交易发行人累计占比,随着异常交易占比逐渐降低,异常交易发行人占比逐步增大。在横轴30%位置左边,异常交易发行人占比缓慢增加,而在横轴30%位置右边,异常交易发行人占比有明显上升。因此,本文将30%作为识别非市场化发行人的阈值,即异常交易在30%以上,则该发行人为非市场化发行人;在30%以下,则该发行人为正常发行人。

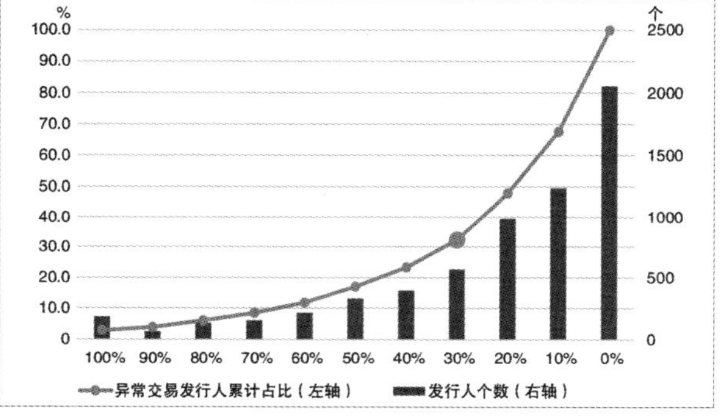


**图10　全市场发行人债券异常交易占比分布情况分析**

注:统计区间为2018年1月1日至2021年8月3日
数据来源:Wind

图11从个券角度展示了债券异常交易情况。在图11中,横轴展示是个券的异常交易占比,纵轴左轴展示异常交易债券累计占比,随着异常交易占比逐渐降低,异常交易债券占比逐步增大。横轴40%位置是异常交易债券占比增速的拐点。因此,可将40%作为识别非市场化债券的阈值,即异常交易在40%以上,则该债券可被定义为非市场化发行债券;在40%以下,则不被定义为非市场化发行债券。

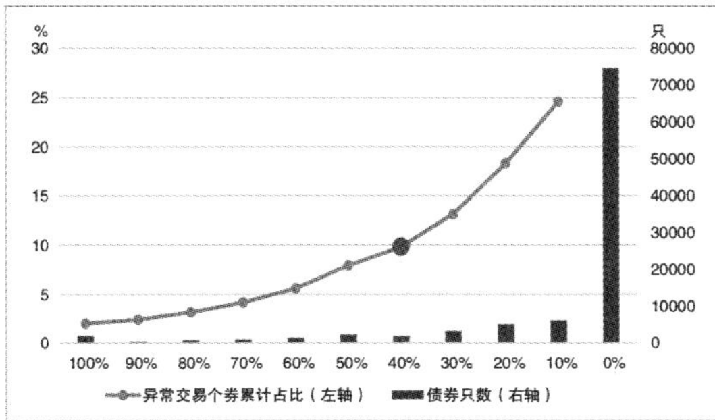


**图 11　全市场个券债券异常交易占比分布情况分析**

注：1. 统计区间为 2018 年 1 月 1 日至 2021 年 8 月 3 日

2. 个券债券异常交易占比累计占比在横坐标为 0%时数值为 100%，出于美观图中不予显示

数据来源：Wind

根据不同异常交易占比阈值对债券非市场化发行规模进行情景分析。基于银行间个券阈值、交易所个券阈值、发行人阈值提取交集，以确定非市场化发行债券的规模。债券非市场化发行规模与各组异常交易占比阈值数据存在极其显著的指数负相关关系（见图 12），即随着阈值逐渐降低，债券非市场化发行规模逐步增大。

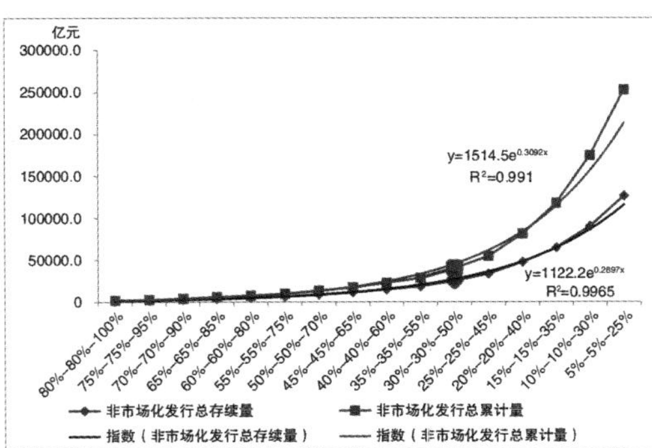


**图 12　不同异常交易占比阈值与债券非市场化发行规模关系**

注：1. 统计区间为 2018 年 1 月 1 日至 2021 年 8 月 3 日

2. 横轴坐标中从下到上为发行人债券异常交易占比、银行间个券债券异常交易占比与交易所个券债券异常交易占比

数据来源：Wind

## 政策建议

近年来,债券市场是企业直接融资的重要渠道,在服务实体经济、优化资源配置、支持宏观调控等方面发挥了重要作用,对于非市场化发行现象,既要正确认识,分析其深层次原因,也要用发展的眼光看待问题,以有效方法予以治理。本文研究表明,当前债券市场非市场化发行存量规模比例接近5.5%。为更好地发挥价格信号对债券市场资源的优化引导作用,提升金融供给效能,本文提出以下几点政策建议。

第一,建议加大对债券一、二级市场参与各方发行与投资交易行为的监管力度。例如,合理控制银行理财子公司利用成本法估值的产品规模,减轻银行体系扩张对债券市场价格失序的压力;将一定时间内的债券一、二级市场异常价差情况、票面利率“整容”情况及异常交易情况纳入监管机构日常交易监测预警体系,并针对统计次数高发机构开展定期和不定期业务检查,抑制市场恶意挑战监管、规避监管的冲动。

第二,鼓励市场机构自主研究并提供相关非市场化发行识别指标。作为信用评级符号的有效补充,非市场化发行识别指标可起到防范作用,抑制其对债券市场价格信号造成的扭曲。

第三,建议继续完善债券市场基础制度,优化资源配置。一是进一步健全完善债券市场法律规章制度,统一债券市场执法,持续打击结构化发行、利益输送等违法违规行为;二是引导市场逐步打破“国企信仰”“城投信仰”,促进信用定价回归企业基本面;三是积极培育多样化、多风险偏好的投资者群体,发展符合我国实际和市场需要的高收益债券市场。

**参考文献:**

[1]李田.债券市场一二级价差分析及对策建议[J].债券,2021(7):76-82.

[2]石雪梅,李田,张堉晗.关于国内信用债券估值体系的研究——基于基准估值存量数据的分析[J].中国货币市场,2021(2):67-71.

[3]孙天琦.建立金融业批发市场行为监管体系[J].中国金融,2021(5):19-21.

[4]杨晟胜,李田,任莹.紧信用下信用债异常交易统计分析[J].中国货币市场,2019(10):50-53.

作者单位:航天科技财务投资部

(本文原载于《债券》2021年11月刊)

# 债券组合管理体系及账户摆布策略探究

## ——以证券公司固定收益自营业务为例

程　昊

**摘　要:**证券公司固定收益自营业务投资范围较广、在工具使用上没有约束、交易灵活等特性使得其投资组合管理过程较为复杂。本文通过对证券公司固定收益自营业务的资产方、负债方、风险与收益、记账方式等四个维度进行梳理,尝试提出关于组合管理及账户摆布策略的框架,以期更好地平衡债券持仓结构和当期报表损益,从而在公司既定考核方式下达成最终目标。

**关键词:**债券组合管理　账户摆布策略　盈余管理

随着我国债券市场的不断发展,证券公司在债券市场的投资规模、参与度也大幅提升。证券公司固定收益自营业务具有投资范围较广、在工具使用上没有约束、交易灵活等特性,这使得其投资组合管理过程较为复杂。本文通过对证券公司固定收益自营业务相关要素的梳理,尝试提出关于债券组合管理及账户摆布的框架,以期更好地平衡债券持仓结构和当期报表损益,从而在公司既定考核方式下达成最终目标。

## 债券组合管理的维度

对债券组合可以从多个维度进行管理,维度的选择要与自己的管理目标、组合现状相适应。总的来说,可以从资产方、负债方、风险与收益、记账方式等四个维度对债券组合进行管理。

(一)资产方

证券公司的资产类别划分方式有很多种,目前没有统一的标准。实际上,资产分类往往是一种主观判断,依赖于具体的环境和约束条件,与投资目标密切相关。从功能的角度进行资产分类是偏谨慎的分类方式。对于一个以绝对收益为考核目标的自营账户来说,资产方项目可以从以下几个角度来划分。

1. 流动性风险管理角度:平层资产和杠杆资产

证券公司固定收益自营业务普遍实行高杠杆运作,其本质风险是流动性风险,所以首先可从流动性风险管理的角度将资产划分为平层资产和杠杆资产。平层资产一般是指与资本金对应的资产,比如100亿元资本金、200亿元资产规模,其中100亿元即为平层资产;杠杆资产是指总资产中平层资产以外的资产。此划分方式可以帮助管理者直观地了解账户总的流动性风险情况。

2. 账户持有目的角度:配置账户和交易账户

配置账户和交易账户的区别主要体现在三方面:风险类型、策略周期和决策依据。在风险类型方面,配置账户由于持有期相对较长,对信用风险尤其是违约风险关注更多,一般与息差的水平和走势等相关性较强;交易账户对应的一般是杠杆资产,主要是进行市场风险管理,因此较为注重博取资本利得和套息。在策略周期方面,配置账户一般采取中长周期策略,而交易账户采取短周期策略。中长周期策略和短周期策略的管理思路有所差异,分开操作更有利于管理。在此,“长”和“短”并不是绝对的,需要根据管理目标确定。在决策依据方面,配置账户可以仅根据估值决策进行左侧布局;交易账户需同时关注驱动因素和估值,有时候更依赖于驱动因素。

3. 策略类型与品种角度:息差策略、骑乘策略、波段交易策略、资产负债匹配策略、利差策略等

息差策略是以获取利息收入为目的的持有策略,一般涉及收益率相对较高的信用债品种,尤其是曲线短端多向上倾斜的品种。骑乘策略是指选取曲线较陡且绝对利率风险不高的期限品种的滚动持有策略。波段交易策略可分为趋势交易策略和反转交易策略,涉及品种多为流动性好的信用债或利率债,主要收益来源于资本利得。资产负债匹配策略是指资产和负债期限匹配,面临的风险主要是资产的信用风险,而不是其流动性风险或利率风险。利差策略涵盖的范围较广,涉及品种包括现券、衍生品等,方向一般是多空组合,且以某种风险“中性”的形式构建,如新老券利差策略、期货基差策略等。除上述策略外,其他还有针对FVTOCI(以公允价值计量且其变动计入其他综合收益的金融资产)的盈余调整策略,以及针对浮息债、含权债等的特殊策略。

4. 资产流动性角度:融资流动性和交易流动性

融资流动性是指该债券进行质押融资的难易程度;交易流动性是指交易的便利程度,体现为成交的宽度、深度、即时性和弹性。一般情况下,二者互相影响、互相印证。但在某些市场环境中,具备融资流动性的债券

不一定有交易流动性,如外部评级为 AAA 级的交易所可质押高收益债券。

(二)负债方

证券公司固定收益自营业务杠杆约束相对较小,且作为法人主体具有一定融资便利性,其负债管理可以创造很大价值。负债的资金来源可以分为配置资金和外部融资。两类资金来源所对应的资产分别为平层资产和杠杆资产。配置资金一般也可以理解为自营部门的自有资金,特点是规模相对稳定、期限相对较长。外部融资是根据投资需要开展的,不太稳定,期限一般较短。

外部融资可以从多方面去统筹管理,包括融资场所、融资期限、融资形式等。融资场所可分为场外市场和场内市场。场外市场融资需要一对一询价达成,融资规模与融资团队的能力及其可用的质押券相关。场内市场包括上海证券交易所和深圳证券交易所的竞价系统、银行间质押式回购匿名点击业务(X-Repo)系统等,融资规模主要与质押券的资质或等级相关(是否准入或折算率高低)。融资期限包括期限错配和期限匹配两种。由于固定收益市场的很多策略利用了曲线短端向上倾斜的特点,所以在实务中期限错配较多。期限错配的一个问题是可持续性,这与融资场所、融资结构安排、市场流动性和融资团队能力等多方面因素相关。期限匹配的策略不太常见,如买入一个流动性较差的资产同时搭配一笔同期限的负债,不暴露流动性风险,只承担信用风险。融资形式包括质押式回购、买断式回购、协议回购、对外拆借、公司内部拆借等。

(三)风险与收益

证券公司固定收益自营业务面临的风险主要有两种:投资期内风险,

即在投资期内,组合回撤幅度超过某一最大回撤幅度限制的可能性;投资期末风险,即在投资期末,组合无法实现投资回报的可能性。

投资期末风险的重要性不言而喻,但投资期内风险也很值得关注,因为在实践中,投资治理结构往往要求所有投资者和管理者都必须在投资期内定期回顾组合情况。从传统意义来说,控制投资期末风险较常见的手段是设置止损限额。但投资期内风险则较为微妙,难以管理。证券公司的自营部门可以理解为受公司委托管理资金,这与公募基金受到委托是一样的。市场一般认为,公募基金的负债不稳定,而证券公司的自营负债相对稳定,受到的约束和压力较小。但证券公司自营团队可能存在多层委托人,每层委托人的目标并不完全一致,其对损益波动的容忍度不同且不明确,导致委托人目标难以被精确地纳入组合的优化过程中。或者存在一种情况,即虽然委托人目标明确,但各目标之间是相互冲突的。例如,当把风险参数设置得过于严格时,收益目标就难以实现,从而导致优化模型无解。因此,提高自营业务投资收益在时间轴上分布的均匀程度有助于简化组合管理过程。

在投资期内,使收益在时间轴上呈均匀分布有两种方式:一是通过资产组合本身,借助不同的资产组合可以提升夏普比率、提高收益的稳定性和平滑程度,这种方式已取得市场共识;二是通过选择计价方式,选择计价方式又可分为选择不同记账方式和在同一记账方式下选择不同估值。在记账方式方面,使用 FVTOCI 账户有助于平滑利润表。在估值方面,对于债券来说,可选择的估值有中债估值、中证估值、交易所收盘价等。前两种估值一般随行就市,体现每日的市价波动情况。而如果以交易所收盘价作为估值,对于不活跃、没有成交的债券来说,其估值会一直停留在

100 元,也就是成本价的位置,这也会使得此类债券的收益在时间轴上的分布非常均匀。

(四)记账方式

《国际财务报告准则第 9 号——金融工具》(IFRS9)根据业务模式和合同现金流量特征,将金融资产分为以下三类:(1)以摊余成本计量的金融资产(AC);(2)以公允价值计量且其变动计入其他综合收益的金融资产(FVTOCI);(3)以公允价值计量且其变动计入当期损益的金融资产(FVTPL)。对于证券公司固定收益自营业务来说,金融资产的财务划分较少使用 AC,多使用 FVTOCI 和 FVTPL。

随着证券公司资产管理规模不断扩大,越来越多的机构开始使用 FVTOCI 对其固定收益类资产进行记账,主要有盈余管理、投资的规模效应、收益的可预测性等方面的考虑。盈余管理主要是指对利润表进行管理,有些机构对自营投资每日市值波动有要求,因此必须将一部分资产计入不影响利润表的科目。在投资的规模效应方面,当规模较小时,要保持流动性,通常会采取高周转、高收益策略,该策略周期较短,中长周期配置的资产相对较少;当规模变大时,短周期的交易策略边际效应降低,就要增加一部分中长周期配置的资产,适当做左侧,增强收益的稳定性。在收益的可预测性方面,采用 FVTOCI 记账使得收益预测更容易。在这种账户体系和与之配套的记账方式下,配置账户更专注于进行中长周期判断、价值判断,交易账户更专注于进行短周期判断、驱动因素研究和交易策略构建。

(五)不同维度之间的一些联系

上述四个管理维度的侧重点不同,其底层划分逻辑和目标都不同,一些概念有交叉,但对于管理投资组合来说都是不可或缺的。

一是投资账户与记账方式的关系。FVTOCI 是一种记账方式,不能直接作为投资账户。根据持有目的,真正的投资账户分为配置账户和交易账户。在投资规模增大后,按照报表稳定性的要求,需对一部分资产使用 FVTOCI 记账,所以配置账户的资产一般使用 FVTOCI 记账。然而,出于某些考虑,如盈余调节、临近考核节点避免波动等,交易账户的资产也可以使用 FVTOCI 记账。

二是平层资产、杠杆资产与配置账户的关系。平层资产和杠杆资产的划分是从流动性风险管理角度出发,而配置账户和交易账户的划分更多是从投资管理需要即账户持有目的角度出发。对于证券公司固定收益自营业务来说,配置账户的资产在时间轴上收益分布均匀、相对稳定,不容易受到外界影响而发生大的变化,而且一般对组合有持续的正贡献。一般来说,平层资产对应配置账户,且平层资产的平均收益率要高于配置资金成本或最低业绩指标收益率。对于杠杆资产,由于法人主体的高信用资质和某些交易场所制度所赋予的融资便利性,一部分杠杆资产能长期维持住,从而稳定地获取期限错配溢价,这部分资产也可以归入配置账户。

### 约束条件与资产选择逻辑

实践中,证券公司会根据自身管理目标,基于多个约束条件,在持仓分布、策略、品种、记账方式等方面进行选择。从账户投资管理、授权、考核等角度,更多会区分配置账户和交易账户;在公司层面尤其是在进行盈余管理时,只会关注 FVTOCI 和 FVTPL 两个会计账户的比例。

(一)公司层面约束

金融资产三分类对经营结果的影响主要体现在盈利模式和资本充足两个方面。与银行不同的是,证券公司净资本管理没有那么细致,在风险资本准备和监管指标计算上,FVTOCI 和 FVTPL 是一样的,所以公司层面的约束主要体现在盈利稳定性的要求上。据不完全统计,在 FVTOCI 和 FVTPL 账户的摆布上,证券公司一般有以下几种情况。

A 公司对 FVTOCI 和 FVTPL 账户的使用无限制,即对计入这两个账户的资产无基点价值(DV01)及规模限制。年初,投资部门会根据投资管理的实际需要,自行分配配置账户和交易账户,而不是 FVTOCI 和 FVTPL 账户的 DV01 及规模限额,年内进行动态调整,比如在基础收益率过低时,降低配置账户的比例,提高交易账户的比例。

B 公司对 FVTOCI 账户的使用有限制,设有规模限额但无 DV01 限额。年初,自营部门与计财部门共同确定 FVTOCI 账户规模限额。C 公司对 FVTPL 账户的使用有限制,设有 DV01 限额但无规模限额。由于实行这种模式的公司对单日最大亏损有要求,而表征利率风险的主要指标是 DV01,所以需要计算以 FVTPL 记账资产的 DV01。其计算方法是:假如公司规定单日亏损不能超过 X 亿元,股票单日大概会亏损 Y 亿元,固定收益自营业务能亏损 X-Y 亿元,除以债券持仓的波动率则可得出 DV01。

公司层面的约束还包括交易操作上的,如有些券商要求资产如果计入 FVTOCI 账户,买入 7 天后才能卖出;有些则没有明确规定。这在一定程度上也会对账户的选择产生影响。

(二)部门考核约束

部门考核约束主要体现在公司考核机制对部门摆布 FVTOCI 和 FVT-

PL 账户的影响。由于 FVTOCI 里面的资本利得部分不体现在当期损益中,在行情好的时候,无非是留存一些收益到往后几年;在行情差的时候,对于归入交易策略但以 FVTOCI 记账的资产,自营部门有动力不卖出,以减少当期亏损。这可能导致在某些年份存在过度激励的问题。

一般来说,有以下几种考核方式。第一种是最宽松的,对于自营部门来说约束最小,即 FVTOCI 账户的资产按照财务口径计价,且不考虑该账户的浮亏。第二种是可以使用 FVTOCI 记账,但年终考核会看两个指标,即全口径盯市计价指标和按照财务口径计价指标。相较第一种考核方式,第二种考核方式的约束大一些,但约束条件不够明确。第三种是 FVTOCI 账户的资产也按照财务口径计价,但年终考核时,会对该账户有个负偏离的限制。例如,若该账户有亏损,即计入其他综合收益的部分为负值,资本利得亏损部分相对于买入成本来说不能超过某个百分比。

部门考核约束主要是为了规避自营团队利用会计记账的特点藏匿亏损,也是为了更好地引导投资行为,让投资团队更关注真实风险。当然,投资团队的奖金递延也能起到类似作用。

(三)配置账户资产的选择

结合证券公司固定收益自营业务的管理需求,从上文可知,配置账户里面一般放置可以被以 FVTOCI 记账的资产,由衍生工具的公允价值变动而产生的利得和损失直接计入当期损益,所以涉及衍生品的策略,其多头方的资产都不能被放入配置账户。

配置账户资产选择的考量因素主要包括规模、收益、久期、流动性等。其他考量因素还有息差水平、信用利差、信用评级、品种、税收等。

在规模方面,从资产负债匹配的角度来看,配置账户资产规模至少等于配置资金规模，即平层资产部分至少是属于配置账户的。

在收益方面，从绝对收益率来看，配置账户资产的收益率需要覆盖资金成本（最低要求），如果能覆盖考核目标更好。一般来说，如果适度信用资质的信用类私募债收益率都低于资金成本，那么要考虑退还资金或者评估需要承担多少市场风险。从相对收益率来看，主要关注收益率市场分位点，基于中周期的角度看收益率在未来几年是否值得配置。可实行考核目标倒推法，假如考核目标为 8%~10%，外部杠杆率为 200%，杠杆息差空间为 1.5%，则基础资产收益率最低要达到 5%。

在久期方面，从长期来看，因为存在年度考核机制，所以负债久期可以理解为 1，资产久期或者组合的年平均 DV01/资本金须大于或等于 1，否则资产久期就小于负债久期。当然，从短期来看，也有偏好交易的机构会阶段性地把 DV01 降到很低，甚至降为负数 c，c=a-b，其中 a 表示正常情况下的 DV01 水平，-b 相当于战术性的风险暴露，是主动管理策略的风险敞口。

在流动性方面，低流动性的资产普遍有流动性溢价，即收益率较高，因此，流动性差的资产在实务中会成为配置资产。

### 持仓结构与会计账户摆布

根据上述约束条件和配置账户资产选择逻辑，下文尝试提出一个包含资产方、负债方、风险与收益、记账方式选择的债券组合结构摆布指引。相比一般的投资组合管理过程，这个指引侧重于会计账户的选择与运用，服务于在公司既定考核方式下达成最终目标。在实践中，对会计账户的摆布主要发生在以下几种情形中。

一是市场估值绝对有利。例如,2018 年一季度,AAA 级信用债的收益率已达 5%以上,且相比贷款利率没有劣势,这属于多年一遇的战略性建仓机会。不管当时驱动因素是否有利,都应该乘机扩大配置账户的规模,且将配置的资产计入 FVTOCI 账户。

二是市场估值和驱动因素只有一方有利。在这种情形下,市场并没有明显的长期配置价值,赢率和赔率都不能算很高,只能以交易策略介入。但若担忧建仓并完全以 FVTPL 记账可能导致短期浮动盈亏波动太大,甚至会在调整后被某一层级的委托人施压砍仓,那么以 FVTOCI 记账也许能起到平衡委托人感受的作用,也能给投资管理人员实施长期管理提供更大的自由空间。

三是市场估值和驱动因素都相对有利,但面临关键考核时点。例如,某证券公司自营部门在当年 12 月刚好完成业绩指标,这时即便看好市场,也不敢贸然将交易资产计入 FVTPL 账户,此时 FVTOCI 账户将发挥作用。

四是市场估值绝对不利。例如,2016 年二、三季度,债市收益率水平处在绝对低位,与多种负债成本相比都是倒挂的,此时应缩小配置账户的规模,FVTOCI 账户规模也会随之缩减,并缩小配置资金的规模。

作者单位:安信证券固定收益部

(本文原载于《债券》2021 年 6 月刊)